소잉디자이너
실용의상

저자 : **김흥진, 이지은, 문선영**
사단법인 한국재봉기술개발원

SEWING
DESIGNER

소잉디자이너 실용의상

지은이 김홍진, 이지은, 문선영
사단법인 한국재봉기술개발원
발행인 안중기 · 안민웅
발행처 도서출판 경춘사
등록번호 제1987-000013(1987. 11. 28)

인쇄 2020년 2월 10일
발행 2020년 2월 20일

서울시 마포구 마포대로 14길 31-9
경춘빌딩 101호

전화 (02)716-2502, 714-5246
팩스 (02)704-0688
www.kcpub.co.kr

값 **32,000**원

ISBN 978-89-5895-183-4 13590

CONTENTS

PART 01 의상 기초

CHAPTER 01 인체측정과 사이즈

CHAPTER 02 여성복 제도

CONTENTS

CHAPTER 03
부분제도

CHAPTER 04
응용패턴

PART 02
실용의상 제작 실기

CHAPTER 01
실용의상 제작 실기

들어가는 글

과학 기술과 무역의 발달로 세계의 인구와 경제규모는 나날이 커지고 있다. 우리나라의 경우 저출산으로 인한 인구의 감소와 경제 성장율의 둔화를 겪고 있지만 전체 시장 규모는 세계화의 추세에 발맞추어 커지고 있다. 선진국의 선례에 따르면 시장 경제의 성장만큼 섬유소비도 증가하게 되는데 의류, 침장, 인테리어 등 전통적인 섬유패션 산업 뿐만이 아니라 건설, 화학 등 전분야에 걸쳐 소비량이 증가하므로 이 분야의 미래는 밝다. 디자인과 예술성, 독창성, 가치를 추구하는 소비자가 많아지면서 시장의 영역은 확대되고 세분화 되어가고 있기에 패션디자이너와 더불어 소잉디자이너의 역할과 역량의 확대가 절실하다.

본 서는 섬유패션 산업 분야의 전문인력인 소잉디자이너 자격1급 실용의상편의 안내서이다.

Part 1은 의상제작을 위한 기본 원형 제도와 응용 제도로 이루어져있다.

제 1장은 의상을 제작하기 위한 인체 측정의 방법과 사이즈 체계에 대해 서술하였다.

제 2장은 여성복 제도에 필요한 용어와 부호, 상의 원형과 소매 원형, 하의에 해당하는 스커트와 팬츠의 원형 제도 방법과 패턴을 정리하고 시접 패턴을 만드는 방법에 대해 설명하고 있다.

제 3장은 다양한 디자인을 하는 데 있어 필요한 소매와 칼라의 제도법을 다루었다.

제 4장은 기본 패턴을 이용하여 다양한 디자인의 스커트, 팬츠, 블라우스, 원피스, 재킷의 제도로 구성하였다.

Part 2 실기편은 앞치마, 스커트, 팬츠, 블라우스, 원피스, 베스트, 재킷 등 7가지 아이템의 총 14개의 디자인에 따른 제작 방법을 소개하고 있다.

부록으로 길원형, 무다트원형, 토르소원형, 스커트원형, 팬츠원형을 수록하여 실기편의 아이템들을 연습할 수 있도록 하였다.

이전에 발행되었던 '소잉디자이너'가 소잉디자인, 소잉소재기획, 소잉테크닉, 소잉마케팅 및 창업 등 소잉디자이너가 갖춰야할 기본적인 지식과 실기를 안내하고 있다면, 본 서는 이번에 함께 출간하는 '소잉디자이너 - 패브릭소품'편과 더불어 소잉디자이너를 위한 본격적인 대비서라 할 수 있다. 또한 소잉디자이너가 아니더라도 옷을 만드는 것에 관심을 갖고 있는 분들에게 자세한 설명과 함께 사진이 단계별로 나와 있어 많은 도움이 될 수 있으리라 생각한다.

본서를 읽는 많은 분들이 소잉디자이너로서 자긍심을 가지고 세상을 아름답게 하는데 일조하기를 바라며 본 서가 나오기까지 많은 응원과 기대를 가지고 오래 기다려 주신 한국 소잉디자이너협회 회원님들께 감사드립니다. 또한 기획 단계부터 전폭적인 지원을 해주신 (사)한국재봉기술개발원 김은희 이사장님, 전형준 사무국장님, 오정희 간사님, 경춘사의 안민웅 부장님과 박은주 편집디자이너님께 진심으로 감사를 표합니다. 또한 같이 집필하시느라 수고하셨던 패브릭소품팀의 김지은 교수님, 달작업실 황윤숙 선생님, 소소한날 박재임 선생님도 고맙습니다. 마지막으로 바쁜 와중에도 일러스트를 책임져주신 Beloved의 김싱미 대표님과 이지소잉 허혜용 실장님, 네모의꿈 지민실장님, CAD에 도움주신 이예은 씨에게도 깊은 감사를 전합니다.

2020년 2월

저자 일동

추천의 글

김 소 라
동덕여자대학교 디자인대학
패션디자인학과 교수

개인의 취향을 중시하는 소비 트렌드가 확산되면서 핸드메이드 제품에 대한 관심이 증대되고 있는 요즘, 핸드메이드 제품을 기획하고 제작하는 직업인 소잉디자이너(sewing designer)가 탄생하였습니다. 소잉(sewing)은 의상, 가방, 지갑, 액세서리, 패션소품, 인테리어소품, 주방소품, 반려동물 의상 및 소품 등의 핸드메이드 제품을 제작하는데 필요한 기본 스킬입니다. 소잉에 취미가 있는 이들이 개인 디자이너가 되고, 공방을 창업하고, 소잉 전문 강사가 될 수 있습니다. 또한 새로운 직업을 찾는 주부 및 경력단절여성들이 소잉디자인을 접하면서 소잉디자이너로서의 꿈을 실현시킬 수 있을 것입니다.

〈소잉디자이너 실용의상편〉은 의상 제작에 필요한 모든 과정을 이 한 권의 책을 통해 배울 수 있도록 구성한 책입니다. 의복의 착의체가 되는 인체를 측정하는 방법과 사이즈 체계에 대한 개념으로부터 시작합니다. 의상 제작을 처음 하는 이들이 가장 어려워하는 패턴 제도를 과정별로 상세한 설명과 그림으로 제시하여 초보자도 쉽게 따라 할 수 있도록 하였습니다. 상의원형과 하의원형 제도 방법을 소개하고, 원형을 활용하여 다양한 품목과 디자인의 의복을 제도하는 방법을 제시하였습니다. 또한 스커트, 팬츠, 블라우스, 베스트, 원피스, 재킷 등 14벌의 의상에 대한 제작방법을 과정별로 사진과 그림으로 자세히 제시하여 이 책을 보면서 혼자서도 패턴을 제도하고, 원단에 패턴을 배치하여 재단을 하고, 순서에 따라 패턴 피스들을 봉제하여 의복을 완성시킬 수 있도록 한 활용도가 매우 높은 의상제작 교재입니다.

이 책은 소잉디자이너 1급 자격시험을 준비하는 이들에게 시험 준비를 효과적으로 할 수 있도록 해주는 지침서가 될 것이며, 의상, 의류, 패션 디자인을 전공하는 학생들에게는 의상 제작 방법을 수월하게 익힐 수 있도록 해주는 교재가 될 것입니다.

소잉디자이너 양성을 위해 바쁜 일정 중에서도 본서를 집필한 저자들의 노고에 감사와 찬사를 보냅니다.

2020년 2월

발간을 축하하며

김 은 희
(사)한국재봉기술개발원 이사장
한국소잉디자이너협회 회장

사단법인 한국재봉기술개발원은 소잉 분야 최고의 자격증 검정 시스템인 소잉디자이너(Sewing Designer) 체계를 개발하고 자격을 공신력 있게 운영함으로써 소잉 지식 및 기술을 새로운 트렌드에 부합하는 교육 과정으로 개발하여, 자격검정의 표준화 및 정형화를 통해 숙련된 전문인력을 양성하고, 다양한 계층의 인력들을 산업 현장으로 유도하여 우리 경제의 신성장 동력을 창출하는 등 소잉 산업의 융합 및 허브 역할을 담당함으로써 소잉을 21세기 핸드메이드 트렌드를 선도하는 문화 산업으로 도약시키려는 기치를 내걸고 출범하였습니다.

2010년 이후 스마트폰의 등장으로 개인의 자유와 행복, 선택권을 중시하는 포노사피엔스가 최근 소비의 주체로 성장함에 따라 소비패턴은 개성과 디자인을 중요시하는 형태로 특히 더 발전하고 있으며, 이런 변화가 핸드메이드와 DIY라는 키워드로 각종 제품과 콘텐츠에 반영되는 추세입니다. 바느질을 뜻하는 소잉(Sewing)은 핸드메이드 트렌드를 대표하는 근간이자 핵심 분야입니다. 소잉은 이미 단순한 취미 단계를 넘어 개성과 디자인과 문화를 융합하는 하나의 전문 창작 디자인 분야로 발전하고 있으며, 이제 21세기를 이끄는 핵심 문화 산업으로 성장할 산업적 기반이 구축되어 1인 기업, 소자본 창업 및 전문 강사, 스타 강사로서의 활동이 가능한 분야로 인식되고 있으며 수익을 창출하는 비즈니스로써의 관심과 수요가 확장 되고 있습니다.

사단법인 한국재봉기술개발원은 소잉디자이너 자격 검정 운영을 중심으로 여성과 청년인력이 당당하게 산업현장에 진입할 수 있는 길을 열어갈 것입니다. 소잉분야 전문가 양성 및 창업·취업 지원과 빅데이터에 기반한 O2O 일감연계 및 구인구직, 트렌드 정보 제공 및 공방 창업 컨설팅 지원, 온오프 커뮤니티 확산 보급 및 정책개발, 포럼 등을 통한 유관기관과의 네트워크 구축 등 소잉분야 발전을 위한 협력을 모색함으로써 기업에서 즉각 활용할 수 있는 기술인력 교육, 공방이나 전문강사 등 소기업 창업의 확산 그리고 관련 정책의 개발 등의 활동을 통해서 소잉산업을 우리 경제의 지속가능한 성장 동력으로 발진시키는 것이 본 개발원의 미래 비전입니다.

위와 같은 미래비전을 달성하고자 소잉분야에 종사하는 모든 분과 앞으로 소잉분야로 진출하고자하는 모든 분들의 소잉디자이너 자격대비 및 소잉디자이너의 직무능력향상을 위해 이 책을 시작으로 소잉산업 관련 서적을 지속적으로 발간하고자 합니다. 이 책을 집필하신 저자분들과 감수진의 노고에 감사드리며 앞으로 소잉분야에 관심 있는 모든 분들께서 사단법인 한국재봉기술개발원의 활동과 새로운 도전을 지켜보며 성원해주시고 또 함께 동참해주시길 부탁드리겠습니다.

2020년 1월

사단법인 한국재봉기술개발원 소개

한국재봉기술개발원은 소잉 기술의 전문자격화, 교육, 창업·취업 컨설팅 등을 통한 여성들의 경제적 자립 능력 향상 지원을 설립목적으로 하여 만들어진 비영리 단체 입니다.

1. 주요활동

① 소잉디자이너 자격 검정 개발 및 시행주관

② 소잉디자이너 자격대비 양성교육 운영 (온라인/오프라인)

③ 한국소잉디자이너협회 설립과 활동 운영 및 지원

④ 소잉산업 활성화를 위한 정책 제안과 정부 정책 지원 도출

⑤ 산학연대 인력양성 프로그램 추진

2. 미래비전 및 발전 방안

① 소잉디자이너 직군 위상강화 및 자격시험의 공신력 강화

- NCS(국가직무능력표준)에 맞춘 자격검정 및 교육 체계 개편
  (2급 : 지식, 기능 / 1급 : 기술 / 지도사 : 태도)
- 국가 및 공공기관 직업훈련시설에 소잉디자이너 양성교육 위탁 운영
- 전문인력 양성을 위한 대학 전공/학과 도입 및 부설 교육기관 설립
- 국가공인 및 국제 자격화 점진적 추진(2급/1급 중점 추진 검토)

② 소잉디자이너의 취업/창업 네트워크 강화
(방문위탁교육/지자체 민간위탁 고용 서비스 기관)

③ 소잉 산업 발전을 위한 정책제안 및 정부 지원 사업 참여
서울시, 산업자원부, 고용노동부, 여성가족부 등 정부지원사업 제안 및 운영

3. 활동분야

- 전통적인 메이커플레이스 경영자(공방경영, 온라인 쇼핑몰 입점, 체험 교육)
- 공방 및 문화센터, 방과후 강의, 기업특강 등에서 인정받는 강사
- 대학 및 직업훈련시설, 평생교육시설 전공 및 학과 외래교원 및 겸임교수
- 관련 산업의 제품디자인, 상품개발, 제품 제작 분야 등의 전문 인력
- 공방개설 및 운영 전문 컨설턴트

소잉디자이너 자격 소개

소잉디자이너 민간자격이란?

패브릭 등의 제품을 창작 디자인하고, 재봉으로 제작하는 전문가의 직업능력을 인정하는 최초의 선문 사격증입니디(한국직업능력개발원 등록 제2016-003606호).

소잉디자이너 자격을 취득하면 전문가로서의 능력을 증명할 수 있고, 소비자가 선택할 수 있는 기준자격이 되어 향후 공방 창업자, 공방운영컨설팅 등 독립사업자, 직업학교 및 문화센터 강사, 관련 분야 취업 등으로 진출하는데 유리합니다.

소잉디자이너 자격체계

등급	2급	1급	지도사
직무수준	초급	중급	고급
자격요건	제한없음	2급 합격자	1급 합격자
검정방법	필기(객관식/주관식)	실기(제작)	면접/시범강의
검정과목	소잉디자인, 소잉소재기획, 소잉테크닉, 소잉마케팅창입, 소잉디자인 및 실무	10개 전공분야중 1개 선택	PPT제작/시범강의
합격기준	객관식/주관식 각각 평균60점 이상	평균 60점 이상	평균 60점 이상
검정료	필기10만원 부가세 별도 기준	실기10만원 재료비5만원 재봉틀내여 3만원(선택) 부가세 별도 기준	15만원 부가세 별도 기준

PART 01
의상 기초

CHAPTER

01

인체측정과 사이즈

01
인체 측정

1. 인체 측정

몸에 잘 맞고 편안한 의복을 제작하기 위해서는 대상의 인체 사이즈와 움직임과 범위를 알아야 한다. 비교적 쉽게 찾을 수 있는 뼈나 관절 등을 기준점으로 의복제작에 필요한 길이나 둘레, 너비 등을 재는 것을 인체 측정이라 한다. 그러나 체촌자의 숙련도와 성별, 체형, 체지방, 연령 등의 요인에 영향을 받아 측정이 어려운 경우도 있다. 체촌자가 미숙할 경우 여러 번에 나누어 체촌을 한 후 평균값을 내거나 시중에 나와 있는 치수규격을 참고하는 것도 한 방법이다.

체촌에 앞서 필요한 준비물은 줄자, 직선자(직각자), 고무줄, 얇고 딱딱한 판, 스티커, 필기도구, 계측기록지 등이 필요하다.

줄자는 인체에 닿는 것으로 쇠로된 것은 안되며 깨끗한 것을 준비한다. 줄자는 사용 중 오래 걸어놓아 늘어지거나 잡아당기거나 접히는 경우, 오물로 인해 변형되기 쉬우므로 너무 오래 사용하지 않는 것이 좋다.

직선자는 겨드랑이에 끼거나 밑위길이를 잴 때 등 줄자를 보조하여 쓰인다.

고무줄은 허리선이나 엉덩이선등을 표시할 때 쓰인다. 고무줄은 너무 조이게 묶어도 안되지만 헐렁하게 묶어 늘어지지 않도록 하며 팔을 들거나 숙이는 경우 고무줄의 위치가 바뀌게 되므로 위치를 다시 잡아준다.

얇고 딱딱한 판은 엉덩이둘레를 잴 때 쓴다. 배가 많이 나오거나 엉덩이가 쳐진 경우, 허벅지가 발달하여 엉덩이 둘레보다 큰 경우, 판을 바닥면과 수직으로 대고 둘레값을 측정해야 한다.

스티커는 계측점을 표시할 때 쓴다.

체촌의 순서는 정해진 것은 없지만 일반적으로 인체의 뒤에서 옆, 앞의 순서로 모델의 오른쪽을 잰다. 뒤에서는 상의에 필요한 너비와 길이 항목을 주로 재고 옆에서는 소매길이와 하의에 필요한 길이 항목을 주로 잰다. 앞에서는 둘레 항목을 주로 재는데 엉덩이둘레의 경우 엉덩이의 가장 튀어나온 점을 지나야 하므로 앞보다는 옆에서 재는 것이 더 좋다.

사이즈를 잴 때는 옷을 얇게 입기 때문에 따뜻한 곳이 좋으며 문이 갑자기 열리는 등의 불상사가 일어나지 않도록 소용하고 보안이 잘되어 있는 곳을 선정한다. 모델이 긴장하기 쉬우므로 먼저 편안하게 말을 걸거나 분위기를 조성하여 주고 맨살이 닿는 경우가 많으므로 체촌자는 손을 따뜻하게 하거나 닿기 전에 미리 양해를 구하는 것이 좋다. 모델은 바르게 서서 정면을 응시하고 뒤꿈치를 가볍게 붙이고 앞발끝은 가볍게 벌려준다. 고령자의 경우 장시간 지체되면 정자세로 서있기 어려우므로 가볍게 발을 벌려 서 있거나 잠깐 휴식을 취하게 하는 것도 좋다.

인체의 여유분은 패턴을 제작할 때 반영하므로 측정할 때는 여유분을 주지 않고 딱맞게 잰다. 인체는 탄성이 있으므로 줄자가 들어갈 정도로 누르거나 당기지 않는다.

허리둘레를 측정할 때 긴장하여 숨을 참거나 허리를 둘레를 줄이려 힘을 주는 경우가 있으므로 숨을 내쉬는 순간에 재빠르게 측정한다.

측정자는 사이즈를 정확하게 재는 것도 중요하지만 모델의 신체적 특징을 같이 파악해야 한다. 좌우 어깨의 높이가 같은지, 골반의 높이가 같은지, 가슴이 크거나 적은지, 배가 많이 나왔는지, 거북목인지, 몸이 앞으로 굽어있는지, 몸이 뒤로 젖혀있는지, 어깨가 앞으로 굽었는지, 무릎이 굽었는지, 엉덩이가 올라가거나 쳐졌는지, 팔뚝과 허벅지가 발달했는지 등의 신체 특징을 파악하고 모델이 어느 체형에 속하는지를 유추하여야 한다.

또한 질문을 통해 옷을 입었을 때 평소 불편하거나 주름이 많이 생기는 등의 문제점을 파악하여 체형적인 특성과 더불어 패턴을 제작하는데 종합적으로 반영하는 것이 좋다.

사이즈를 재는 모델은 얇고 가볍게 최소한의 의복만 걸치는 것이 좋으나 그렇다고 수치심을 유발할 정도로 벗으라고 강요하는 것은 지양한다. 탄성이 좋은 스타킹, 레깅스, 강력 보정속옷 등은 착용여부에 따라 사이즈가 달라질 수 있으므로 미리 파악하여 누는 것이 좋다. 아울러 긴 바지와 스커트 등의 경우는 길이에 따라 구두 굽의 높이에 영향을 받는 경우도 있으므로 사이즈를 재는 용도에 따라 미리 물어보는 것이 좋다.

2. 기준점

- 머리마루점(vertex) : 머리부위 정중앙선의 가장 위쪽이다.
- 뒤목점(back neck point) : 제7 목뼈의 가시돌기점으로 찾을 때는 고개를 숙여 가장 튀어나온 곳을 찾아 짚고, 측정할 때는 고개를 들어 정면을 바라본 상태에서 잰다.
- 목앞점(center neck point) : 목밑둘레선의 앞중심에 위치하는 점으로 보통 쇄골이 만나는 가운데점 정도이다.
- 목옆점(neck point) : 목밑둘레선과 등세모근의 앞쪽지점으로 목둘레선과 어깨선의 교차점이다.
- 어깨가쪽점(shoulder point) : 위팔폭을 이등분하는 수직선과 겨드랑둘레선이 만나는 점으로 소매선과 어깨선의 교차점 부근이다.
- 겨드랑앞벽점(anterior mid axilla) : 어깨가쪽점과 팔이 접히는 겨드랑앞점을 연결한 중간지점이다.
- 겨드랑뒤벽점(posterior mid axilla) : 어깨가쪽점과 팔이 접히는 겨드랑뒤점을 연결한 중간지점이다.
- 젖꼭지점(bust point) : 젖꼭지의 중앙점이나 측정할 때는 옷을 입은 상태에서 가장 앞으로 돌출한 곳으로 한다.
- 팔꿈치점(center olecranon) : 팔뒤꿈치를 구부려 가장 튀어나온 점이다.
- 손목안쪽점(ulnar styloid) : 아래팔의 자뼈 맨아래로 손목에서 새끼손가락쪽으로 튀어나온 점을 말한다.
- 무릎뼈가운데점(midpatella) : 무릎뼈의 중앙점이다.
- 가쪽복사점(lateral malleous) : 발목 복사뼈의 가장 돌출한 점이다.

3. 기준선

- 앞중심선(center front line) : 목앞점에서 수직으로 내려온 선이다.
- 뒤중심선(center back line) : 목뒤점에서 수직으로 내려온 선이다.
- 목밑둘레선(neck baes line) : 목뒤점~목옆점~목앞점~목옆점~목뒤점을 지난다.
- 가슴둘레선(bust line) : 양쪽 젖꼭지점을 수평으로 지나는 둘레이다.
- 엉덩이둘레선(hip line) : 엉덩이 돌출점을 지나는 수평둘레이다.
- 어깨길이(shoulder length) : 목옆점에서 어깨가쪽점까지의 길이이다.

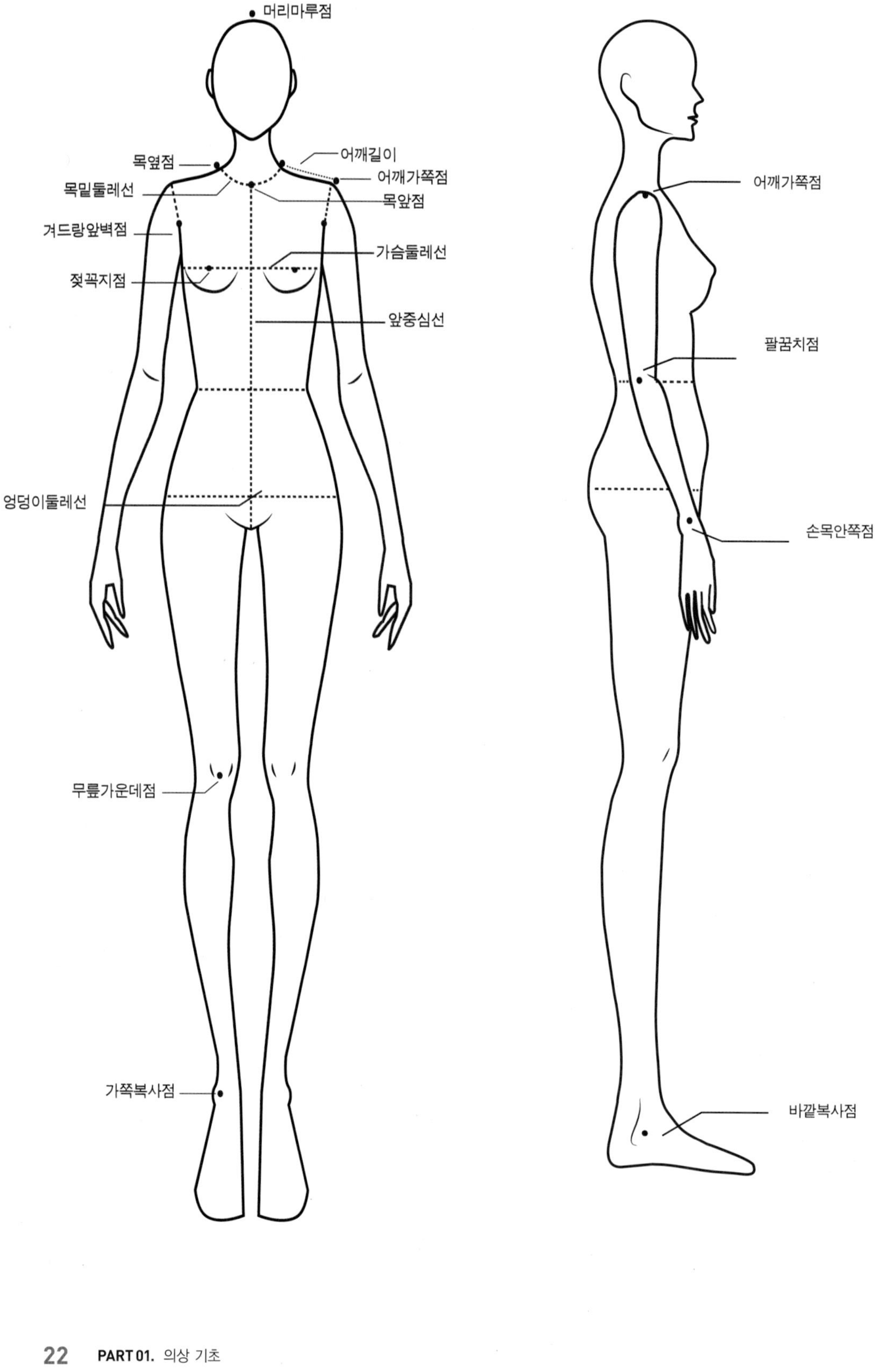
머리마루점
목옆점
어깨길이
어깨가쪽점
목밑둘레선
목앞점
겨드랑앞벽점
가슴둘레선
젖꼭지점
앞중심선
엉덩이둘레선
무릎가운데점
가쪽복사점
어깨가쪽점
팔꿈치점
손목안쪽점
바깥복사점

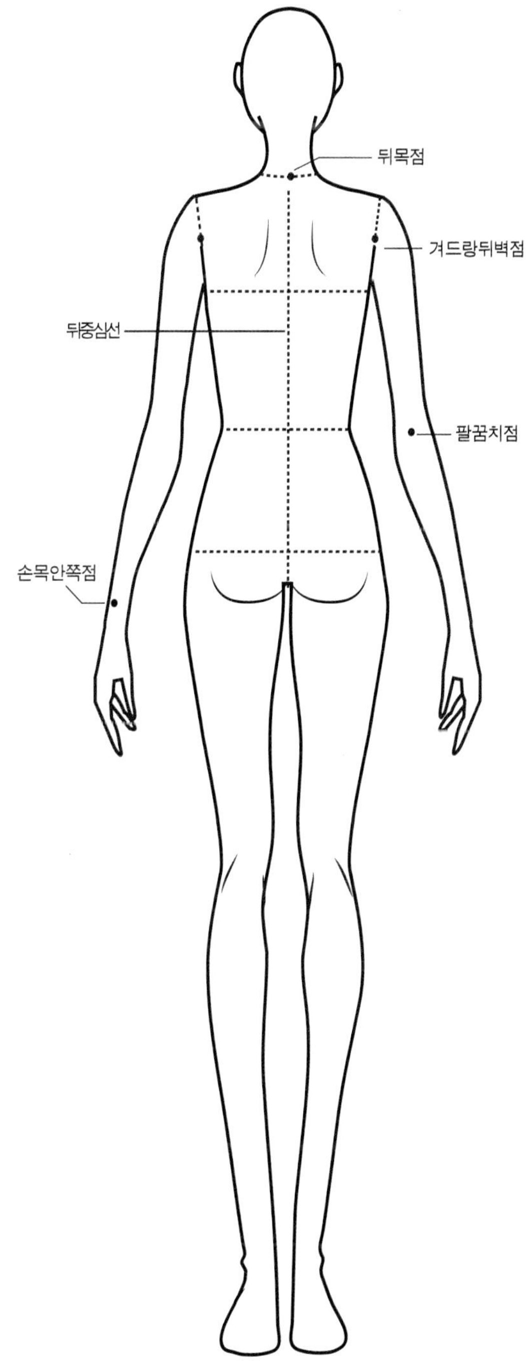
뒤목점
겨드랑뒤벽점
뒤중심선
팔꿈치점
손목안쪽점

4. 측정항목

1) 뒤

- 키(height) : 머리마루점에서 바닥까지의 수직길이를 측정한다.
- 어깨가쪽사이길이(shoulder length) : 왼쪽어깨가쪽점~목뒤점~오른쪽어깨가쪽점을 지나는 길이로 목뒤점을 손으로 누르지 않고 자연스럽게 지나도록 한다.
- 겨드랑뒤벽사이길이/뒤품(back width) : 양쪽 겨드랑뒤벽사이를 체표를 따라 측정한다.
- 등길이(back length) : 머리를 바르게 한 상태에서 목뒤점에서 뒤중심점을 지나 허리둘레선까지의 길이를 측정한다.
- 블라우스길이, 재킷길이, 코트길이 : 목뒤점에서 줄자를 수직으로 내리고 허리선부분을 눌러준 상태로 원하는 길이까지 측정한다.
- 팔꿈치길이(arm length) : 어깨가쪽점에서 팔꿈치점까지 길이를 측정한다.
- 소매길이(sleeve length) : 팔을 자연스럽게 편 후 어깨가쪽점~팔꿈치점~손목점 길이를 측정한다.

2) 옆

- 엉덩이길이(hip length) : 오른쪽 팔을 왼쪽 어깨에 올리고 오른쪽 옆허리점에서 엉덩이둘레선까지의 길이를 측정한다.
- 엉덩이둘레(hip girth) : 오른쪽 팔을 왼쪽 어깨에 올리고 엉덩이의 가장 튀어나온 부분을 지나는 수평둘레를 측정한다.
- 스커트길이, 바지길이 : 오른쪽 팔을 왼쪽 어깨에 올리고 오른쪽 옆허리선에서 줄자를 내려 무릎수준을 지나 원하는 길이까지 측정한다.

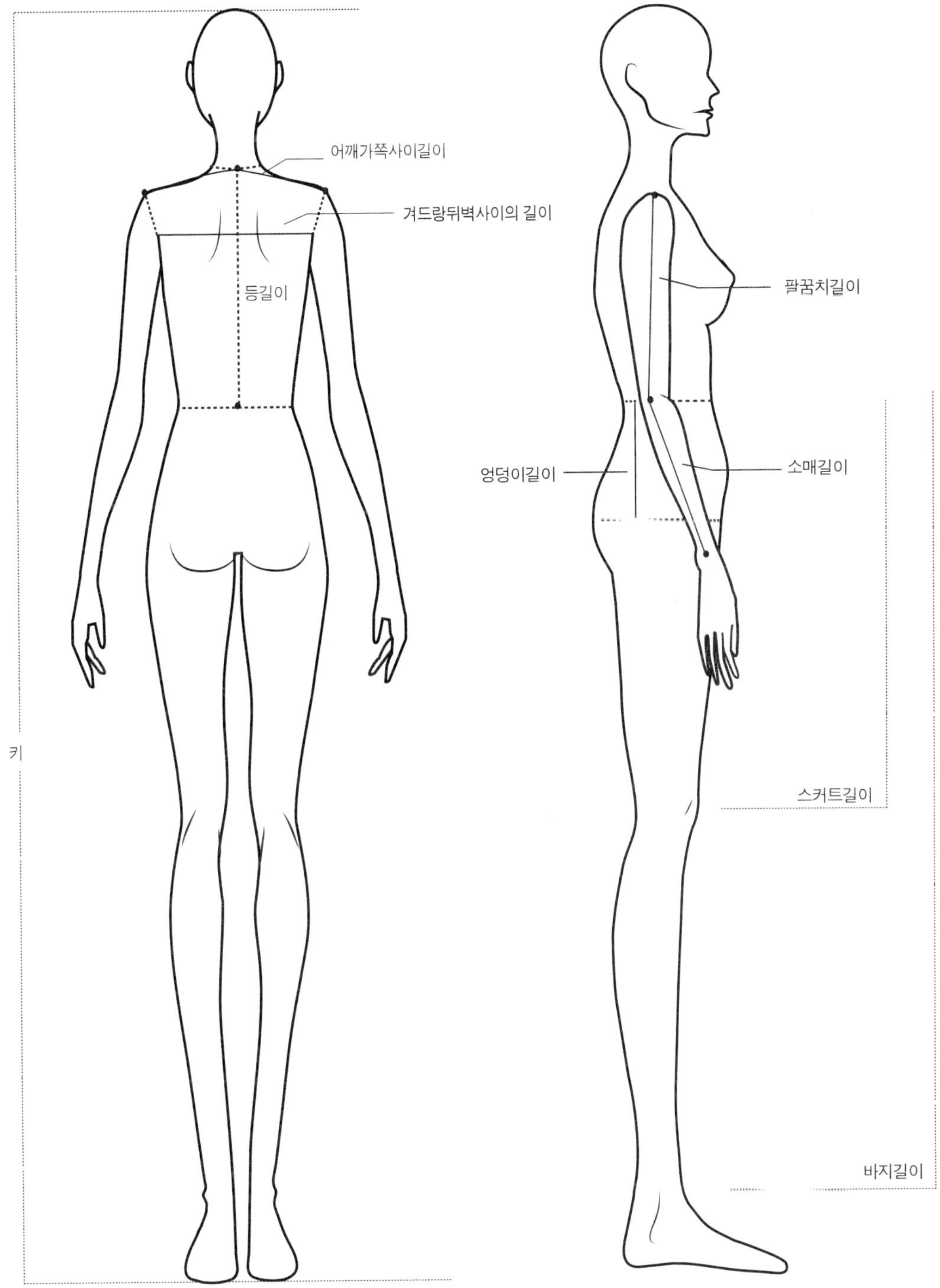
어깨가쪽사이길이
겨드랑뒤벽사이의 길이
등길이
키
팔꿈치길이
엉덩이길이
소매길이
스커트길이
바지길이

3) 앞

- 젖꼭지길이/유장(neck point to bust point length) : 목옆점에서 젖꼭지점까지의 길이를 측정한다.
- 앞길이(full length) : 목옆점 ~ 젖꼭지점 ~ 허리선까지의 길이를 측정한다.
- 목뒤젖꼭지길이(cervical to breast point length) : 목뒤점에서 젖꼭지점까지의 길이를 측정한다.
- 목뒤젖꼭지허리둘레길이(cervical to waist length) : 목뒤점~젖꼭지점~허리선까지의 길이를 측정한다.
- 젖꼭지사이길이/유폭(bust point length) : 양쪽 젖꼭지사이의 수평길이를 측정한다.
- 겨드랑앞벽사이길이/앞품(chest width) : 양쪽 겨드랑앞벽사이를 체표를 따라 측정한다.
- 윗가슴둘레(chest girth) : 복장뼈중심점~겨드랑앞점~겨드랑뒤점~겨드랑뒤점~겨드랑앞점~복장뼈중심점을 지나는 둘레이다.
- 가슴둘레(bust girth) : 가슴의 가장 튀어나온 양쪽 젖꼭지점을 수평둘레를 측정한다.
- 허리둘레(waist girth) : 허리의 가장 가는 부위를 지나는 수평둘레를 측정한다.

4) 기타

- 밑위길이(croth depth) : 딱딱한 의자에 무릎 안쪽이 닿도록 깊게 앉아 허리를 펴고 오른쪽 옆허리선에서 바닥까지의 길이를 측정한다.
- 무릎둘레, 팔꿈치둘레 : 팔과 다리를 90도로 구부려 가장 두꺼운 부위의 둘레를 측정한다.
- 손목둘레, 발목둘레 : 기준점을 지나도록 하여 가장 가는 부위의 둘레를 측정한다.
- 위팔둘레, 허벅지둘레 : 가장 두꺼운 부위의 둘레를 측정한다.

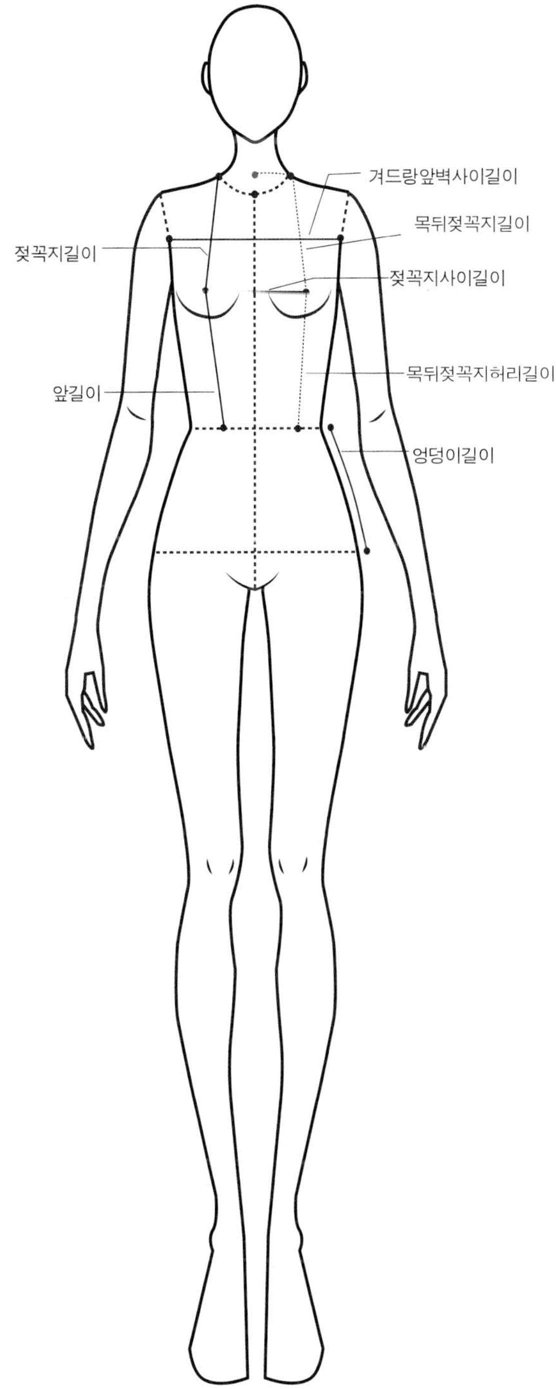
겨드랑앞벽사이길이
목뒤젖꼭지길이
젖꼭지길이
젖꼭지사이길이
목뒤젖꼭지허리길이
앞길이
엉덩이길이

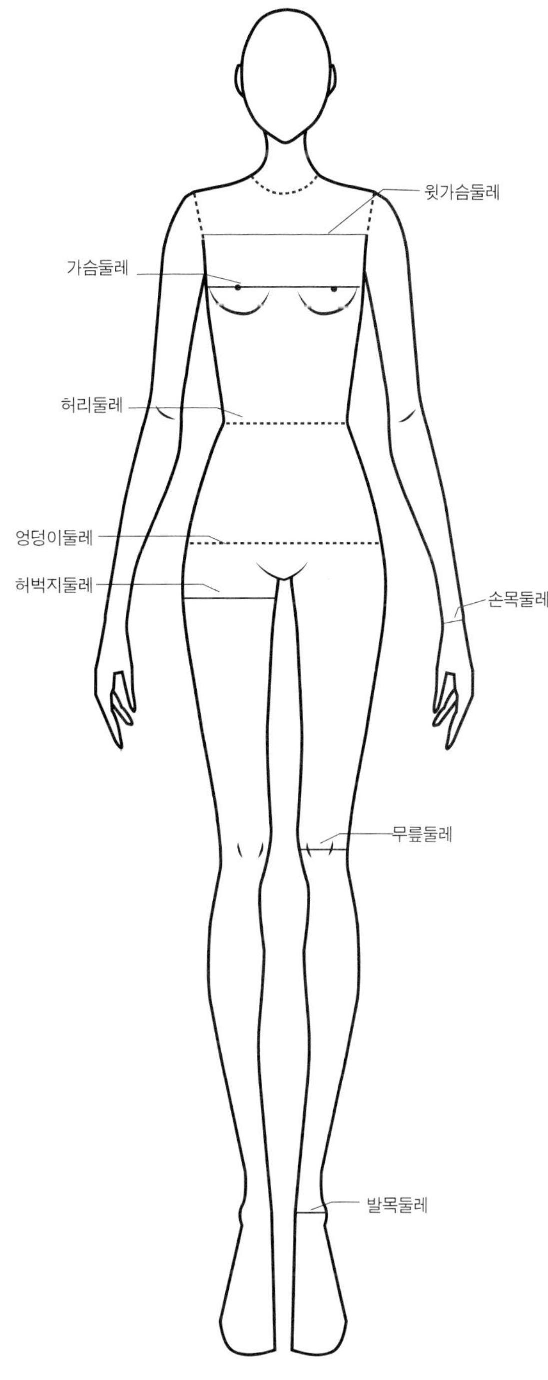
윗가슴둘레
가슴둘레
허리둘레
엉덩이둘레
허벅지둘레
손목둘레
무릎둘레
발목둘레

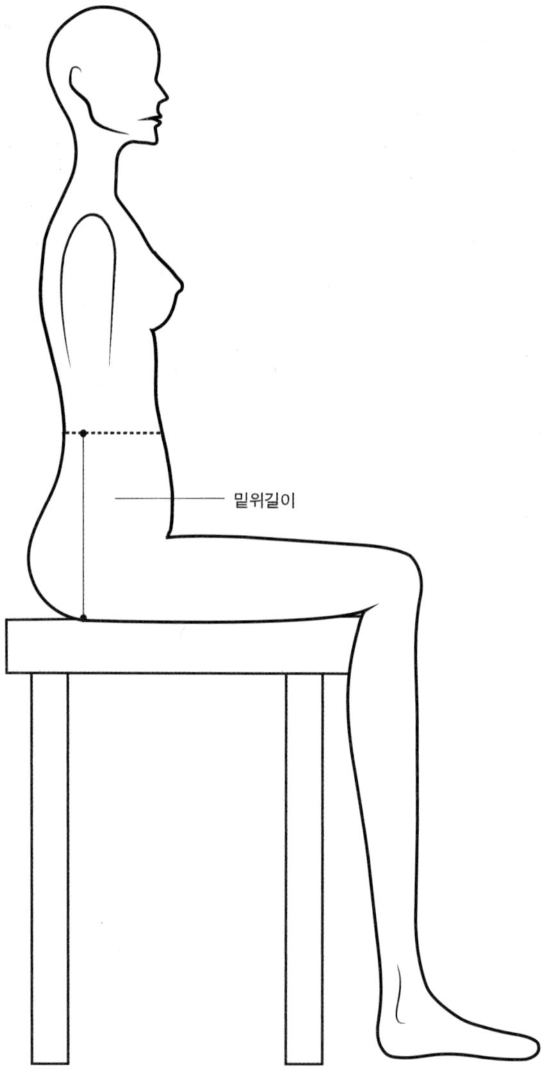
밑위길이

02 사이즈 체계

1. 우리나라 여성의 사이즈 변화

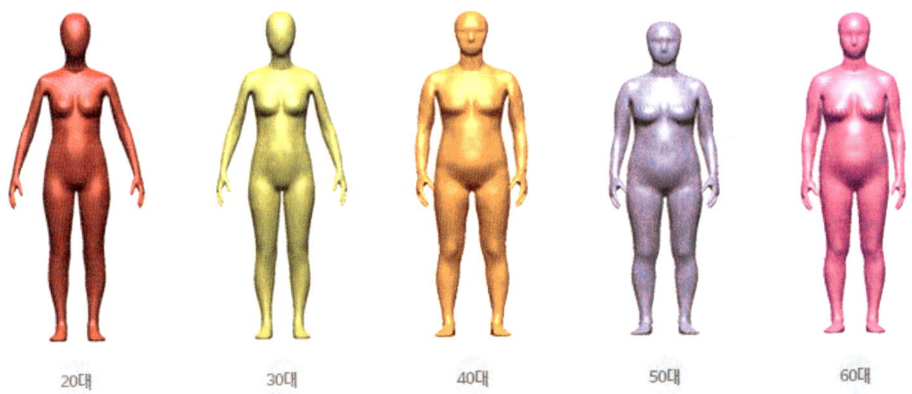

〈그림 1〉 여성의 연령대별 표준체형(6차 인체치수조사)

출처 : https://sizekorea.kr/3d-body/korean-standard-body-type/1

우리나라 여성의 키는 1979년 제1차부터 2015년 제7차 한국인인체치수조사까지 결과에 따르면 35년간 키는 커지고 다리길이도 길어지는 등 서구형 체형으로 변해가고 있다. 그러나 2000년대 이후 체형의 서구화경향은 작은 폭으로 진행중이다. 비만비율은 35세 이후에서는 비만비율이 30%이상을 차시하면서 점차 증가하는데 이는 식문화가 서구화 된데 원인이 있는 것으로 추정된다.

2015년	20대	30대	40대	50대	60대
평균키	160.9cm	160.2cm	157.0cm	154.6cm	152.8cm
BMI 25이상		20%	28%	39%	46%

산업통상자원부 국가기술표준원에서는 한국인이 쓰기에 편리한 제품개발과 생활공간 디자인에 국내 산업경쟁력 강화를 위해 한국인 인체치수조사보급사업을 통해 인체표준 정보를 제공하고 있다.(https://sizekorea.kr)

이를 통해 변화한 한국인의 체형을 의류치수 규격에 반영하여 새로운 표기방법을 산업자원부 기술표준원에서 KS규격으로 정하고 있다.(https://standard.go.kr)

2. KS 성인 여성복 치수

1) 용어의 정의

- 드롭(drop) : 엉덩이둘레와 가슴둘레의 차이를 말한다.
- 하드롭(lower drop) : 엉덩이둘레와 허리둘레의 차이를 말한다.
- 피트성(fit) : 신체치수에 대한 의류 치수의 맞는 정도(맞음새)를 말한다.
- 기본신체부위 : 의류치수에 기본이 되는 신체부위로 기본의류 치수항목에 대응하는 가슴둘레, 허리둘레, 키 등을 말한다.
- 제품치수 : 의류 특정 부위의 제품치수, 즉 기본치수에 대응하는 가슴둘레, 허리둘레, 상의길이 등의 제품의 치수를 말한다.

2) 호칭

fit성이 필요한 의류의 경우 엉덩이둘레가 포함된다.

	구분	의복의 종류	사이즈표기
1	상의	정장 재킷	가슴둘레-엉덩이둘레-키
		캐쥬얼 재킷	가슴둘레-키
		셔츠, 티셔츠	가슴둘레
2	하의	정장 스커트, 팬츠	허리둘레-엉덩이둘레
		캐쥬얼 스커트, 팬츠	허리둘레
3	상하의연결의	코트	가슴둘레-키
		원피스	가슴둘레-엉덩이둘레-키
		캐쥬얼 원피스	가슴둘레-키

4	운동복, 작업복	상의	가슴둘레
		하의	허리둘레
5	잠옷, 내의	전신용	가슴둘레-키
		상의	가슴둘레
		하의	엉덩이둘레

3) fit성이 필요한 의류의 치수체계(KS K 0051:2019)

	신체부위	편차(cm)	신체치수(cm)
1	가슴둘레(B)	3	...79-82-85-88-91-94-97...
2	허리둘레(W)	3	...64-67-70-73-76-79-81-84...
3	엉덩이둘레(H)	3	...85-88-91-94-97-100-103...
4	키	5	...145-150-155-160-165-170...

① 상의

B	호칭 B-H-키	참고신체치수(cm)			
		허리둘레	등길이	어깨가쪽사이길이	팔길이
82	82-88-155	67.8	37.5	38.7	51.5
	82-88-160	67	38.4	39.8	53.6
85	85-91-155	70.9	37.6	39.4	51.9
	85-91-160	70	38.5	39.5	53.2
88	88-94-160	72.6	38.4	39.7	54.1
	88-94-165	72.2	39.7	41	54.8

② 하의

호칭 W–H	참고신체치수(cm)		
	키	다리가쪽길이	샅앞뒤길이
67–85	156.7	98.6	69.6
70–88	156.5	97.5	71.1
73–91	157.0	98.0	72.7
76–94	158.1	99.5	74.8
79–97	157.6	98.3	75.3

4) fit성이 필요하지 않는 의류의 치수체계(KS K 0051:2019)

	신체부위	편차(cm)	신체치수(cm)
1	가슴둘레(B)	5	...75–80–85–90–95–100...
2	허리둘레(W)	5	...60–65–70–75–80–85–90...
3	엉덩이둘레(H)	5	...85–90–95–100–105–110...
4	키	5	...145–150–155–160–165–170...

5) 연령별 평균치수1

2015년 6차 여성3D 모델링 치수로 아래의 계측평균치수와는 차이가 있다.

(단위 : cm)

	신체부위	20대	30대	40대	50대	60대
1	목둘레	31.4	31.7	33.5	34.0	34.5
2	목밑둘레	37.8	37.9	37.7	38.0	38.0
3	가슴둘레	83.9	86.3	88.9	90.7	91.5
4	젖가슴둘레	83.4	86.2	89.1	92.0	94.2
5	젖가슴아래둘레	72.4	75.5	78.9	81.0	82.6
6	허리둘레	67.5	71.3	77.0	81.0	85.0
7	엉덩이둘레	91.5	92.1	92.7	92.7	92.1

8	무릎둘레	36.1	35.2	35.1	35.0	35.0
9	손목둘레	14.8	15.1	15.3	16.0	16.2
10	위팔길이	30.9	30.2	29.9	30.0	29.8
11	팔길이	53.7	52.7	52.3	52.2	51.9

6) 연령별 평균치수2(6차 여성연령대별 평균 치수)

(단위 : cm)

	신체부위	20-24세	25-29세	30-34세	35-40세	40-50세	50-59세
1	키	160.9	160.8	160.2	160.2	157.0	154.6
2	몸무게	55.1	55.7	56.7	58.7	58.2	58.7
3	윗가슴둘레	85.0	84.8	86.2	87.5	89.3	90.6
4	가슴둘레	84	84.4	86.3	88.2	89.7	92.8
5	허리둘레	70.9	72.4	75.0	77.2	78.8	82.5
6	엉덩이둘레	92.7	93.1	93.3	94.0	93.4	92.8
7	어깨가쪽사이길이	37.4	37.2	37.0	37.0	36.9	367.9
8	겨드랑뒤벽사이길이	36.7	36.5	36.5	36.8	36.8	36.9
9	겨드랑앞벽사이길이	32.0	32.4	32.3	32.7	32.5	32.8
10	등길이	40.1	40.6	40.8	40.9	40.4	40.0
11	총길이	139.2	139.0	139.0	139.2	136.4	134.3
12	목뒤젖꼭지사이길이	33.1	33.1	33.6	34.2	34.7	35.6
13	목뒤젖꼭지허리둘레길이	50.6	50.9	51.1	51.4	51.5	51.4
14	엉덩이옆길이	19.0	19.2	19.6	19.8	19.6	19.2
15	엉덩이수직길이	23.3	23.3	23.4	23.5	22.8	22.1
16	허리높이	97.3	96.8	96.3	96.2	93.7	92.1
17	샅높이	73.9	73.5	72.8	72.7	70.8	69.9
18	무릎높이	41.4	41.6	41.2	41.0	40.0	39.7
19	위팔길이	32.1	31.8	31.7	31.6	31.4	31.3
20	팔길이	55.1	54.9	54.6	54.5	53.9	53.9

3. 해외의류 사이즈와 비교(여성)

	XS	S	M	L	XL	XXL
한국	44 (85)	55 (90)	66 (95)	77 (100)	88 (105)	
일본	44	55	66	77	88	
미국/캐나다	2	4	6	8	10	12
영국/호주	4	6	8	10	12	14
이탈리아	36	38	40	42	44	46
프랑스	34	36	38	40	42	44
독일	32	34	36	38	40	42

CHAPTER

02

여성복 제도

01
제도

1. 제도에 사용되는 약어

	위치	원어	약어
1	목둘레선	neck line	N.L
2	목앞점	front neck point	F.N.P
3	목뒤점	back neck point	B.N.P
4	목옆점	side neck point	S.N.P
5	유두점	bust point	B.P
6	어깨끝점	shoulder point	S.P
7	중심선	center line	C.L
8	앞중심선	center front line	C.F.L
9	뒤중심선	center back line	C.B.L
10	옆솔기	side line	S.L
11	가슴둘레	bust	B
12	가슴선	bust line	B.L
13	허리둘레	waist	W
14	허리선	waist line	W.L
15	엉덩이둘레	hip	H
16	엉덩이선	hip line	H.L
17	진동둘레	arm hole	A.H
18	앞진동둘레	front arm hole	F.A.H
19	뒤진동둘레	back arm hole	B.A.H
20	밑위선	crotch line	Cr.L
21	무릎선	knee line	K.L
22	밑단선	hem line	Hm.L
23	팔꿈치선	elbow line	E.L
24	소매길이	sleeve length	S.L
25	앞A.H 맞춤표시	front notch	Fn
26	뒤A.H 맞춤표시	back notch	Bn

2. 제도 기호

	기초선	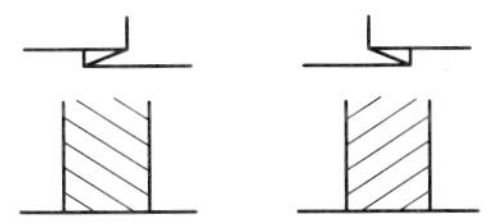	외주름
	완성선	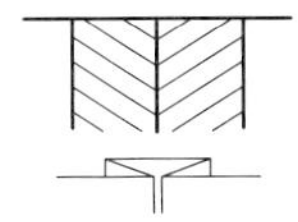	맞주름
	안단선	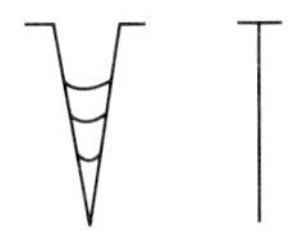	다트 접음 표시
	꺽임선	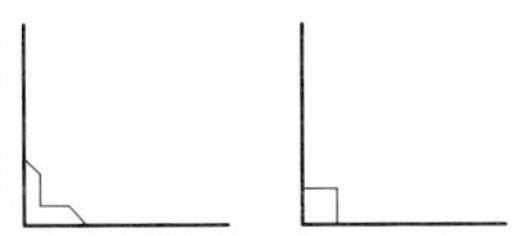	직각표시
	골선	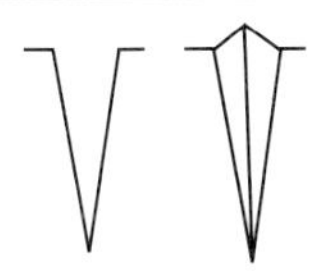	다트
	스티치	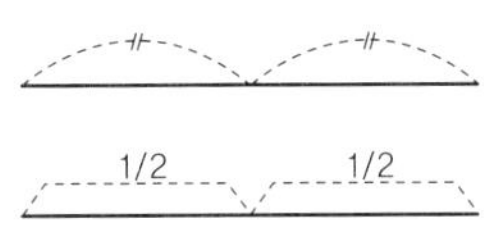	등분
	개더잡음	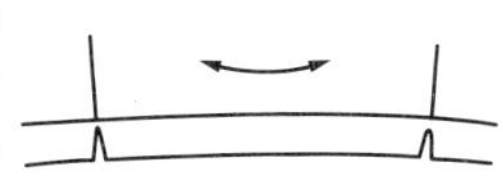	늘림
	절개선	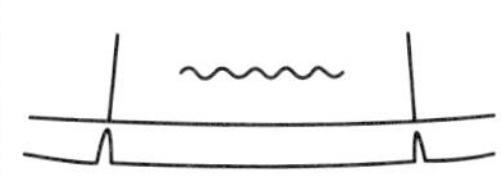	줄임
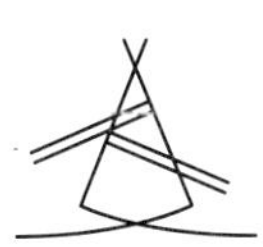	선의교차	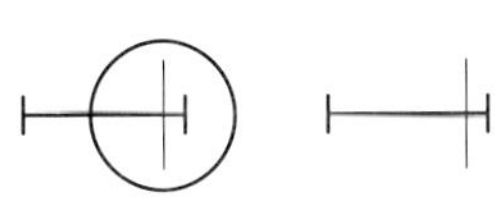	단추구멍
	식서방향	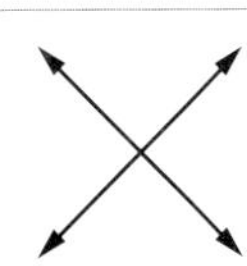	바이어스 방향

02

상의 원형

1. 길 원형

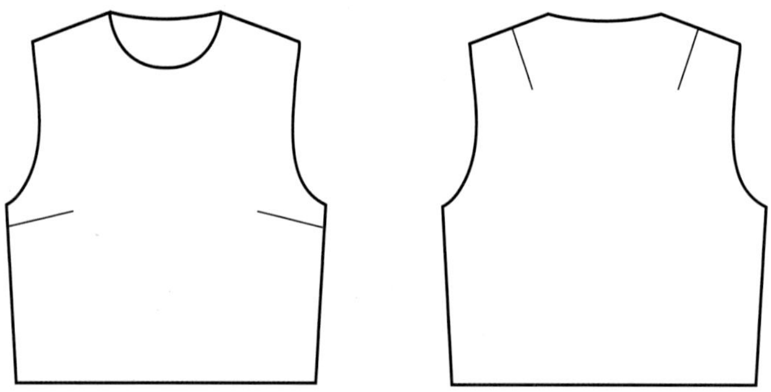

길원형 제도에 필요한 치수

	항목	추정식	치수(cm)
1	키		160
2	가슴둘레(B)		88
3	등길이	키/6–2cm	38
4	진동깊이	B/10+10.5+2~3cm	21.8
5	1/2 겨드랑뒤벽사이길이(뒤품)	B/8+7.5cm	18.5
6	1/2 겨드랑앞벽사이길이(앞품)	B/8+6cm	17
7	1/2 젖꼭지길이(유장)	B/6+11cm	25.6
8	1/2 젖꼭지간격(유폭)	B/10+0.5~0.7cm	9.5~9.7
9	앞가슴다트분량 = 앞처짐분량	B/20–0.8~1.2cm	3.2~3.6

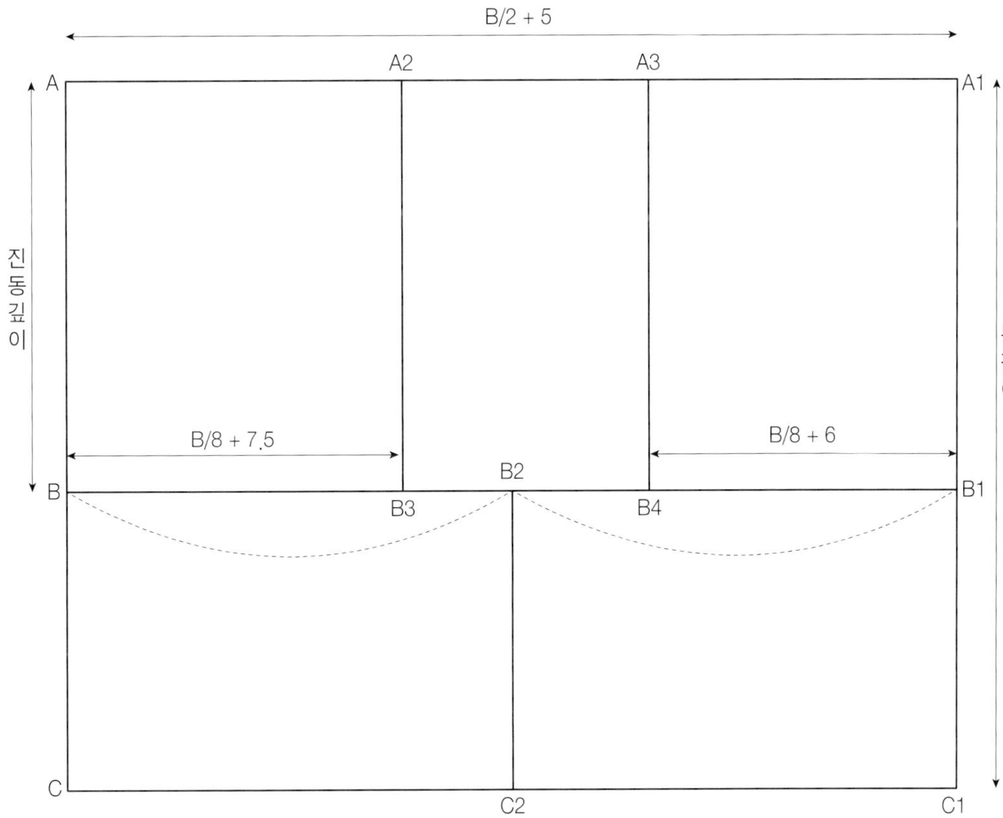

1) 기초선

- 세로(등길이)*가로(B/2+5cm)로 직사각형을 그린다.
- A, A1 : 오른쪽 상단을 섬A, 왼쪽 상단을 A1으로 정힌디.
- C, C1 : 오른쪽 하단을 점C, 왼쪽 하단을 C1으로 정한다.
- A-B : 점A에서 진동깊이(B/10+10.5)+2~3cm만큼 내려와 점B를 정한다.
- B-B1 : 점B에서 수평으로 선A1-C1까지 긋는다.
- B2 : 선B-B1을 1/2을 점B2로 정한다.
- B2-C2 : B2에서 수직으로 내려 선C-C1과 교차점을 C2로 정한다.
- A2 : 점A에서 옆으로 뒤품너비B/8+7.5cm 가서 점A2를 표시한다.
- A2-B3 : 점A2에서 수직으로 내려 선B-B1과 교차점을 B3로 정한다.
- A3 : 점A1에서 옆으로 앞품너비B/8+6cm 가서 점A3를 표시한다.
- A3-B4 : 점A2에서 수직으로 내려 선B-B1과 교차점을 B4로 정한다.

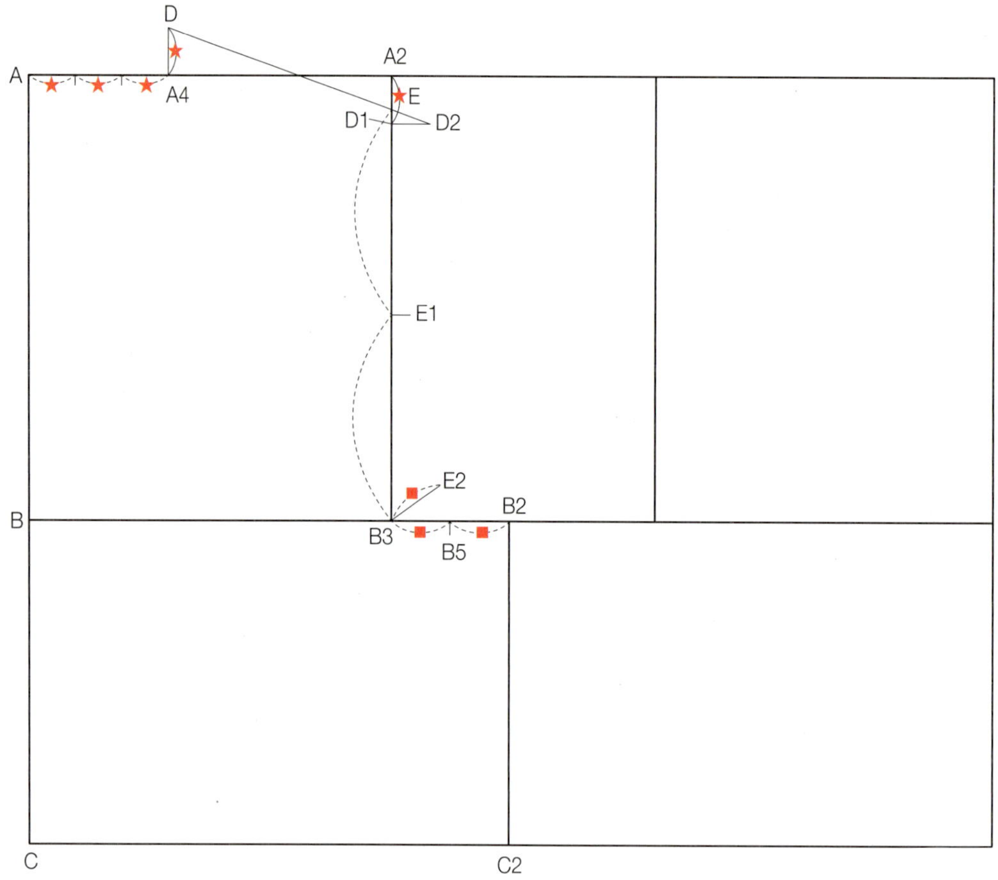

2) 뒤판

- A - A4 : 점A에서 뒷목너비B/20 + 2.7cm가서 점A4를 정한다.
- D : 점A4에서 뒷목너비/3(★)의 길이만큼 수직으로 올라가 점D를 정한다.
- A2 - D1 : 점A2에서 뒷목너비/3(★)길이만큼 수직으로 내려가서 점D1를 표시한다.
- D1 - D2 : 점D1에서 수평으로 2cm 나아가 점D2를 정한다.
- D - D2 : 점D와 점D2를 연결하여 뒤어깨선을 그린다.
- E : 뒤품선A2 - B3와 뒤어깨선D - D2의 교차점을 점E로 표시한다.
- E1 : 선E - B3의 1/2에 점E1를 표시한다.
- B5 : 선B3 - B2의 1/2에 점B5를 표시한다.
- B3 - E2 : 선B3 - B5의 길이만큼 45도 각도로 올라가 점E2를 정한다.

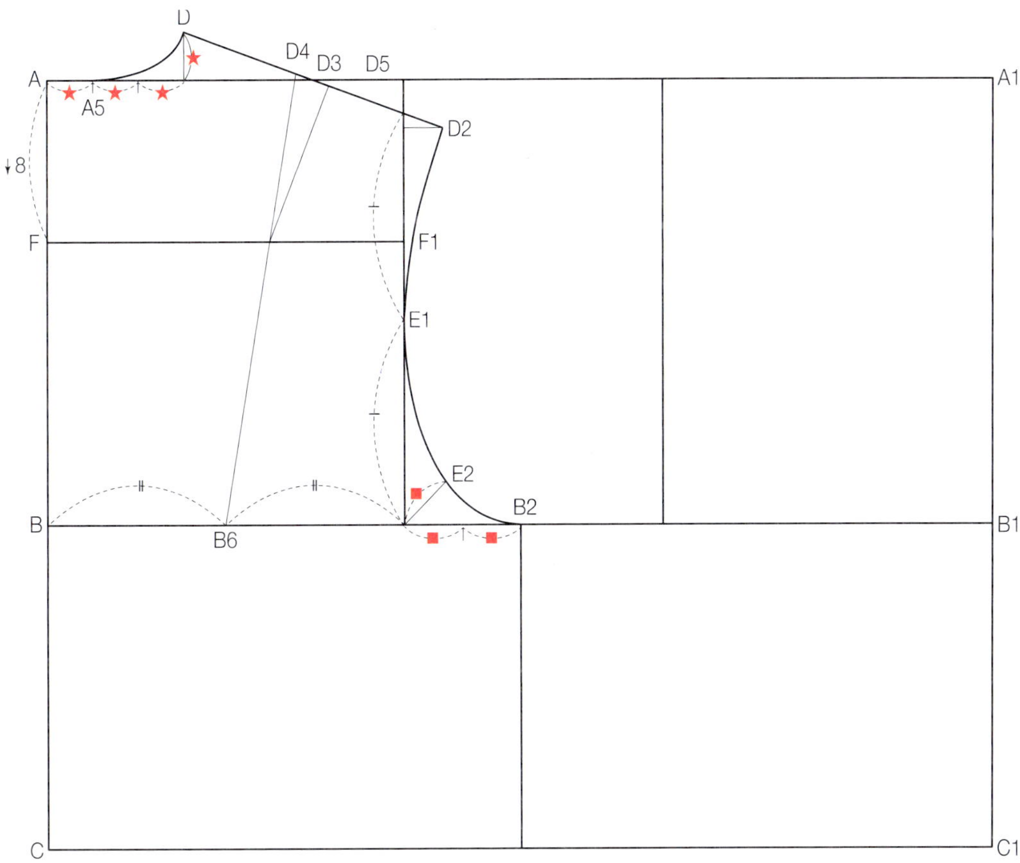

- A5 : 점A에서 뒷목너비/3(★)의 첫 번째 지점을 A5로 표시한다.
- A5 - D : 점A5에서 점D까지 자연스럽게 곡선을 그린다.
  (이때 점A5가 자연스럽게 연결되도록 한다.)
- B2 - E2 - E1 : 점B2, E2, E1을 한 번에 지나도록 곡선을 그린다.
- E1 - D2 : 선B2 - E2 - E1와 점D2가 자연스럽게 연결되도록 곡선을 그린다.
- F : 점A에서 수직으로 8cm내려와 점F를 표시한다.
- F - F1 :점F에서 수평으로 뒤품선A2 - B3과의 교차점을 F1으로 표시한다.
- B6 : 선B - B3의 1/2에 점B6를 표시한다.
- D3 : 어깨선D - D2와 기초선A - A1의 교차점을 D3로 표시한다.
- D4, D5 : 점D3에서 어깨선에서 중심쪽으로 0.9cm 이동한 점을 D4, 바깥쪽으로 0.9cm 이동한 점을 D5로 표시한다.
- D4 - B6 : 점D4와 점B6를 직선으로 연결한다.
- F2 : 선D4 - B6와 선F - F1의 교차점을 F2로 표시한다.
- D4 - F2 - D5 : 점D4, F2, D5를 직선으로 연결하여 뒤어깨다트를 그린다.

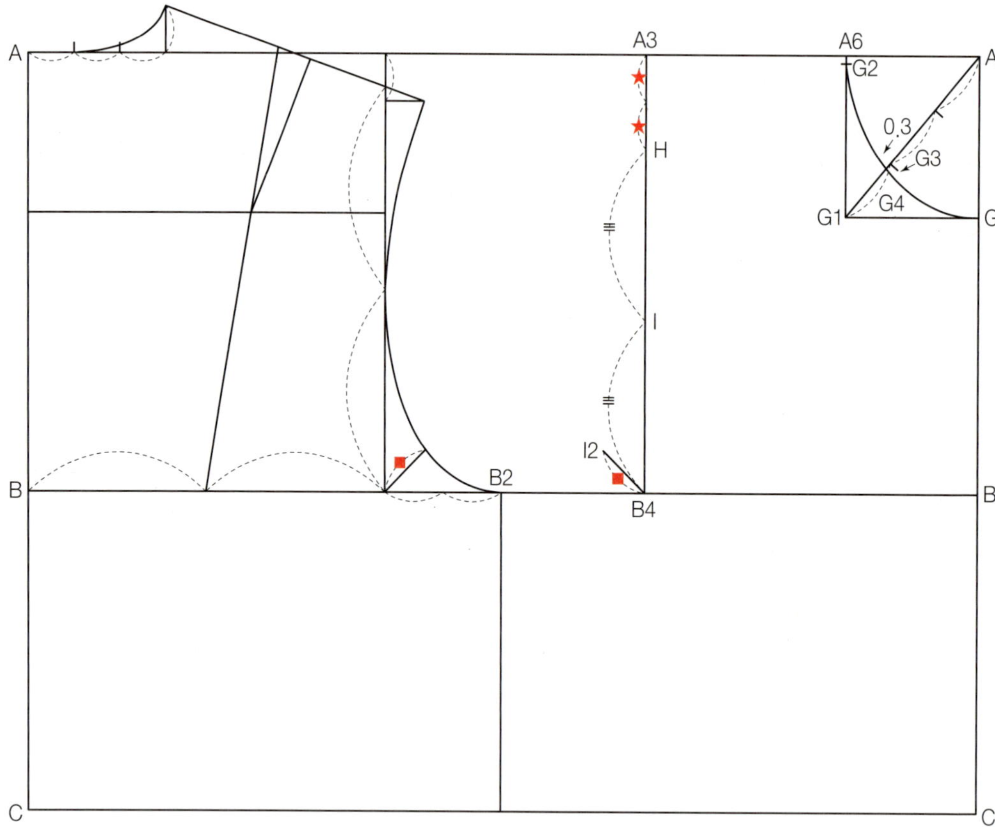

3) 앞판

- A6 : 점A에서 앞목너비B/20+2.5cm가서 점A6를 정한다.
  (앞목너비/2는 뒤목너비/2와 같거나 -0.2cm 적다.)
- G : 점A1에서 앞목너비(B/20+2.5)+1.2~2cm만큼 수직으로 내려가 앞목깊이점 G를 정한다.(거북목이 심할수록 머리가 앞으로 기울어져 있어 앞목깊이가 길어진다. 그러므로 제도자의 체형에 맞춰 길이를 조절한다.)
- G-G1 : 점G에서 수평으로 선A1-A6길이만큼 가서 점 G1을 정한다.
- G1-A6 : 점G1과 점A6를 연결한다.
- G2 : 점A6에서 수직으로 0.5cm 내려와 점G2를 표시한다.
- A1-G2 : 점A1-G1을 직선으로 연결한다.
- G3 : 점G로부터 선A1-G의 1/3만큼 나간 점을 G3로 표시한다.
- G4 : 점G3로부터 0.3cm 점G1의 방향으로 내려가서 점G4를 표시한다.

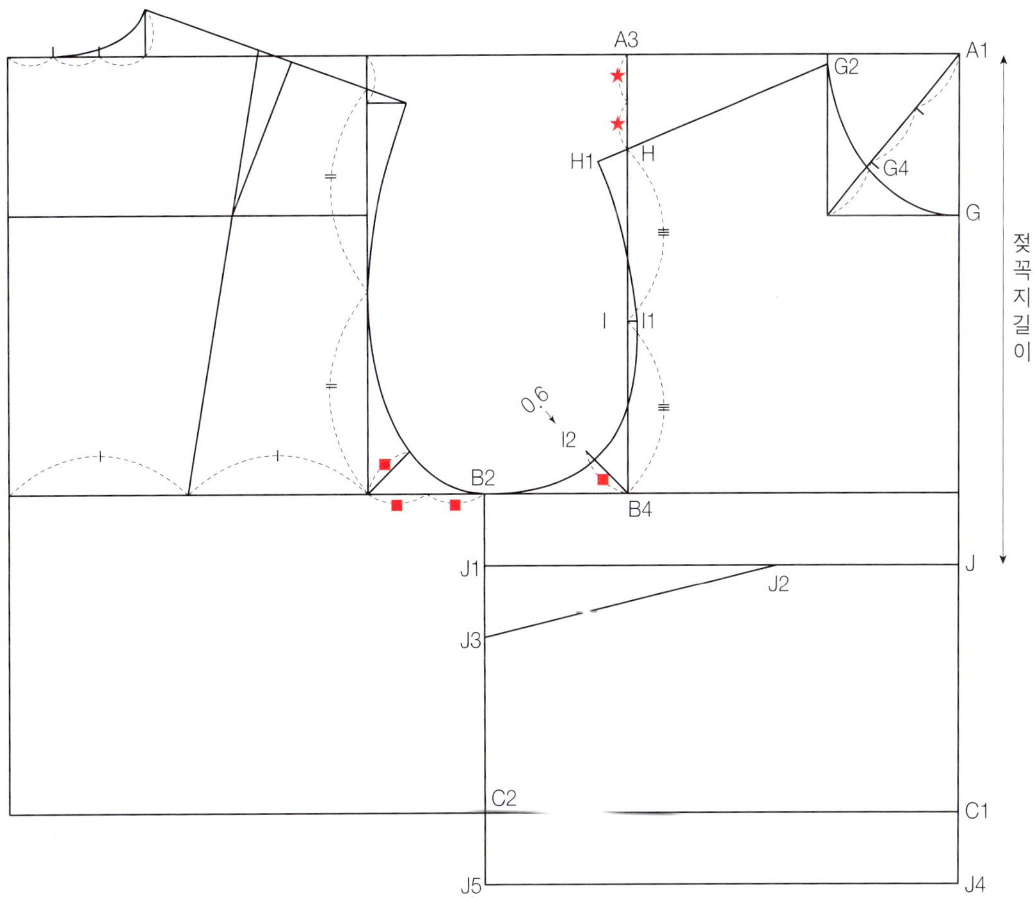

- A3-H : 점A3에서 ★길이의 2배 만큼 수직으로 내려가서 점H를 표시한다.
- I : 선H-B4의 1/2에 점I를 표시한다.
- I-I1 : 점I에서 0.5cm 수평으로 들어가 점I를 표시한다.
- I2 : 점B4에서 뒤판의 (선B3-B5)-0.6cm만큼 45도 각도로 올라가 점I2를 정한다.
- G2-G4-G : 점G2, G4, G를 한 번에 지나도록 곡자로 그린다.(이때 앞목깊이점G를 기준으로 양쪽이 대칭이 되는 패턴이 되는 것을 유의하며 그려준다.)
- G2-H1 : 점G2에서 점H를 지나 뒤어깨길이 (D-D4)+(D5-D2)의 길이만큼 직선으로 연장한 끝을 H1로 정한다.
- B2-I2-I1 : 점B2, I2, I1를 자연스럽게 지나도록 곡자로 그린다.
- I1-H1 : 선B2-I2-I1와 점H1이 자연스럽게 연결되도록 곡선을 그린다.(뒤암홀선 D2-E1보다 약간 더 곡진다.)

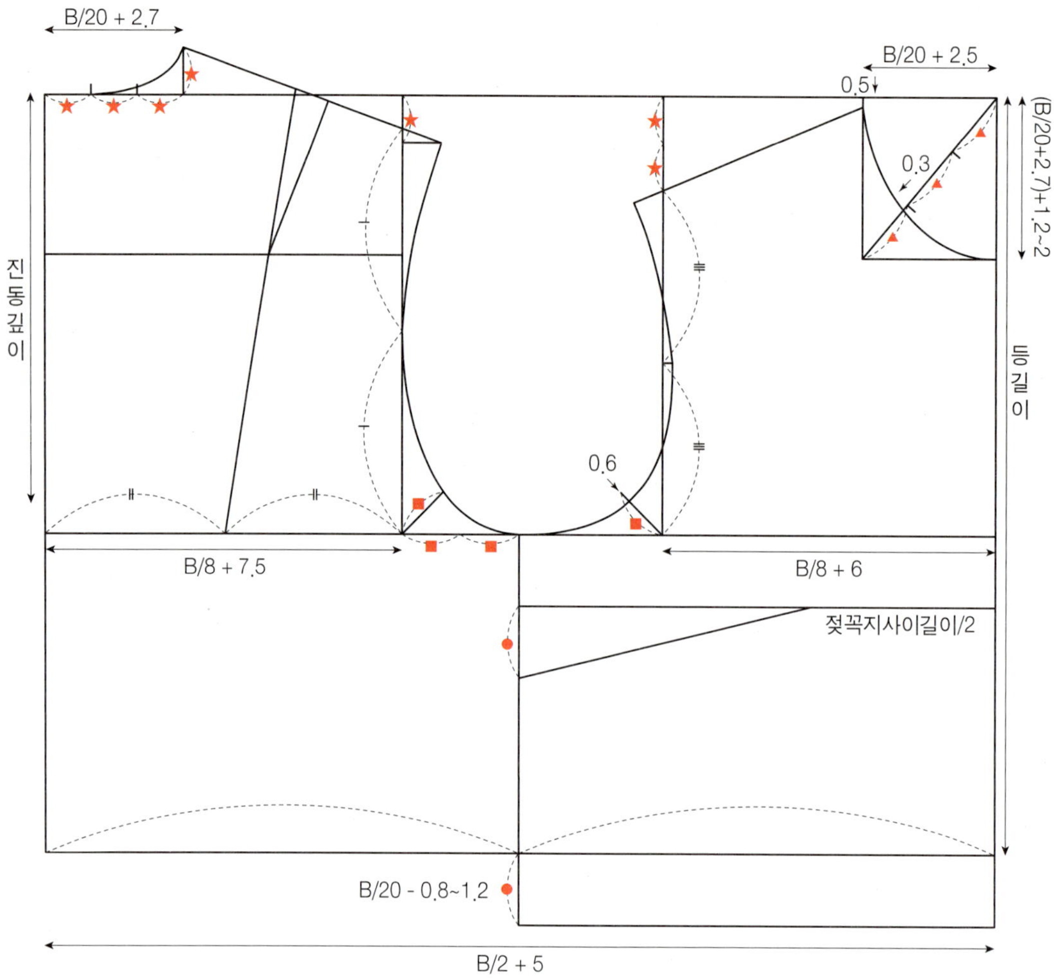

- J : 젖꼭지길이B/6+11cm 만큼 수직으로 내려가 점J를 표시한다.
- J-J1 : 점J에서 수평으로 그어 옆선과의 교차점을 J1으로 표시한다.
- J2 : 점J에서 젖꼭지사이길이/2 만큼 수평으로 가서 점J2를 표시한다.
- J3 : 점J1에서 앞다트분량B/20-0.8~1.2cm(◉) 수직으로 내려가 점J3를 표시한다.
- J1-J2-J3 : 점J1, J2, J3를 직선으로 연결하여 앞다트를 그린다.
- C1-J4 : 점C1에서 수직으로 앞다트분량B/20-0.8~1.2cm(◉)수직으로 내려가 점J4를 정한다.
- C2-J5 : 점C2에서 수직으로 앞다트분량B/20-0.8~1.2cm(◉)수직으로 내려가 점J5를 정한다.
- J4-J5 : 점J4와 J5를 직선으로 연결한다.

2. 토르소 원형

토르소 원형 제도에 필요한 치수

	항목	추정식	치수(cm)
1	키		160
2	가슴둘레(B)		88
3	허리둘레(W)		72
4	엉덩이둘레(H)		96
5	등길이	키/6-2cm	38
6	진동깊이	B/10+10.5+2~3cm	21.8
7	1/2 겨드랑뒤벽사이길이(뒤품)	B/8+7.5cm	18.5
8	1/2 겨드랑앞벽사이길이(앞품)	B/8+6cm	17
9	1/2 젖꼭지길이(유상)	B/6+11cm	25.6
10	1/2 젖꼭지간격(유폭)	B/10+0.5~0.7cm	9.3
11	앞가슴다트분량 = 앞처짐분량	B/20-0.8~1.2cm	3.6
12	엉덩이길이	키/8-0~1cm	19

토르소(torso)란 목, 팔, 다리 등이 없이 몸통만이 있는 조각을 말한다. 토르소 원형은 길원형에서 엉덩이까지 길이를 연장하고 등만곡분과 앞, 뒤에 허리 다트를 만들어 준다. 길원형에 비해 몸에 FIT하게 맞고 길이가 길어져 활용도가 좋다.

제도의 준비

길 원형을 베껴낸다.

일반적으로 가슴둘레보다 엉덩이둘레가 커서 패턴이 겹쳐서 제도되므로 옆선을 잘라 앞판과 뒤판을 분리한다.

(앞판과 뒤판은 5~10cm 정도 벌려주고 허리선은 맞춰서 붙여주면 제도하기 편리하다.)

앞판의 선C1-C2는 허리선으로 오인될 수 있으므로 지워주는 것이 좋다.

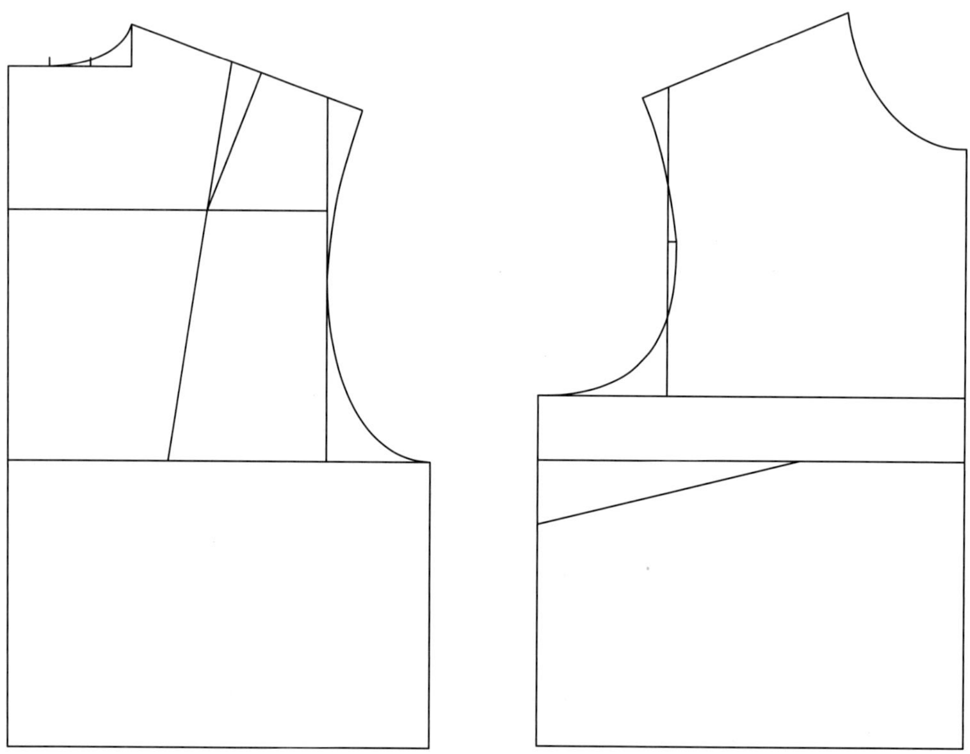

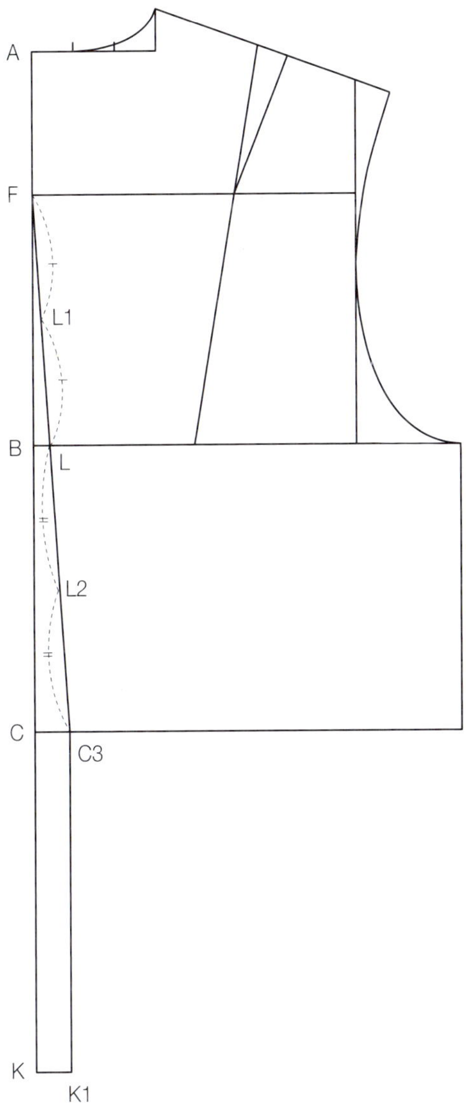

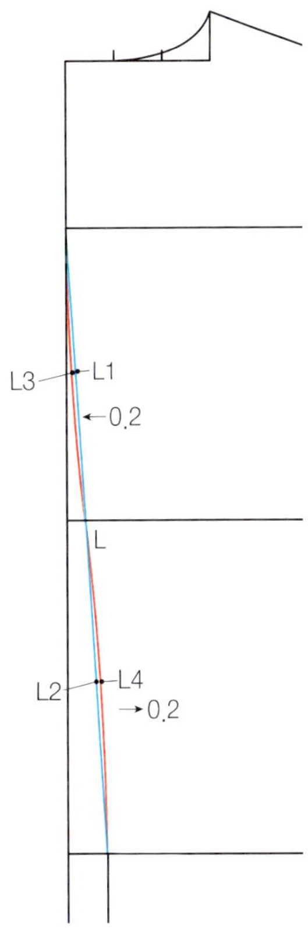

1) 등만곡선 그리기

- C - K : 점C에서 엉덩이길이만큼 수직으로 내려온 점을 점K로 정한다.
- K - K1 : 점K에서 수평으로 등만곡분량 2cm 나가 점K1을 정한다.
- K1 - C3 : 점K1에서 수직으로 올려 그어 허리선C - C2 만나는 교차점을 C3로 정한다.
- C3 - F : 점C3에서 F까지 직선으로 연결한다.
- L : 선C3 - F와 선B - B2의 교차점을 L으로 정한다.
- L1 : 선F - L의 1/2을 점L1으로 정한다.

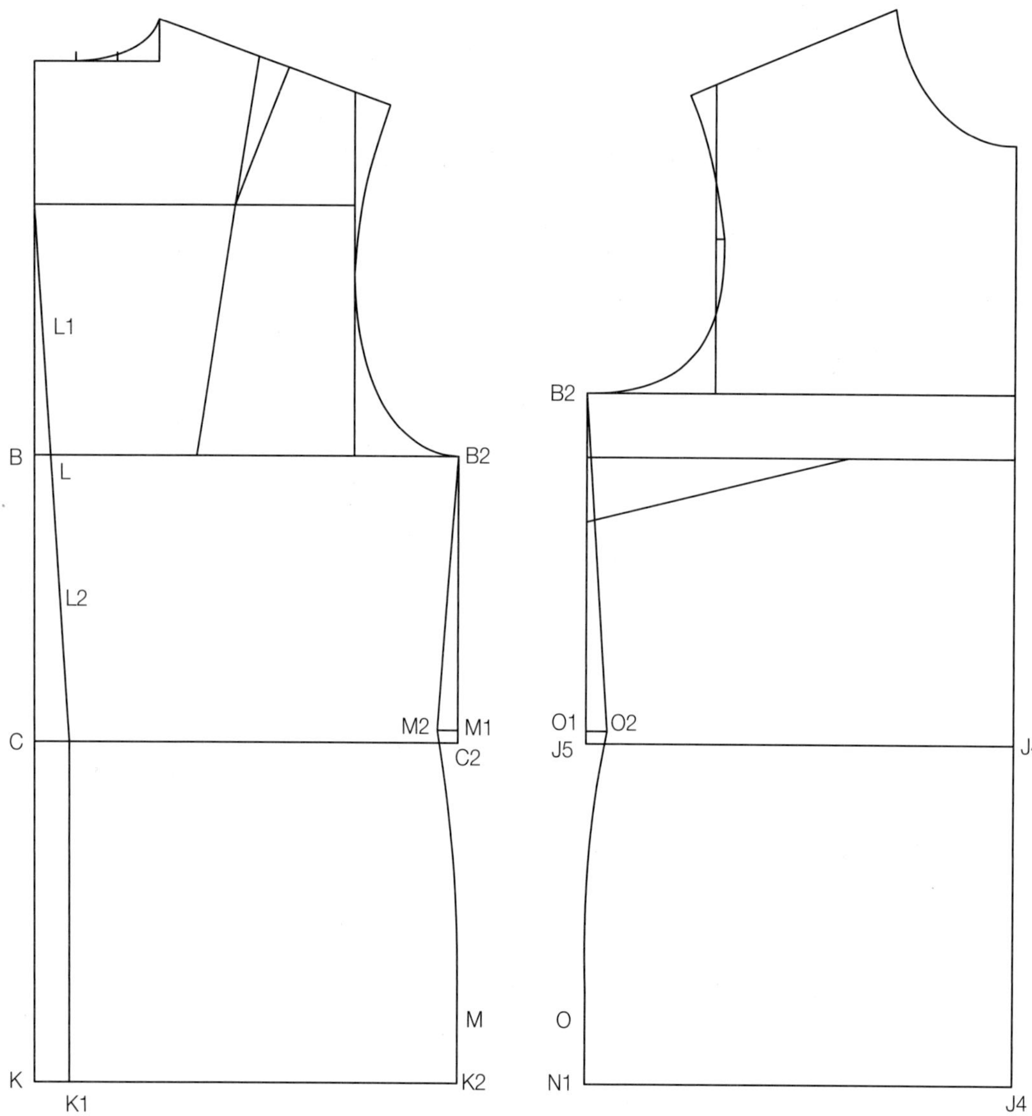
L1
B
L
B2
L2
C
M2
M1
C2
M
K
K1
K2
B2
O1
O2
J5
J4
O
N1
J4

• L1 - L2 : 점L1에서 왼쪽으로 0.2cm 나간점을 L2로 정한다.
• L3 : 선L - C3의 1/2을 점L3으로 정한다.
• L3 - L4 : 점L3에서 오른쪽으로 나간점을 L4로 정한다.
• F - L2 - L - L4 - C3 : 점F에서 점L2, L을 한 번에 지나가도록 힙곡자로 그려준다. 이때 점L보다 5 - 7cm 정도 길게 그린 후 그 끝에서부터 점L4, C3를 한 번에 지나가도록 힙곡자의 좌우로 뒤집어 그려준다.

2) 뒤옆선

• K1 - K2 : 점K1에서 수평으로 H/4 + (1) - 1cm 나가 점K2를 정한다.
• K2 - M : 점K2에서 수직으로 5~6cm 올라가 점M을 정한다.
• C2 - M1 :점C2에서 수직으로 0.7cm 올라가 점M1을 표시한다.
• M1 - M2 : 점M1에서 수평으로 1.2cm 들어가 옆허리점M2을 정한다.
• B2 - M2 : 점B2에서 점M2를 직선으로 연결한다.
• M2 - M : 점M2와 점M을 엉덩이 모양에 맞게 힙곡자로 그려준다.

3) 앞옆선

• J4 - N : 점J4에서 수직으로 엉덩이길이만큼 수직으로 내려온 점을 점N로 정한다.
• N - N1 : 점N에서 수평으로 H/4 + (1) + 1cm 나가 점N1을 정한다.
• N1 - O : 점N1에서 수직으로 5~6cm 올라가 점O을 정한다.
• J5 - O1 : 점J5에서 수직으로 0.7cm 올라가 점O1을 표시한다.
• O1 - O2 : 점O1에서 수평으로 1.2cm 들어가 옆허리점O2을 정한다.
• B2 - O2 : 점B2에서 점O2를 직선으로 연결한다.
• O2 - O : 점O2와 점O을 선M2 - M과 좌우반대가 되도록 힙곡자로 그려준다.

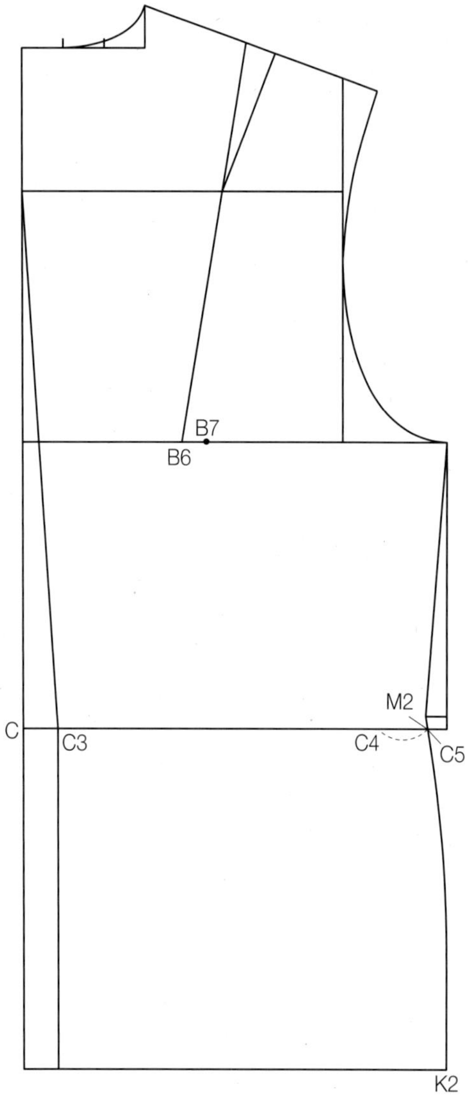
B7
B6
M2
C
C3
C4
C5
K2

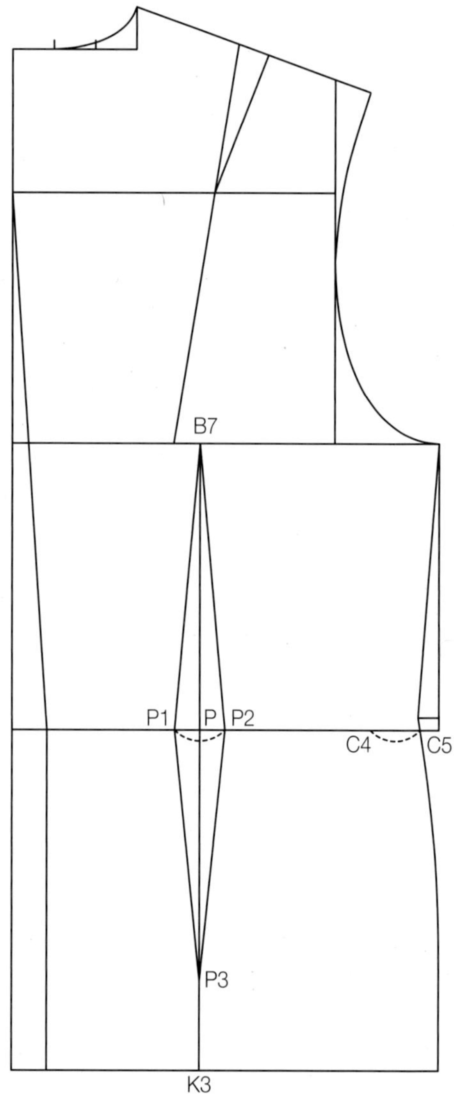
B7
P1
P
P2
C4
C5
P3
K3

4) 뒤허리다트

- C4 : 점C3에서 W/4+(1.5)-1cm 나가 점C4를 표시한다.
- C5 : 허리선C-C2와 옆엉덩이선M2-K2의 교차점을 C5로 정한다.
- C4-C5 : 선C4-C5의 길이가 뒤판의 다트 분량이 된다.
- B7 : 점B6에서 수평으로 1.5cm 나가 점B7으로 표시한다.
- B7-K4 : 점B7에서 수직으로 내려긋어 엉덩이선K-K2의 교차점을 K3로 표시한다.
- P : 선B7-K3와 허리선C-C2의 교차점을 P로 표시한다.
- P1, P2 : 다트 분량 선C4-C5의 1/2을 점P의 양쪽으로 표시하고 각각 점P1, P2로 표시한다.
- P3 : 점P에서 수직으로 14cm 내려온다.
- B7-P1-P3-P2-B7 : 점B7과 점P1, P3, P2, B7의 순서로 직선으로 이어 뒤허리다트를 완성한다.

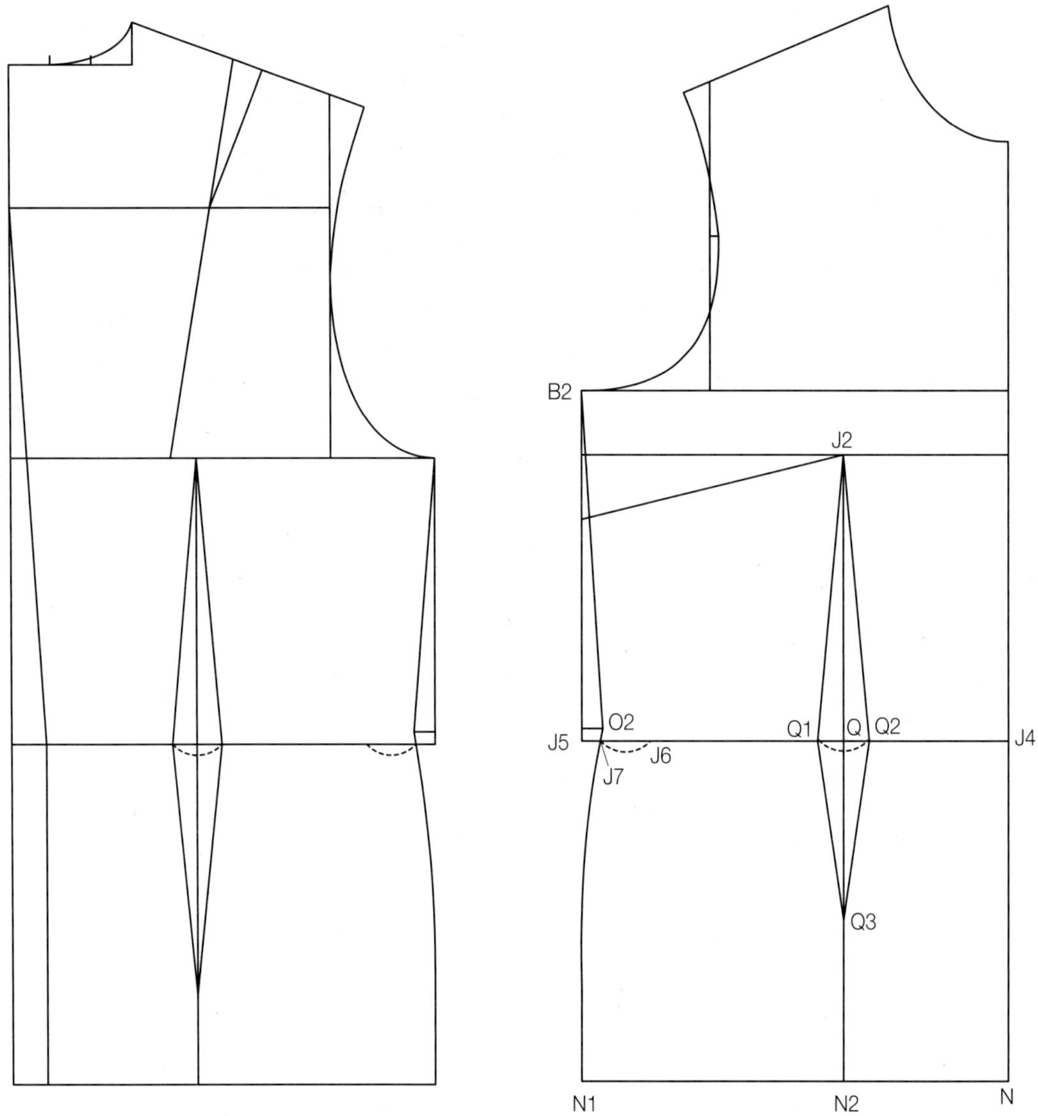
B2
J2
O2
Q1
Q
Q2
J5
J6
J4
J7
Q3
N1
N2
N

5) 앞허리다트

- J4 : 점N에서 W/4+(1.5)+1cm 나가 점J6를 표시한다.
- J7 : 허리선J4-J5와 옆엉덩이선O2-N1의 교차점을 J7로 정한다.
- J6-J7 : 선C4-C5의 길이가 앞판의 다트분량이 된다.
  (바르게 그렸다면 뒤판과 분량이 같다.)
- J2-N2 : B.P점J2에서 수직으로 내려 엉덩이선N-N1의 교차점을 N2로 표시한다.
- Q : 선J2-N2와 허리선J4-J5의 교차점을 Q로 표시한다.
- Q1, Q2 : 다트 분량 선J6-J7의 1/2을 점Q의 양쪽으로 표시하고 각각 점Q1, Q2로 표시한다.
- Q3 : 점Q에서 수직으로 10cm 내려온다.
- J2-Q1-Q3-Q2-J2 : 점J2과 점Q1, Q3, Q2, J2의 순서로 직선으로 이어 앞허리다트를 완성한다.

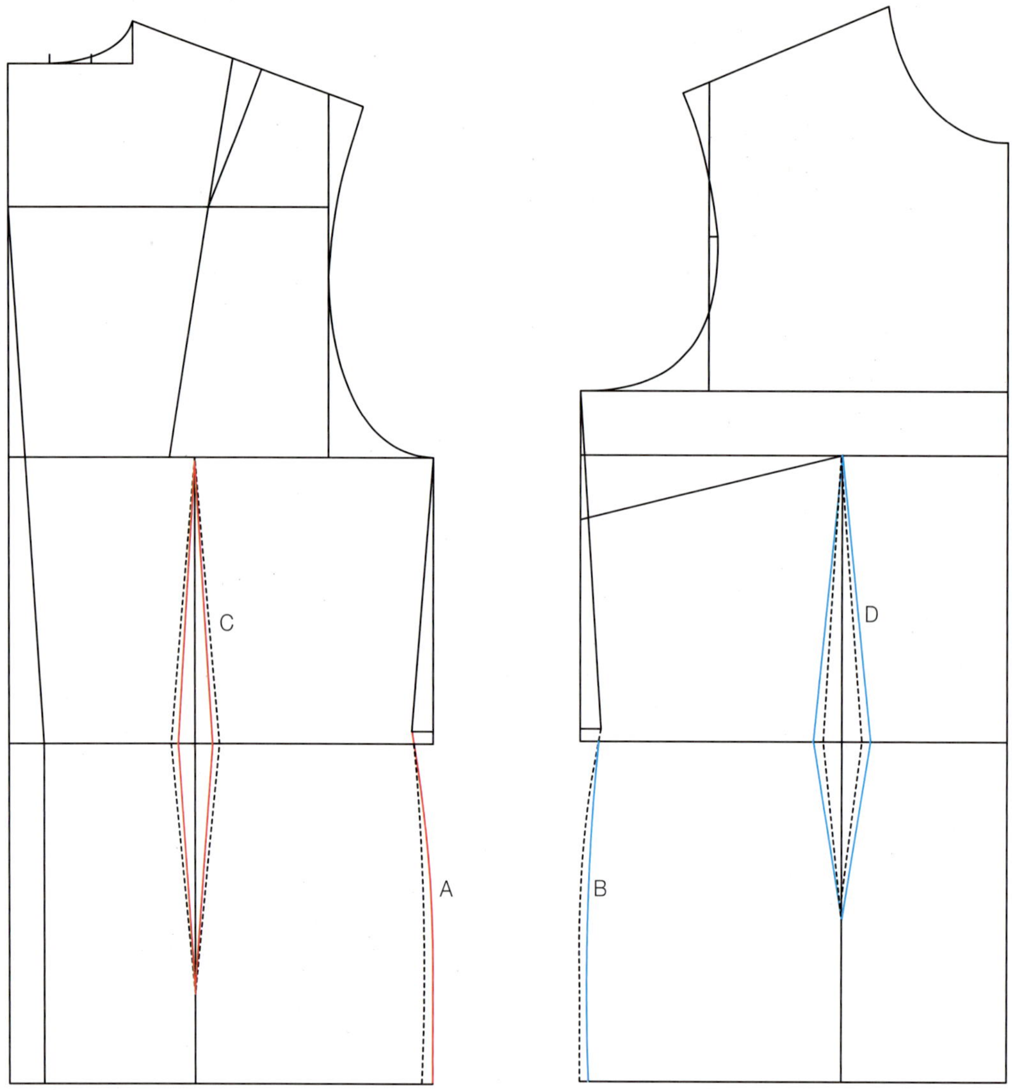
C
D
A
B

※ 뒤판의 등만곡을 위해 2cm 들어온 점K1에서 H/4+(1)-1cm만큼 나간다. 이공식에서 ( ) 안의 1cm는 여유분량이고 뒤에 -1cm는 등만곡 때문에 생기는 분량의 1/2이다. 만약 이 분량을 빼지 않고 H/4+1cm로 제도하면 뒤판의 옆선은 A처럼 엉덩이선 부분이 튀어나오게 된다. 앞판을 뒤판과 동일하게 H/4+1cm로 제도하면 뒤판과는 반대로 B처럼 엉덩이선 부분이 직선에 가깝게 된다. 그러므로 패턴의 밸런스를 위해 튀어나온 분량(등만곡분량)의 1/2을 뒤판에서 빼주고 나머지 1/2은 앞판에서 더해주게 된다. 그리하여 뒤판은 H/4+(1)-1cm, 앞판은 H/4+(1)-1cm이 된다. 등만곡의 분량이 달라지면 공식의 맨 끝의 숫자도 바뀐다.

이 현상은 허리에서도 마찬가지로 나타나 C처럼 뒤판의 다트는 작아지고 D처럼 앞판의 다트는 커지게 된다. 다만 허리둘레의 여유분은 팔을 들면 옷이 위로 올라가는데 허리윗부분은 허리보다 굵어지므로 여유분을 엉덩이보다 많은 1.5cm로 적용하여 뒤판은 W/4+(1.5)-1cm, 앞판은 앞판은 H/4+(1.5)-1cm이 된다. 만약 등만곡이 없는 디자인이라면 점K와 점N에서 각각 H/4+1(여유분)cm만 나간다.

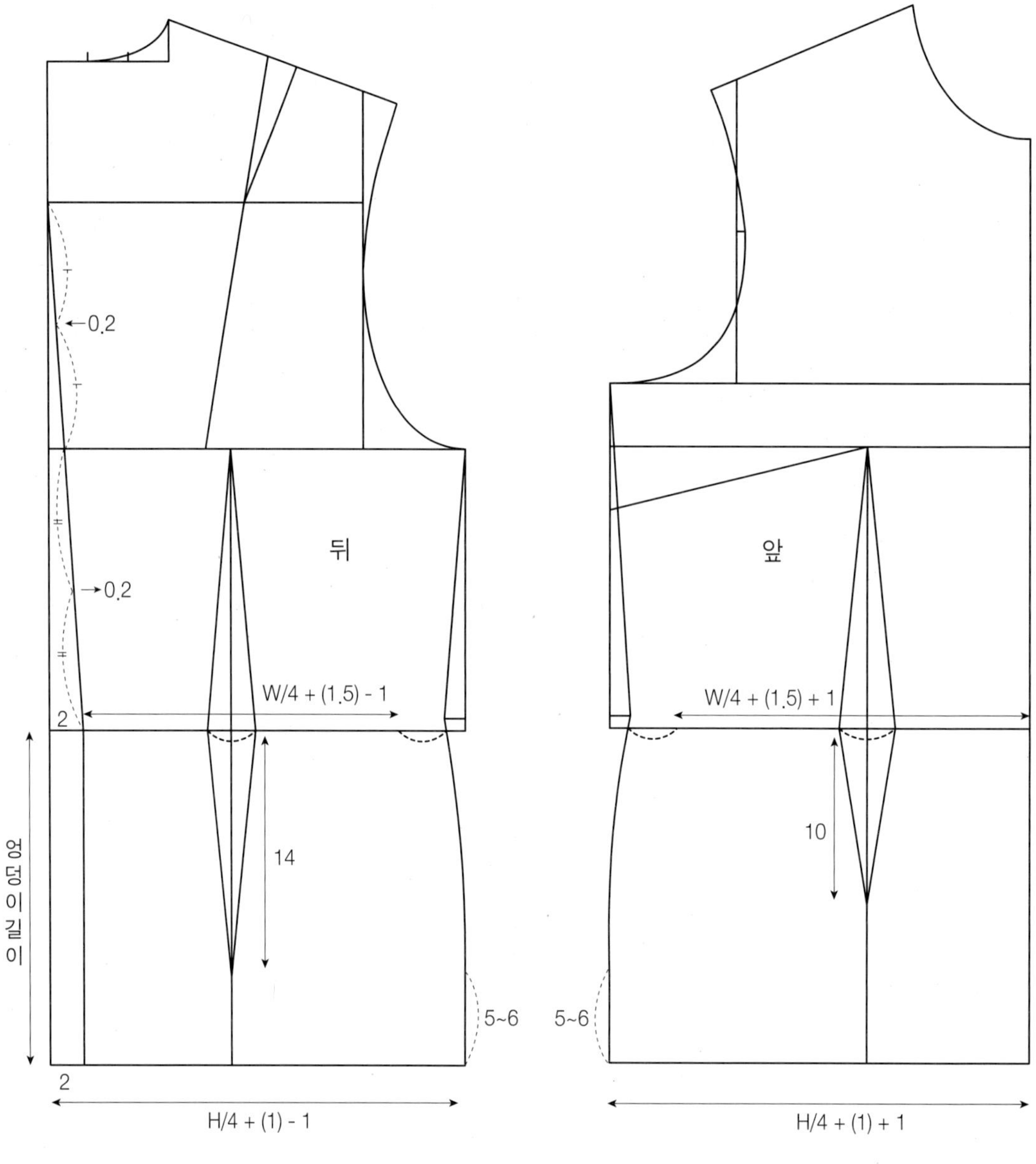

0.2
0.2
뒤
W/4 + (1.5) - 1
2
엉덩이길이
14
5~6
2
H/4 + (1) - 1
앞
W/4 + (1.5) + 1
10
5~6
H/4 + (1) + 1

3. 무다트 원형

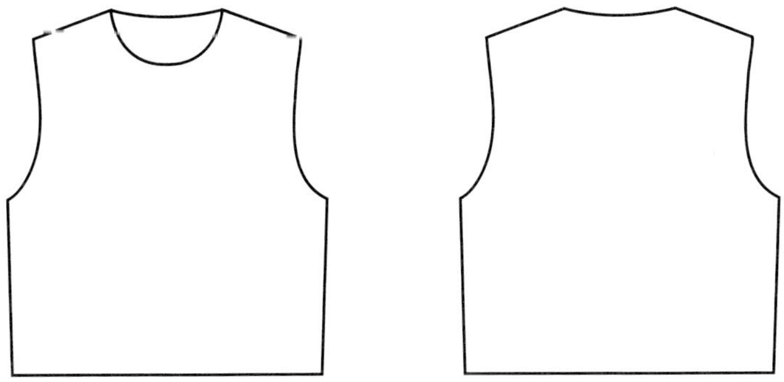

다트가 디자인에 있어 불필요한 요소가 될 경우 다트를 없앨 수 있다.

옷에 여유분이 많은 박시한 스타일의 경우 널리 쓰인다.

다트는 인체의 입체적인 형상에서 기인하므로 한 군데에서 무리하게 없애는 것보다 여러 방향으로 분산시키는 것이 좋다.

어깨다트 분량을 무리하게 없애면 견갑골 부분에 주름과 어깨 부분이 불편하게 만들어진다. 이럴 경우 뒤어깨선에 ease 분량을 넣어 봉제하거나 요그를 만들어 줄 수도 있다.

가슴다트는 무리하게 없애면 앞품과 겨드랑 부위에 주름이 생기거나 옷의 앞부분이 들려 보일 수 있다. 앞판의 경우도 자연스럽게 다트를 이동하여 디자인하거나 절개선을 만들어 주는 방법으로 대체 할 수 있다.

1) 앞가슴다트의 이동

①

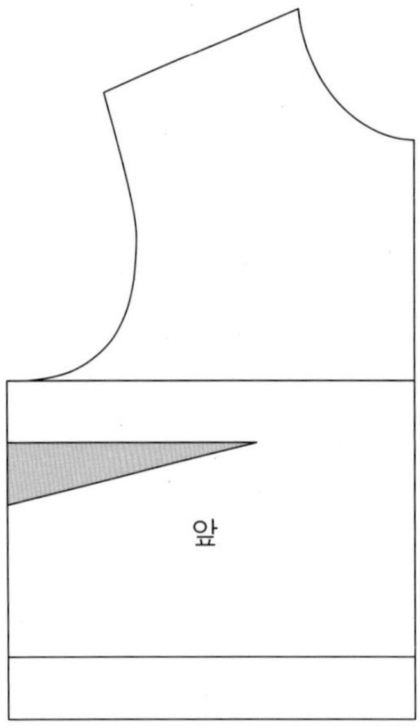

②

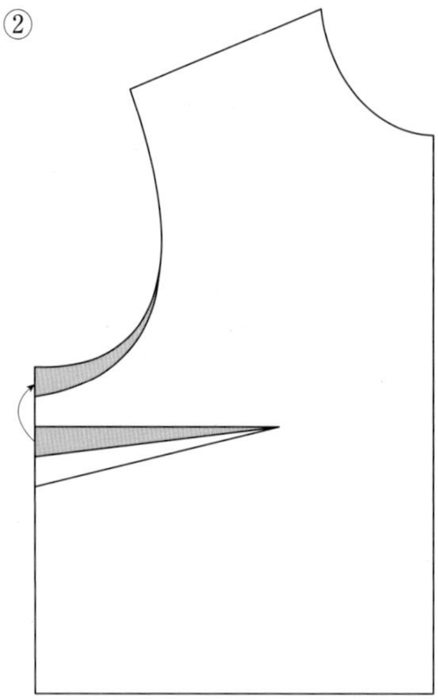

가슴다트분량/2를 진동에서 내려 주고 암홀라인을 다시 그린다.

③

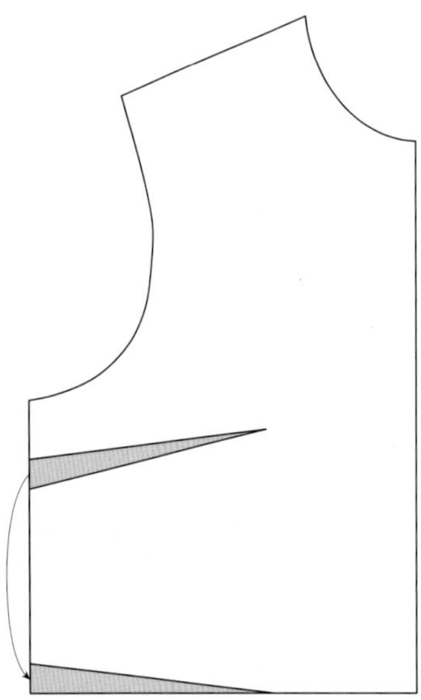

나머지 가슴다트분량/2를 밑단에서 올려주고 밑단을 다시 그린다.

④

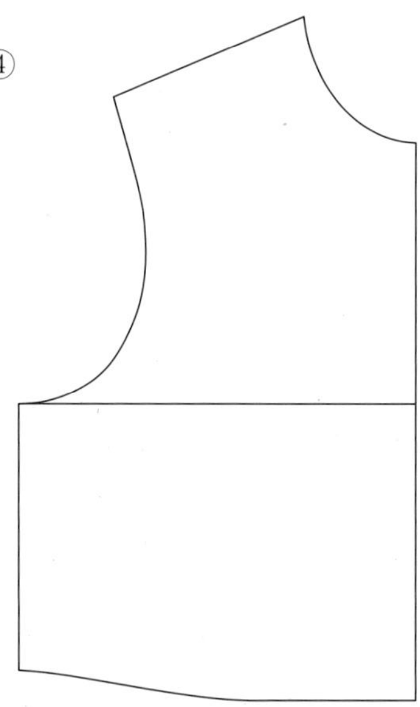

2) 뒤어깨다트의 이동

(1) 3곳으로 분산

①

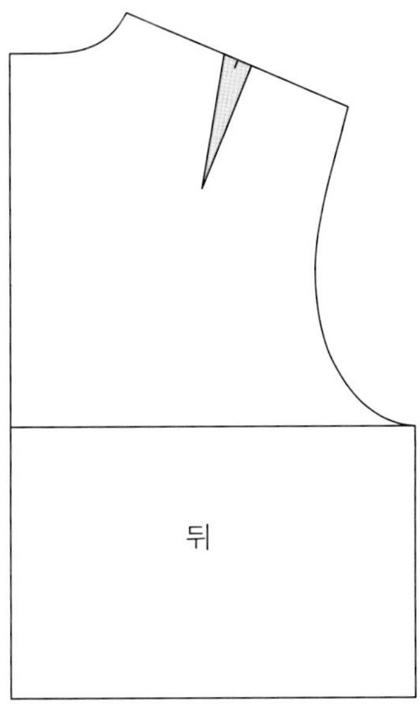

②

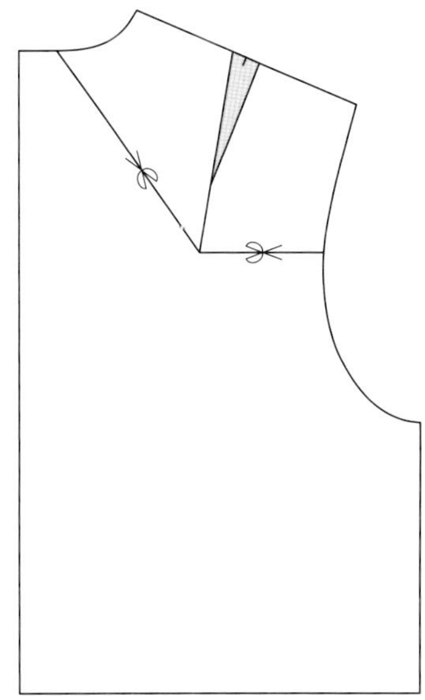

어깨다트의 끝에서 네크라인과 암홀쪽으로 선을 그리고 자른다.

③

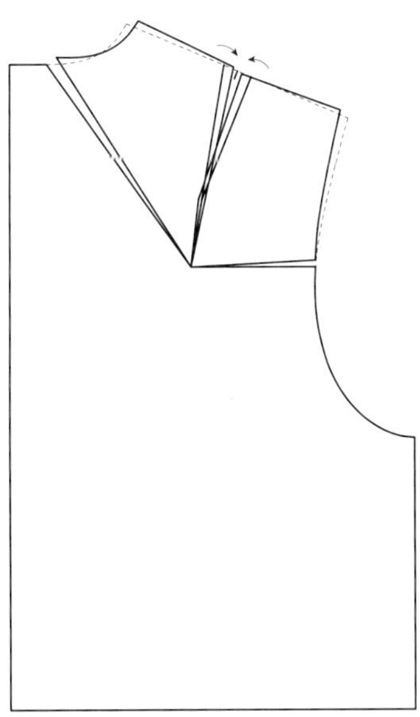

어깨다트 중심쪽으로 패턴을 이동한다.

④

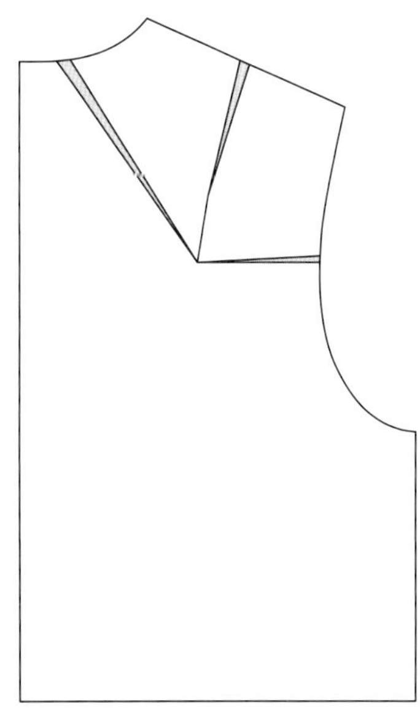

어깨다트가 골고루 분산되었다.

(2) 어깨끝 줄임

①

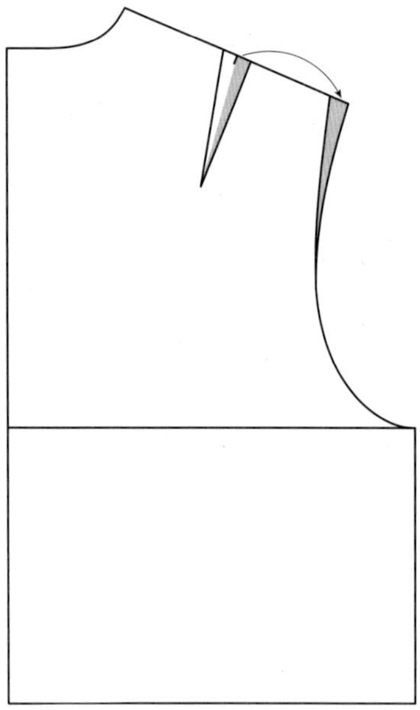

어깨다트-0.7cm를 뺀 나머지분량을 어깨끝에서 깍아준다.

②

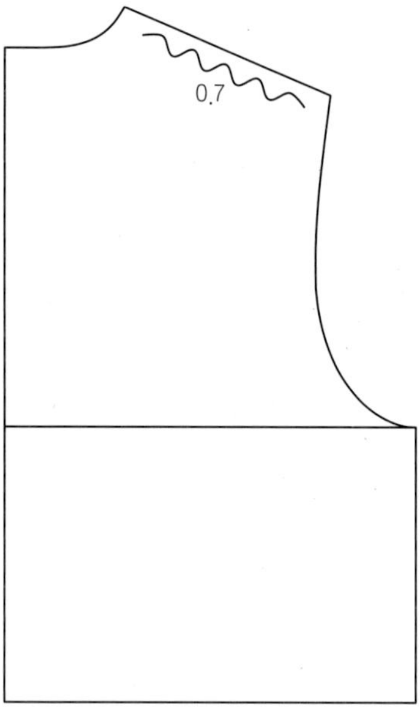

어깨다트에 남아 있는 0.7cm를 ease 처리하여 봉제한다.

4. 소매 원형

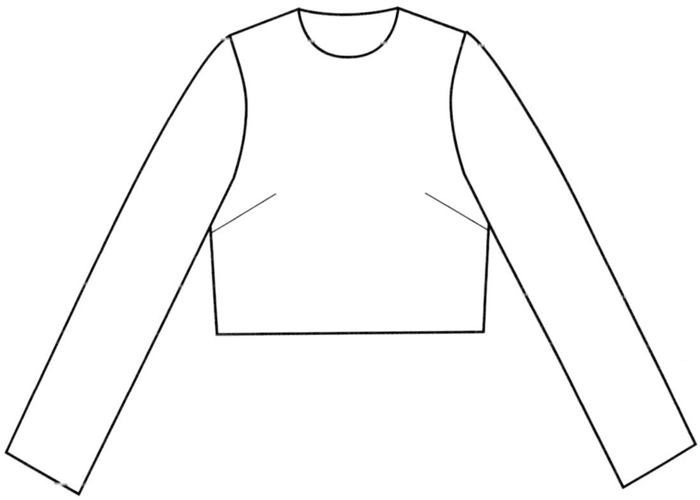

소매 원형 제도에 필요한 치수

	항목	추정식	치수(cm)
1	키		160
2	소매길이	키/8×2.9	58
3	팔꿈치길이	소매길이/2+3~3.5	32~32.5
4	앞진동둘레(F.A.H)		패턴에서 측정
5	뒤진동둘레(B.A.H)		패턴에서 측정

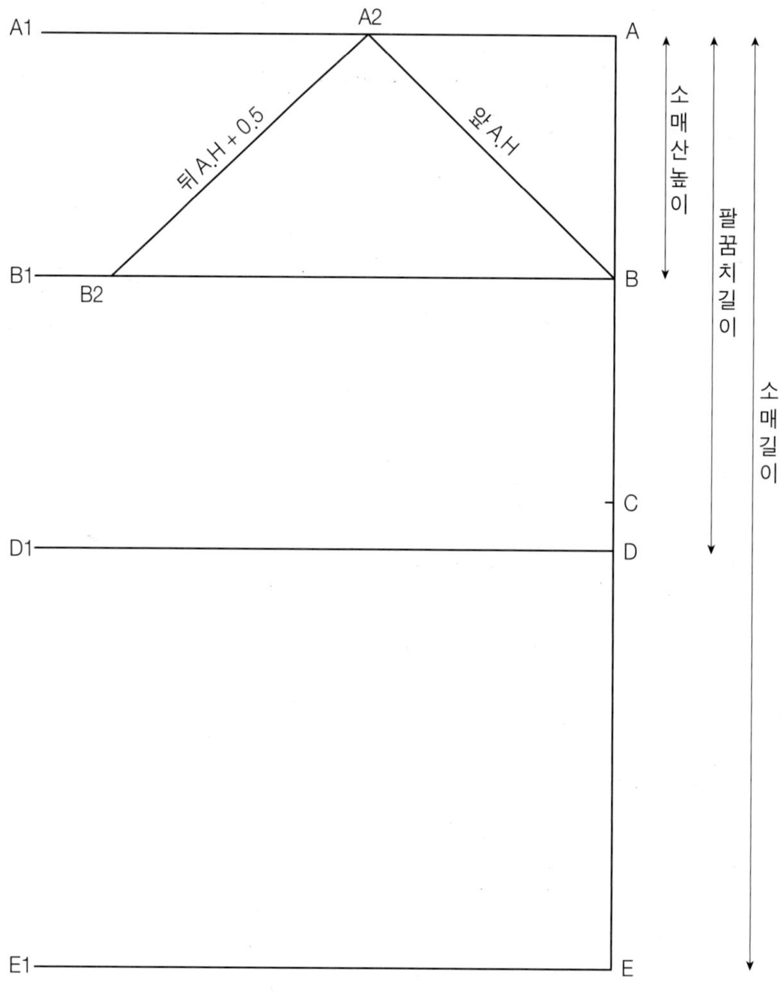
A1
A2
A
뒤 A.H + 0.5
앞 A.H
소매산높이
팔꿈치길이
소매길이
B1
B2
B
C
D1
D
E1
E

1) 기초선

- A-E : 왼쪽에 소매길이만큼 선을 긋고 위쪽을 점A, 아래쪽을 점D로 정한다.
- B : 점A에서 소매산높이A.H/3±1cm 수직으로 내려온 점을 B로 정한다.
  (소매산의 높이는 의복의 디자인이나 용도, 체형에 따라 가감된다.)
- C : 선A-E의 1/2에 점C를 표시한다.
- D : 점C에서 수직으로 3~3.5cm만큼 내려와 점D를 정한다.
- A-A1 : 점A에서 수평으로 길게 그리고 끝을 점A1으로 정한다.
- B-B1 : 점B에서 수평으로 길게 그리고 끝을 점B1으로 정한다.
- D-D1 : 점D에서 수평으로 길게 그리고 끝을 점D1으로 정한다.
- E-E1 : 점E에서 수평으로 길게 그리고 끝을 점E1으로 정한다.
- B-A2 : 점B에서 앞A.H길이만큼 사선으로 올라가서 선A-A1과 만나는 지점을 A2로 표시한다.
- A2-B2 : 점A2에서 뒤A.H길이+0.5cm 사선으로 내려가서 선B-B1과 만나는 지점을 B2로 표시한다.
  (재킷의 경우 ease 분량이 블라우스나 원피스 보다 많이 필요하므로 앞 A.H길이+0.5cm, 뒤 A.H길이+0.5cm로 그려준다.

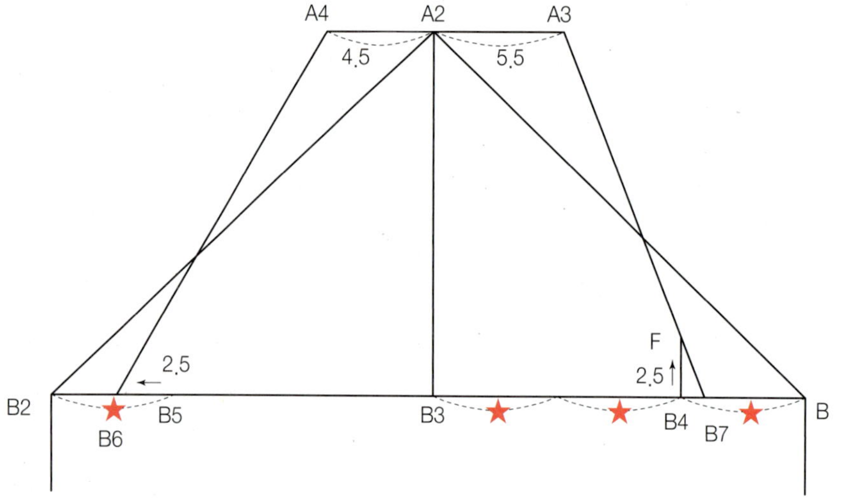

- B3 : 점A2에서 수직으로 내려 선B-B1과 만나는 점을 B3로 표시한다.
- B4 : 점B에서 선B-B3길이의 1/3을 점B4로 표시한다.
- F : 점B4에서 수직으로 2.5cm 올라가 점F를 정한다.
- B5 : 점B2에서 선B-B3길이의 1/3의 길이를 오른쪽으로 가서 B5로 표시한다.
- B6 : 점B5에서 왼쪽으로 2.5cm 가서 점B6로 표시한다.
- A2-A3 : 점A2에서 5.5cm 오른쪽으로 선을 긋고 점A3로 정한다.
- A2-A4 : 점A2에서 4.5cm 왼쪽으로 선을 긋고 점A4로 정한다.
- A3-B7 : 점A2에서 점F를 지나 선B-B1까지 연장하여 만난점을 B7으로 표시한다.
- A4-B6 : 점A2에서 점B6까지 직선으로 연결한다.

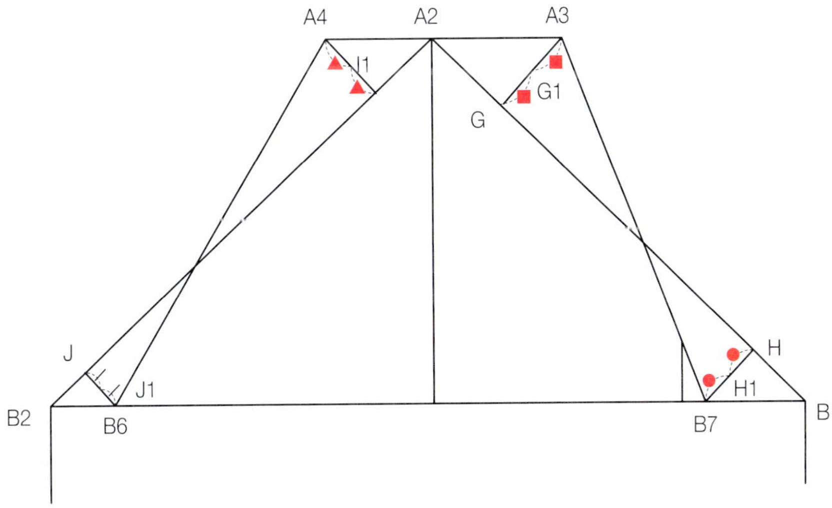

- G : 점A3와 앞A.H길이선A2-B와 직각으로 선을 그어 만나는 점을 G로 표시한다.
- G1 : 선A3-G의 1/2을 점G1으로 표시한다.
- H : 점B4와 앞A.H길이선A2-B와 직각으로 선을 그어 만나는 점을 H로 표시한다.
- H1 : 선B4-H의 1/2을 점H1으로 표시한다.
- I : 점A4와 뒤A.H길이선A2-B2와 직각으로 선을 그어 만나는 점을 I로 표시한다.
- I1 : 선A4-I의 1/2을 점I1으로 표시한다.
- J : 점B6와 뒤A.H길이선A2-B와 직각으로 선을 그어 만나는 점을 J로 표시한다.
- J1 : 선B6-J의 1/2을 점J1으로 표시한다.

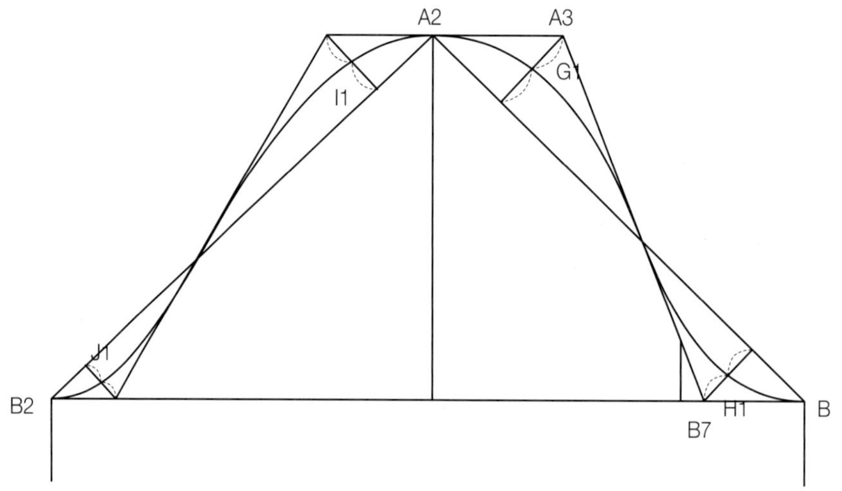

• A2 - G1 - H1 - B : 앞 암홀라인은 점A2, G1을 지나 선A3 - B7와 자연스럽게 만나도록 곡자의 둥근부분을 이용하여 한 번에 그린다. 자를 뒤집어 점B, H1를 지나 선A3 - B7와 자연스럽게 만나도록 곡자의 둥근부분을 이용하여 한 번에 그린다.

• A2 - I1 - J1 - B2 : 뒤 암홀라인은 점A2, I1을 지나 선A4 - B6와 자연스럽게 만나도록 곡자의 둥근부분을 이용하여 한 번에 그린다. 자를 뒤집어 점B, H1를 지나 선A3 - B7와 자연스럽게 만나도록 곡자의 둥근부분을 이용하여 한 번에 그린다.

(소매산의 ease량은 앞, 뒤 소매맞춤 Fn, Bn을 기준으로 겨드랑 아래는 여유분이 없고 Fn ~ 소매산점 ~ Bn으로는 몸판 길이에 10% 정도를 주는 것이 이상적이나 소매산의 높이, 의복의 종류와 디자인, 소재와 봉제숙련도에 따라 달라진다. 블라우스, 원피스의 경우 1 ~ 2cm, 재킷은 2 ~ 3cm, 코트는 2.5 ~ 4cm 정도이다.)

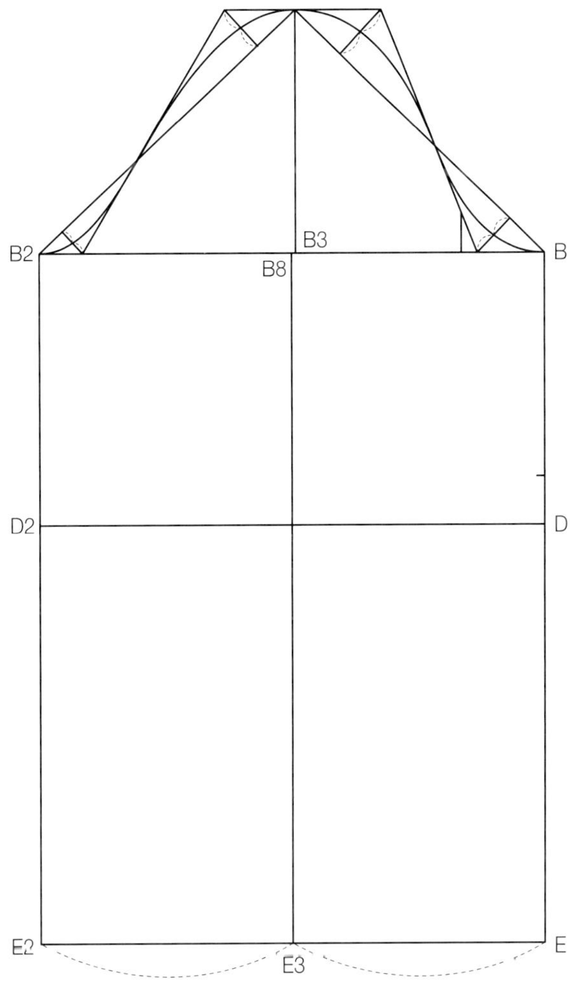

• B2 - E2 : 소매산의 길이를 몸판과 맞춰 수정한 후 점B2에서 수직으로 내려 선E - E1과 만나는 교차점을 E2로 정한다.

• E3 : 밑단선E - E3의 1/2을 점E3로 표시한다.

• E3 - B8 : 점B3에서 수직으로 올려 소매산높이선B - B2와 만나는 점을 B8으로 표시한다.(소매산 수직선점B3와 소매너비의 1/2의 수직선점B8은 일치하지 않는 경우가 더 많다.)

• D2 : 선B2 - E2와 팔꿈치선D - D2의 교차점을 D2로 표시한다.

CHAPTER 02. 여성복 제도

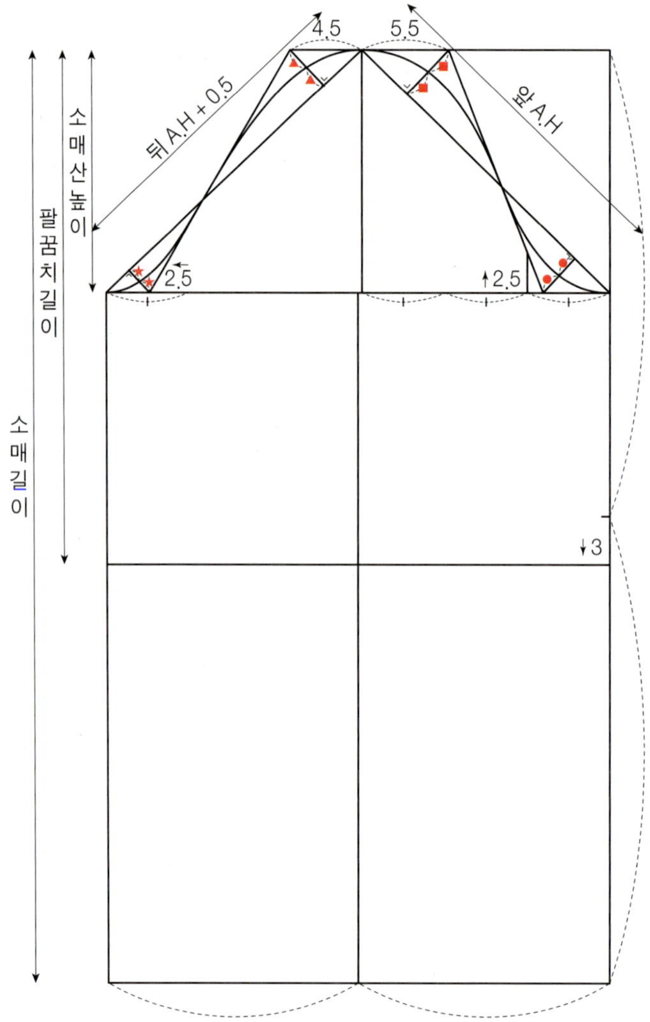

4.5
5.5
뒤 A.H + 0.5
앞 A.H
소매산높이
팔꿈치길이
소매길이
2.5
2.5
3

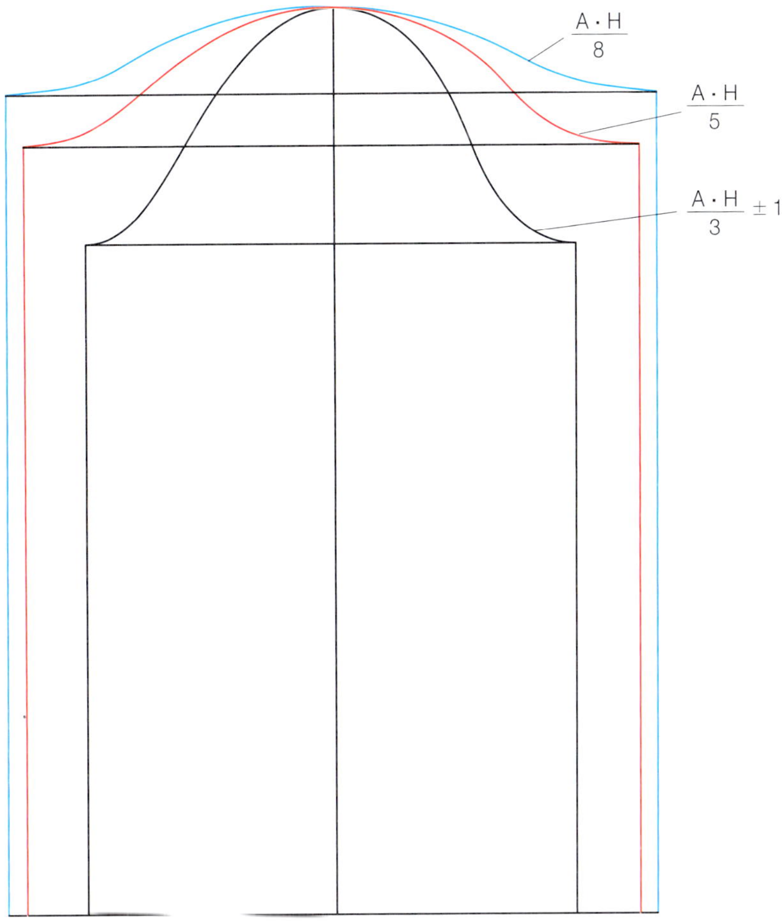

- 소매산의 높이는 소매의 외관과 활동성에 영향을 미친다.
- 소매산이 높으면 아름답지만 소매폭이 좁아져 팔을 들거나 움직일 때 불편해진다.
- 소매산이 낮으면 겨드랑이 부위에 주름이 생겨 모양이 예쁘지 않지만 소매통이 넓어져 활동하기 편하다.
- 일반적인 경우 정장의류는 소매산이 높고 캐쥬얼의류는 소매산이 낮으나 정해진 값은 없고 의복의 디자인이나 용도, 체형에 따라 가감된다. 팔이 굵은 경우 소매산을 약간 낮추면 소매통이 넓어져 더 편안해진다. 그러나 소매산의 높이를 너무 낮추거나 높여서 몸판과의 균형이 깨지면 소매산이나 소매통에 주름이 생기는 등 외관이 나빠진다.

03 하의 원형

1. 스커트 원형

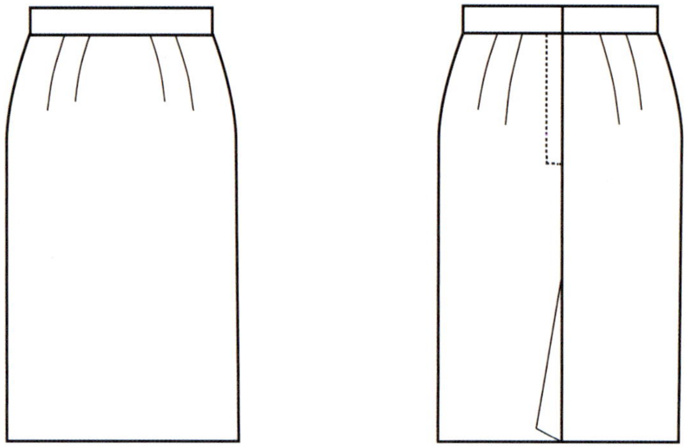

스커트 제도에 필요한 치수

	항목	추정식	치수(cm)
1	키		160
2	스커트길이		60
3	허리둘레(W)		72
4	엉덩이둘레(H)		96
5	엉덩이길이	키/8-0~1cm	18~20

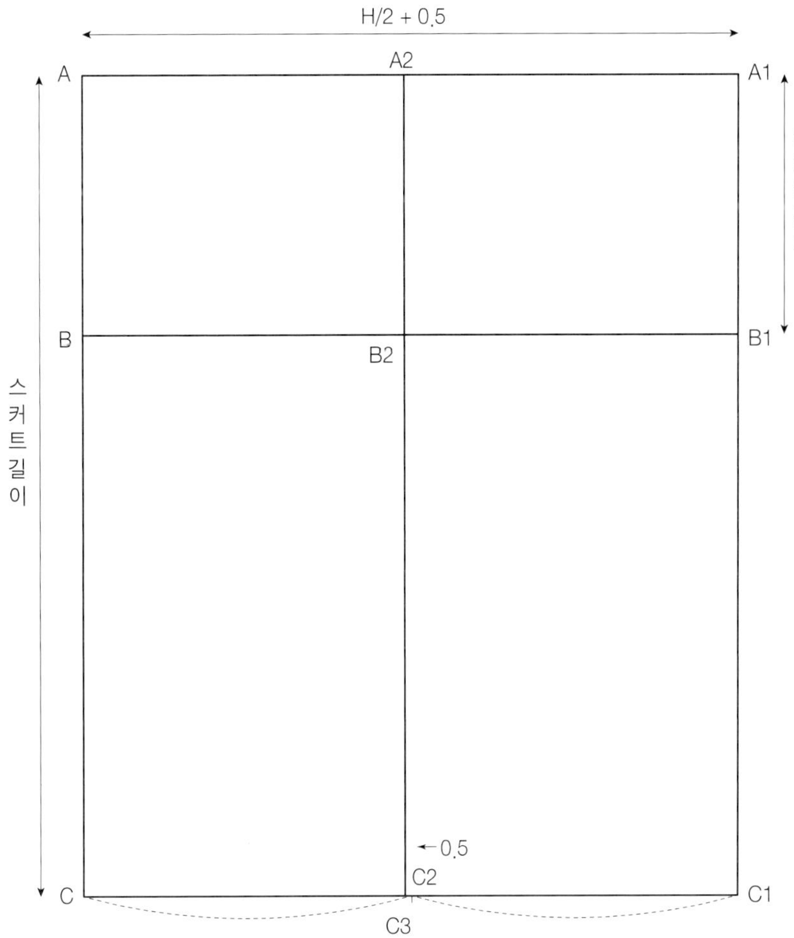

1) 기초선

- 세로(스커트길이)*가로(H/2+0.5cm)로 직사각형을 그린다.
- A, A1 : 오른쪽 상단을 점A, 왼쪽 상단을 A1으로 정한다.
- C, C1 : 오른쪽 하단을 점C, 왼쪽 하단을 C1으로 정한다.
- A-B : 점A에서 엉덩이길이(18~20cm) 내려와 점B를 정한다.
- B-B1 : 점B에서 수평으로 선C-C1까지 긋는다.
- C2 : 선C-C1을 1/2을 점C2로 정한다.
- C3 : 점C2에서 왼쪽으로 0.5cm 이동하여 점C3를 표시한다.
- C3-A2 : 점C3에서 수직으로 선A-A1과 교차점을 A2로 정한다.
  (선C3-A2는 스커트의 옆선이 되며 좁은 쪽이 앞판, 넓은 쪽이 뒤판이 된다.)

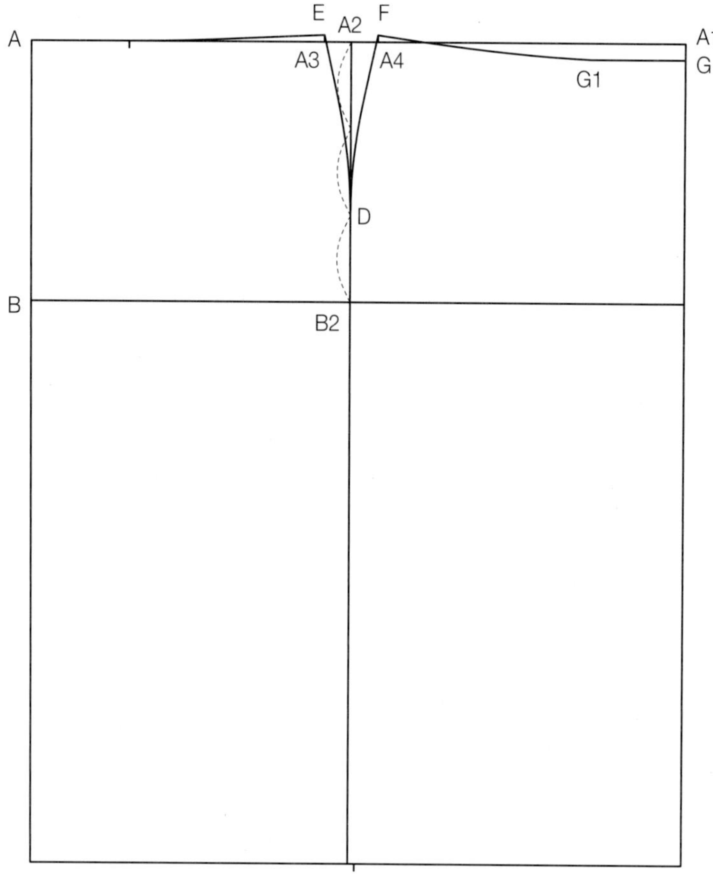

- D : 점B2에서 위로 선(A2 - B2)/3의 길이를 점D로 표시한다.
- A3, A4 : 점A2에서 양쪽으로 각각 2cm 가서 점A3, A4를 표시한다.
- E : 점A3에서 수직으로 0.5cm 올라가 점E를 정한다.
- F : 점A4에서 수직으로 0.5cm 올라가 점F를 정한다.
- G : 점A1에서 수직으로 1.2cm 내려가 점G를 정한다.
- G - G1 : 점G에서 수평방향으로 5~8cm 긋고 점G1을 정한다.
- A - E : 점A에서 5cm 정도 떨어진 곳에서부터 점E까지 힙곡자로 그린다
- G1 - F : 점G1에서 점F까지 힙곡자로 그린다.
- A3 - D, A4 - D : 옆허리점A3에서 점D까지 힙곡자로 엉덩이옆선을 그리고 좌우 대칭으로 선A4 - D를 그려준다.

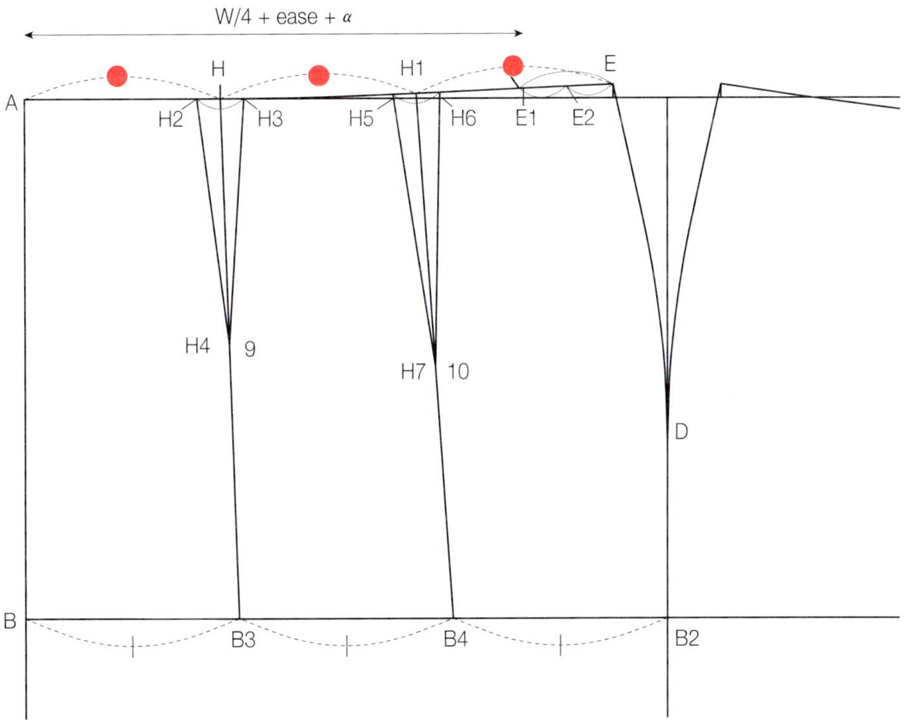

2) 잎판

- F1 : 앞허리곡선A - E에 W/4 + ease + ∝만큼 가서 점E1을 표시한다.
  (∝는 원단의 두께를 반영하여 정해준다.)
- E2 : 다트분량E1 - E의 1/2에 점E2를 표시하여 다트분량을 나누어준다.
- H, H1 : 앞허리곡선A - E의 1/3점에 각각 점H, H1를 표시한다.
- B3,B4 : 앞엉덩이선B - B2의 1/3점에 각각 점B3, B4를 표시한다.
- H - B3, H1 - B4 : 허리선의 1/3점인 점H와 엉덩이선의 B3를 직선으로 연결한다.
  마찬가지로 점H1과 B4도 직선으로 연결한다.
- H2, H3 : 점H에서 양쪽으로 다트분량E1 - E2를 1/2씩 가서 점H2, H3를 표시한다.
- H4 : 선H - B3에 다트길이 9cm를 표시한다.

- H2 - H4 - H3 : 점H2, H4, H3를 연결하여 다트를 만든다.
- H5, H6 : 점H1에서 양쪽으로 다트분량E1 - E2를 1/2씩 가서 점H5, H6를 표시한다.
- H7 : 선H1 - B4에 다트길이 10cm를 표시한다.
- H5 - H7 - H6 : 점H5, H7, H6를 연결하여 다트를 만든다.

  (앞다트의 경우 다트안쪽으로 살짝 볼록하게 선을 그려주어 배부분의 여유분량을 주는 것이 좋다.)

3) 뒤판

- F1 : 뒤허리곡선F - G에 W/4 + ease + ∝만큼 가서 점F1을 표시한다.

  (뒤판의 경우 앞판보다 ease 분량을 1/2 ~ 1/3정도 적게 주기도 한다. 이는 인체의 뒷면 허리아래부분은 앞면에 비해 상대적으로 살이 적기 때문이다.)
- F2 : 다트분량F1 - A4의 1/2에 점F2를 표시하여 다트분량을 나누어준다.
- I, I1 : 뒤허리곡선G - F의 1/3점에 각각 점I, I1를 표시한다.
- B5,B6 : 뒤엉덩이선B1 - B2의 1/3점에 각각 점B5, B6를 표시한다.
- I - B5, I1 - B6 : 허리선의 1/3점인 점I와 엉덩이선의 B5를 직선으로 연결한다.

  마찬가지로 점I1과 B6도 직선으로 연결한다.
- I2, I3 : 점I에서 양쪽으로 다트분량F1 - F2를 1/2씩 가서 점I2, I3를 표시한다.
- I4 : 선I - B5에 다트길이 12cm를 표시한다.
- I2 - I4 - I3 : 점I2, I4, I3를 연결하여 다트를 만든다.
- I5, I6 : 점I1에서 양쪽으로 다트분량F1 - F2를 1/2씩 가서 점I5, I6를 표시한다.
- I7 : 선I1 - B6에 다트길이 11cm를 표시한다.
- I5 - I7 - I6 : 점I5, I7, I6를 연결하여 다트를 만든다.

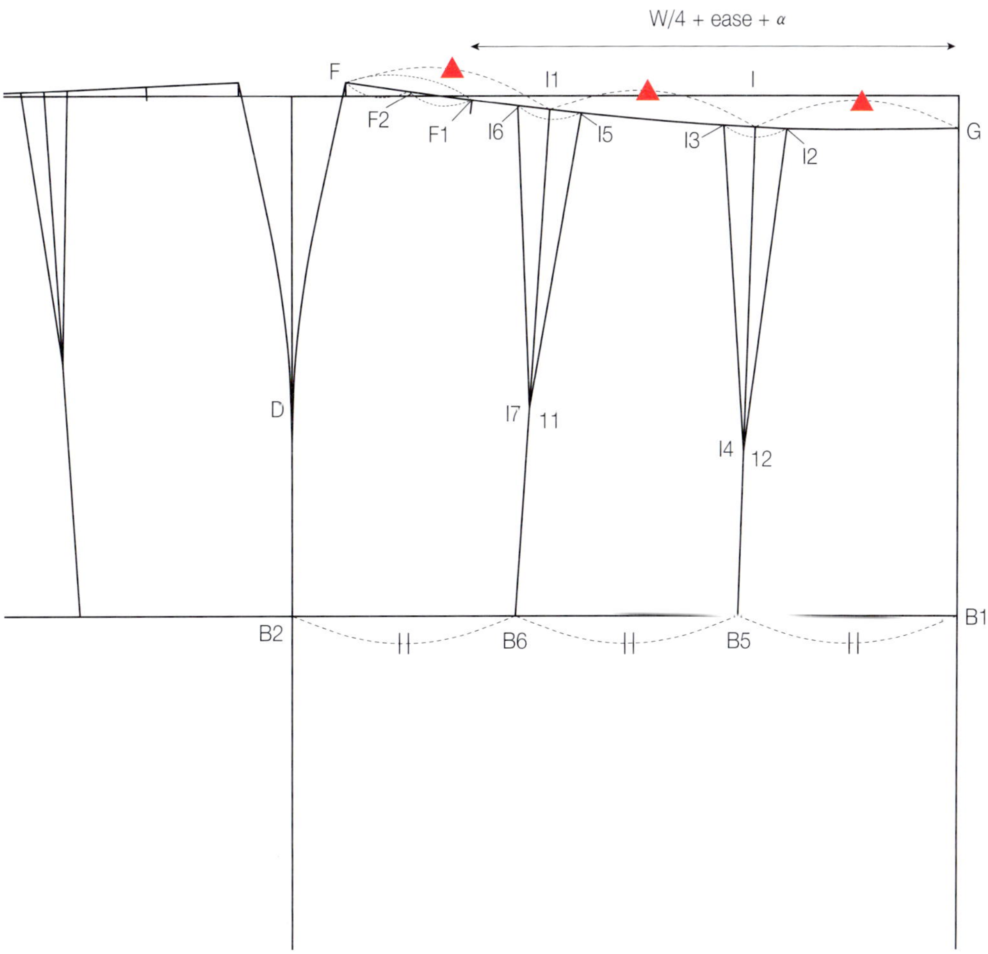
W/4 + ease + α
F
I1
I
F2
F1
I6
I5
I3
I2
G
D
I7
11
I4
12
B2
B6
B5
B1

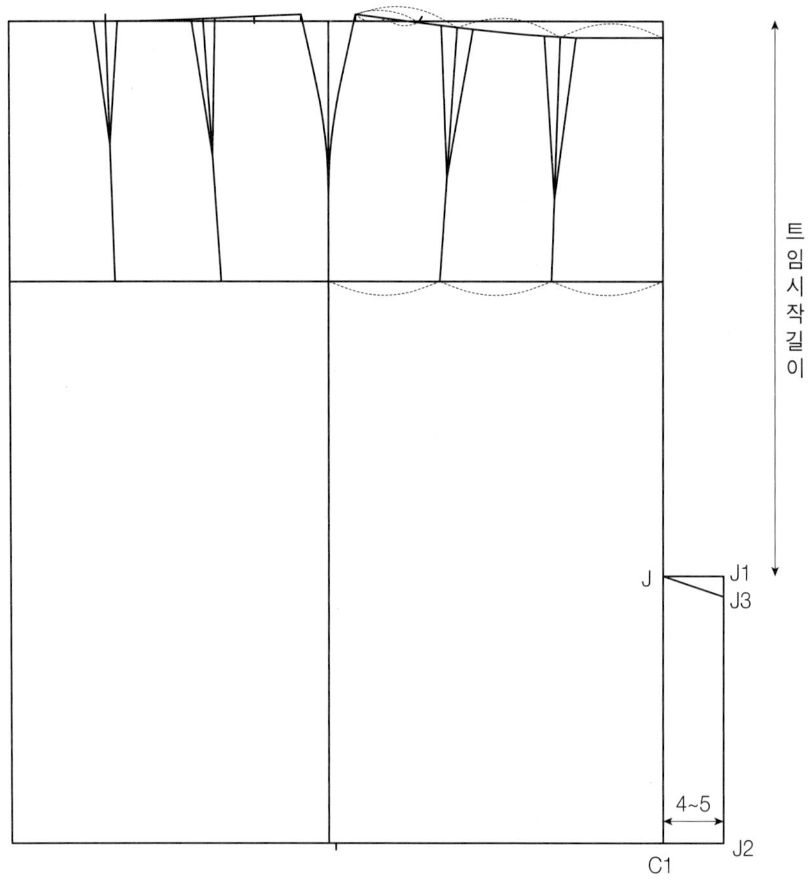

• J : 점A1에서 42~43cm 내려와 트임시작점 J를 표시한다.
• J1 : 점J에서 수평으로 4~5cm 나가 점J1을 정한다.
• J2 : 점C1에서 수평으로 4~5cm 나가 점J2을 정한다.
• J1-J2 : 점J1과 J2를 직선으로 연결한다.
• J3 : 점J1에서 1.5~2cm, 수직으로 내려와 점J와 직선으로 연결한다.

※ 다트의 길이는 앞중심에서 뒤중심으로 갈수록 길어진다. 보통은 1cm씩 차이가 나지만 배가 많이 나온 경우 앞다트의 길이가 짧아질 수 있으며, 반대로 엉덩이에 살이 없거나 쳐진 경우 길이가 길어질 수 있다. 키가 작은 경우는 -1cm씩 짧게 그려주거나 키가 큰 경우 +1cm 길게 그려준다.

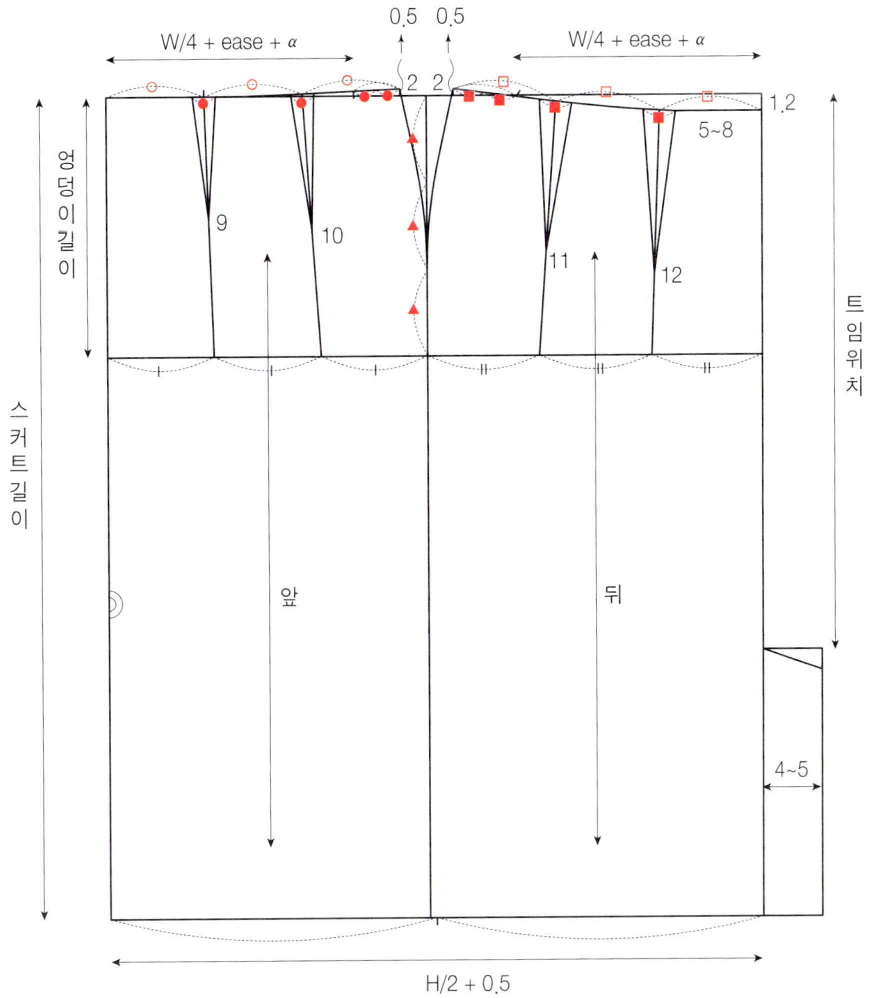
0.5 0.5
W/4 + ease + α
W/4 + ease + α
2 2
1.2
5~8
엉덩이길이
9
10
11
12
스커트길이
트임위치
앞
뒤
4~5
H/2 + 0.5

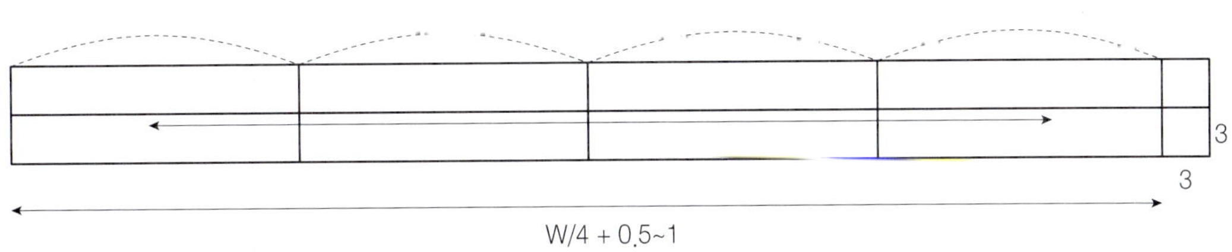
3
3
W/4 + 0.5~1

2. 팬츠 원형

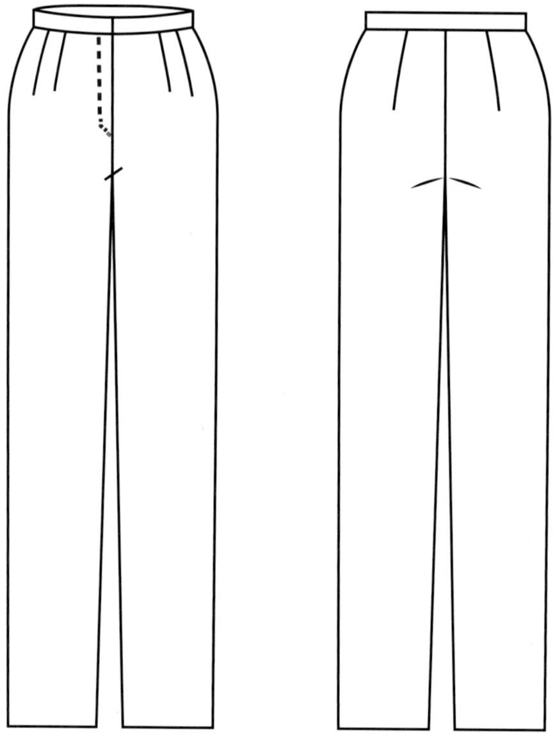

팬츠 제도에 필요한 치수

	항목	추정식	치수(cm)
1	바지길이		93~97
2	허리둘레(W)		72
3	엉덩이둘레(H)		96
4	밑위길이	H/4+1~2cm	25~6
5	밑단둘레		42
6	무릎길이	인심길이/2-3~3.5	30~33.5

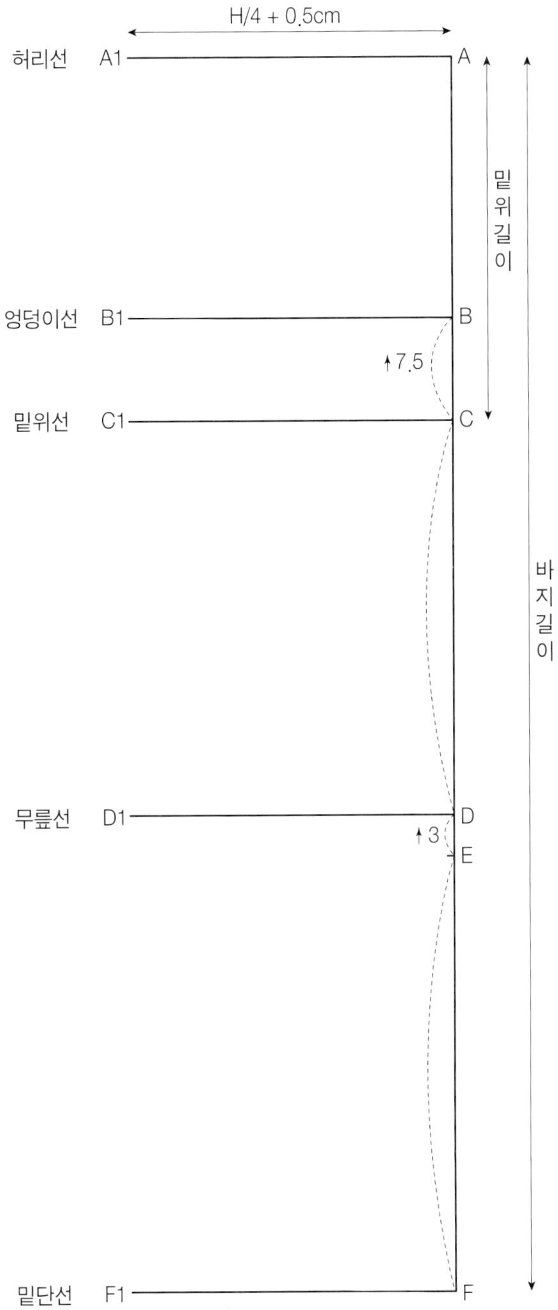

1) 앞판 제도

- A-F : 바지길이만큼 선을 내려 긋는다.
- A-A1 : 점A에서 수평으로 선을 긋고 H/4+0.5cm만큼 표시한다.
  (이때 엉덩이둘레가 아닌 허리둘레를 넣는 경우가 많으므로 주의한다.)
- A-C : 점A에서 밑위길이(H/4+1~2cm) 만큼 내려와 점C를 정한다.
- C : 수평으로 밑위길이선을 긋는다.
- D-B : 점D에서 7~7.5cm위로 올라가 점B를 정한다.
- B : 수평으로 엉덩이선을 긋는다.
- E : 선C-F(밑위길이~바지길이)의 1/2에 점E를 표시한다.
- D-E : 점E에서 3~3.5cm 위로 올라가 점D를 정한다.
- D-D1 : 수평으로 무릎선을 긋는다.
- F-F1 : 수평으로 밑단선을 긋는다.

CHAPTER 02. 여성복 제도

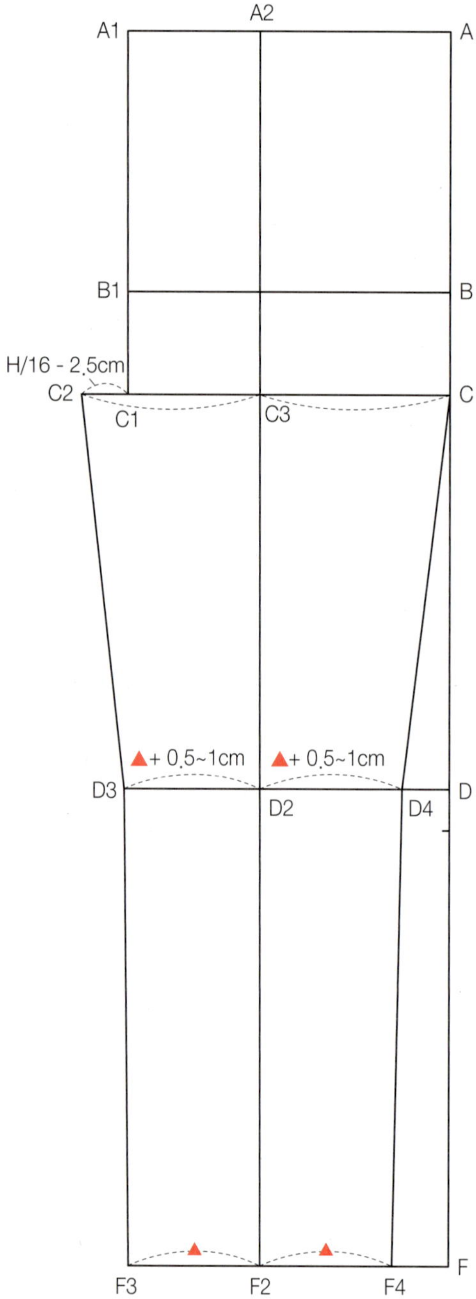

- A1-C1 : 점A에서 C1까지 수직선을 긋는다.
- C1-C2 : 점C에서 바깥으로 H/16-2.5cm 만큼 나가 앞샅너비 점C2를 정한다.
- C3 : 밑위길이선C-C2의 1/2에 점C3를 정한다.
- A2-F2 : 점C3의 수직선을 그어 허리선 A-A1와 만나는 점을 A2, 무릎선D와 만나는 점을 D2, 밑단선F-F1와 만나는 점을 F2로 정한다.
- F2-F3, F2-F4 : 밑단선의 점F2에서 양쪽으로 각각 밑단너비/2-1cm만큼 가서 점 F3, 점F4을 표시한다.
- D2-D3, D2-D4 : 무릎선의 점D2에서 양쪽으로 F2-F3+0.5~1cm만큼 가서 점 D3, 점D4를 표시한다.
(무릎너비는 밑단너비와 같거나 1~2cm정도 크게 만든다. 나팔바지의 경우 밑단너비보다 좁아지며, 밑단이 아주 좁은 바지일 경우 무릎을 구부려 잰 무릎둘레를 사용한다.)
- D3-F3, D4-F4 : 점D3와 점F3, 점D4와 점F4을 각각 연결하여 무릎아래선을 그린다.
- C2-D3, C-D4 : 점C2와 점D3, 점C와 점D4을 각각 연결하여 허벅지기초선을 그린다.

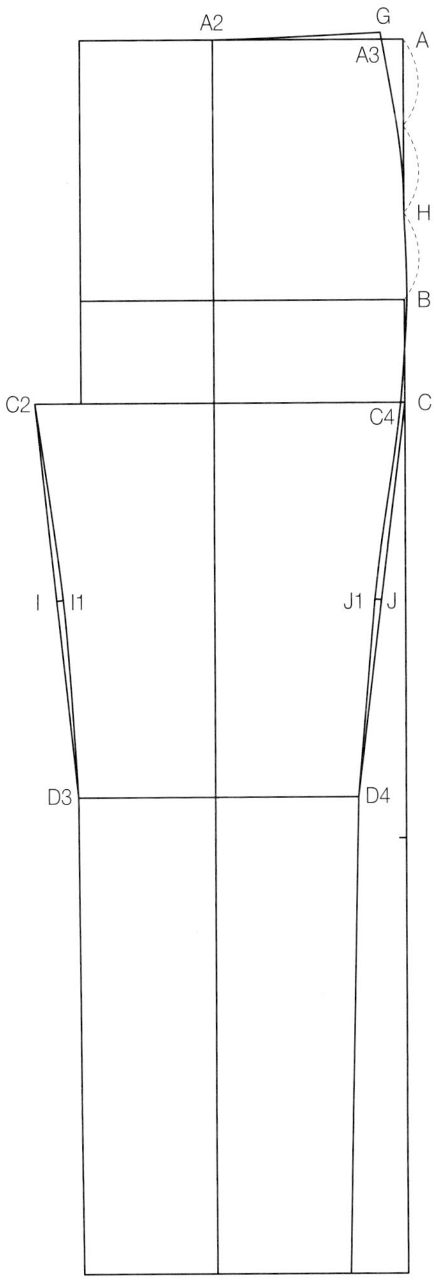

- A-A3 : 점A에서 1.7cm들어가서 점A3을 정한다.
- A3-G : 점A3에서 0.5cm올라가서 점G을 정한다.
- H : 선A-B의 1/3로 나누고 엉덩이선에서 위로 첫 번째 3등분점을 H으로 정한다.
- A2-G : 힙곡자의 둥근쪽을 앞중심으로 오게하여 자연스럽게 그려준다.
- G-H-B : 엉덩이옆선 모양에 따라 힙곡자로 자연스럽게 그려준다. 이때 H점을 시나거나 근처를 지니도록 한다.
- I : 선C2-D3의 1/2점을 점I으로 정한다.
- I-I1 : 점N에서 직각으로 0.3~0.5cm 들어가 점I1을 정한다.
- C2-I1-D3 : 힙곡사의 곡선부분이 짐I1을 향하도록 하여 2번에 나누어 긋는다. (힙곡자의 곡이 많이 진부분보다 직선에 가까운 부분을 사용하며 점I1과 D3RK 꺾이지 않도록 자연스럽게 그려준다.)
- J : 선C-D4의 1/2점을 점J으로 정한다.
- J-J1 : 점N에서 직각으로 0.3~0.5cm 들어가 점J1을 정한다.
- C-C4 : 점C에서 0.3cm 들이긴디.
- B-C4-J1-D4 : 힙곡자의 곡선부분이 위쪽을 향하게하여 2번에 나누어 긋는다. (자를 좌, 우로 뒤집어 그린다.)

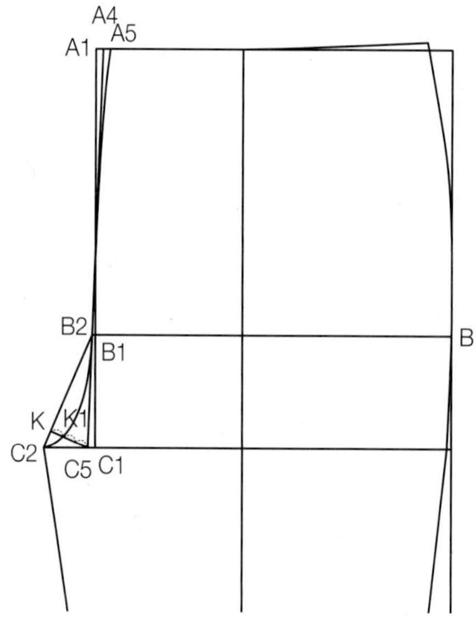

- A4, A5 : 점A1에서 0.5cm 중심선쪽으로 들어간 점을 A4으로, 점A4에서 다시 0.5cm 더 들어간 점을 A5로 정한다.
- C4 : 점C1에서 바깥쪽으로 0.5cm 나간점을 C5로 정한다.
- A4 - C5 : 점A4과 점C5를 직선으로 긋는다.
- B1 - B2 : 선A4 - C5까지 엉덩이선B - B1을 수평으로 연장한다.
- A5 - B2 : 앞중심선을 선A4 - C5를 기준으로 자연스럽게 배가 나오도록 힙곡자로 그린다.
- B2 - C2 : 점B와 점C2를 직선으로 그린다.
- K : 선B - C2와 C5의 직각이 되는 점을 점K로 정한다.
- K1 : 선K - C5를 1/3로 나누고 첫 번째 점을 K1으로 정한다.
- B2 - K1 - C2 : 점B2에서 점K1을 지나 점C2까지 자연스러운 곡선을 그려준다. (점B2에서 위에 그린 선A4 - C4와 자연스럽게 연결되도록 그려준다.)

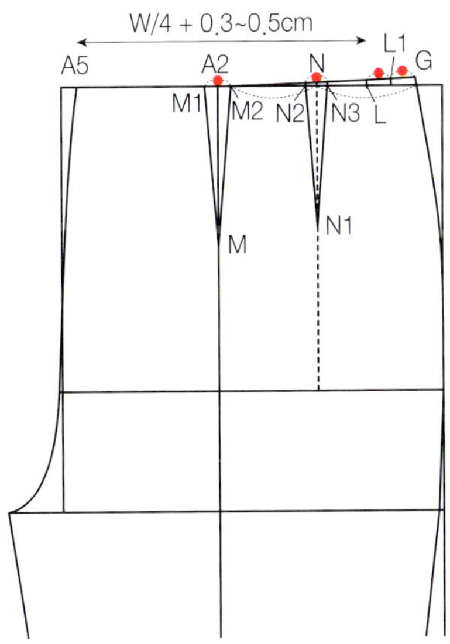

- L : 점A5에서 W/4+0.3~0.5cm(ease)만큼 간 점을 L로 정한다.
  선L-G은 다트분량이 된다.
- L1 : 선L-G은 1/2로 나누어 점L1을 정한다. 선L-L1은 첫 번째 다트분량, 선L1-G은 2번째 다트분량이 된다.(다트분량이 2.5~3cm미만이면 다트1개, 그이상이면 다트를 2개로 나누어주는 것이 예쁘다. 첫 번째 다트와 두 번째 다트의 분량은 같거나 첫 번째 다트가 조금 더 많은 것이 좋다.)
- M : 점A2에서 수직으로 10cm 내려와 다트길이를 정한다.
- M1,M2 : 점A2를 기준으로 선L-L1을 이등분하여 나눈 값을 좌우로 표시하여 점M1과 점M2를 정한다.
- M1-M-M2 : 점M1, 점M, 점M2를 직선으로 연결하여 첫 번째 다트를 그려준다. (직선으로 그린 후 선M1-M, 선M2-M의 이등분점에서 0.2~0.5cm 들어가 다트중심을 향하여 볼록하게 곡선을 그려주면 입어서 아랫배 부분이 편하게 만들어진다. 두 번째 다트도 마찬가지로 그려준다.)
- N : 선A2-G을 1/2로 나누어 점N를 정한다.
- N-N1 : 허리선에 수직으로 9cm 내려 점N1를 정한다.
- N2, N3 : 점N를 기준으로 선L1-G를 이등분하여 나눈 값을 좌우로 표시하여 점N2과 점N3를 정한다.
- N2-N1-N3 : 점N2, 점N1, 점N3를 직선으로 연결하여 두 번째 다트를 그려준다.

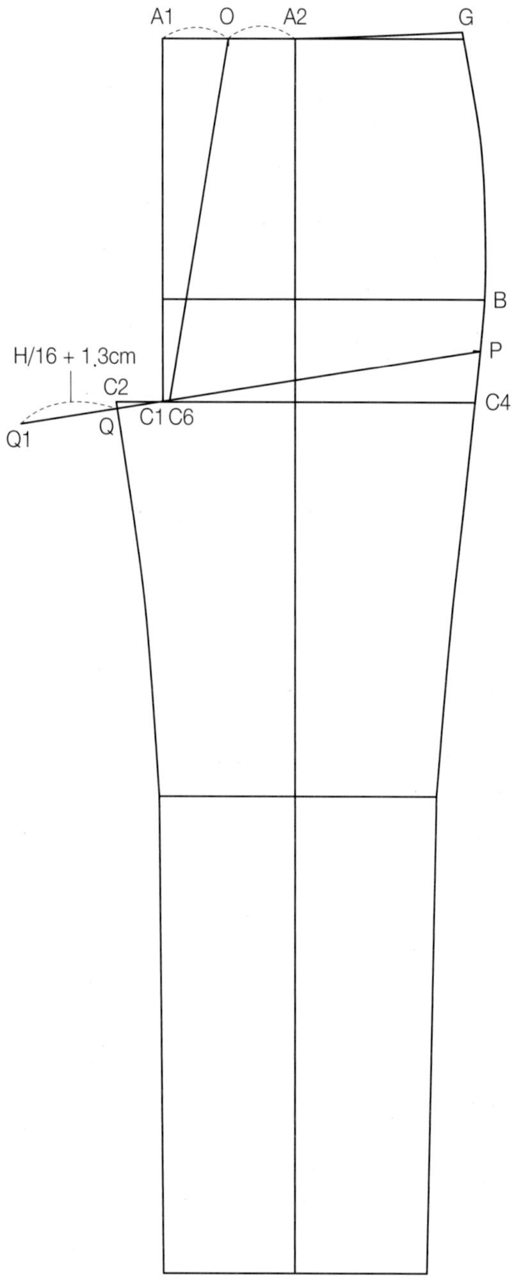

2) 뒤판 제도

- 앞판 원형을 베껴낸다.
- O : 선A1-A2의 1/2을 점O로 정한다.
- C6 : 점C1에서 중심선 방향으로 0.5cm 들어가 점C6를 정한다.
- O-C6 : 점O와 점C6를 직선으로 연결하여 뒤중심선을 그려준다.
- P : 점B와 점C4의 1/2을 점P로 정한다.
- Q : 점C2에서 아래로 0.5cm를 내려가 점Q로 정한다.
- P-Q : 점P와 점Q를 직선으로 그린다.
- Q-Q1 : 선P-Q의 연장선을 긋고 뒤샅너비H/16+1.3cm 나아가 점 Q1을 정한다.

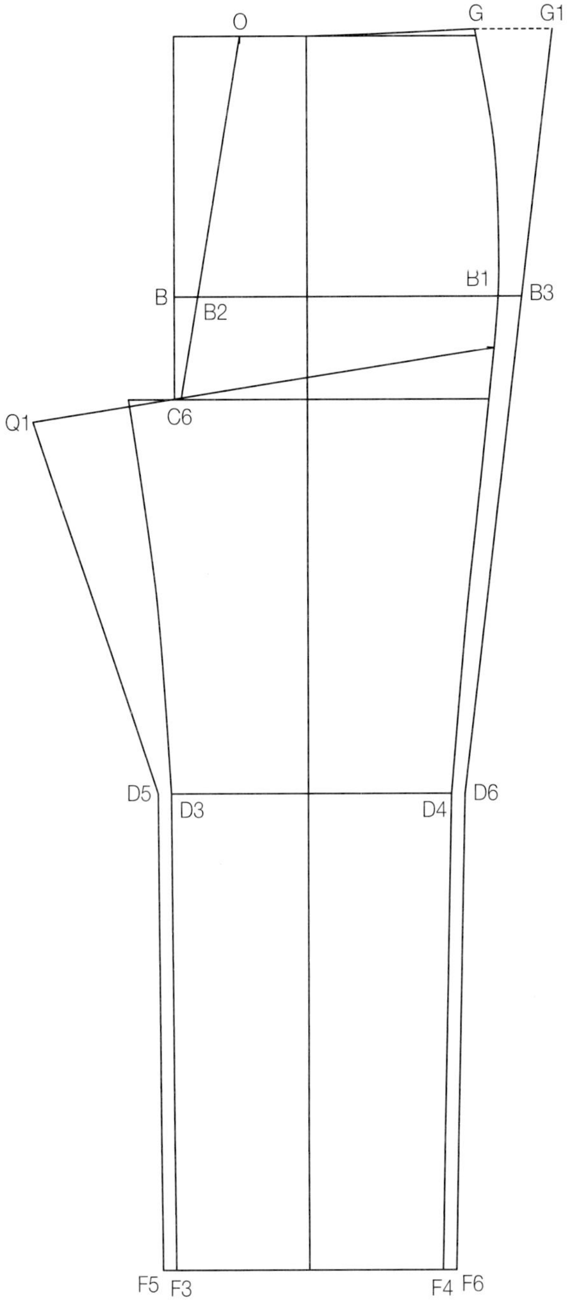

• B2 : 뒤중심선O-C6와 엉덩이선 B-B1의 교차점을 B2로 정한다.

• B1-B3 : 점B에서 옆선방향으로 H/4+0.5cm 가서 점B3을 정한다.

• F5, F6 : 밑단선의 점F3, 점F4에서 각각 바깥쪽으로 1cm 나아가 점 F5와 점F6를 정한다.

• D5, D6 : 무릎선의 점D3, 점D4에서 각각 바깥쪽으로 1cm 나아가 점 D5와 점D6를 정한다.

• D5-F5, D6-F6 : 점D5와 점F5, 점D6와 점F6를 직선으로 연결하여 뒤판의 무릎아래선을 완성한다.

• Q1-D5 : 점Q1와 점D5을 직선으로 연결한다.

• B3-D6 : 점B3와 점D6을 직선으로 연결한다.

• G1 : 선B3-D6를 길게 연장하여 앞판의 옆점G에서 수평선과 교차한 점을 점G1으로 정한다.

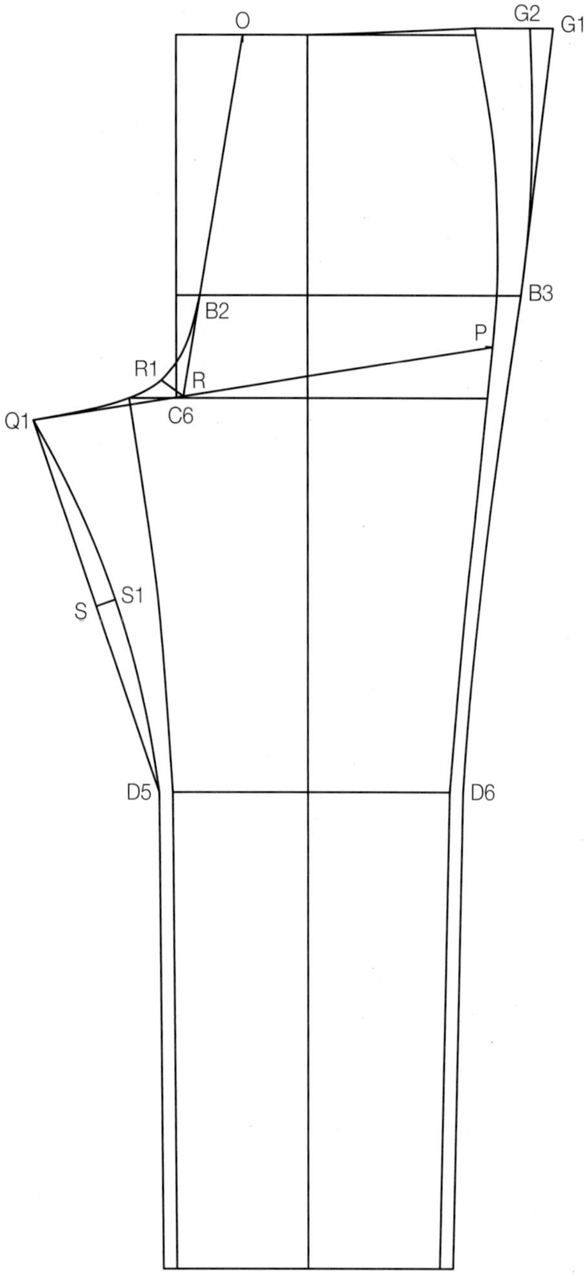

- G2 : 점G1에서 중심선쪽으로 1.7cm 들어가 뒤판의 옆허리점 G2를 표시한다.
- G2-B3 : 점G2에서 점B3까지 직선에 가까운 곡선을 그려준다.
- B3-D6 : 점B3에서 점D6까지 앞판의 바깥 허벅지선과 비슷하게 그려준다. (이선의 경우 자연스럽게 그리기 어려우므로 앞판을 잘라낸 후 대고 그리면 예쁘게 그려진다.)
- R : 선O-C6와 선P-Q1의 교차점을 R로 정한다.
- R-R1 : O-R-Q1의 각도의 1/2방향의로 2cm 나가 점R1을 정한다.
- B2-R1-Q1 : 점B2에서 점R1을 지나 점Q1까지 자연스러운 곡선을 그린다.
- S : 선Q1-D5의 1/2을 점S로 정한다.
- S-S1 : 점S에서 직각으로 1~2cm 들어가 점S1을 정한다.
- Q1-S1-D5 : 힙곡자의 곡선부분이 점S1을 향하도록 하여 2번에 나누어 긋는다. (점S1과 D5가 꺾이지 않도록 자연스럽게 그려준다. 뒤샅너비부분이 너무 뾰족해지지 않도록 주의하여 그린다.)

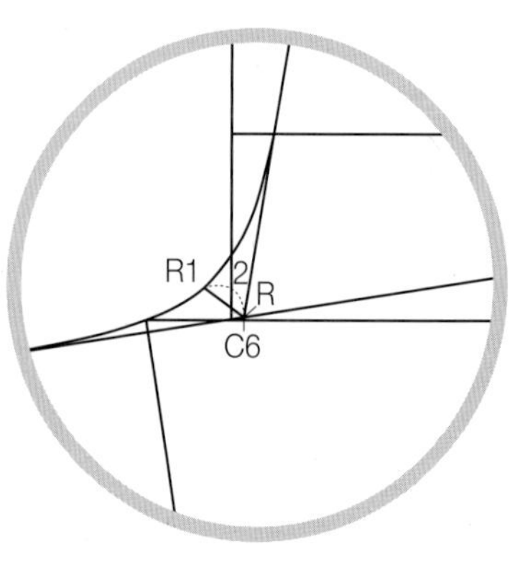

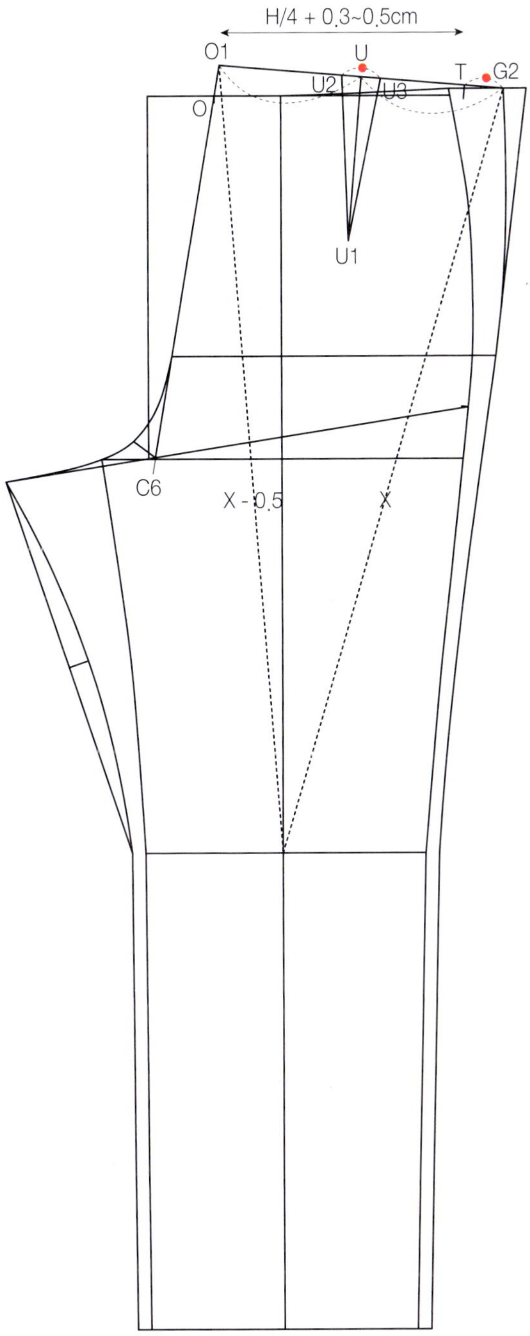

- G2-D2 : 선G2-D2의 길이를 X라고 정한다.
- O-O1 : 선O-C6의 연장선을 긋고 X-0.5cm 길이와 교차하는 점을 O1으로 정한다.
- O1-G2 : 점O에서 뒤판 옆허리점 G2까지 직선으로 연결한다.
- T : 선O1-G2에 W/4+0.3~0.5cm (ease)만큼 간 점을 T로 정한다. 선T-G2은 다트분량이 된다.
- U : 선O1-G2에 1/2에 점U를 정한다.
- U1 : 점U에서 뒤허리선에 직각으로 12cm 내려가 점U1을 정한다.
- U2, U3 : 점U를 기준으로 선T-G2을 이등분하여 나눈 값을 좌우로 표시하여 점U1과 점U2를 정한다.
- U2-U-U3 : 점U2와 점U, 점U3를 직선으로 연결하여 다트를 그려준다. (앞판과 마찬가지로 다트분량이 2.5~3cm미만이면 다트1개, 그 이상이면 다트를 2개로 나누어주는 것이 좋다. 다트 2개일 경우 허리선을 3등분한 지점에 각각 그려준다.)

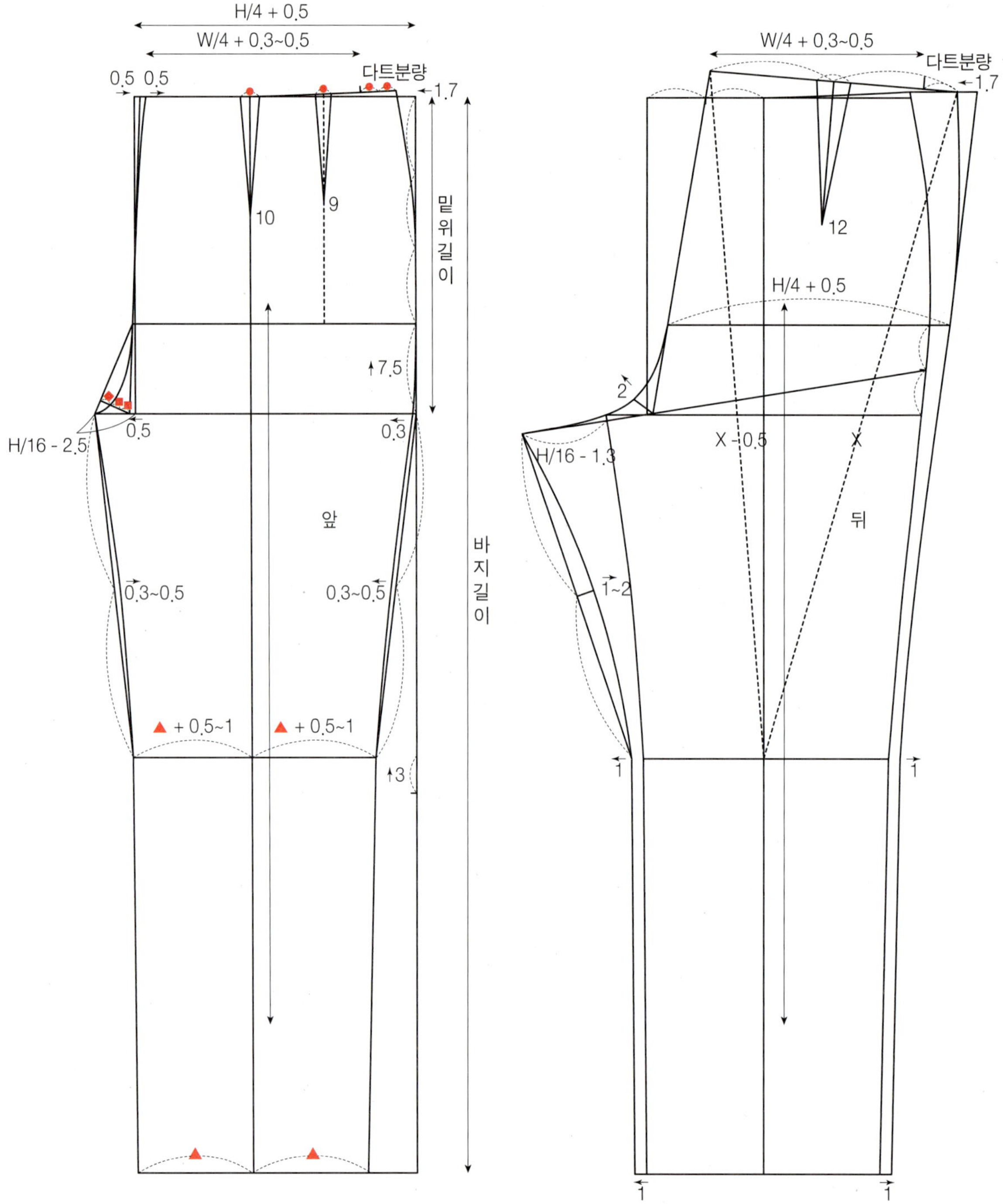

H/4 + 0.5
W/4 + 0.3~0.5
0.5 0.5
다트분량
1.7
10
9
밑위길이
7.5
H/16 - 2.5
0.5
0.3
앞
0.3~0.5
0.3~0.5
+ 0.5~1
+ 0.5~1
3
바지길이
W/4 + 0.3~0.5
다트분량
1.7
12
H/4 + 0.5
2
H/16 - 1.3
X - 0.5
X
뒤
1~2
1
1
1
1

04
패턴 컨트롤

1. 패턴 컨트롤

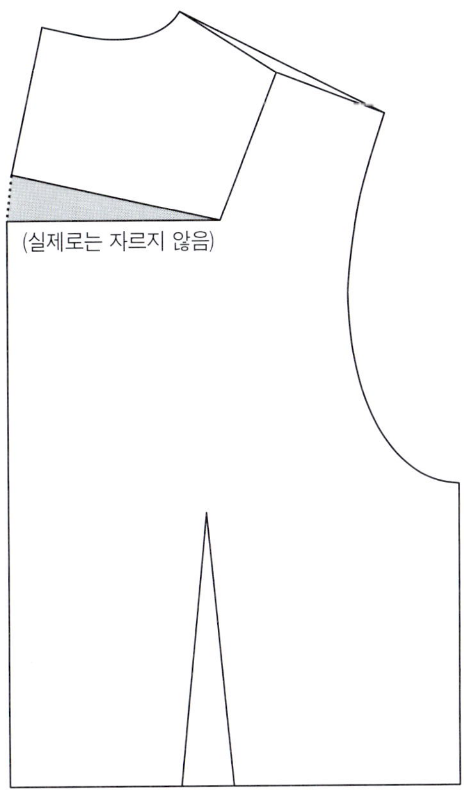

1) 몸판

① 뒤판의 어깨다트를 접고 어깨선을 수정한다.(다트의 시접이 중심을 향하게 접는다.)

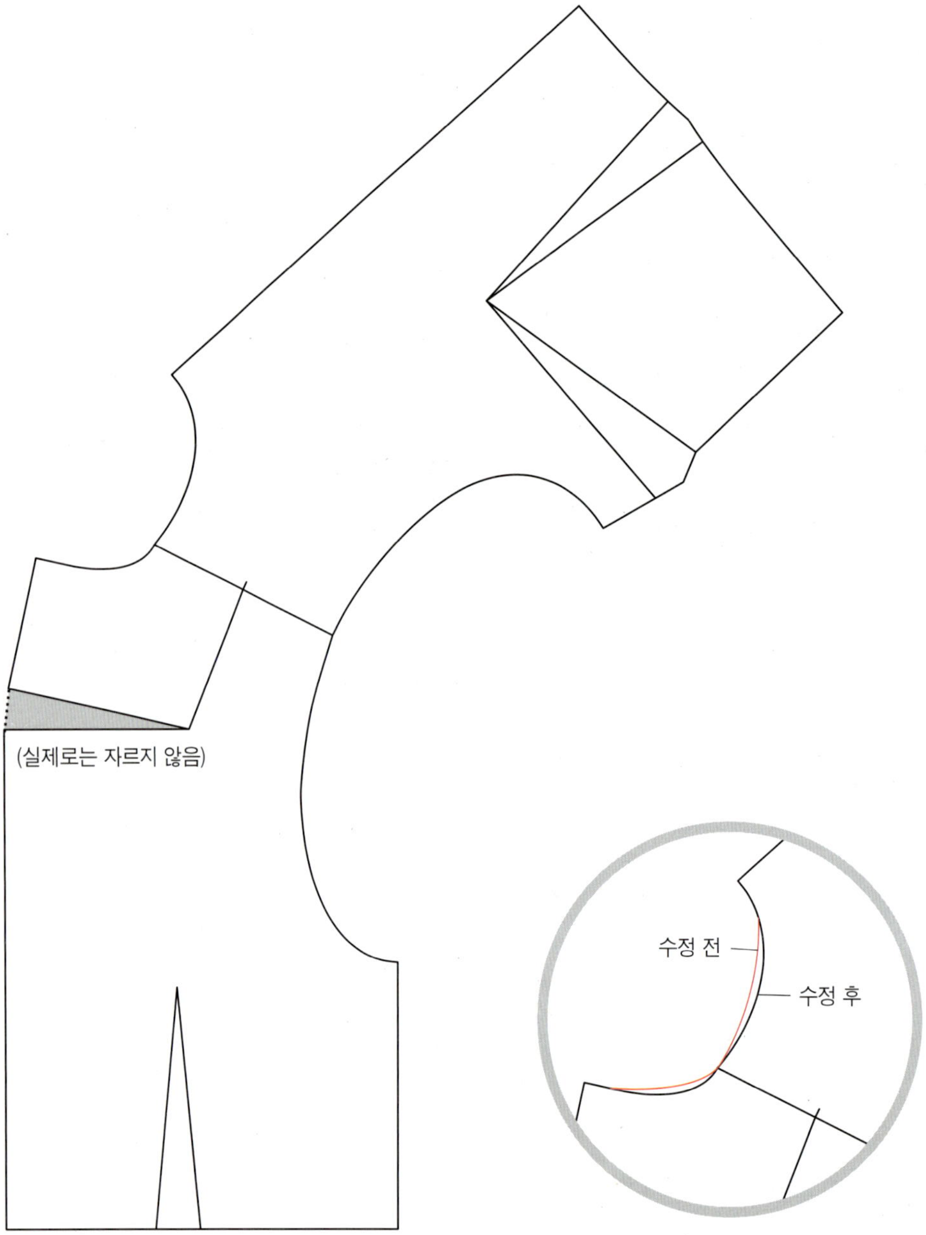

② 뒤판과 앞판의 옆목점을 고정하여 어깨선의 길이를 수정하고 목둘레선과 암홀 위쪽을 곡선을 다듬는다.(목둘레선이 꺽였을 때는 옆목점은 그대로 두고 앞목둘레나 뒤목둘레의 곡선을 수정하여 준다.)

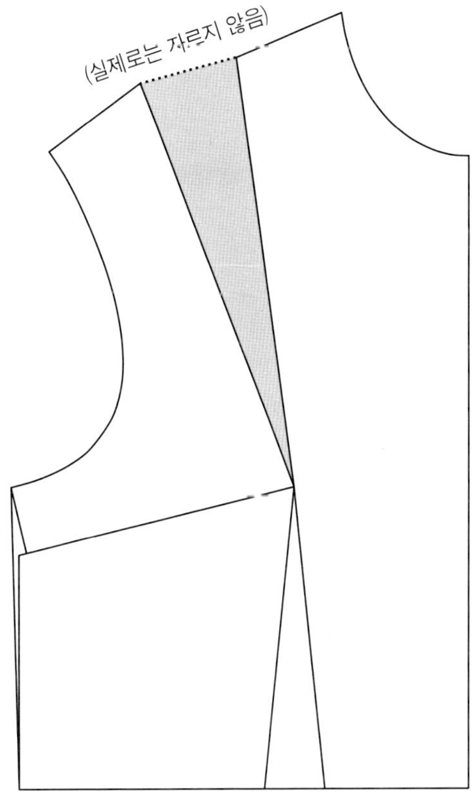

③ 앞판의 옆다트를 접고 옆선을 직선으로 다시 그려준다.

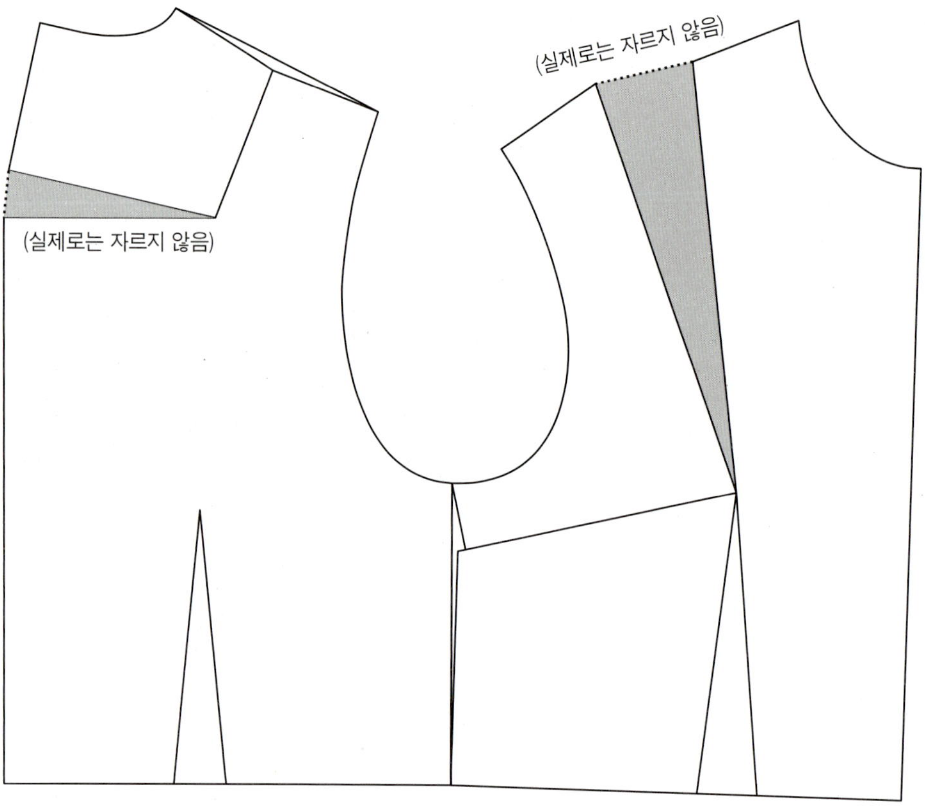

④ 앞판과 뒤판의 옆진동점을 고정하여 옆선의 길이를 수정하고 암홀 아래선과 허리선을 곡선으로 다듬는다.
(암홀 곡선이 자연스러운 U자가 되도록 수정한다. 경우에 따라 앞판의 암홀을 약간 내려 곡선을 수정할 수 있다.)

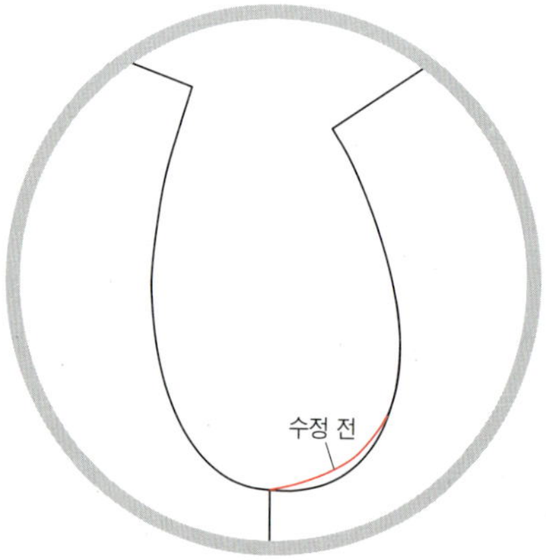

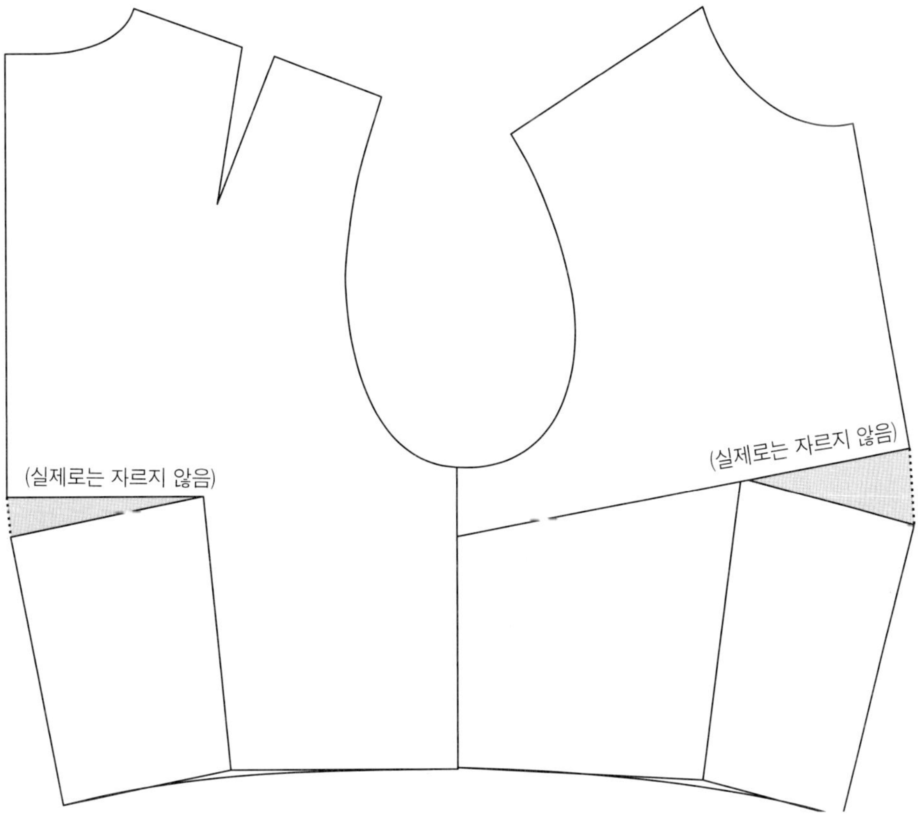

⑤ 앞판과 뒤판의 허리다트를 접고 허리선을 곡선으로 다듬는다.

※ 그림에서는 다트 끝에 맞춰 패턴을 절개한 것처럼 표현되었으나 실제로는 다트 끝에 맞추어 패턴을 반으로 접어주고 다트선을 접는다. 다트끝선을 접지 않는 경우 다트가 정확하게 접히지 않으며 자꾸 펼쳐지게 된다. 이런 상태에서 어깨선이나 옆신의 수정선을 그려도 정확하지 않다. 그러므로 항상 다트 끝선을 접고 다트를 정리하는 것이 좋다.

완성패턴

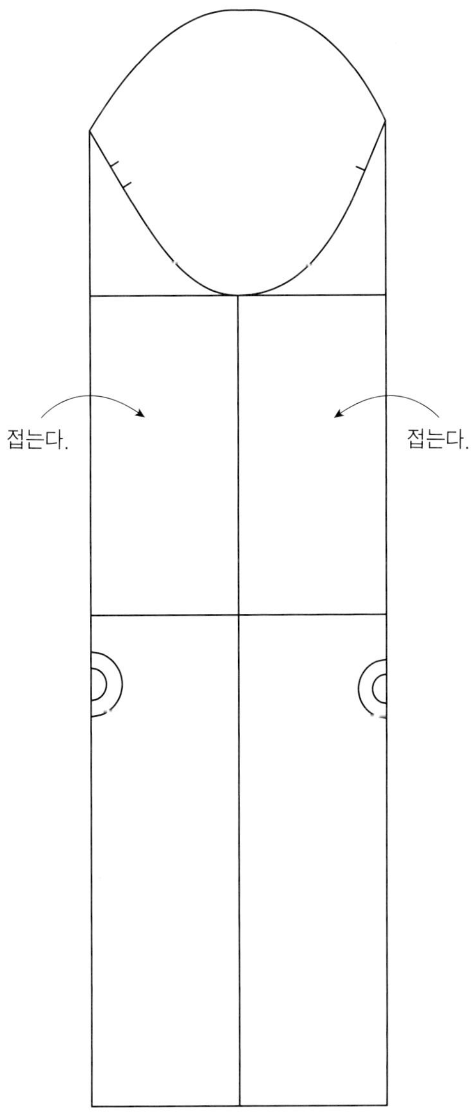

2) 소매

① 소매의 중심선을 기준으로 양옆선을 맞춰 접어준다.

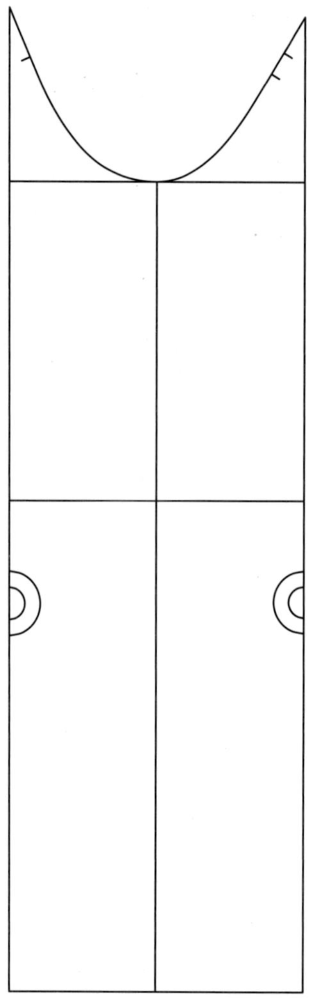

② 옆선의 길이를 맞추고 소매산곡선과 밑단선을 수정한다.

2. 시접 패턴

시접 패턴을 만들면 봉제 시 나타나는 문제점을 먼저 파악 할 수 있고 원단에 그대로 놓고 재단하면 되므로 초크선의 두께만큼 커지거나 작아지는 문제를 방지 할 수 있고, 완성선을 그대로 자르거나 봉제되는 양쪽의 시접을 다르게 주는 등의 재단의 실수가 적어진다.

1) 원형

• 프린세스 라인의 앞판선A - A1, 옆판선B - B1의 길이가 같다.

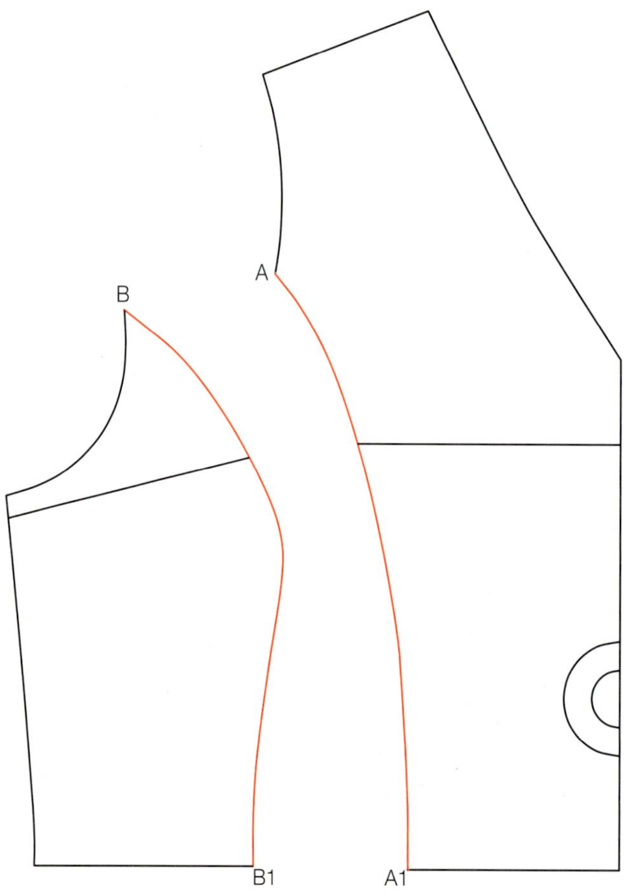

2) 완성선에 평행하게 시접을 그렸을 때

- 옆판선B-B1은 시접의 끝이 뾰족해지고 길이가 길어졌다. 반면 앞판선A-A1는 길이가 짧아져 봉제 시 길이를 맞추기 어렵다.
- 시접의 끝이 뾰족하면 원단의 올리 쉽게 풀어져 정확한 시접량을 알 수 없다.

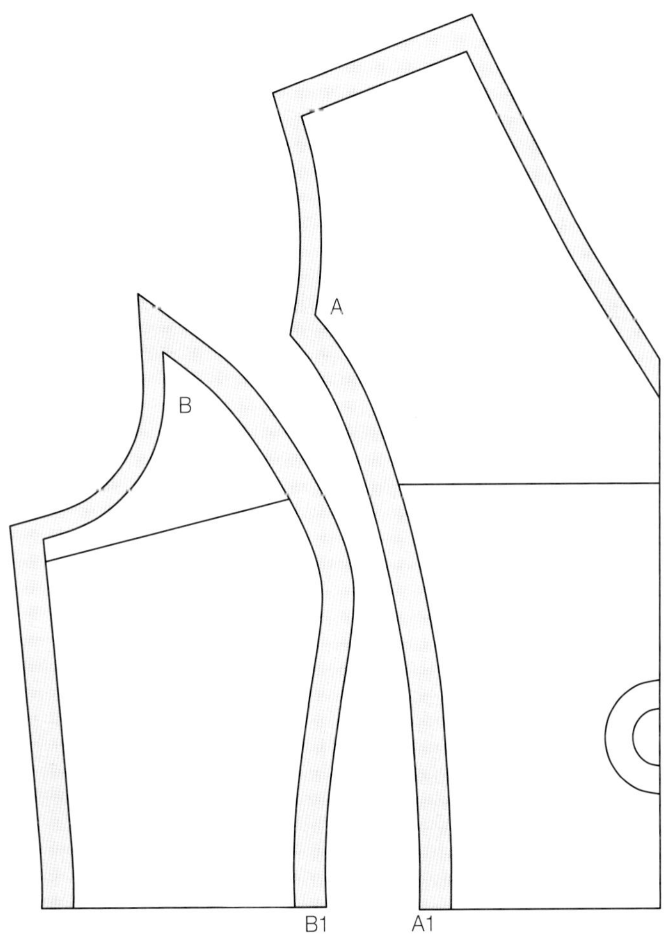

3) 암홀과 네크라인을 기준으로 시접을 접어 그렸을 때

• 암홀라인을 기준으로 시접을 접어 모양이 이상하고 길이도 맞지 않다.

4) 프린세스 라인과 어깨선, 옆선을 기준으로 시접을 접어 그렸을 때

- 프린세스 라인의 경우 일반적으로 쓰는 방법이나 시접의 끝이 뾰족하고 앞판과 앞옆판의 길이가 달라 보인다.

5) 프린세스 라인과 어깨선, 옆선을 기준으로 90도로 시접을 그렸을 때

- 박아야 하는 선에 시접을 90도로 넣으면 완성선과 시접선의 길이의 차이가 크게 달라지지 않고 안정적으로 보인다. 그러나 시접을 가름솔하거나 한쪽으로 넘겼을 때 완성선보다 길이가 짧아 시접이 완성선에 같이 박히지 않을 수도 있다.

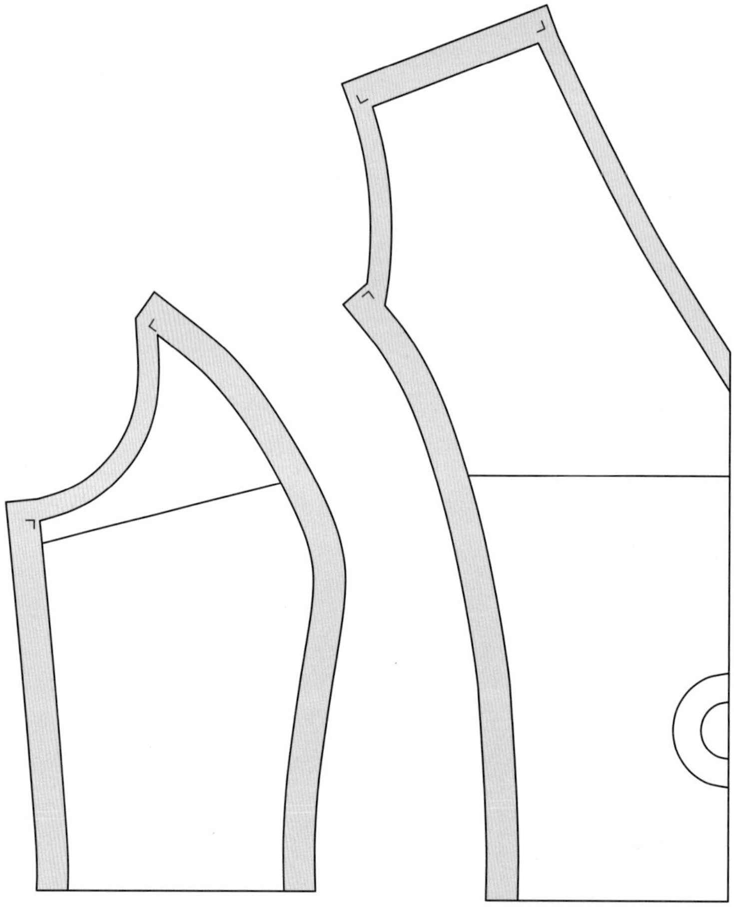

6) 시접은 완성 시 시접을 눕히는 방향, 부위 등에 따라 적절히 혼합하여 그려주는 것이 바람직하다.

• 이러한 현상은 암홀 프린세스라인이나 2장 소매와 같이 패턴의 한쪽은 예각, 한쪽은 둔각이 될 때 심하게 나타난다. 그러므로 시접을 그리는 방법은 반드시 봉제되어 만나는 곳은 같은 방식으로 그려져야 한다. 예각으로 뾰족하게 만들어 지는 시접의 경우 보통 완성선에서 1.5cm 올라가 나머지를 잘라준다.

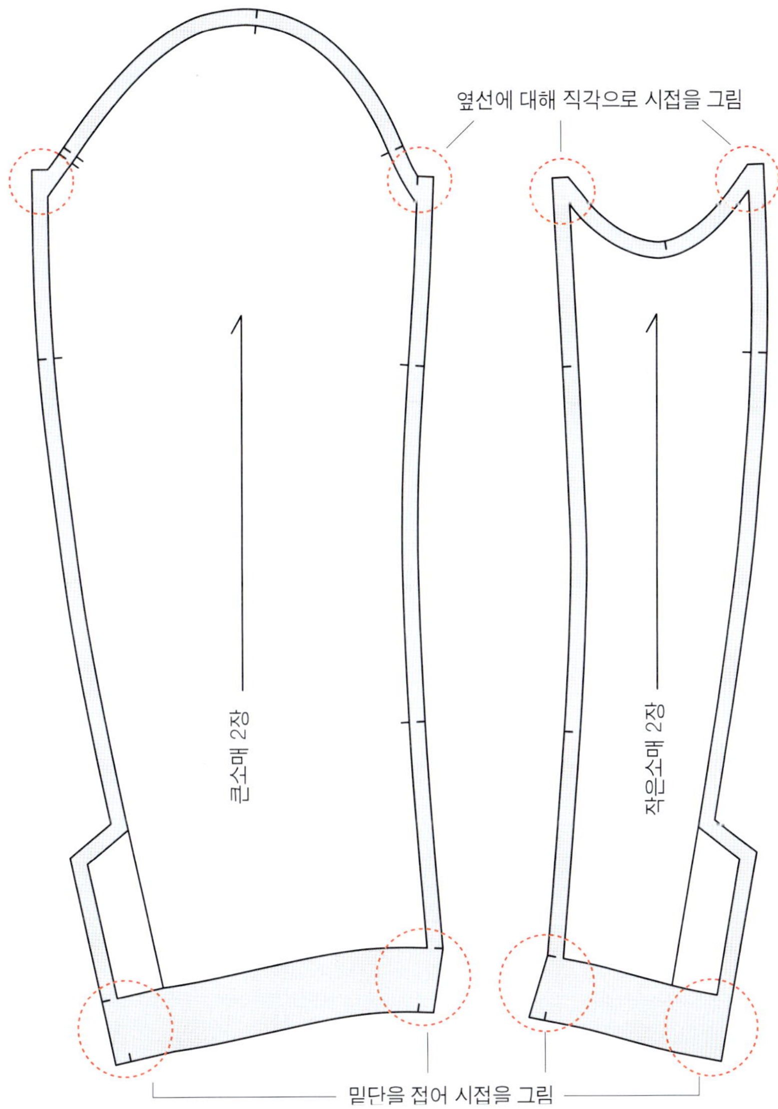

CHAPTER

03

부분제도

01
소매

1. 타이트 슬리브(tight sleeves)

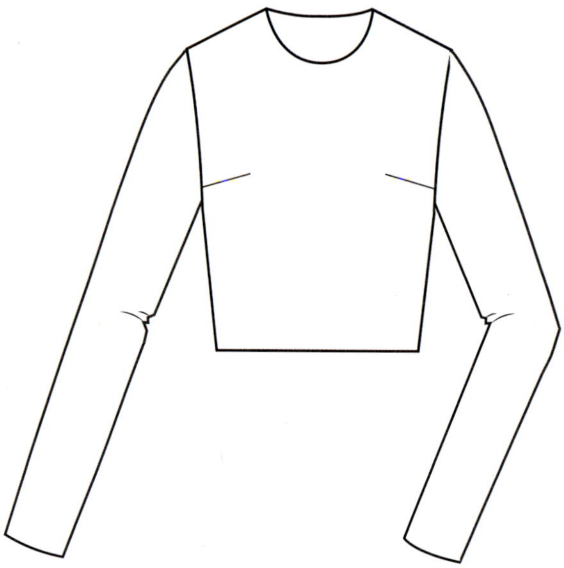

소매 부리가 좁은 소매를 말한다. 팔을 편안하게 펴고 내리면 팔꿈치에서 앞으로 자연스럽게 굽어있어 소매 안쪽길이와 팔꿈치를 지나는 소매 바깥쪽길이가 차이가 나게 된다. 이와 같은 원인으로 소매 밑단을 일자로 만들게 되면 팔 안쪽에서는 길게 느껴지고 팔 바깥쪽에서는 짧게 느껴진다. 따라서 안과 밖의 소매길이를 조정하여 제도하면 더 자연스럽게 만들어진다. 보통 소매의 안쪽은 소매의 1/4지점, 바깥쪽은 뒤쪽의 3/4 지점으로 볼 수 있다. 또한 팔이 앞으로 굽어 있으므로 소매중심선을 밑단에서 앞으로 1.5~2cm 정도 이동하여 그리거나, 소매 중심점을 뒤로 0.5~0.7cm 정도 이동하여 봉제하면 소매가 자연스럽게 달린다.

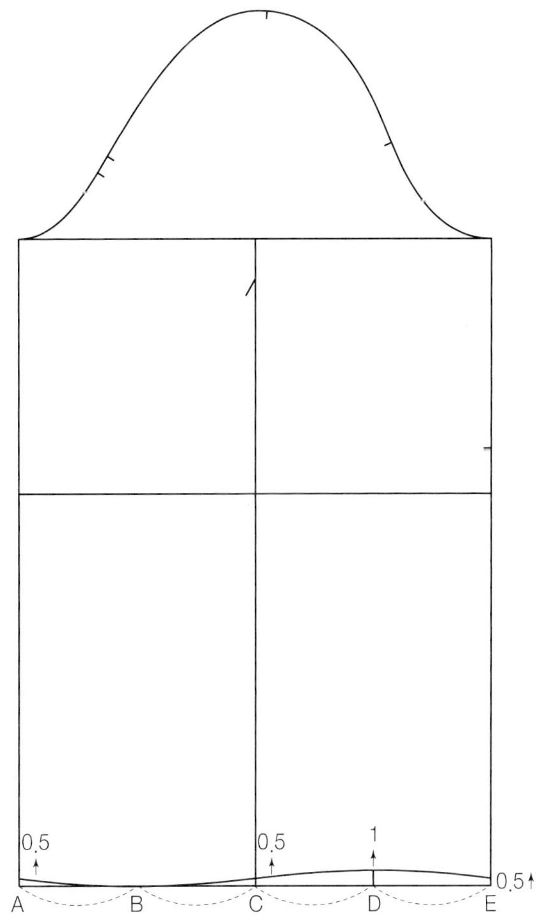

• 소매 밑단을 4등분하여 점A, C, E에서는 0.5cm 올라가고 점B는 그대로, 점D에서 1cm 올라가 자연스럽게 곡선으로 연결한다.

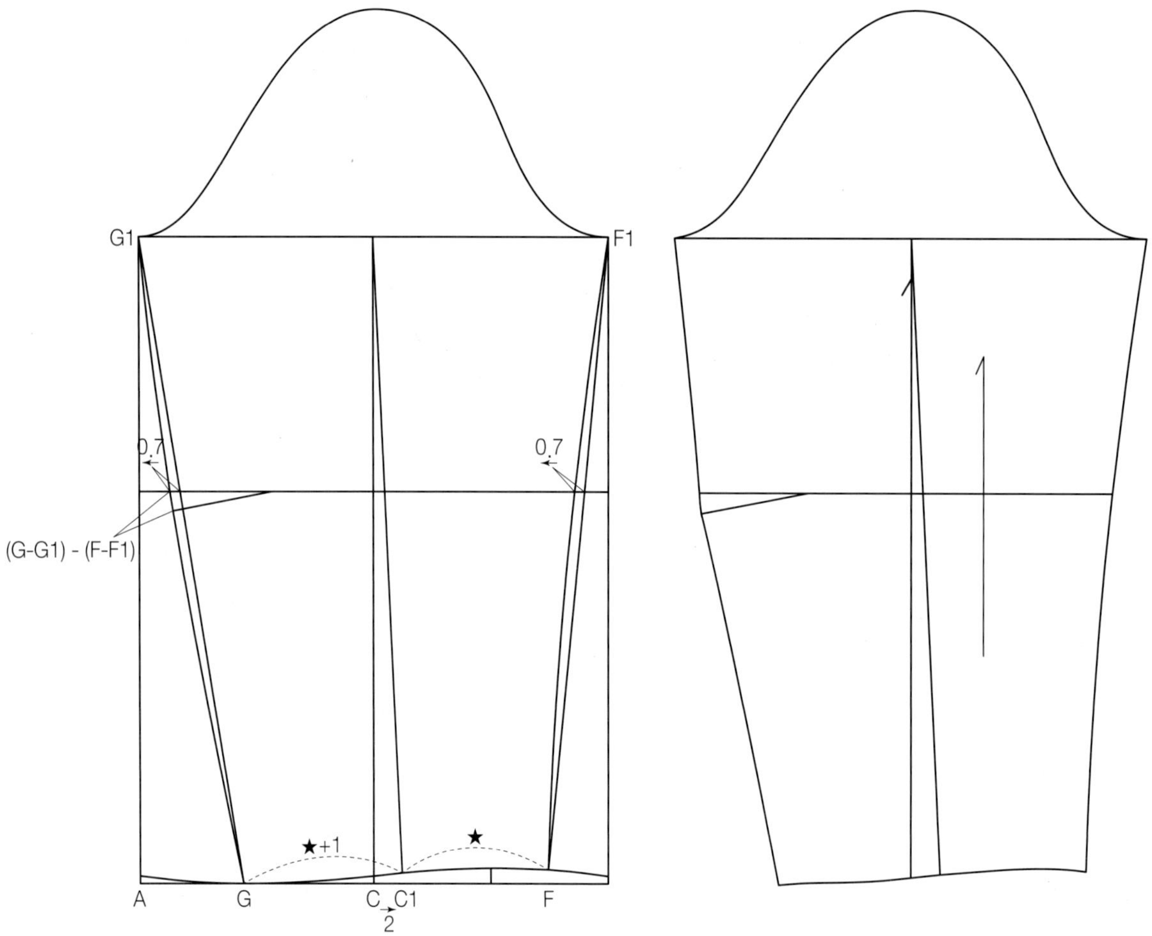

• 소매중심선C - C1은 2cm 이동한다.

• 선C1 - F는 10 - 11cm=★, 선C1 - G는 ★ + 1cm로 표시한다.

• 다트의 길이는 앞솔기선F - F1과 뒤솔기선G - G1의 차이만큼 만든다.

2. 벨 슬리브(bell sleeve)

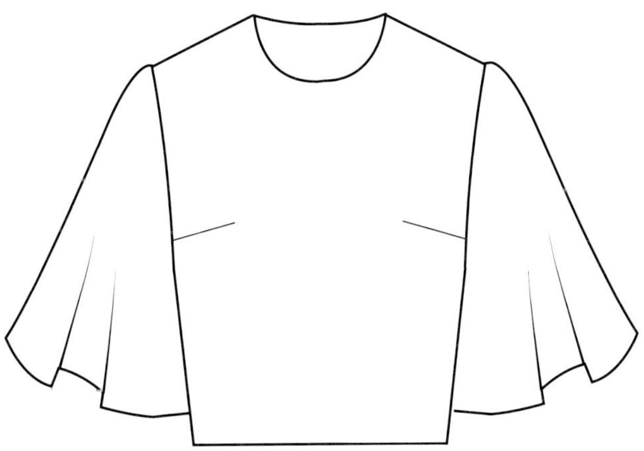

전체적인 소매의 모양이 종이 달린 것처럼 보여 벨 슬리브라 불린다. 소매밑단이 넓게 퍼진 소매로 다양한 길이로 만들어 진다.

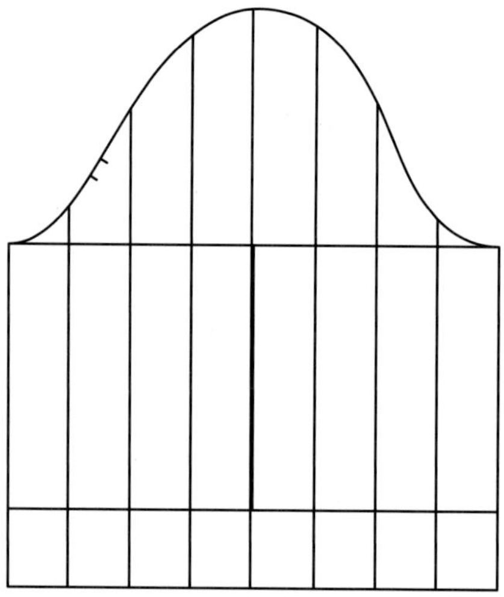

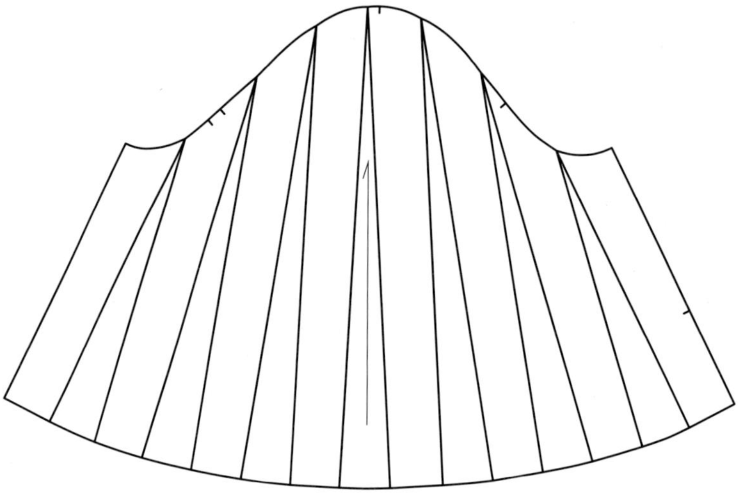

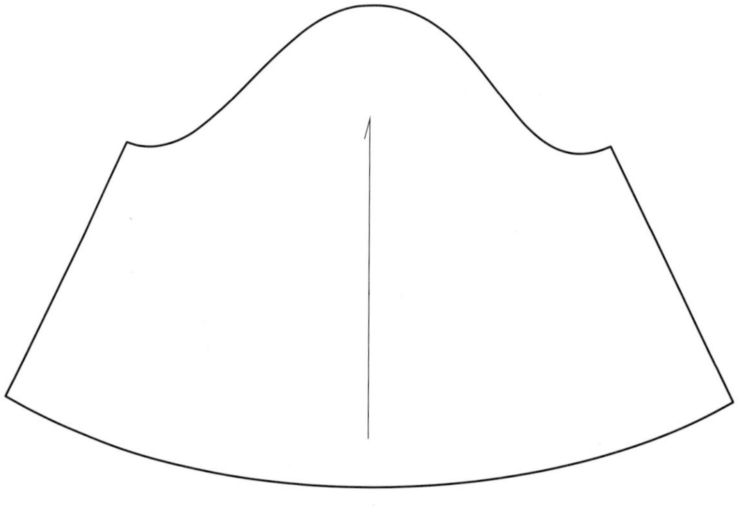

3. 퍼프 슬리브(puff sleeve)

소매의 어깨 부분이나 소매단에 개더나 주름을 잡아서 부풀게 한 소매를 말한다. 보통 3가지로 나눌 수 있는데 1) 어깨에 개더가 있는 경우, 2) 소매단에 개더가 있는 경우, 3) 위, 아래 개더가 있는 경우로 나뉜다. 어깨 부분에 개더 분량이 많으면 어깨가 넓어 보일 수 있으므로 몸판에 어깨선을 좁혀 발란스를 맞추는 경우가 많다. 개더 분량이 많으면 소매가 봉긋하게 부푸는 만큼 길이가 짧아지므로 소매 중심선에서 벌리는 분량의 점반 정도를 소매산과 밑단에서 보충해주어야 한다. 겨드랑 아래쪽으로는 개더 분량을 주면 미관상 아름답지 않고 팔을 내렸을 때 겨드랑이 부분이 불편하다. 긴 소매일 경우 멜론 슬리브나 벌룬 슬리브라고 한다.

(조각이 많을 경우 순서가 뒤바뀌거나 분실할 수 있으므로 주의한다.)

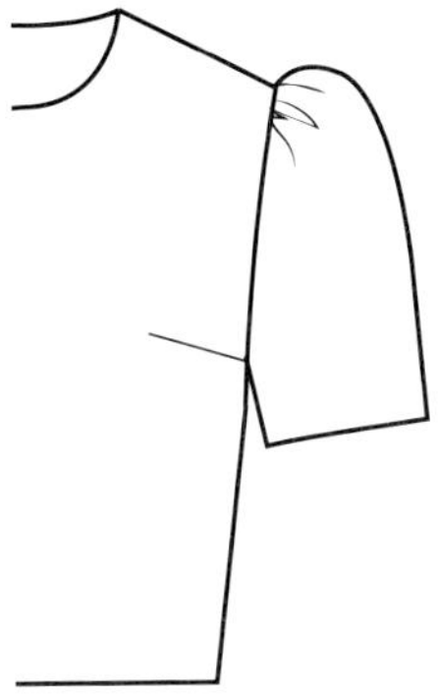

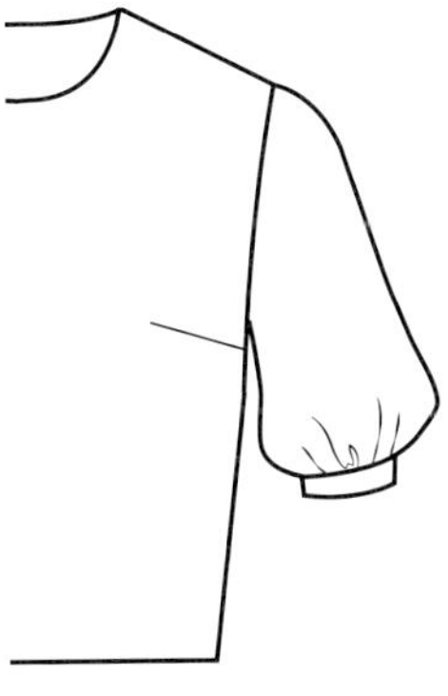

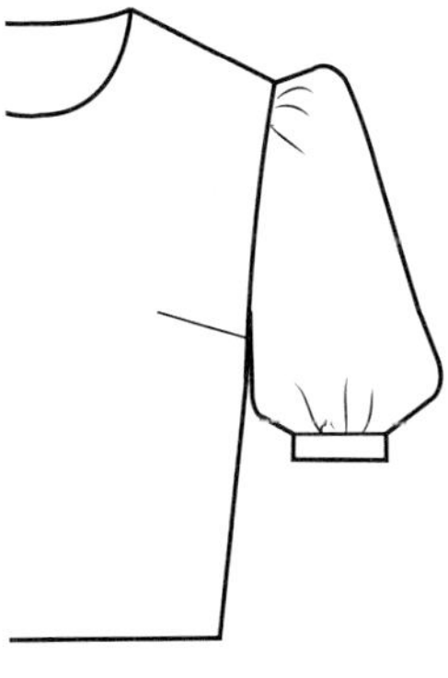

1) 어깨에 개더가 있는 경우

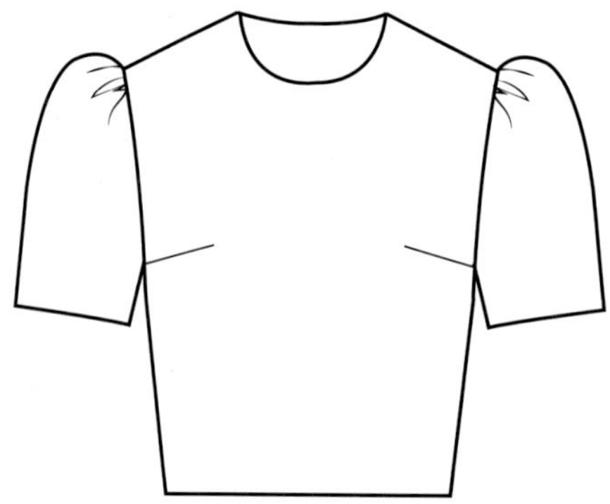

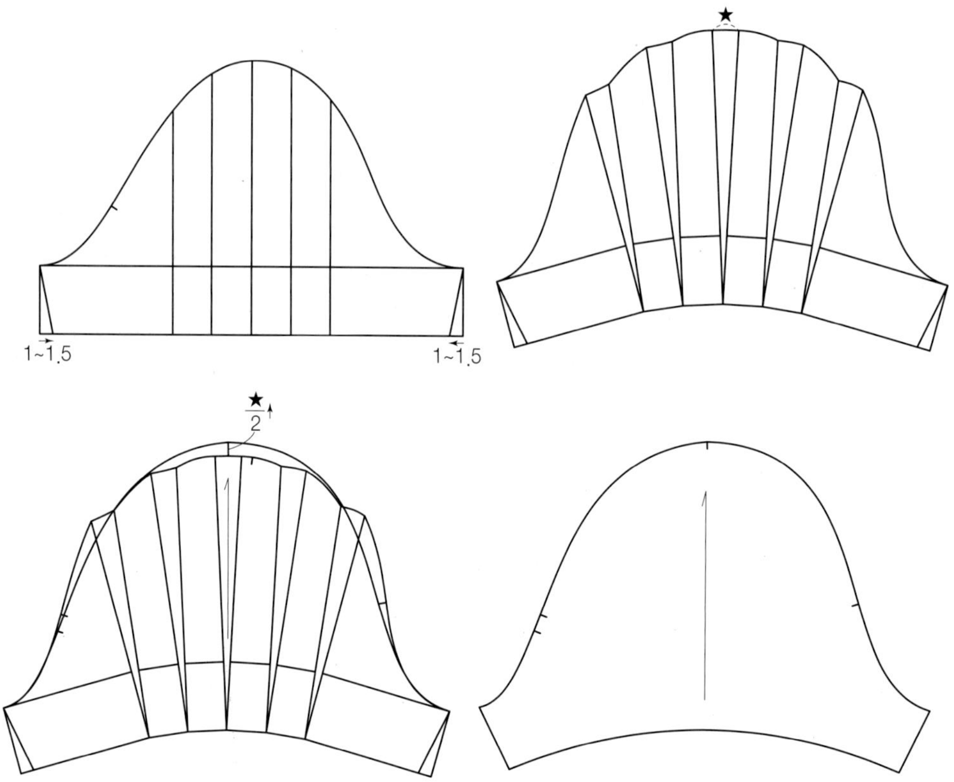

• 벌려진 조각의 외곽선을 따라 소매산 곡선을 그릴 경우 소매위쪽이 비정상적으로 커지므로 주의한다.

2) 소매단에 개더가 있는 경우

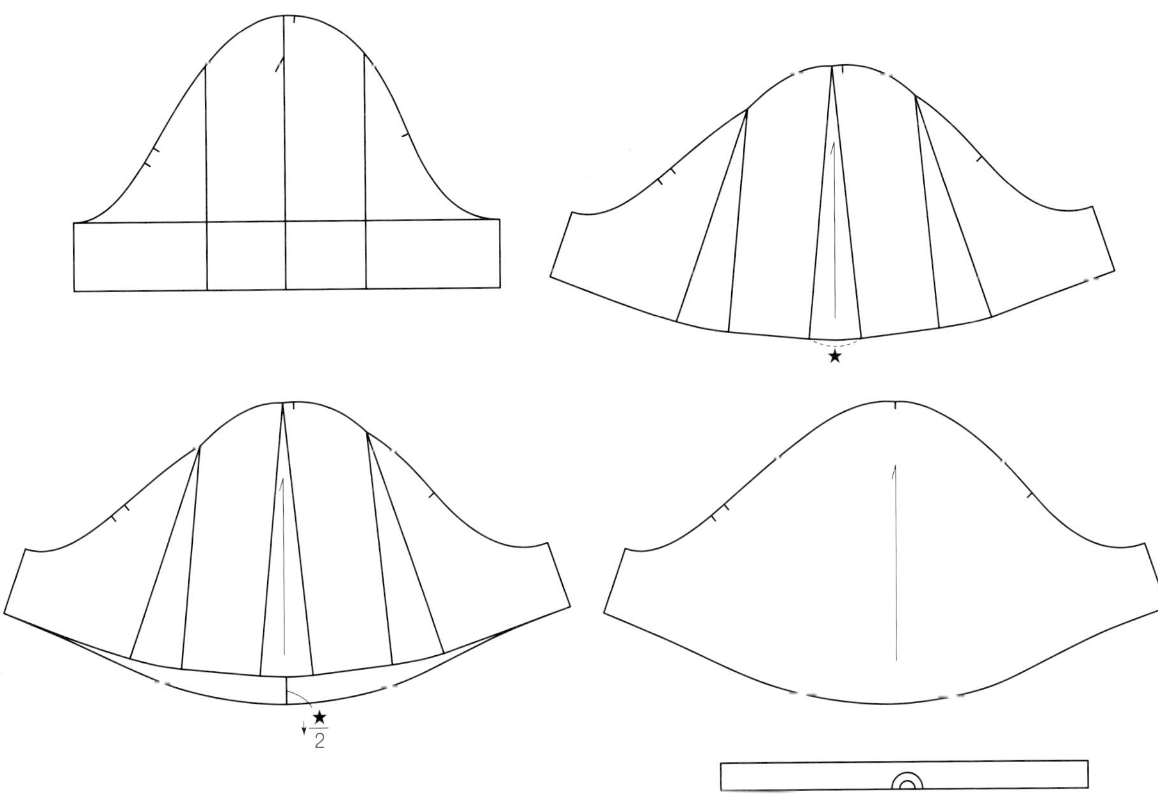

• 개더분량이 없는 겨드랑이 아래부분은 길이가 늘어나지 않는다.

3) 위, 아래 개더가 있는 경우

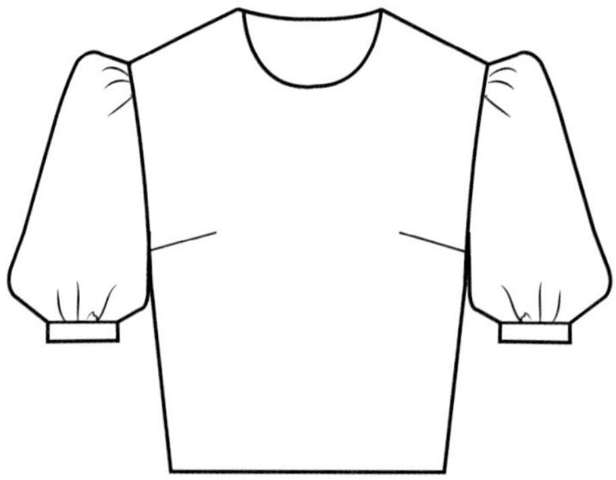

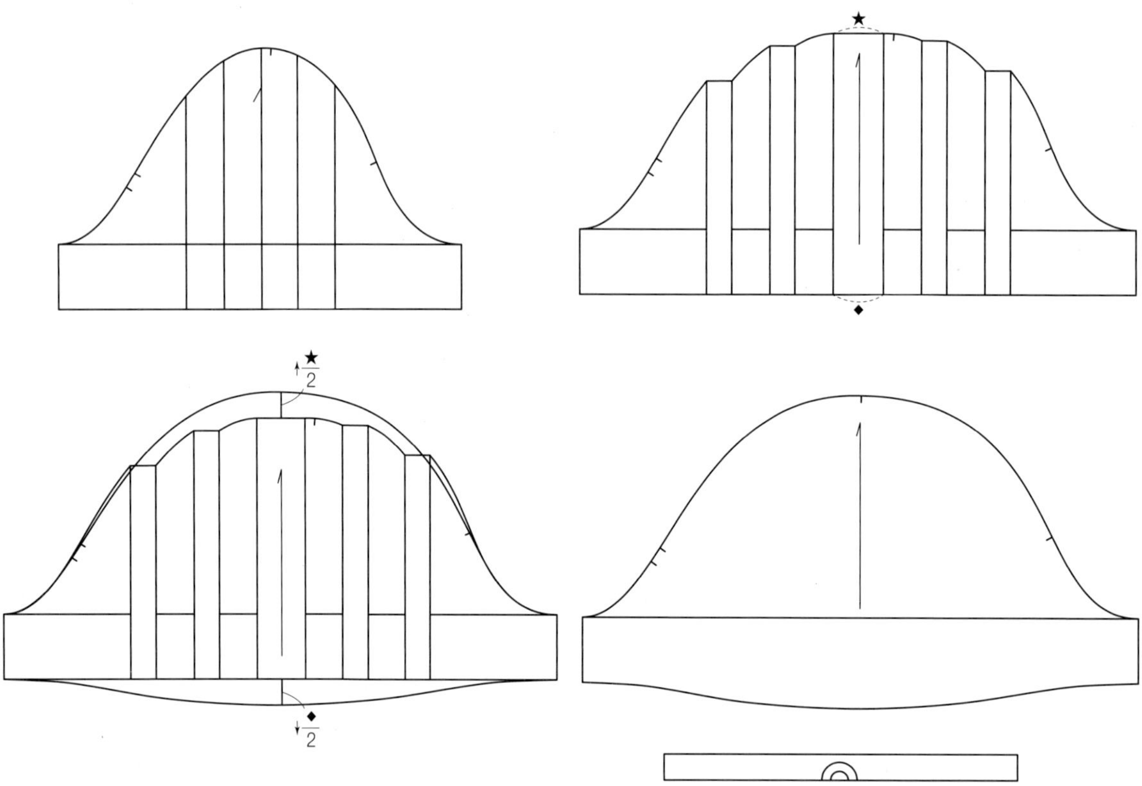

• 소매의 위쪽과 아래쪽에 벌리는 분량이 다를 수도 있다.

4. 프렌치 슬리브(french sleeve)

몸판과 소매가 한판으로 이어져 겨드랑이 부분이 넓은 것이 특징인 소매로 몸판과 소매가 봉제 된 세트 인 슬리브(set-in sleeve)와 구별된다. 형태에 따라 돌먼 슬리브, 기모노 슬리브라고 불리며 소매가 봉제 되어 있기는 하나 어깨선이 아닌 몸판과 소매가 연결된 형태인 래글런 슬리브가 있다.

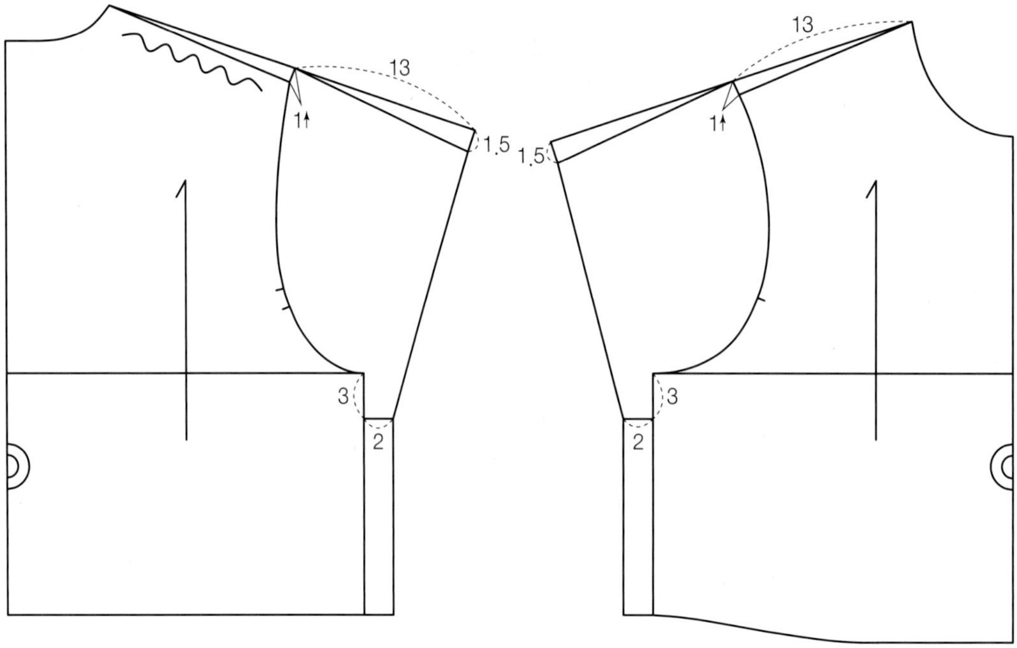
13
1
1.5
3
2
13
1
1.5
3
2

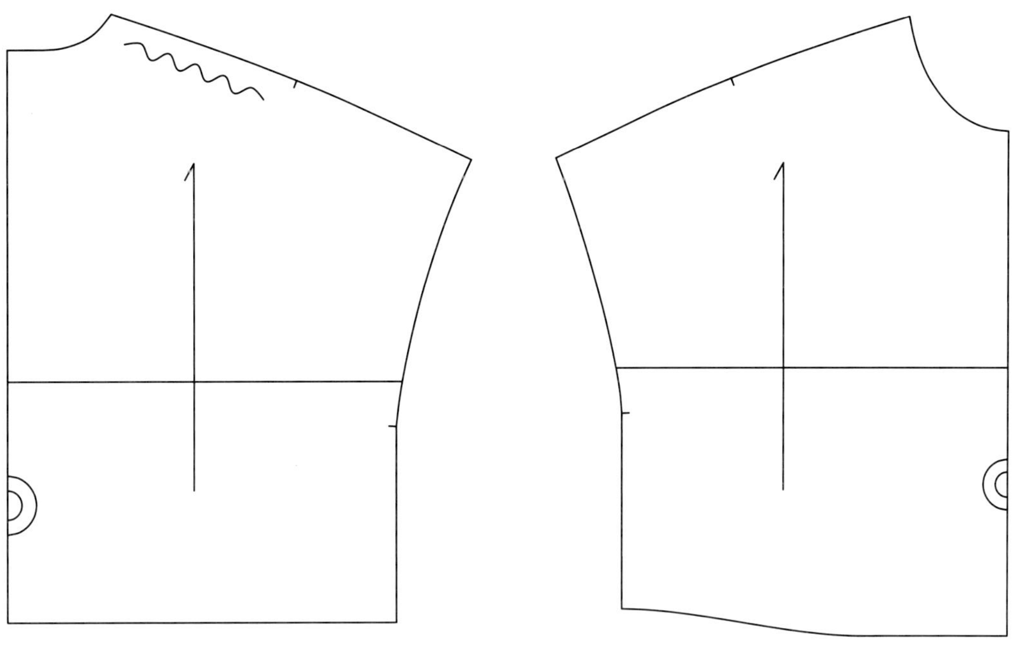

5. 래글런 슬리브(raglan sleeve)

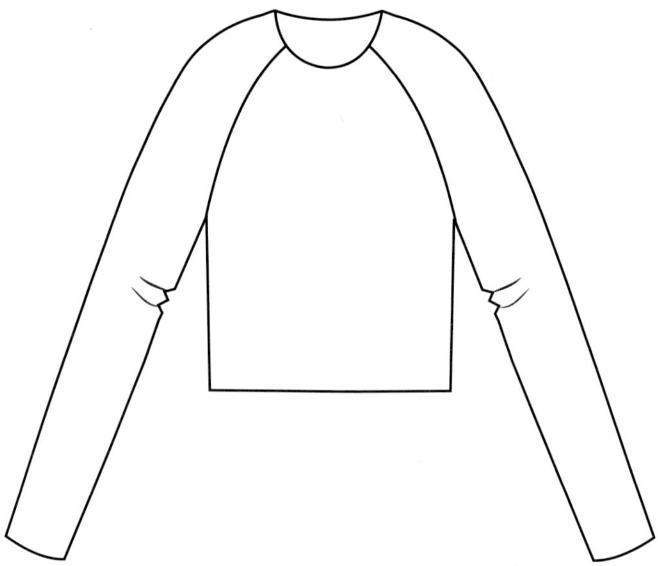

목둘레에서 진동선까지 비스듬하게 이음선이 있는 소매이다. 크림전쟁 때 팔의 부상을 감추기 위해 영국의 사령관이었던 래글런 백작(Lord Raglan, 1788~1855)이 입기 시작하였다. 디자인에 따라 한 장, 또는 두 장이나 세 장 소매로도 만들 수 있으며 티셔츠, 재킷, 코트, 케이프 등에 널리 사용된다.

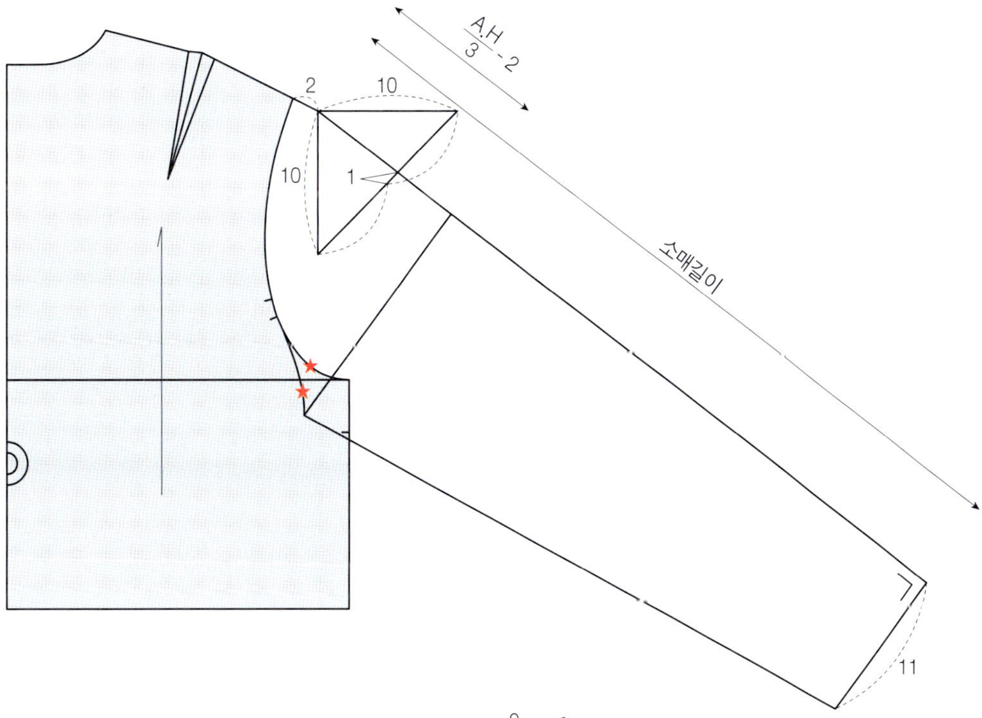

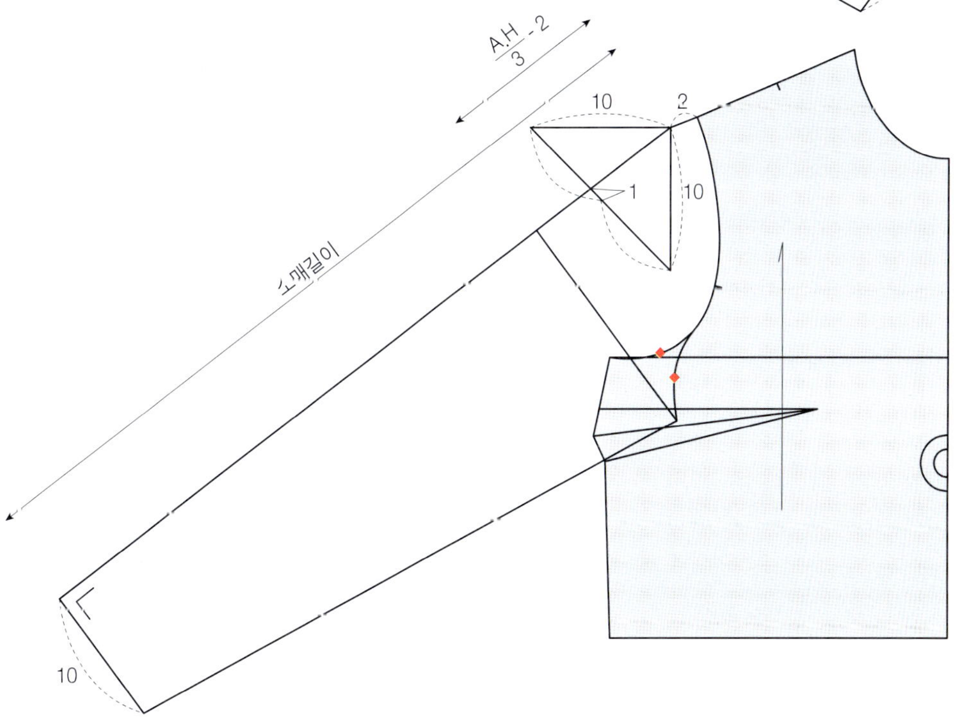

• 소매산 높이선과 만나는 곡선은 암홀 아래쪽과 길이가 같아야 하며 두선이 자연스럽게 시작되는 위치를 임의로 정한다.

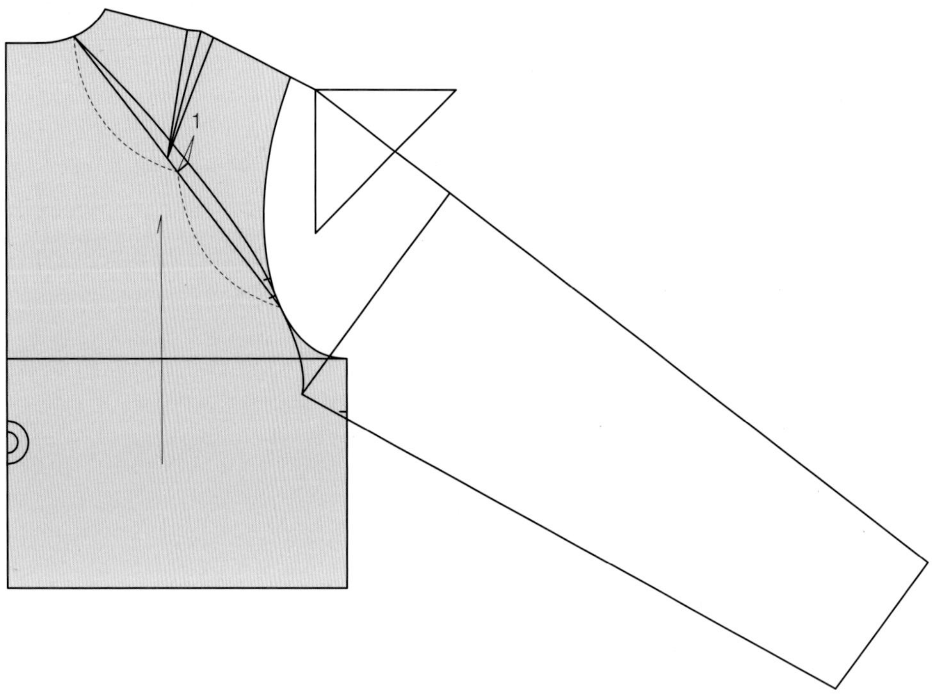
1

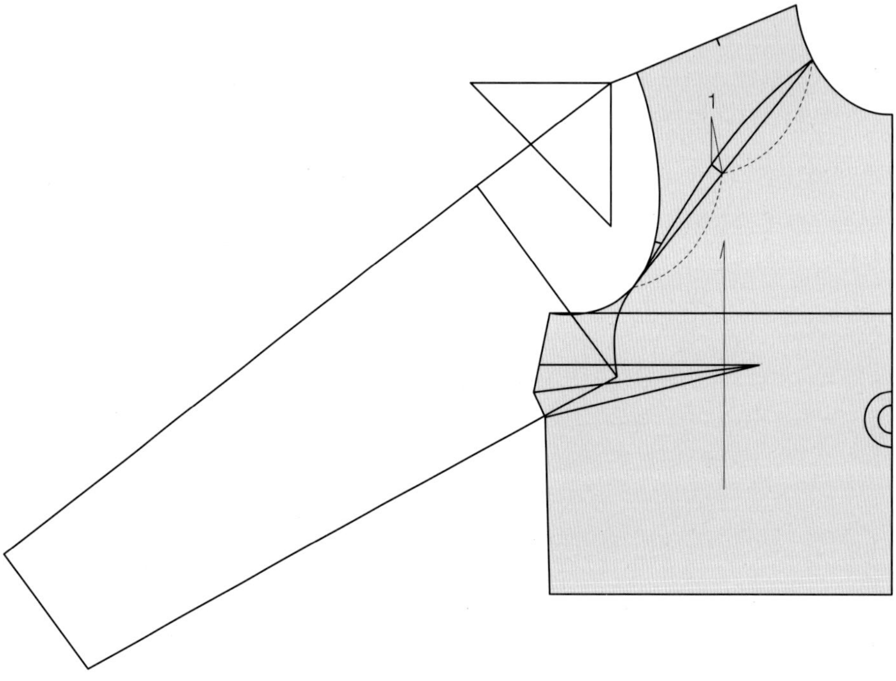
1

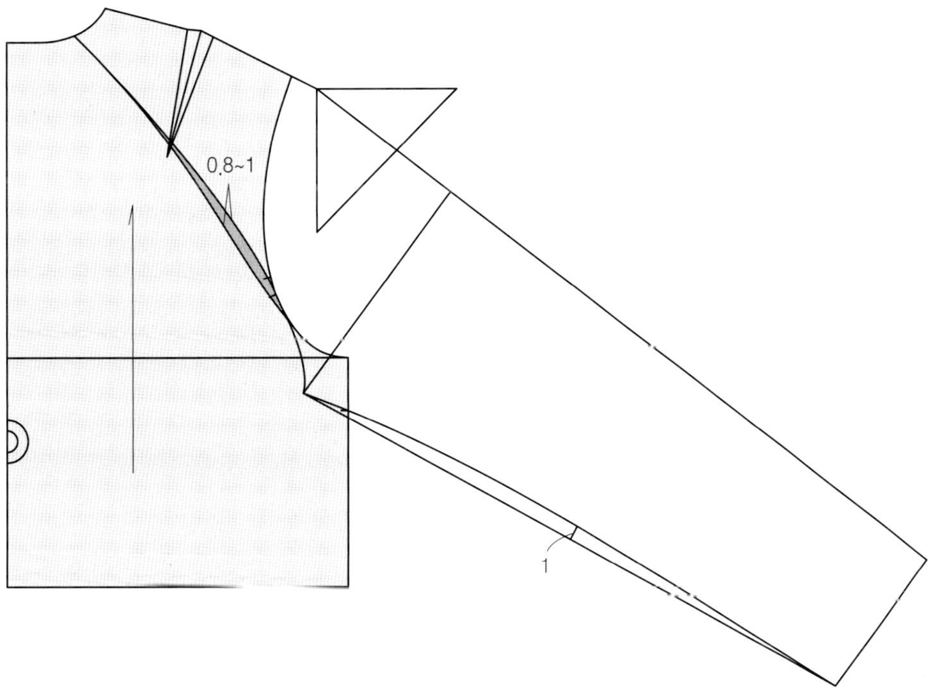

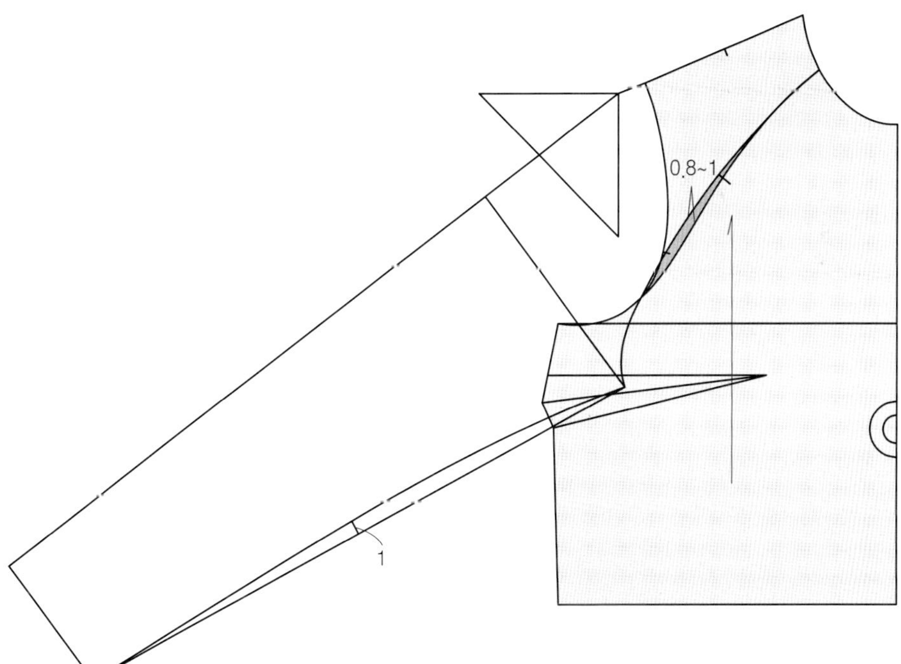

• 진회색 부분은 자연스러운 곡선을 만드는 과정에서 없어질 수도 있고 없애지 않을 수도 있다. 진회색 부분은 옷을 입었을 때 인체부위의 움직임과 입체적인 모양으로 인해 주름이 생기는 부분이므로 적당하게 없어져도 무방하다.

CHAPTER 03. 부분제도

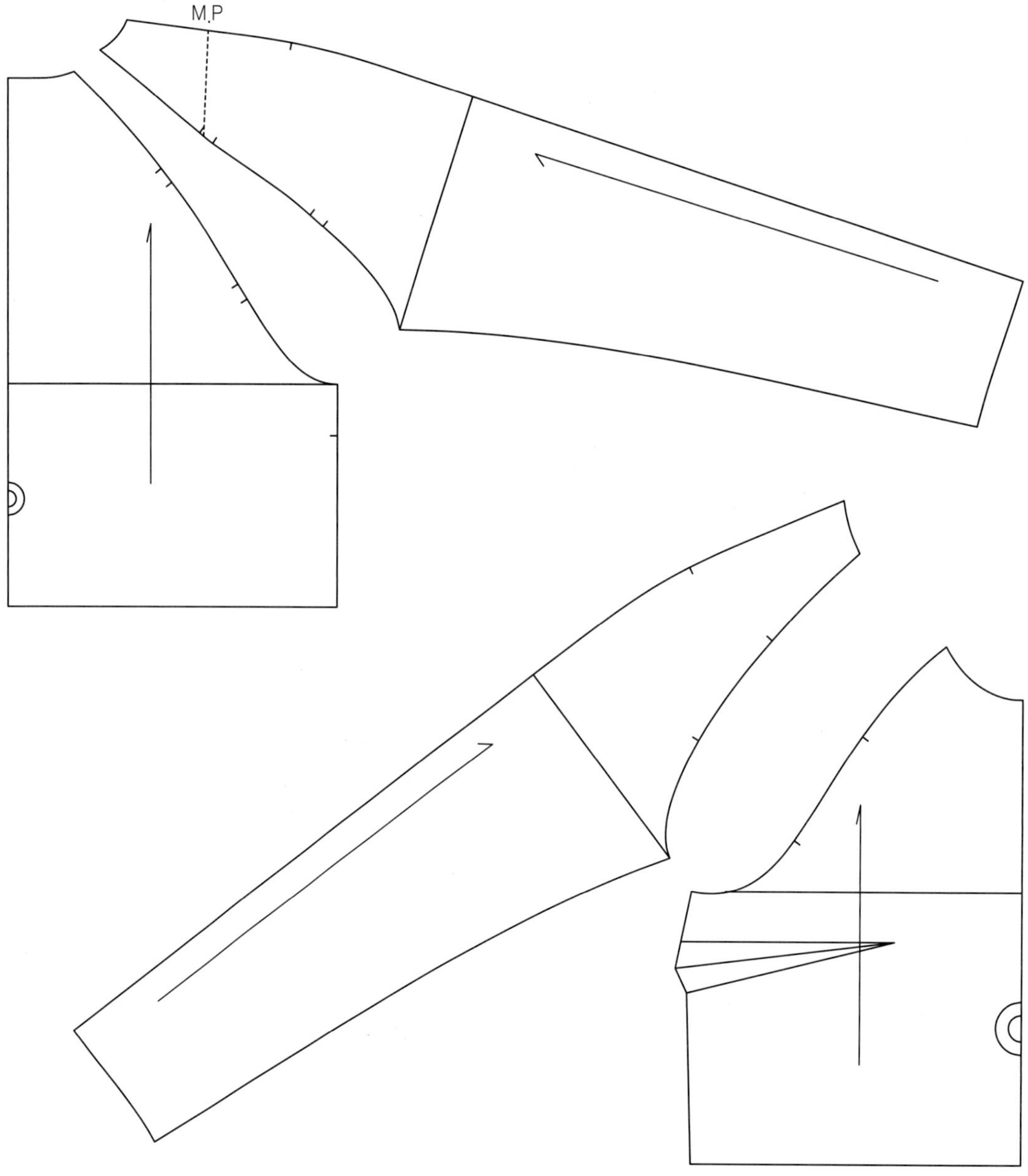

• 래글런 소매의 절개선은 재단 시 바이어스 방향의 곡선이므로 늘어할 확률이 높고 봉제가 어렵다. 그러므로 봉제를 위해 너치를 1~2 군데 만들어주는 것이 좋다.

6. 셔츠 슬리브(shirt sleeve)

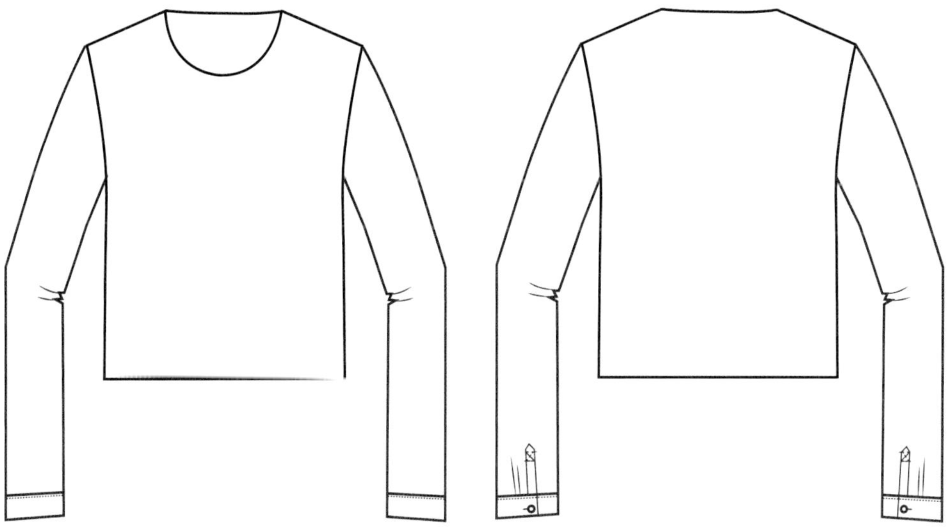

소매산의 높이가 비교적 낮아 통이 넓고 직선적인 소매로 흔히 와이셔츠나 작업복 등에 쓰인다. 셔츠나 블라우스에 널리 쓰이며 커프스와 뾰족단이 있다.

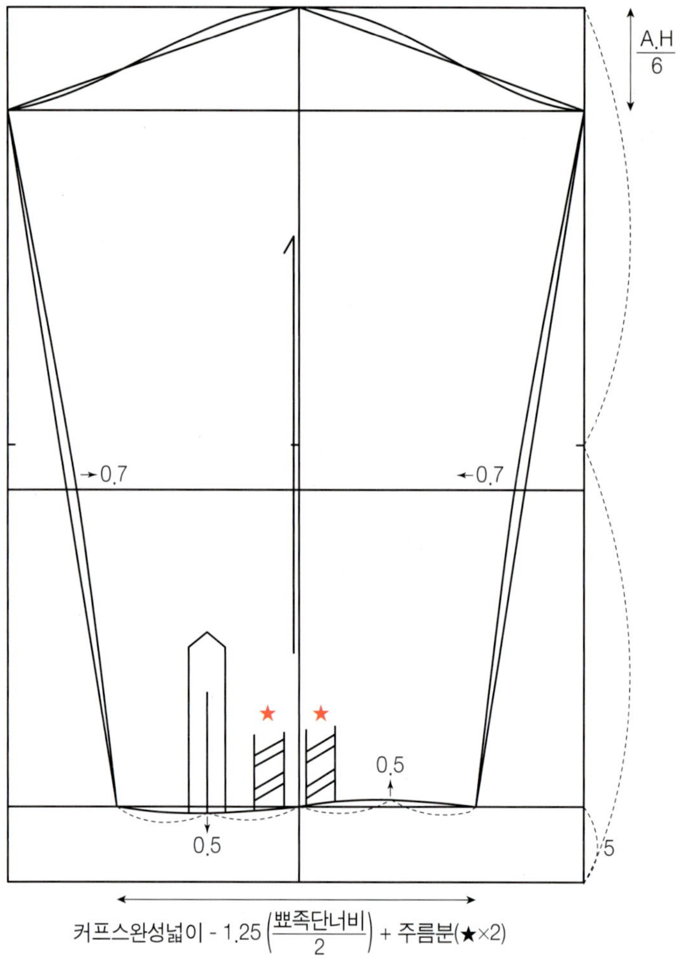

A.H
6
0.7
0.7
0.5
0.5
5
커프스완성넓이 - 1.25 (뾰족단너비 / 2) + 주름분(★×2)

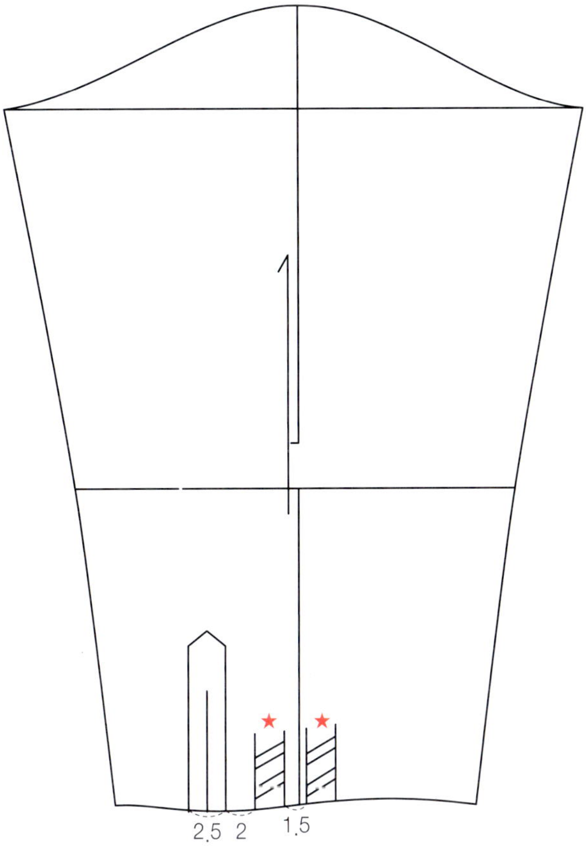
2.5
2
1.5

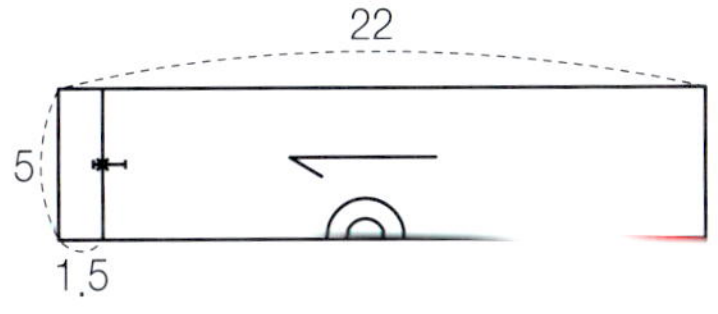
22
5
1.5

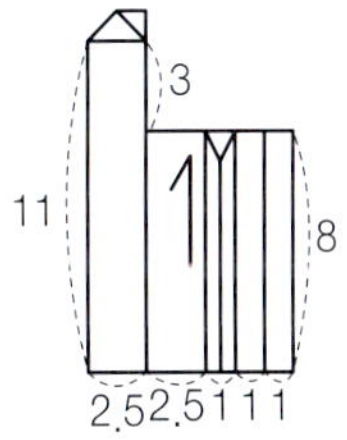
3
11
8
2.5
2.5
1
1
1

7. 두 장 슬리브(two-piece sleeve)

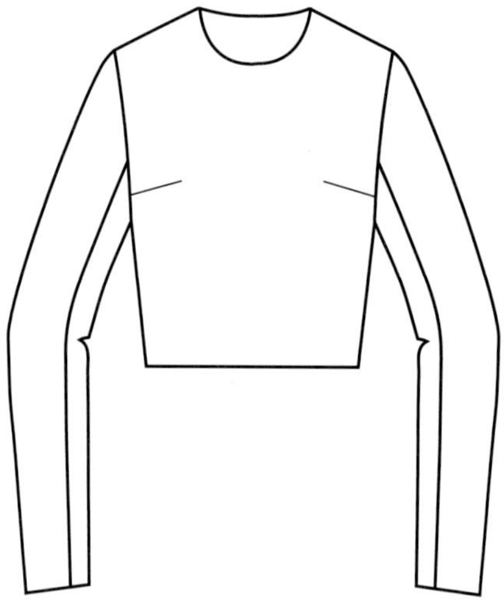

소매가 두 장으로 나뉘어 만들어진 소매를 말한다. 테일러드 재킷이나 코트 등에 많이 쓰이며 셔츠 소매 등과는 다르게 밑단에 커프스가 없다. 팔의 바깥쪽을 감싸는 부분을 겉소매, 바깥소매, 큰소매라고 하며 팔의 안쪽을 안소매 또는 작은 소매라고 부르는데 이는 안쪽이 더 작게 재단되어 지기 때문이다. 두 장으로 되어 있어 팔의 커브를 자연스럽게 편안하게 살려 디자인 할 수 있다. 뒤쪽 절개선을 이용하여 트임을 만들고 단추를 달아준다.

- 상완이 살이 찌거나 운동을 많이 하여 두꺼운 경우 상완부위를 더 곡지게 그려줌으로써 더 편안하게 만들어 줄 수 있다.
- 팔 안쪽 곡선의 길이는 큰 소매가 작은 소매보다 0.6cm 정도 짧게 나오는데 큰소매의 팔꿈치 안쪽 너치사이를 다리미로 늘려서 길이를 맞춘다. 이때 완성선에서 시접부위만 자연스럽게 늘려주며 재단한 2장의 소매를 같이 다려 좌, 우 길이가 달라지는 것을 방지한다.

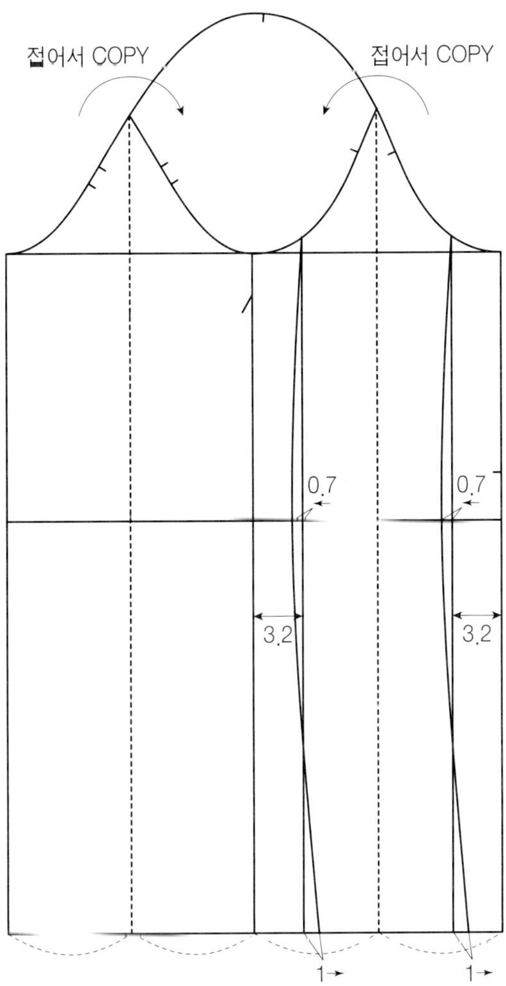
접어서 COPY
접어서 COPY
0.7
0.7
3.2
3.2
1
1

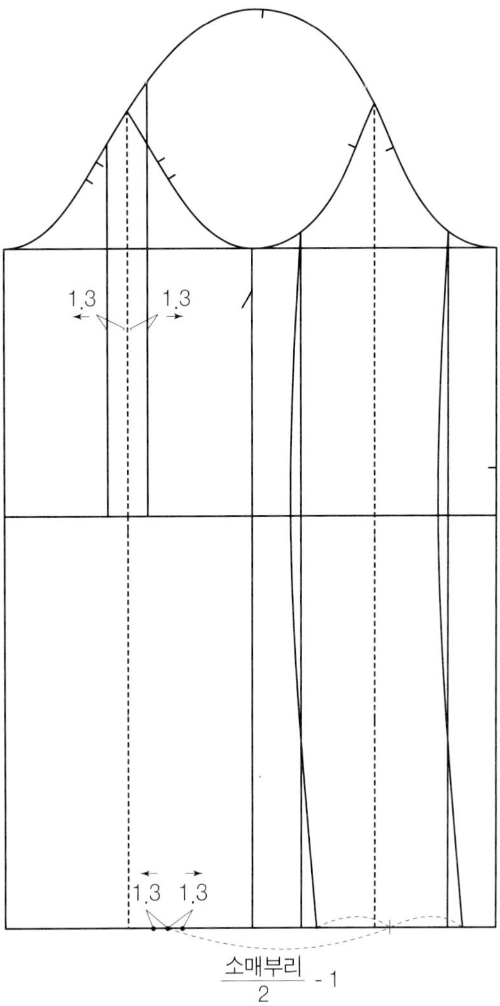
1.3
1.3
1.3
1.3
소매부리/2 - 1

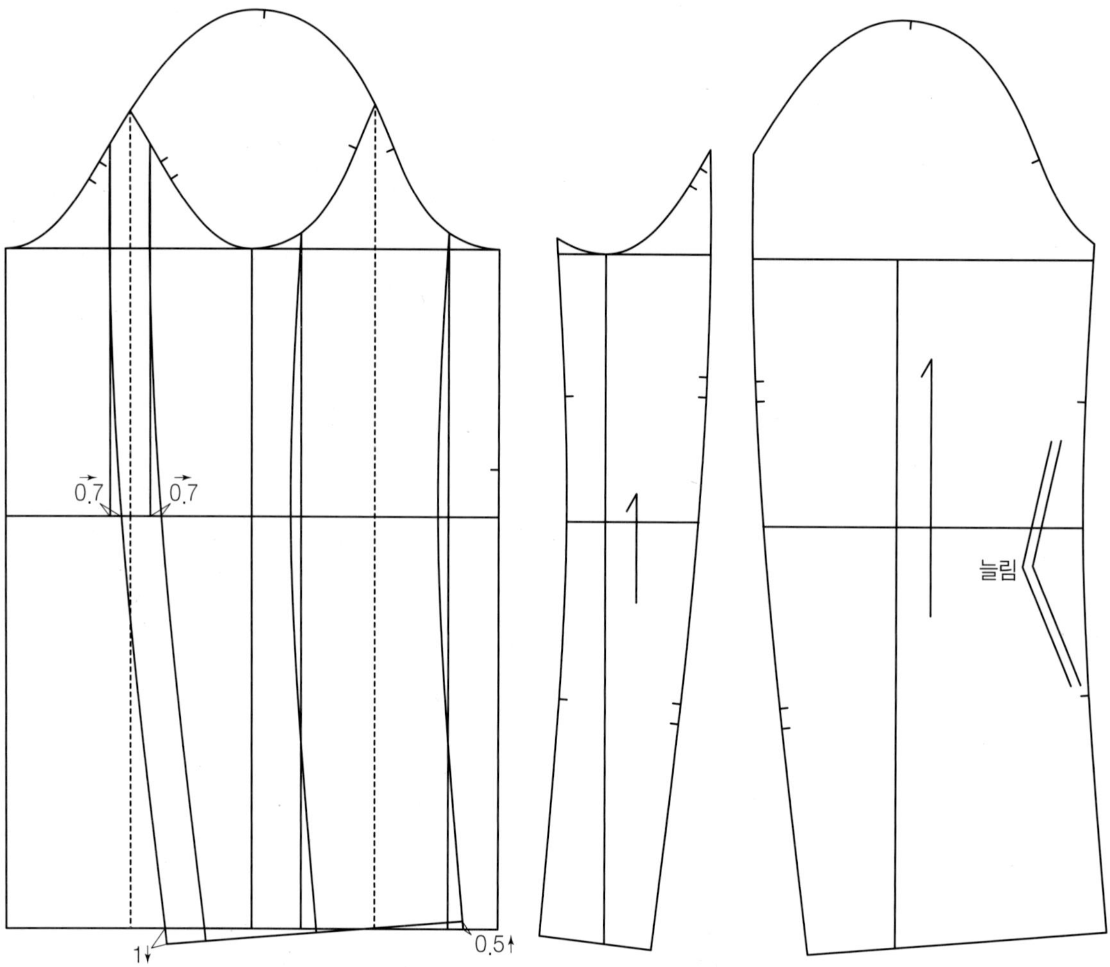
0.7
0.7
1
0.5
늘림

02 칼라

1. 차이나 칼라(china collar)

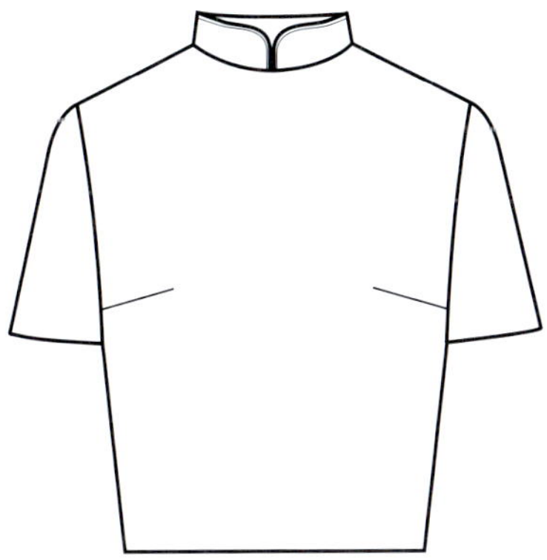

중국 전통의상(qipao)이나 베트남 전통의상(aosai)에서 보여지는 칼라로 만다린 칼라라고도 한다. 옷깃이 올라와 목을 감싸는 형태이다. 유럽에서는 코리안 칼라로 불린다.

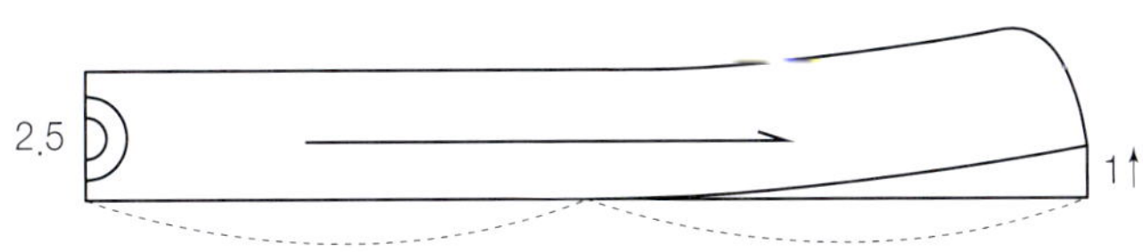

2. 셔츠 칼라(shirt collar)

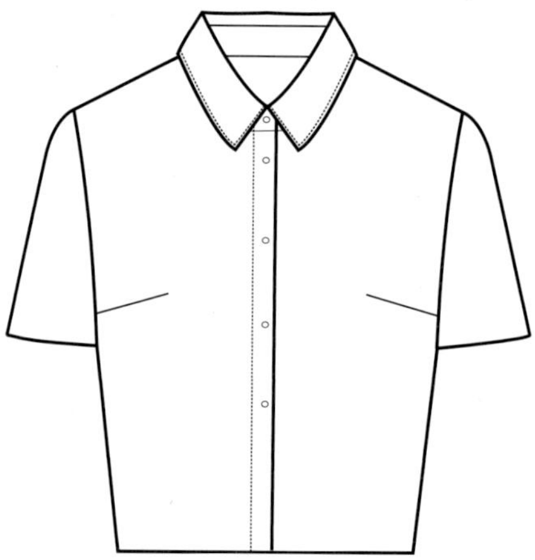

밑칼라와 윗칼라 2장으로 이루어져 있다. 칼라의 넓이와 각도에 따라 다양하게 연출된다.

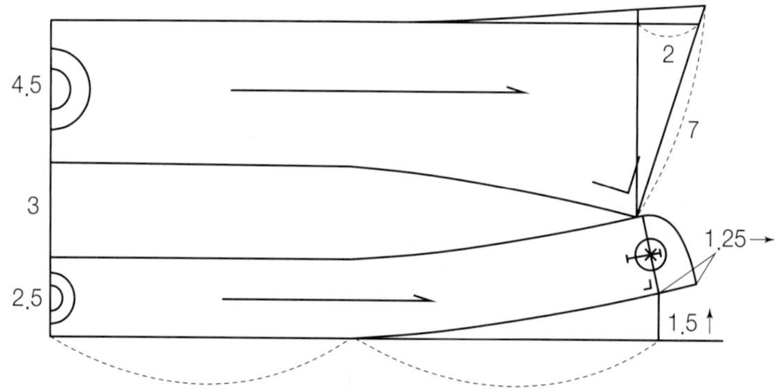

3. 플랫 칼라(flat collar)

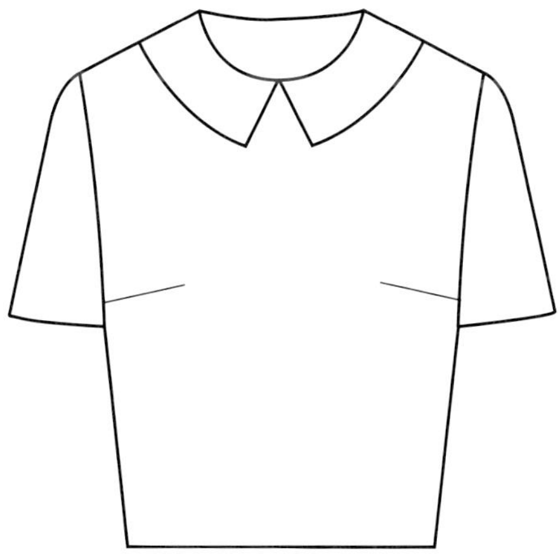

뒤네크라인에 스탠드분이 적거나 약간 있는 칼라를 말하며 피터팬 칼라라고도 한다. 어깨 겹침분이 많을수록 스탠드분이 많아진다.

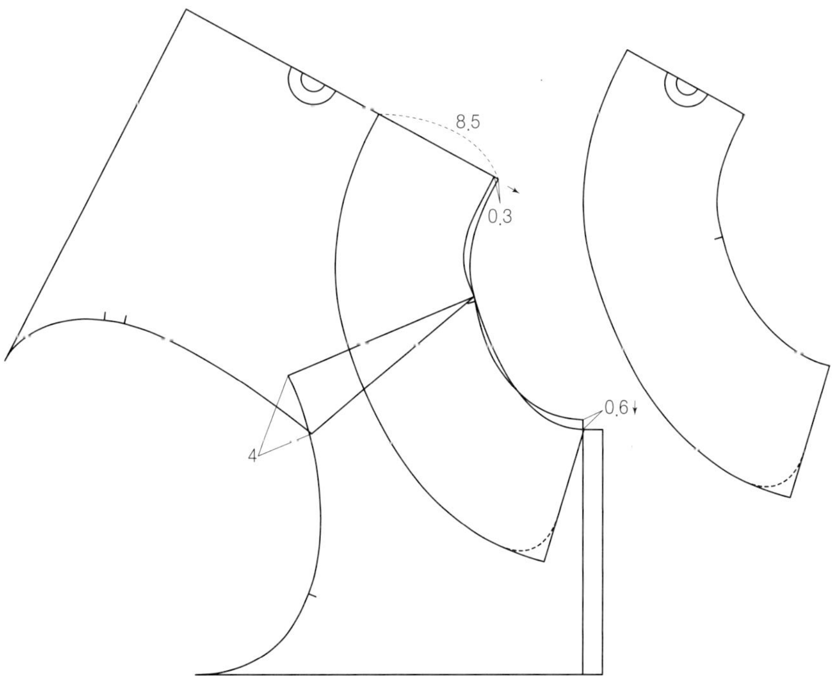

4. 스포츠 칼라(sports collar)

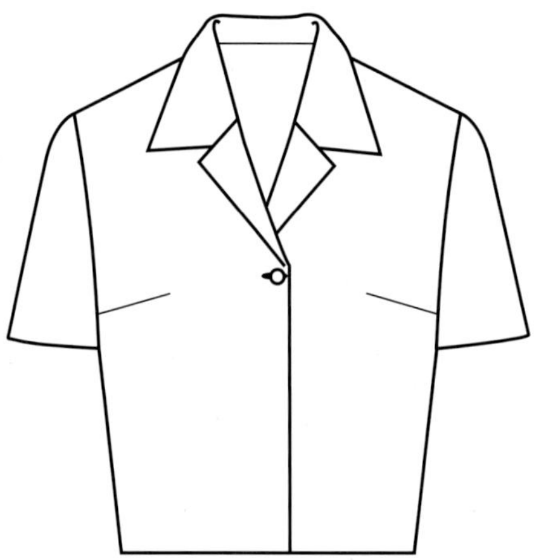

스포티한 셔츠나 블라우스에서 많이 쓰이는 칼라로 라펠 부분이 몸판과 연결되어 있다. 칼라의 모양에 따라 윙 칼라, 오픈 칼라, 컨버터블 칼라 등으로 불린다.

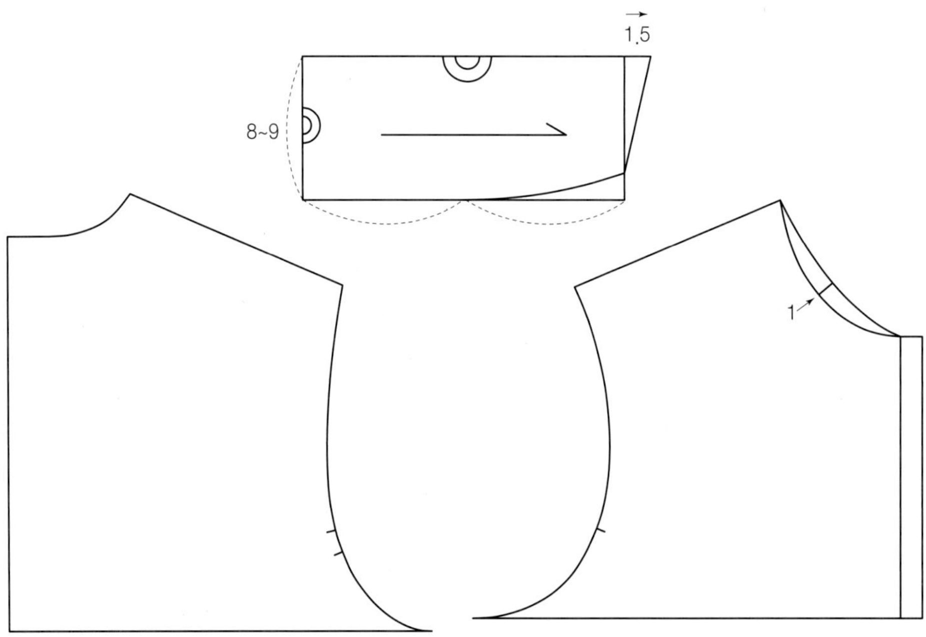

5. 테일러드 칼라(tailored collar)

남성복 재킷에서 보이는 칼라로 깃이 올라가고 라펠이 젖혀지는 형태이다. 형태에 따라 피크드 칼라, 숄 칼라 등으로 불린다.

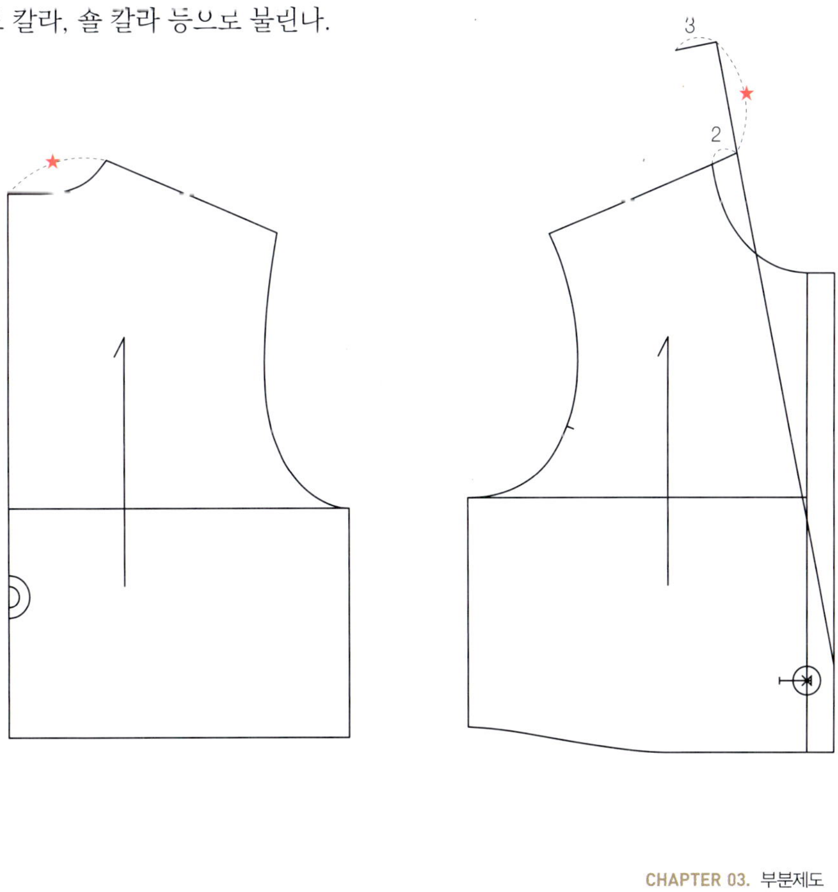

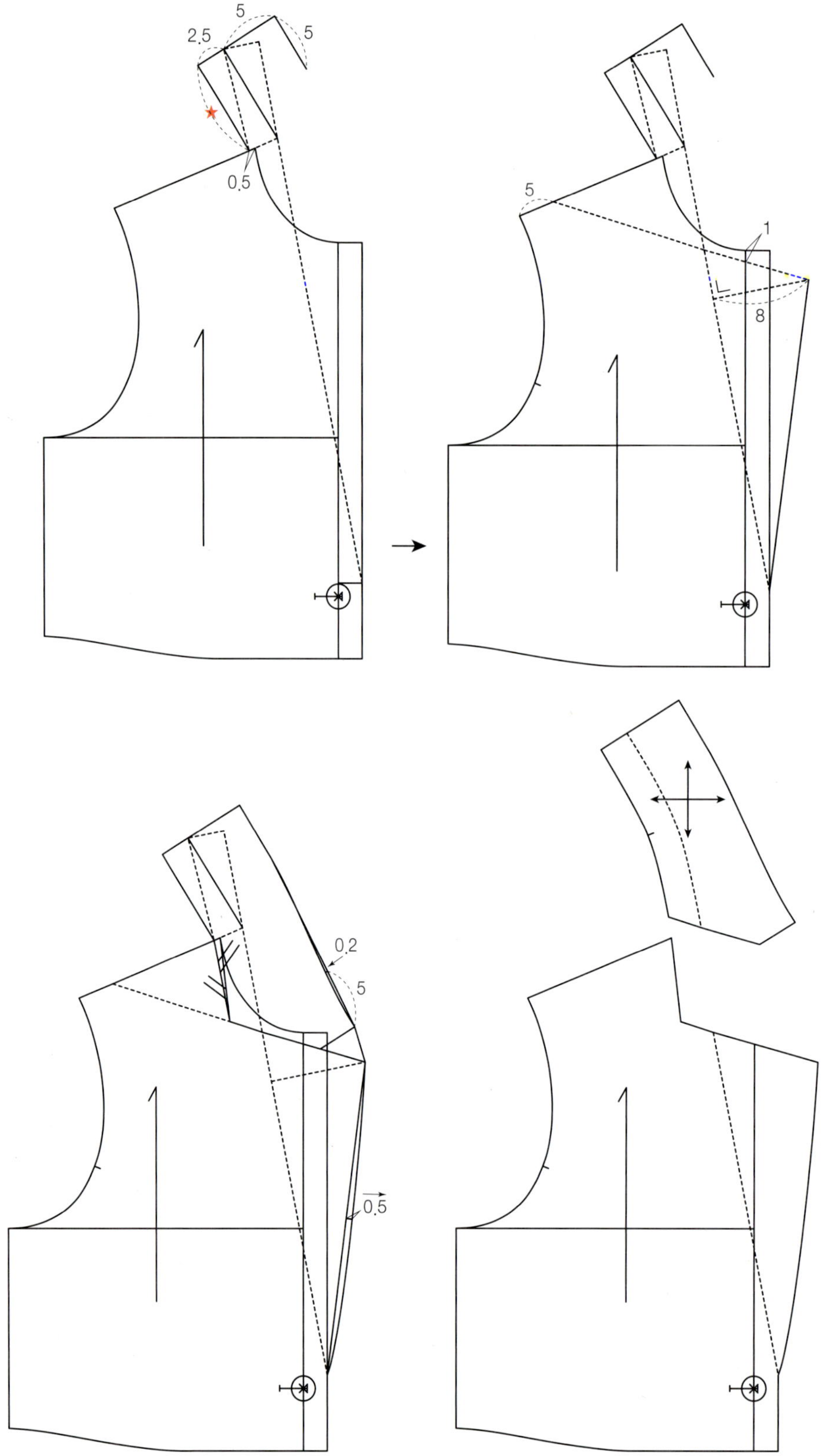
5
2.5
5
0.5
5
1
8
0.2
5
0.5

CHAPTER

04

응용패턴

01 스커트

1. A-라인 스커트(A-line skirt)

A-라인 스커트는 밑단의 폭이 세미타이트 스커트보다 넓어 활동하기 편하면서도 플레어 스커트 보다는 좁아 치마가 바람에 뒤집어지거나 다리에 감기는 등의 불편함이 적다. 스커트의 다트량이 많을 경우 다트를 1/2나 2/3만 접고 나머지 분량을 모아 다트로 만들어 주거나 옆선에서 없앤다. 반대로 다트량이 적을 경우 다트끝을 맞춘 후 적당한 분량을 벌려준다.

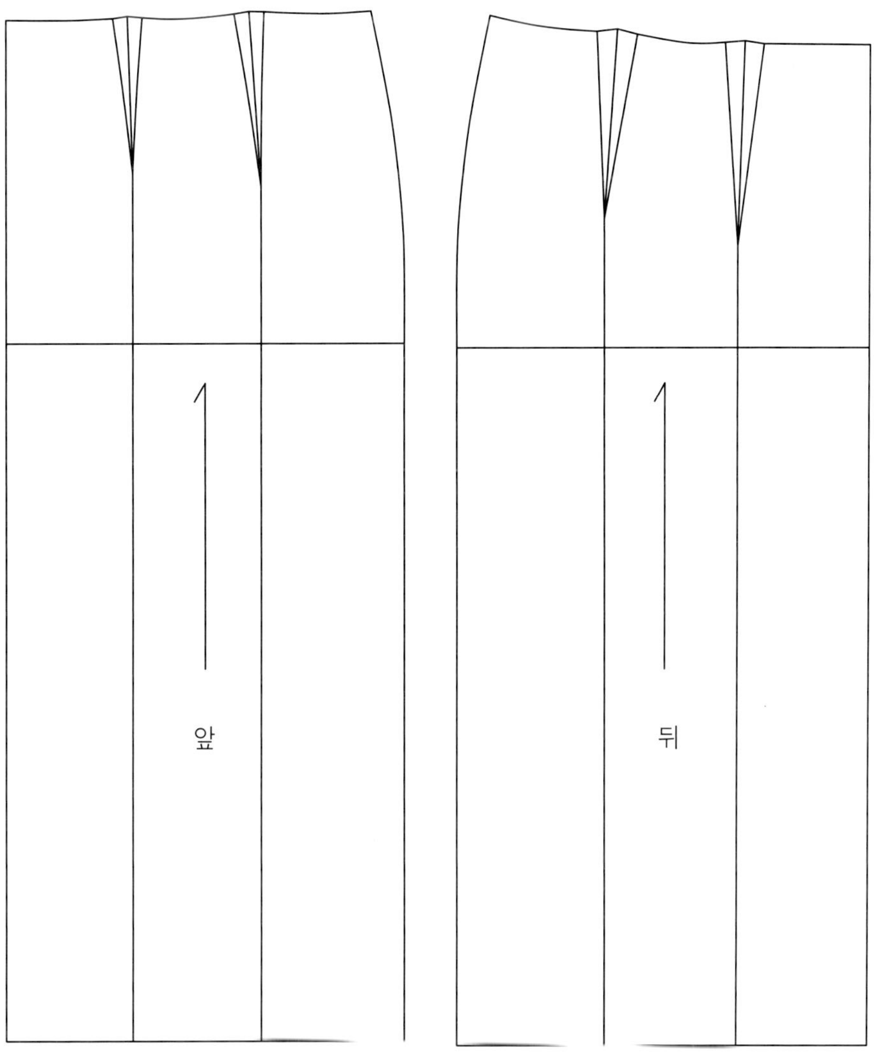

1) 앞판, 뒤판

• 앞판, 뒤판의 다트 끝에서 수직선을 내려 긋고 자른다.

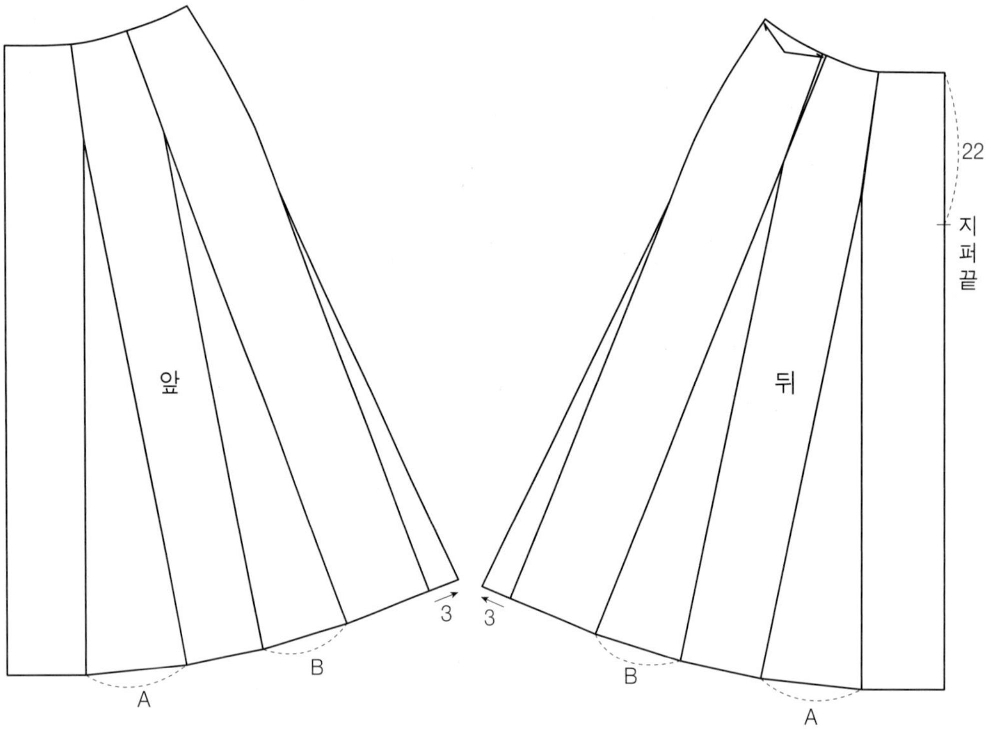

2) 패턴의 전개

- 앞판의 다트를 접고 허리선을 다듬는다.

  (다트량이 많을 경우 일부만 접어 밑단의 벌어지는 양을 조절한다.)
- 밑단의 끝에서 3cm 나아가 엉덩이 옆선과 자연스럽게 연결되는 직선을 긋는다.
- 다트를 접어 밑단에서 벌어진 분량을 A, B로 표기한다.
- 앞다트를 접어 벌어진 분량 A, B만큼 뒤밑단에서 벌려준다.
- 뒤판다트의 접히지 않고 남은 분량은 뒤판 옆선으로 이동하여 없앤다.

  (분량이 많을 경우 앞판과 뒤판의 옆선에서 각각 나누어 없앤다.)
- 뒤판의 허리선을 자연스럽게 그려준다.
- 앞, 뒤판의 옆선을 대고 허리선과 밑단을 자연스럽게 그려준다.
- 뒤허리중심점에서 22cm내려와 지퍼끝을 표시해준다.

  (지퍼의 길이는 엉덩이길이보다 1~2cm 정도 길다.)

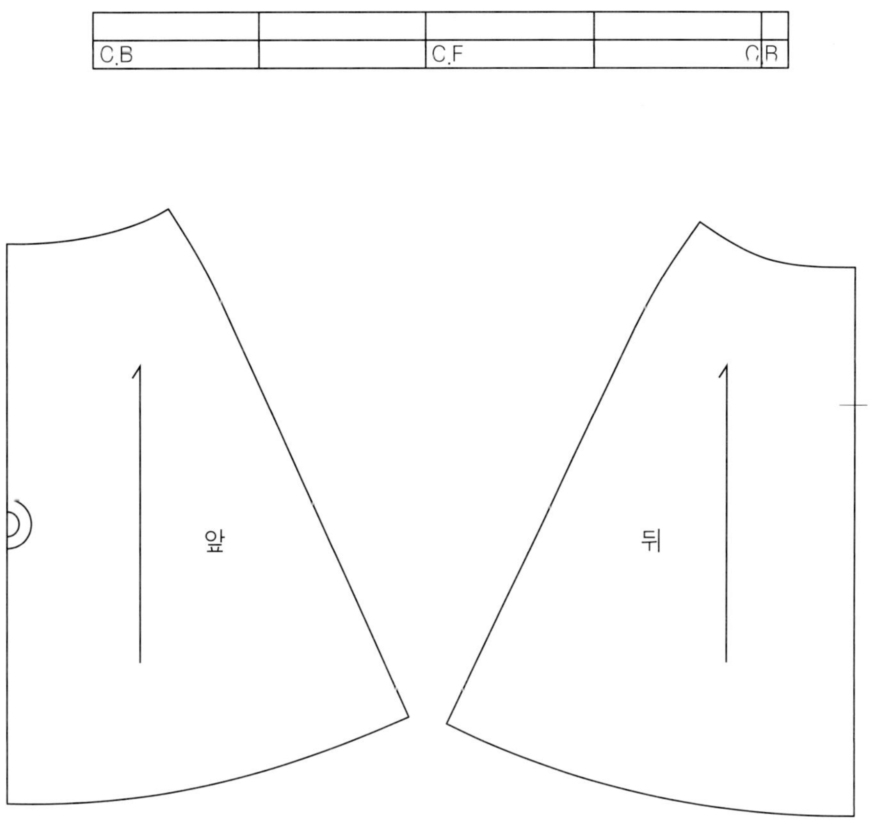

A-라인 스커트 완성패턴

2. 플레어 스커트(flared skirt)

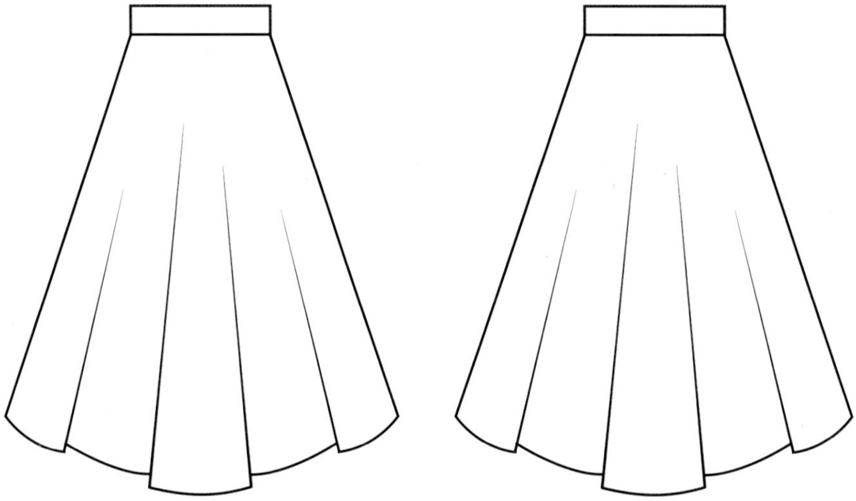

플레어 스커트는 다른 이름으로 서큘러 스커트(circular skirt)라고도 한다. 허리에서 밑단으로 갈수록 자연스럽게 통이 넓어져 밑단이 나팔꽃 모양으로 퍼지는 형태의 치마이다. 스커트 원형을 절개하지 않고 90도나 180도 스커트를 그려 사용하기도 한다.

치마의 중심부분이 바이어스가 되도록 재단하면 스커트의 플레어가 더 자연스럽게 만들어 진다. 플레어 스커트는 허리선과 옆선이 바이어스로 재단되어 늘어나기 쉬우므로 작업과 봉제 시 주의하여야 한다. 바이어스로 재단된 스커트는 시간이 지나면 늘어져 길이가 변화하므로 완성 후 하루 정도 걸어두어 원단이 충분히 늘어지게 한 후 밑단을 다시 표시하고 완성하는 것이 좋다.

길고 넓은 폭의 플레어 스커트는 원단의 너비가 제한되어 있고 원단 소요량이 많아져 무거워지므로 만들기가 어렵다.

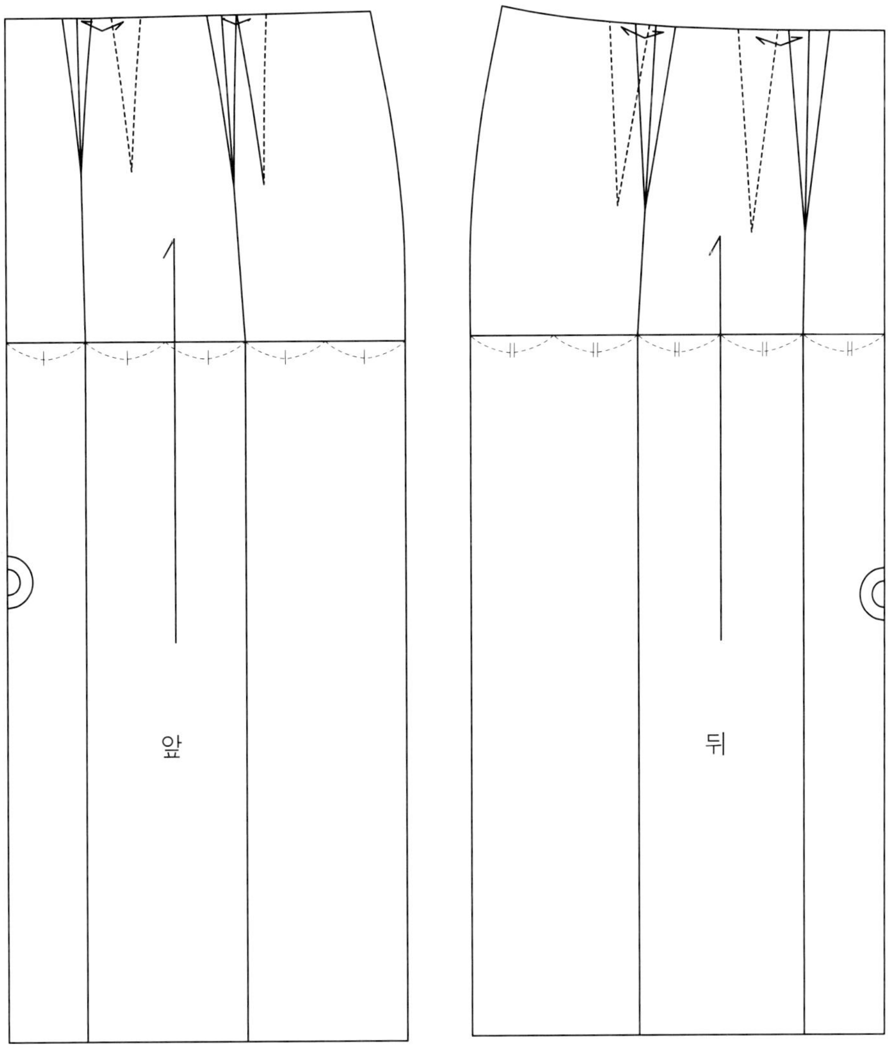

1) 앞판, 뒤판

- 앞판과 뒤판의 허리선과 엉덩이선을 각각 5등분하고 1/5과 3/5지점을 각각 연결하여 절개선을 정한다.
- 다트 분량을 절개선으로 이동한다.

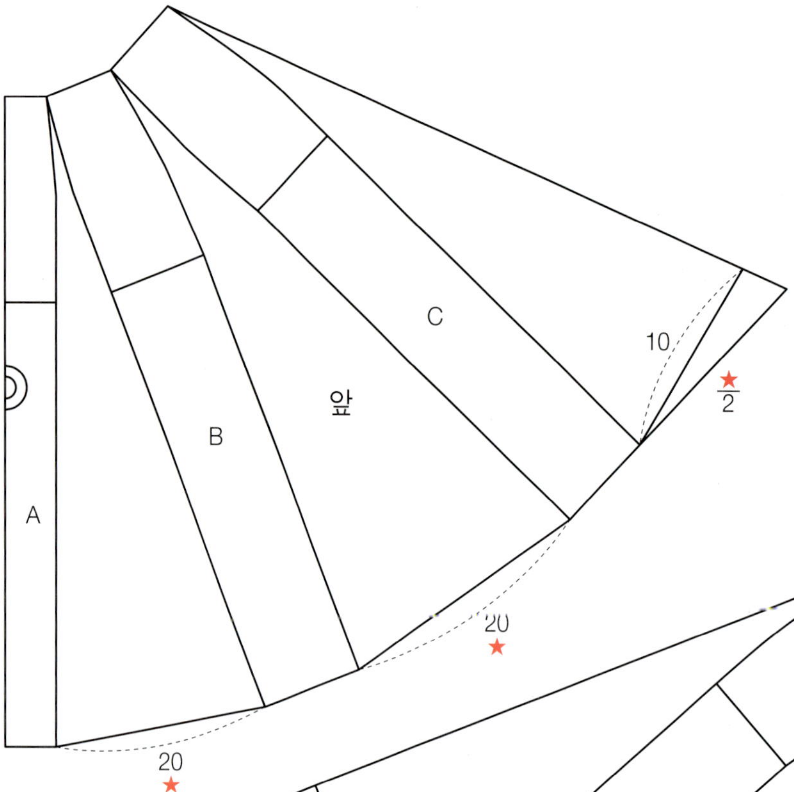
C
10
★/2
앞
B
A
20 ★
20 ★
F
★/2 10
뒤
E
D
20 ★
20 ★

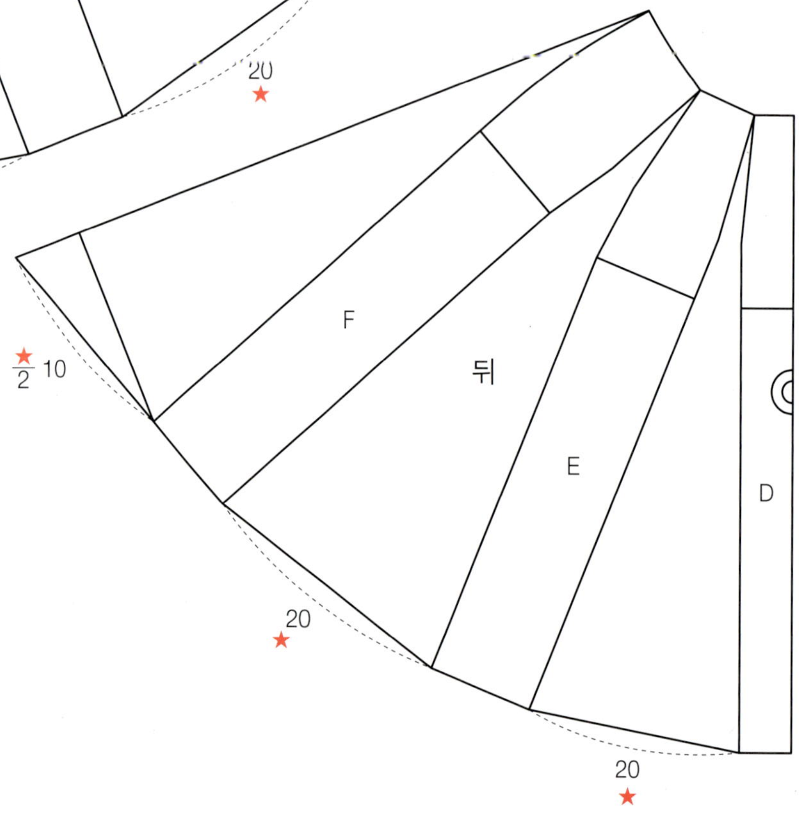

2) 스커트의 전개

- 다트 분량을 잘라내고 각각의 패턴을 베껴낸다. 모양이 비슷하여 바뀔 수 있으므로 패턴의 앞뒤 번호와 옆선을 표기한다.
- 앞중심A과 B의 허리점을 붙이고 밑단을 20cm=★ 이상 벌린다.
  (플레어분량을 적게 줄 경우 플레어가 생기지 않고 넓은 A라인 스커트처럼 보일 수 있다.)
- B와 C도 허리점을 붙이고 밑단을 ★ 만큼 벌린다.
- 옆선에서 플레어분량의 ★의 1/2인 10cm를 연장하여 허리선과 식선으로 그려준다.
- 옆선과 밑단이 직각이 되도록 선을 그려준다.
- 뒤중심D, E, F의 허리점을 붙이고 밑단을 앞판과 같이 ★만큼 벌리고 옆선도 앞판과 동일한 분량을 연장한다.
- 옆선을 붙이고 허리선을 자연스럽게 그려준다.
  (패턴과 패턴이 만나는 허리 부분은 그냥 다듬지 않고 놔두기도 하고 자연스러운 곡선으로 다듬어주기도 한다. 각각의 차이가 있으므로 제작자의 선택에 따른다.)
- 옆선을 붙이고 밑단을 자연스럽게 그려준다.
  (밑단을 그릴 때는 각 조각의 중심점을 지나는 느낌으로 그려주면 각 조각의 끝이 좀 잘릴 수도, 추가될 수도 있다.)
- 잘 늘어나는 원단의 경우 허리선이 많이 늘어날 수 있으므로 옆선에서 허리선에 추가됐던 ease분량만큼 없애준다.

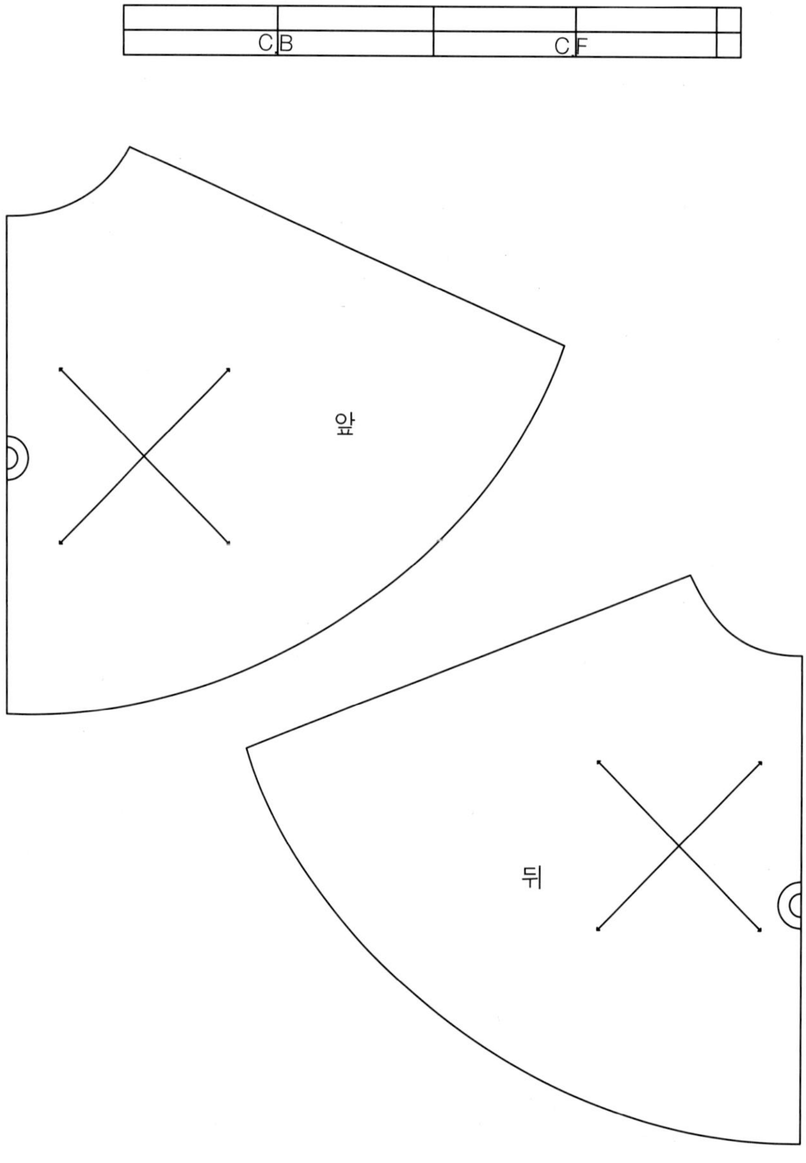

플레어 스커트 완성패턴

3. 요크 스커트(yoke skirt)

요크 스커트는 허리선 아래로 절개선이 들어간 스커트이다. 요크선은 허리선과 수평일 수도, 선을 변형하여 모양을 주기도 한다. 요크 부분은 몸에 맞게 만들고 요크 아랫부분은 개더나 주름을 넣어주기도 한다. 요크 부위는 다른 원단으로 만들거나 식서를 스커트 부분과 다르게 바이어스로 만드는 등의 변형을 줄 수 있다. 요크 스커트의 경우 허리단을 따로 만들어 붙이지 않고 안단으로 처리하여 만드는 경우도 많다.

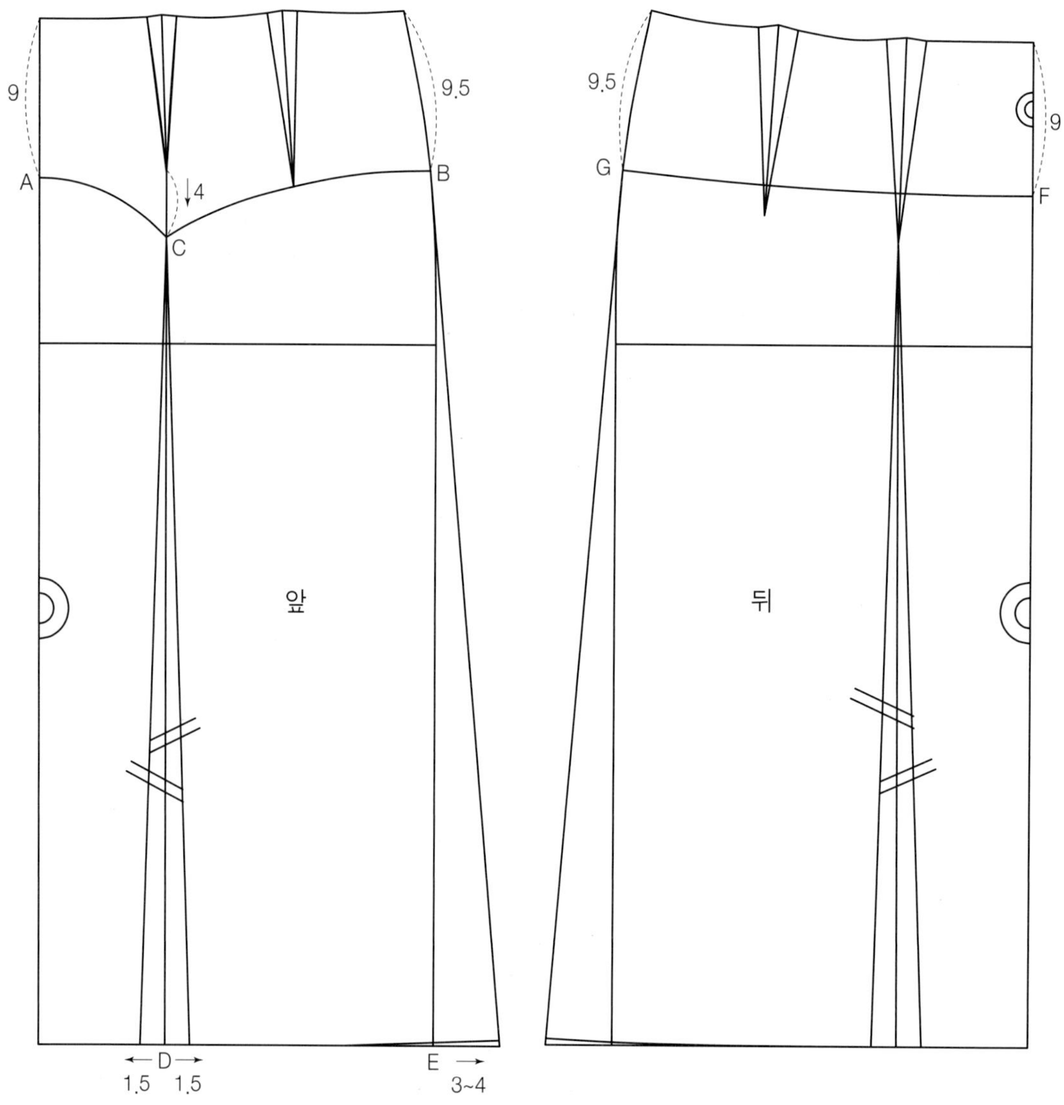
9
9.5
A
B
↓4
C
앞
D
1.5 1.5
E
3~4
9.5
9
G
F
뒤

1) 앞판

- 앞판 허리중심점에서 9cm 내려와 점A를 표시한다.
- 앞판 허리옆점에서 9.5cm 내려온 점B를 표시한다.
- 첫 번째 다트끝에서 수직선을 내려 4cm 내려가 점 C를 표시하고 밑단과 만난점을 D로 정한다.
- 점A, C, B를 곡선으로 연결하여 요크를 그려준다. 곡선을 그릴 때 골선을 중심으로 자연스러운 곡선이 되도록 유의한다.
- 점D에서 양쪽으로 1.5cm 나아가 표시하고 점C와 직선으로 연결한다.
- 앞판의 밑단끝E에서 3-4cm 나가 B점과 직선으로 연결한다.

2) 뒤판

- 뒤판 허리중심점에서 9cm 내려와 점F를 표시한다.
- 뒤판 허리옆점에서 9.5cm 내려온 점G를 표시한다.
- 점F, G를 허리선과 나란한 느낌의 곡선으로 연결한다.
- 요크아래선은 앞판과 동일하게 그린다.

CHAPTER 04. 응용패턴

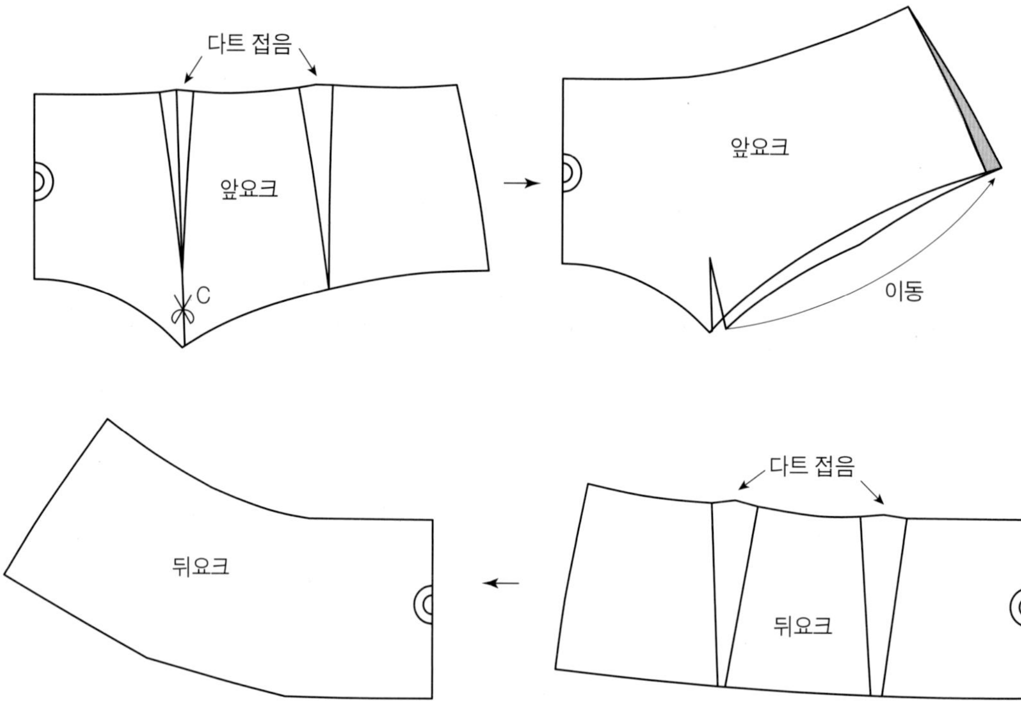

3) 요크의 정리

- 각각의 패턴을 베껴낸다. 모양이 비슷하여 바뀔 수 있으므로 패턴의 부위와 옆선을 표기한다.
- 앞요크의 점C에서 다트끝까지 잘라내고 다트를 모두 접어 없앤다.
- 절개되어 벌어진 치수만큼 옆선에서 깍아준다.
- 허리선과 요크아래곡선을 자연스럽게 수정하여 그린다.
- 뒤요크의 다트를 모두 접어 없애고 허리선과 요크아래곡선을 자연스럽게 수정하여 그린다.
- 앞, 뒤요크선의 옆선을 맞춰 선을 수정한다.

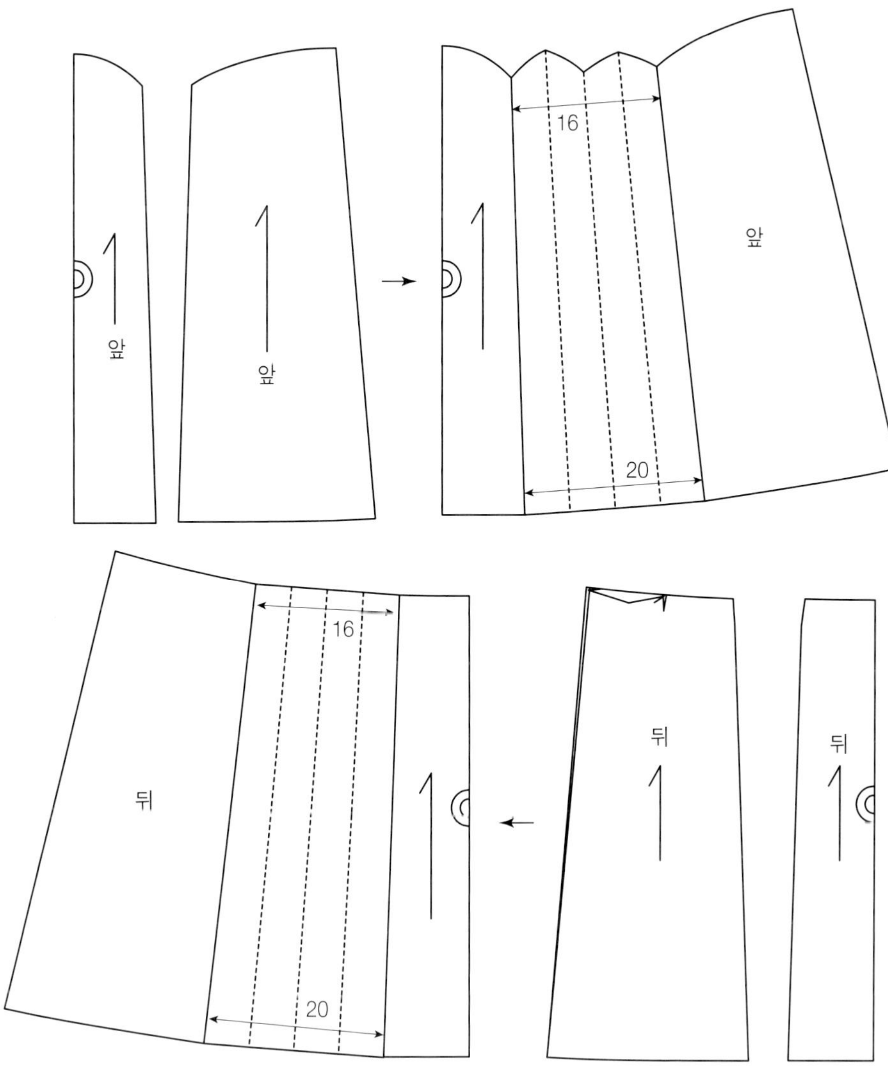

4) 스커트의 정리

- 각각의 패턴을 베껴낸다.
- 중심판과 옆판 사이에 맞주름분량(위16cm, 아래 20cm)을 넣어준다.
  (주름1개의 분량은 보통 4cm 이상으로 해야 밑으로 가면서도 주름분량이 유지될 수 있다.
- 외주름의 경우 주름1개 분량×2를, 맞주름의 경우 주름1개 분량×4를 더해준다.)
- 주름을 접고 요크 절개선과 밑단을 룰렛으로 눌러 그려준다.
- 앞, 뒤 옆선을 대고 밑단을 자연스럽게 그려준다.
- 입어 왼쪽에 지퍼길이 22cm를 표시한다.

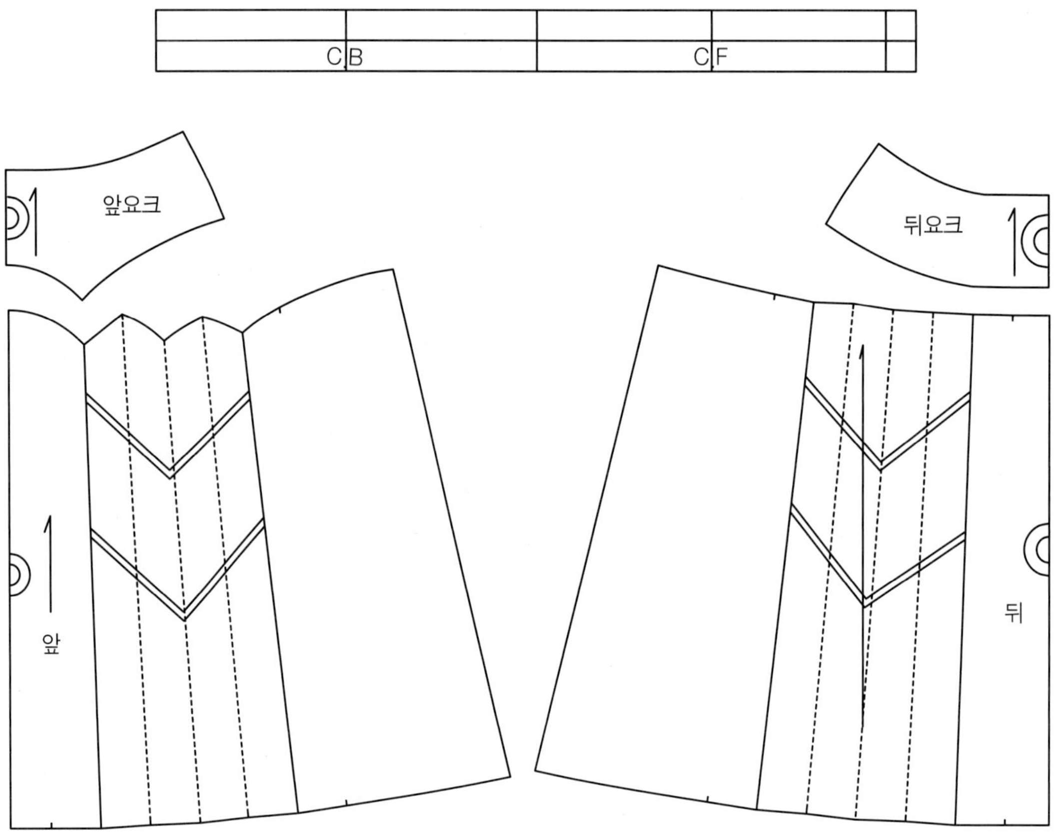

요크 스커트 완성패턴

4. 고어드 스커트(gored skirt)

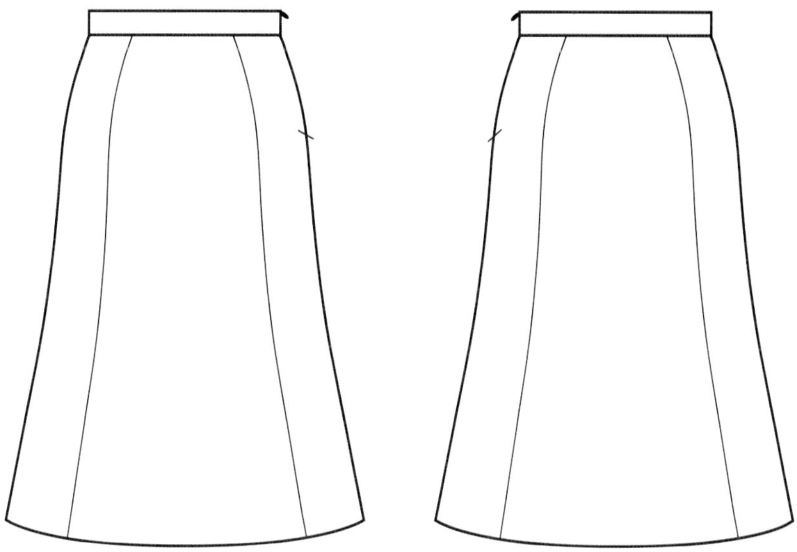

고어드 스커트는 플레어 스커트의 변형으로 4쪽, 6쪽, 8쪽... 등으로 나뉠 수 있다. 본 서에서는 엉덩이라인에서부터 치마폭이 넓어졌으나 시작점은 어디서나 가능하다. 치마폭을 넓히고 끝을 직각으로 만들어줄 때 너무 많이 쳐내면 절개선 밑단이 치마길이보다 짧아져 끝이 들려보일 수 있으므로 주의해야 한다. 절개선이 많아지는 경우 1mm만 작거나 크게 박아도 사이즈가 크게 변하게 되므로 주의한다. 절개선부위는 재단 후 바이어스가 되므로 봉제 시 늘어나지 않도록 주의하는 것이 좋다.

절개선부위에 삼각형의 무를 넣어 밑단을 넓게 변형하기도 한다.

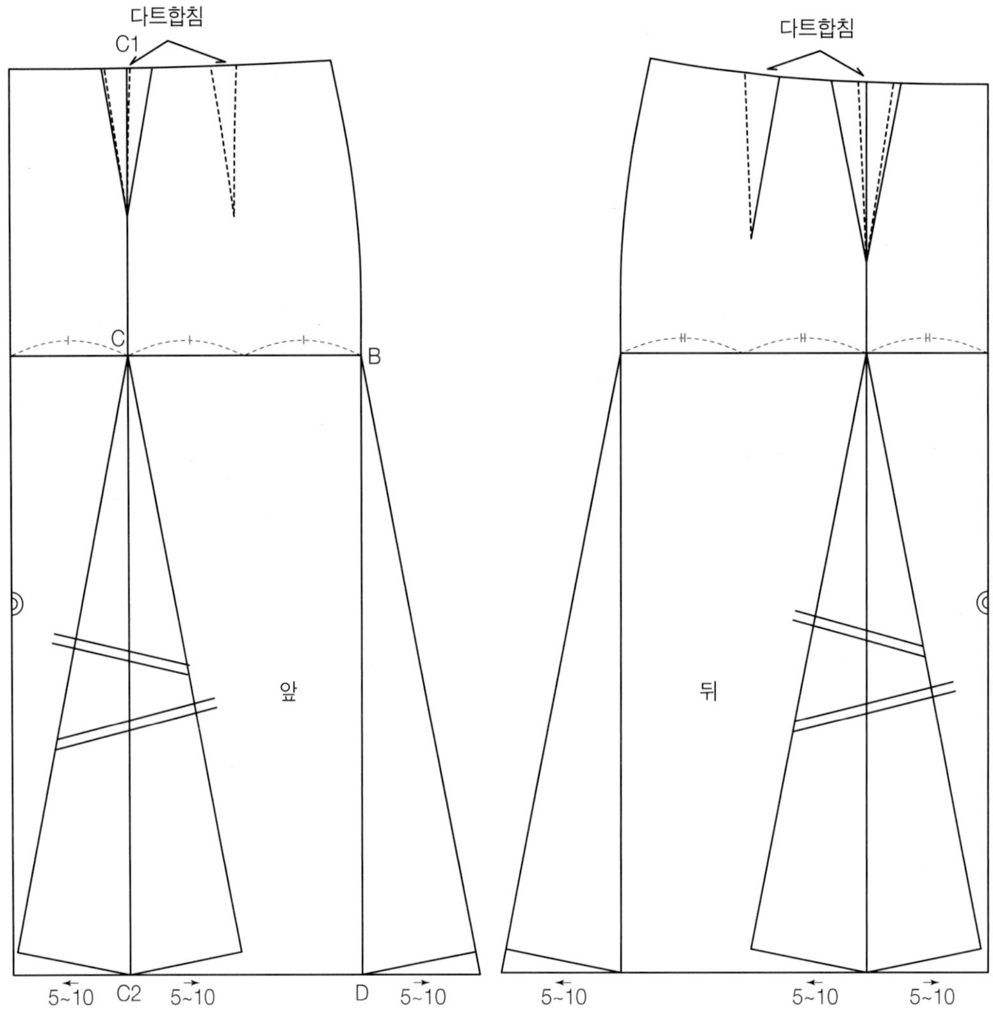

1) 앞판

- 앞판의 엉덩이선A - B을 3등분 한다.
- 3등분한 첫째점C에서 수직선을 그어 허리선과 교차하는 점을 C1, 밑단과 교차하는 점을 C2로 표시한다.
- 수직선C1을 기준으로 앞, 뒤 다트분량을 합쳐 그려준다.
- 수직선C2의 양쪽으로 5 - 10cm 나가 C점과 연결한다.
- 앞판의 밑단끝D에서 5 - 10cm 나가 B점과 연결한다.
- 앞중심판과 앞옆판을 베껴낸다.

2) 뒤판

• 뒤판도 앞판과 동일한 과정을 거친다.

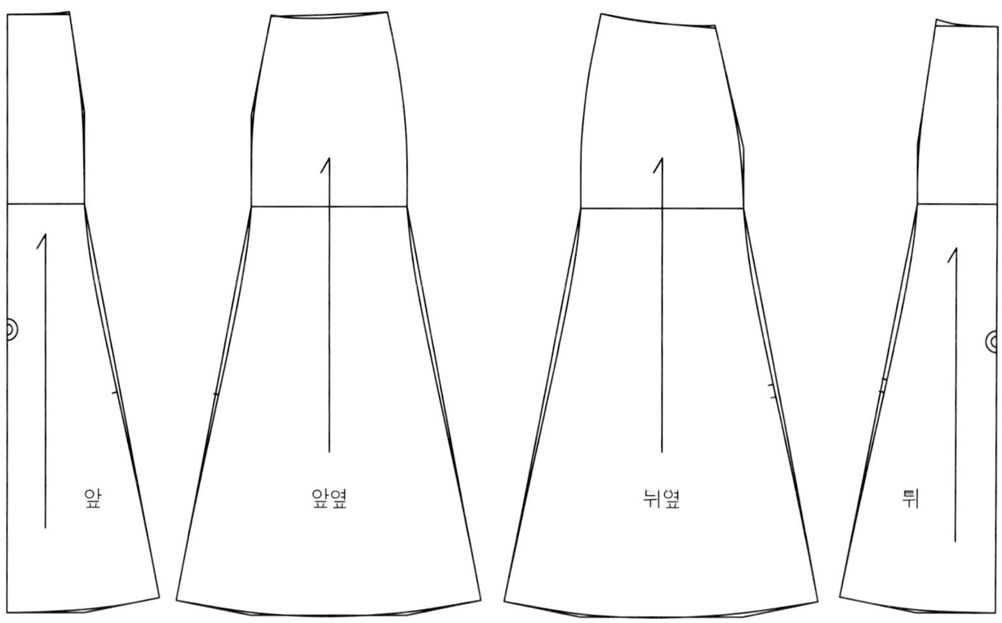

3) 패턴의 정리

• 각각의 패턴을 베껴낸다. 모양이 비슷하여 바뀔 수 있으므로 패턴의 부위와 옆선을 표기한다.

• 엉덩이선 부근이 꺾여 보이지 않도록 절개된 선과 옆선을 자연스러운 곡선으로 다듬는다.

• 다트 끝부분의 선을 자연스러운 곡선으로 다듬는다.

• 밑단을 모두 붙이고 선을 자연스럽게 다듬는다. 이때 미리 그려놓은 직각선에 맞추다 보면 절개선 부분이 짧아져 밑단이 들려보일 수 있으므로 수정하며 그려준다.

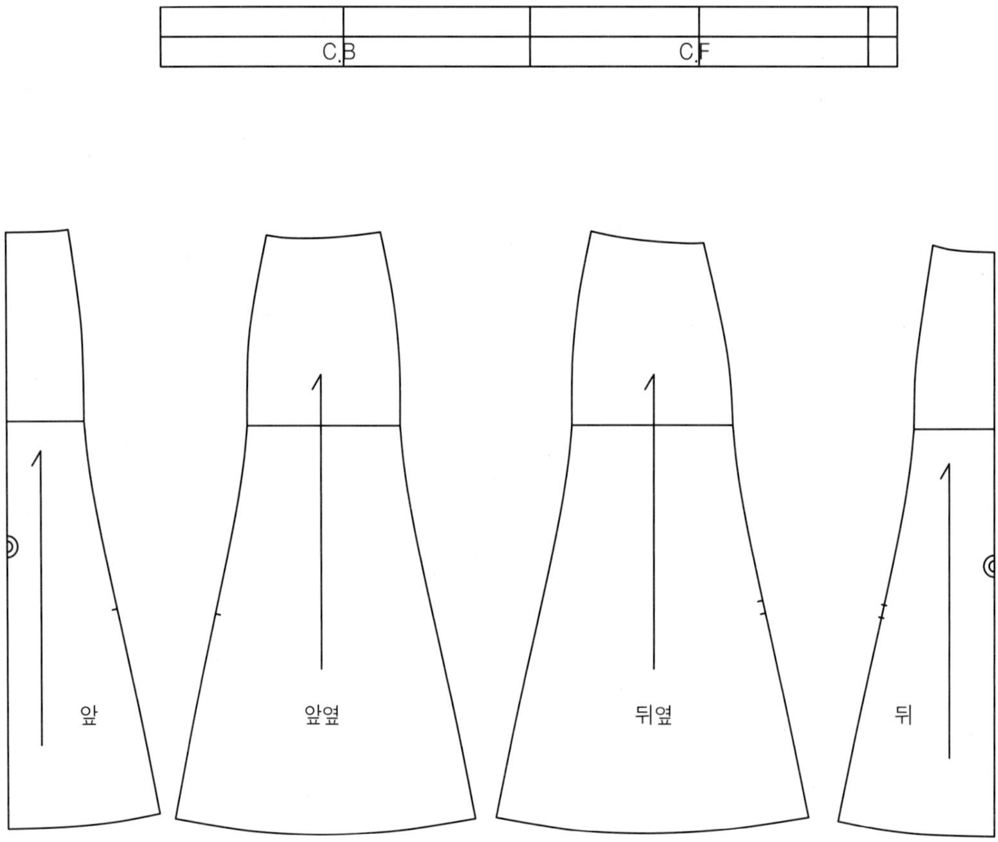

고어드 스커트 완성패턴

5. 티어드 스커트(tiered skirt skirt)

티어드는 '줄(단)으로 배열된'이란 뜻으로, 스커트를 2단, 3단 그 이상 나누어 개더 ,턱, 플레어 등으로 만든다. 대체로 밑단으로 갈수록 넓게 만든다. 세로의 비율을 동일하게 만들기도 하고 황금비율로 나누어 주기도 한다. 개더의 양은 1.3~2배에서 자유롭게 주는데 원단이 뻣뻣한 경우는 적게, 원단이 힘이 없고 쳐지는 경우는 많이 늘려준다. 스커트가 길고 단이 많을 경우 밑으로 갈수록 원단의 소요량이 많아지므로 경우에 따라 원단을 이어서 붙여야 하는 경우도 있으므로 이음선이 크게 드러나는 원단의 경우 이음선의 위치를 잘 조절해야 한다.

각각의 단을 다른 색상이나 원단으로 만들어주면 독특한 분위기의 디자인이 된다.

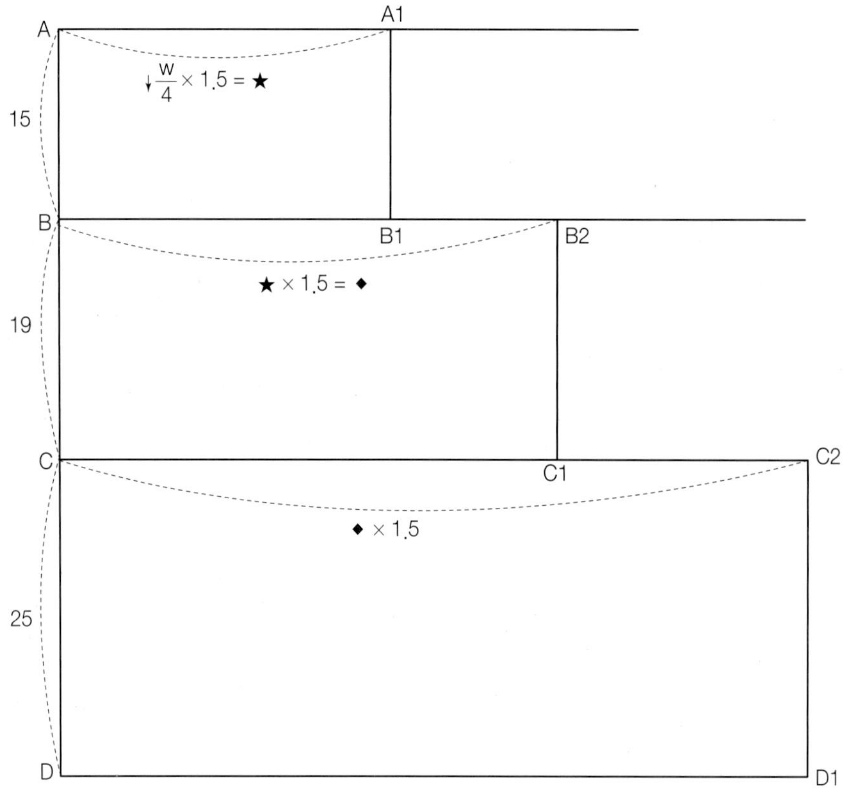

1) 앞판

- 스커트 길이A-D만큼 수직선을 내려긋고 단의 넓이를 적당하게 나누어 점B, C를 정한다.
- 점A, B, C, D의 수평선을 그린다.
- 점A-A1은 W/4×1.5의 길이=★만큼 가서 표시하고 B의 연장선까지 수직으로 내려 그어 만나는 점을 B1으로 표시한다.
- 점B-B2은 ★×1.5의 길이=◆만큼 가서 표시하고 C의 연장선까지 수직으로 내려 그어 만나는 점을 C1으로 표시한다.
- 점C-C2은 ◆×1.5의 길이만큼 가서 표시하고 수직으로 내려 그어 만나는 점을 D1으로 표시한다.

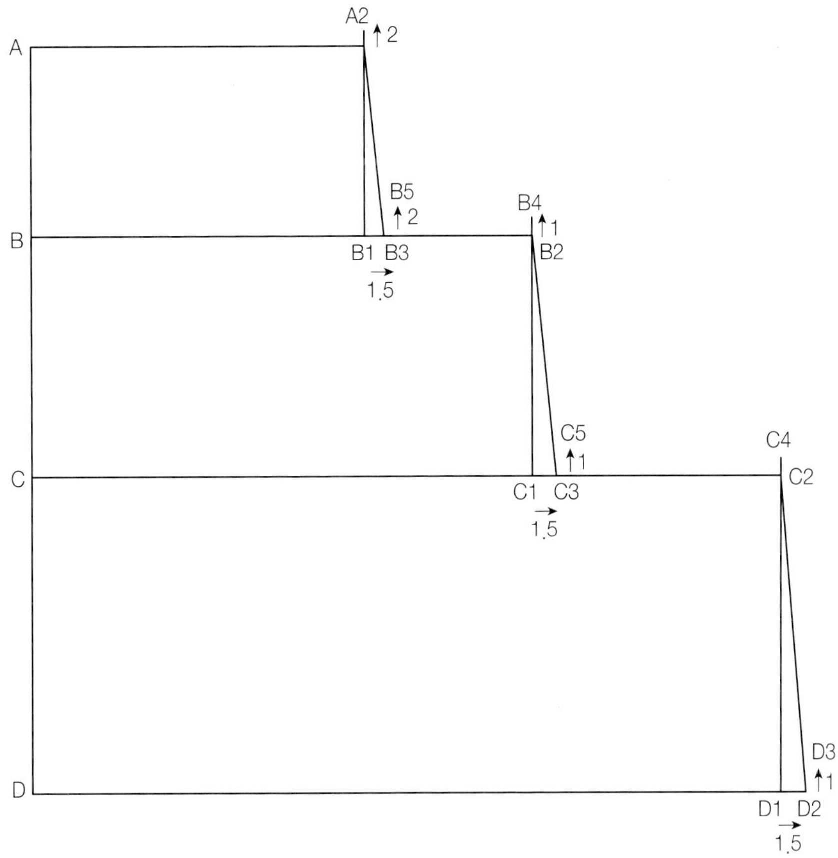

- 점B1, C1, D1에서 1.5cm 나아가 점B3, C3, D2를 표시한다.
- 점A1에서 2cm올라가 점 A2를 정한다.
- 점B2와 C2에서 위로 1cm 올라가 점B4, C4를 정한다.
- 점A2-B2, 점B3-C2, 점C3-D2를 직선으로 연결한다.
- 점B3에서 2cm올라가 점 B5를 정한다.
- 점C3, D2에서 1cm올라가 점C5, D3를 정한다.

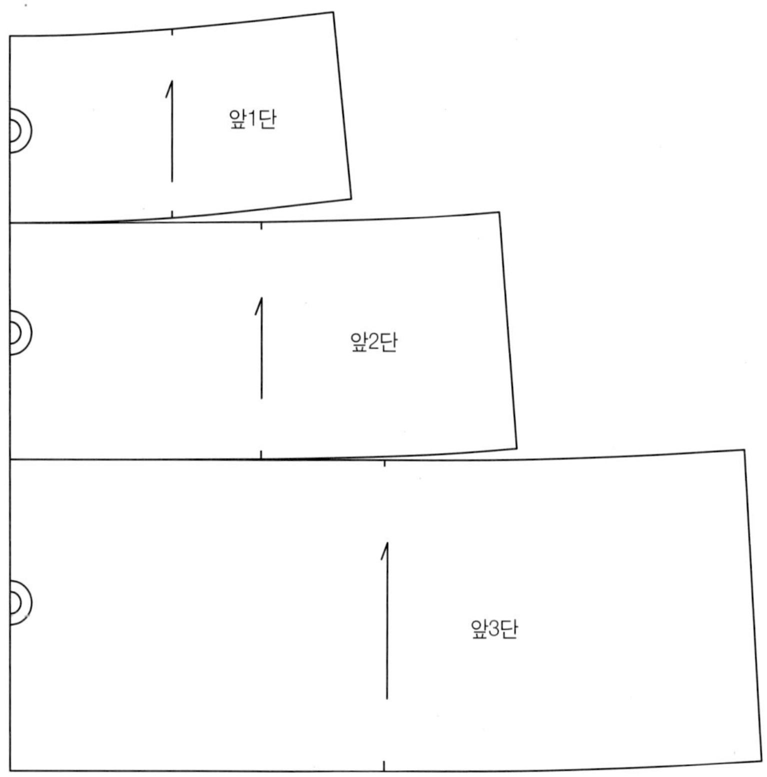

- 점A - A2, B - B4를 자연스러운 곡선으로 연결한다.
- 점B - B3, C - C4를 자연스러운 곡선으로 연결한다.
- 점C - B3, D - D3를 자연스러운 곡선으로 연결한다.
- 선A - A2, B - B3, C - B3의 1/2 지점에 너치를 표시한다.
- 각 단의 앞중심선 위, 아래에 각각 너치를 만든다.

(너치가 없을 경우 개더를 잡을 때 한쪽으로 몰려서 만들어질 수 있으므로 꼭 표시하여 준다. 개더는 옆선의 1~2cm 떨어진 곳에서는 거의 잡지 않아야 봉제도 예쁘게 나오고 옆선이 부하게 보이지 않는다.)

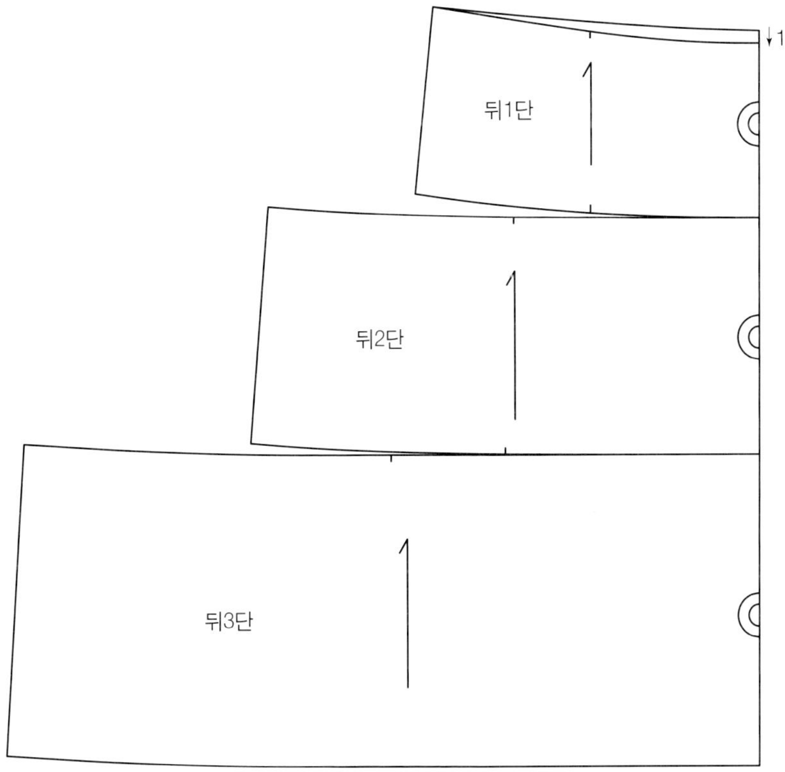

2) 뒤판

- 앞판을 좌우 반대로 베껴낸다.
- 뒤허리 중심선에서 1cm 내려와 옆선까지 곡선을 다시 그려주고 1/2지점에 너치를 표시한다.
- 각 단의 뒤중심선 위, 아래에 각각 너치를 만든다.

3) 패턴의 정리

- 각 단의 옆선을 대고 선을 다듬어준다.

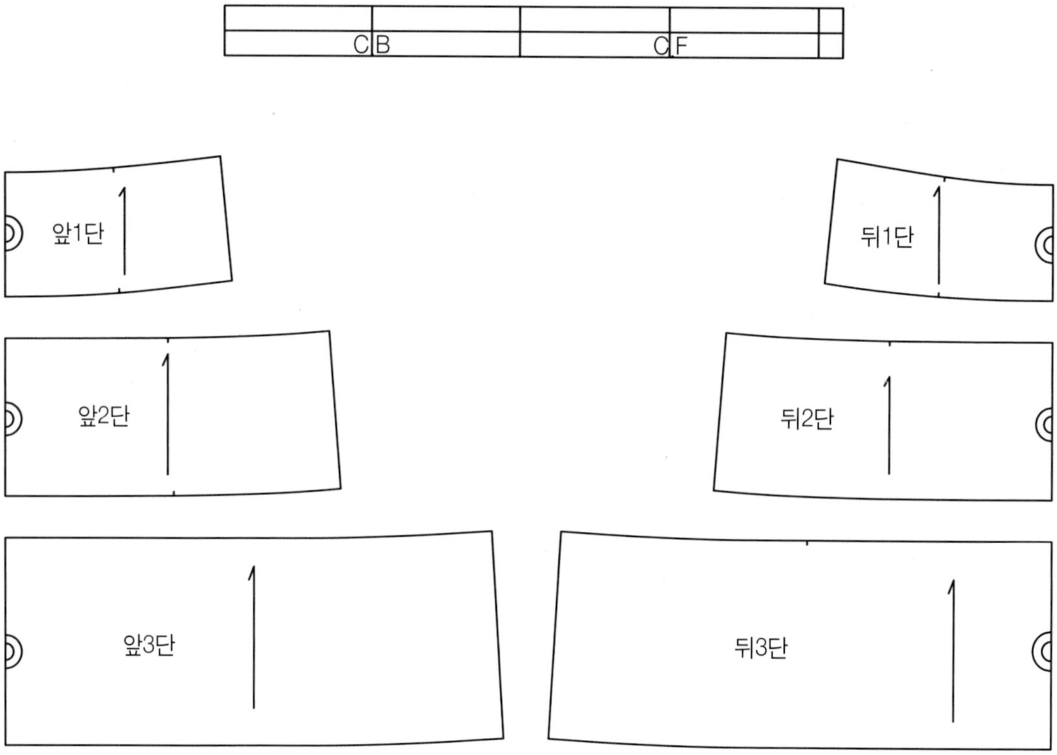

티어드 스커트 완성패턴

02 팬츠

1. 턱 팬츠(tuck pants)

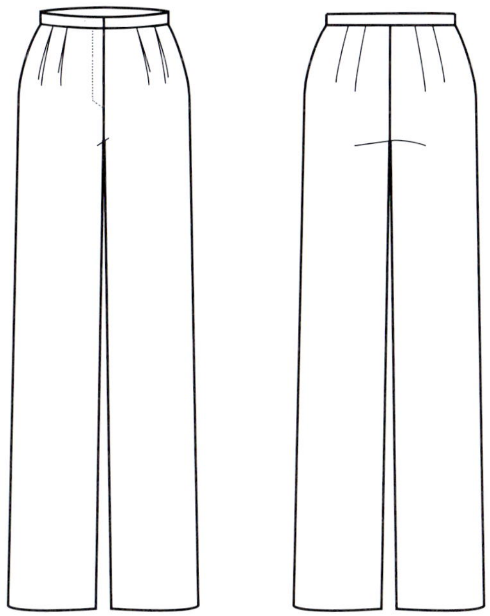

턱(tuck)이란 일정한 간격에 천을 접어 넣은 것을 말한다. 일종의 주름으로 구분되는데, 주름은 분량이 많아 접혀 눌러짐이 확실한 반면 턱은 주름보다는 분량이 적어 밑으로 갈수록 접힘분이 풀어진다. (아주 미세하게 잡은 것아 핀의 두께만큼 가늘 때는 핀턱이라고 한다.)

바지의 앞부분에 턱이 들어간 경우 접히는 분량만큼 여유가 생겨 편해진다.

턱의 개수에 따라 1턱 팬츠, 2턱 팬츠로 구분한다.

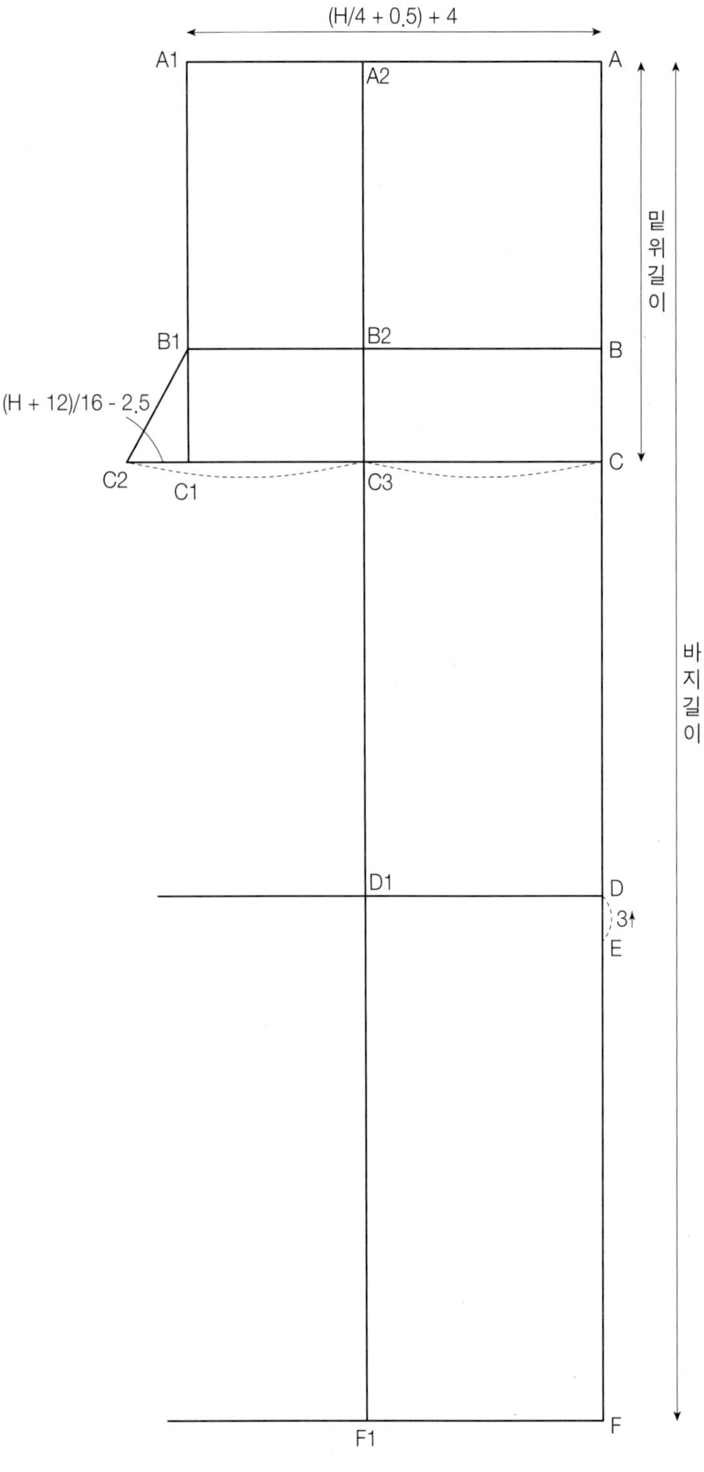

1) 앞판

- 팬츠와 길이 항목은 같게 그린다.
- A-A1 : 점A에서 (H/4+0.5)+4cm 가서 점A1을 표시한다. (기본팬츠는 H/4+0.5cm이다.)
- B1, C1 : 점A1에서 수직으로 내려 그어 점B의 연장선과 교차점을 B1, 점C의 연장선과 교차점을 C1으로 표시한다.
- C1-C2 : 점C1에서 (H+12)/16-2.5cm 나가 점C2를 정한다. (기본팬츠는 H/16-2.5cm 이다.)
- C3 : 선C1-C2에 1/2 에서 수직으로 선을 그어 허리선과 교차점을 A2, 엉덩이선과 교차점을 B2, 무릎선과 교차점을 D1, 밑단과 교차점을 F1으로 정한다.

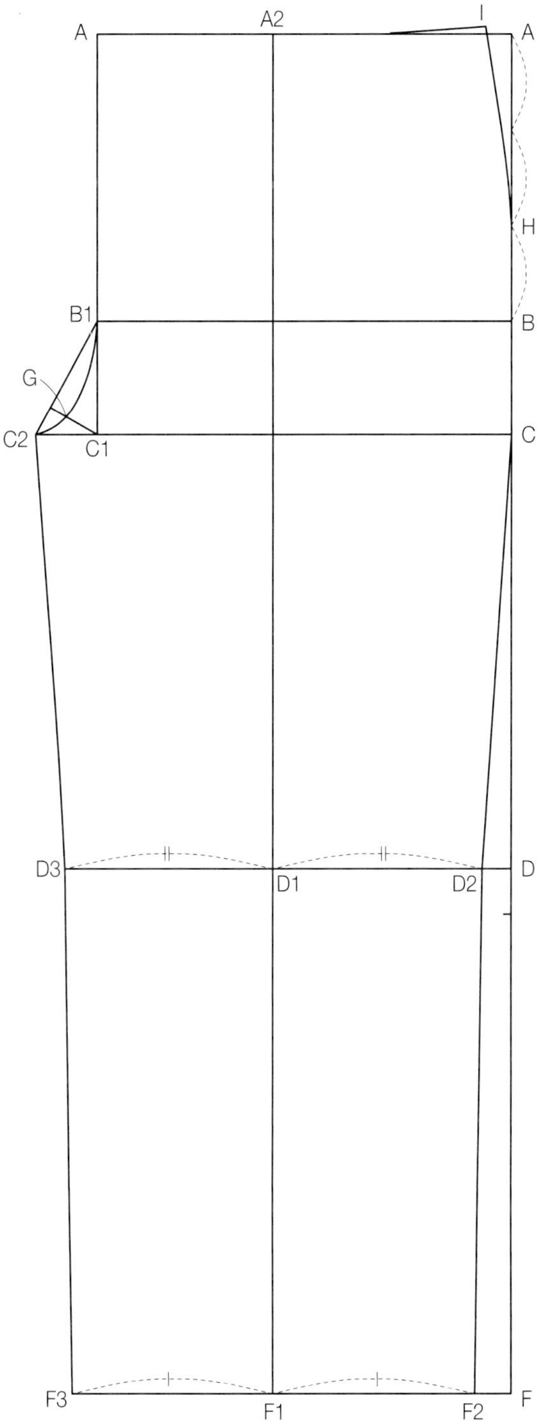

• D - D2 : 무릎선에서 2cm 들어가 점 D2을 표시한다.
• F - F2 : 밑단선에서 2.5cm 들어가 점 F2을 표시한다.
• F3 : 점F1에서 밑단선F1 - F2의 길이만큼 나아가 표시한다.
• D3 : 점D1에서 무릎선D1 - D2의 길이만큼 나아가 표시한다.
• C - D2 - F2 : 점C, D2, F2를 직선으로 연결한다.
• C3 - D3 - F3 : 점C3, D3, F3를 직선으로 연결한다.
• B1 - C2 : 점B과 C2를 직선으로 연결한다.
• G : 선B1 - C2와 점C1과 직각선을 그리고 1/3로 등분한 점을 G로 표시한다.
• B1 - G - C2 : 점B1, G, C2를 지나는 자연스러운 곡선을 그린다.
• H : 선A - B를 1/3로 등분한 점을 H로 표시한다.
• I : 점A에서 1.7cm 들어가서 0.5cm 올라간 점을 I로 정한다.
• I - A2 : 점I와 A2를 힙곡자로 자연스럽게 연결한다.
• I - H : 점I와 H를 엉덩이 모양에 맞게 힙곡자로 자연스럽게 연결한다.

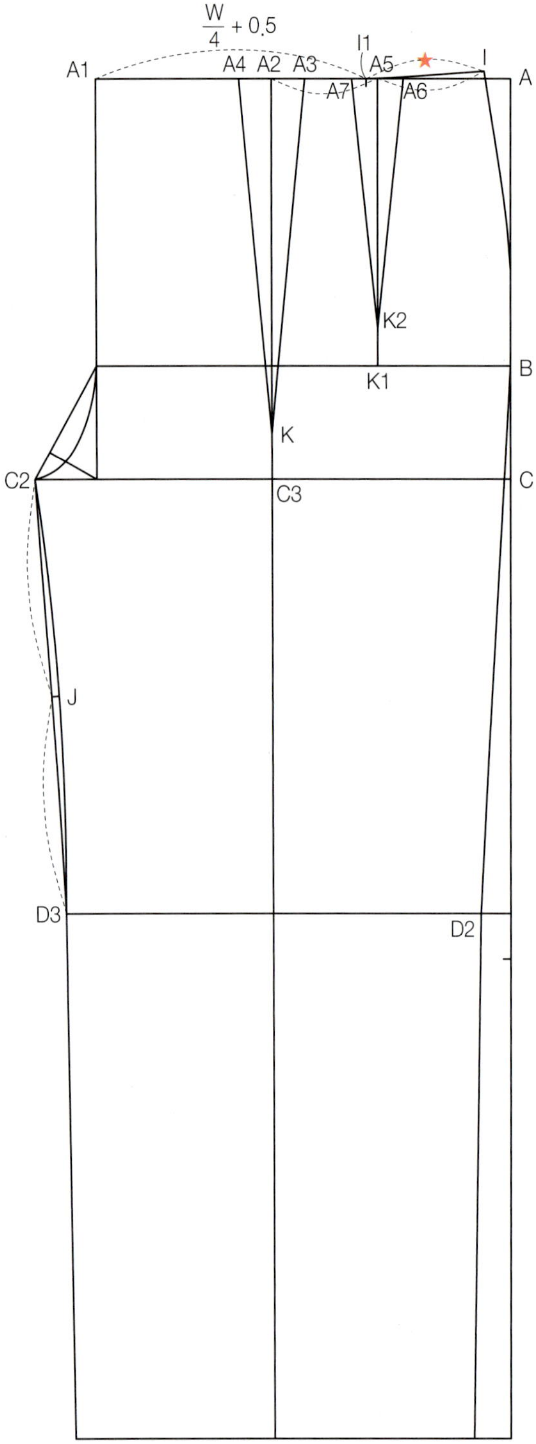

- J : 선C2-D3의 1/2에서 0.3~0.5cm 들어간 점을 J로 정한다.
- C2-J-D3 : 점C2, J, D3를 지나가는 곡선을 힙곡자로 그린다. (J를 중심으로 2번에 나누어 그린다.)
- B-C-D2 : 앞판의 옆선을 허벅지 라인에 따라 자연스럽게 힙곡자로 그려준다.(점C에서 살짝 들어간 지점을 지나게 그린다.
- I1 : 점A1에서 W/4+0.5cm 가서 I1점을 표시한다.
- I-I1 : 선I-I1의 길이=★는 턱분량이 된다.(턱은 두 개의 사이즈가 같아도 되지만 일반적으로 첫 번째 턱이 더 많고 두 번째 턱 분량을 더 적게 준다.)
- A3, A4 : 점A2에서 첫 번째 턱분량은 ★/2+0.5cm를 1/2씩 하여 각각 A3, A4점으로 표시한다.
- K : 점C3에서 3cm 올라가 점K를 표시한다.
- A3-K-A4 : 점A3, K, A4를 직선으로 연결하여 턱을 만든다.
- A5 : 선A2-I의 1/2지점을 A5로 표시한다.
- A6, A7 : 점A5에서 두 번째 턱분량은 ★/2-0.5cm를 1/2씩 하여 각각 A6, A7점으로 표시한다.
- K1 : A5에서 수직선을 내려 엉덩이선B-B1과의 교차점을 K1으로 표시한다.
- K2 : K1에서 2.5cm 올라가 K2점을 표시한다.
- A6-K2-A7 : 점A6, K2, A7를 직선으로 연결하여 턱을 만든다.

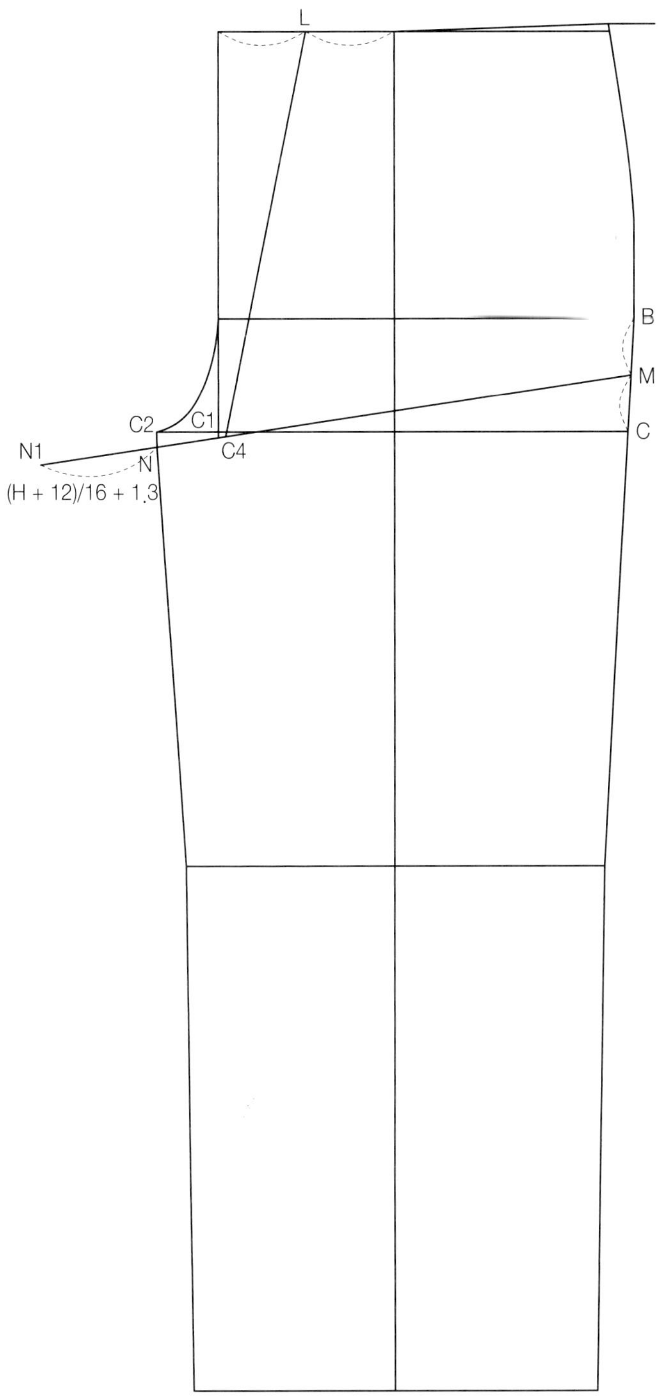

2) 뒤판 제도

- 앞판의 기초선을 복사하여 그린다.
- L : 선A1-A2의 1/2 지점을 L로 정한다.
- C4 : 점C1에서 중심선 방향으로 0.5cm 들어가 점C4를 정한다.
- L-C4 : 점L와 점C4를 직선으로 연결하여 뒤중심선을 그려준다.
- M : 선B-C의 1/2을 점M로 정한다.
- N : 점C2에서 아래로 0.5cm를 내려가 점N로 정한다.
- M-N : 점M와 점N를 직선으로 그린다.
- N-N1 : 선M-N의 연장선을 긋고 뒤샅너비(H+12)/16+1.3cm 나아가 점N1을 정한다.
  (기본팬츠는 H+/16+1.3cm이다.)

CHAPTER 04. 응용패턴

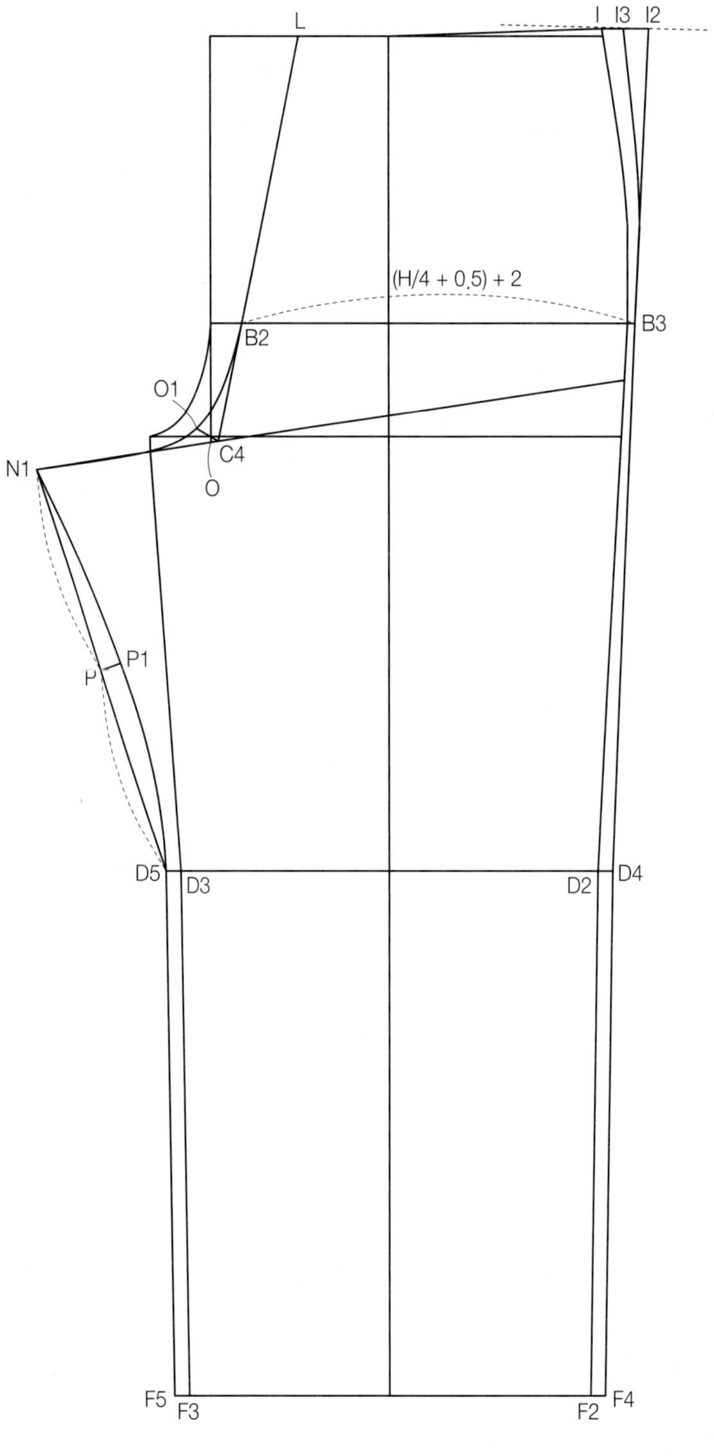
L
I
I3
I2
(H/4 + 0.5) + 2
B2
B3
O1
N1
C4
O
P1
P
D5
D3
D2
D4
F5
F3
F2
F4

- B2 : 뒤중심선L - C4와 엉덩이선B - B1의 교차점을 B2로 정한다.
- B2 - B3 : 점B2에서 옆선방향으로 (H/4+0.5)+2cm 가서 점B3을 정한다. (기본팬츠는 H/4+0.5cm이다.)
- F4, F5 : 밑단선의 점F2, 점F3에서 각각 바깥쪽으로 1cm 나아가 점 F4와 점F5를 정한다.
- D4, D5 : 무릎선의 점D2, 점D3에서 각각 바깥쪽으로 1cm 나아가 점D4와 점D5를 정한다.
- D4 - F4, D5 - F5 : 점D4와 점F4, 점D5와 점F5를 직선으로 연결하여 뒤판의 무릎 아래선을 완성한다.
- N1 - D5 : 점N1와 점D5을 직선으로 연결한다.
- B3 - D4 : 점B3와 점D4을 직선으로 연결한다.
- I2 : 선B3 - D4를 길게 연장하여 앞판의 옆점I에서 수평선과 교차한 점을 점I2으로 정한다.
- I3 : 점I2에서 중심선쪽으로 1.7cm 들어가 뒤판의 옆허리점 I3를 표시한다.
- I3 - B3 : 점I3에서 점B3까지 직선에 가까운 곡선을 그려준다.
- B3 - D4 : 점B3에서 점D4까지 앞판의 바깥 허벅지선과 비슷하게 그려준다.
- O : 선L - C4와 선M - N1의 교차점을 O로 정한다.
- O - O1 : L - O - N1의 각도의 1/2방향으로 1.7cm 나가 점O1을 정한다.
- B2 - O1 - N1 : 점B2에서 점O1을 지나 점N1까지 자연스러운 곡선을 그린다.
- P : 선N1 - D5의 1/2을 점P로 정한다.
- P - P1 : 점P에서 직각으로 1.5cm 들어가 점P1을 정한다.
- N1 - P1 - D5 : 힙곡자의 곡선부분이 점P1을 향하도록 하여 2번에 나누어 긋는다. (점S1과 D5가 꺾이지 않도록 자연스럽게 그려준다. 뒤샅너비 부분이 너무 뾰족해지지 않도록 주의하여 그린다.)

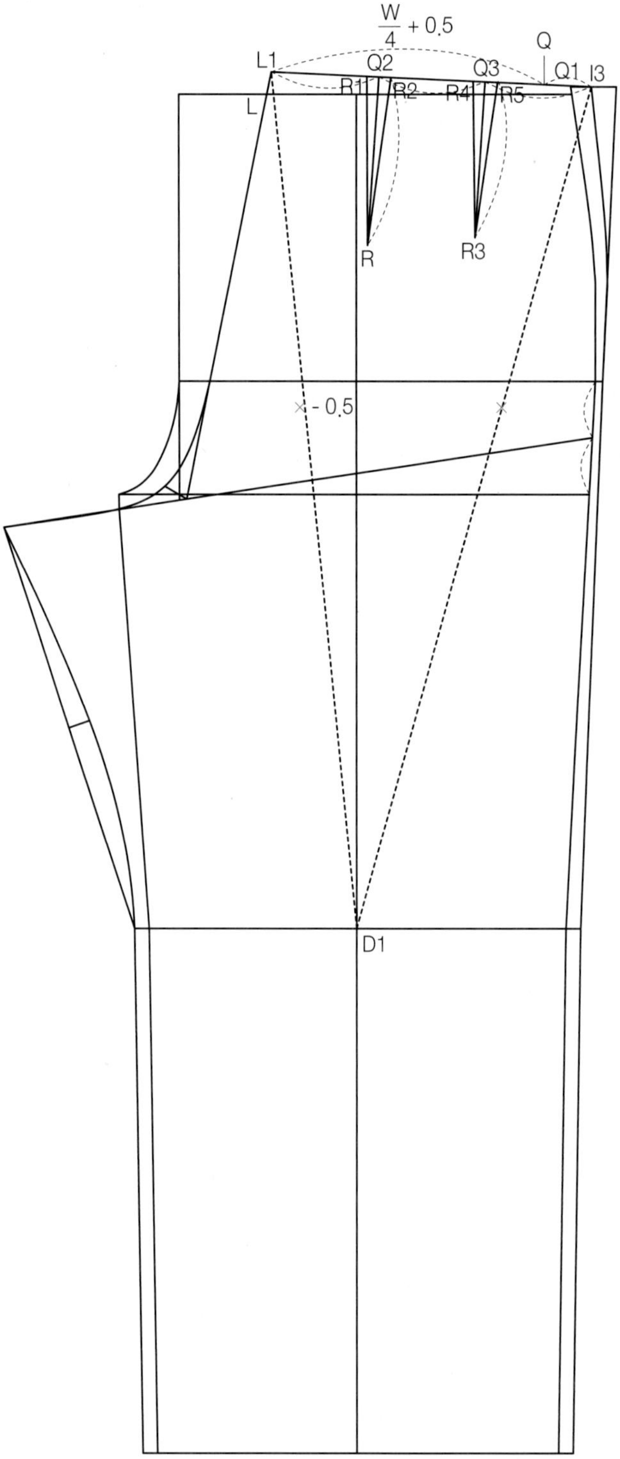
W/4 + 0.5
Q
L1
Q2
Q3
Q1
I3
R1
R2
R4
R5
L
R
R3
× - 0.5
×
D1

- I3 - D1 : 선I3 - D1의 길이를 X라고 정한다.
- L - L1 : 선L - C4의 연장선을 긋고 X - 0.5cm 길이와 교차하는 점을 L1으로 정한다.
- L1 - I3 : 점L1에서 뒤판 옆허리점I3까지 직선으로 연결한다.
- Q : 선L1 - I3에 W/4+0.5cm(ease)만큼 간 점을 Q로 정한다.
  선Q - I3은 다트분량이 된다.
- Q1 : 선Q - I3에 1/2에 점Q1를 정한다.
- Q2, Q3 : 뒤허리선L1 - I3의 1/3로 나누어 각각 Q2, Q3로 정한다.
- R : 점Q2에서 뒤허리선에 직각으로 11cm 내려가 점R을 정한다.
- R1, R2 : 점Q2를 기준으로 선Q - Q1을 이등분하여 나눈 값을 좌우로 표시하여 점R1과 점R2를 정한다.
- R1 - R - R2 : 점R1와 점R, 점R2를 직선으로 연결하여 다트를 그려준다.
- R3 : 점Q3에서 뒤허리선에 직각으로 10cm 내려가 점R3을 정한다.
- R4, R5 : 점Q3를 기준으로 선Q1 - I3을 이등분하여 나눈 값을 좌우로 표시하여 점R4과 점R5를 정한다.
- R4 - R3 - R5 : 점R4와 점R3, 점R5를 직선으로 연결하여 다트를 그려준다.

3) 패턴의 정리

- 앞판의 인심와 옆선을 다듬는다.
- 뒤판옆선에 앞판의 옆선을 대고 엉덩이와 허벅지선을 수정한 후 길이를 맞춘다.
- 앞판과 뒤판의 인심의 길이를 맞춘다. (안쪽 허벅지선의 경우 앞판과 뒤판의 길이가 같거나 뒤판이 짧게 그려준다. 짧을 경우 재단 후 다리미를 이용하여 모자란 분량만큼 다려 늘려주며 바지의 형태를 만들어 준다. 이때 원단 2장을 겹쳐놓고 다려야 한다.)
- 앞판과 뒤판의 허벅지선을 위에서부터 4~5cm 정도 붙여두고 앞, 뒤 샅 곡선을 자연스럽게 그려준다.
- 앞판의 턱 분량을 다트처럼 접고 허리선을 곡선으로 자연스럽게 그려준다.
- 뒤판도 다트를 접고 허리선을 다듬는다.
- 앞판과 뒤판의 옆허리점을 대고 앞, 뒤 허리선을 수정한다.

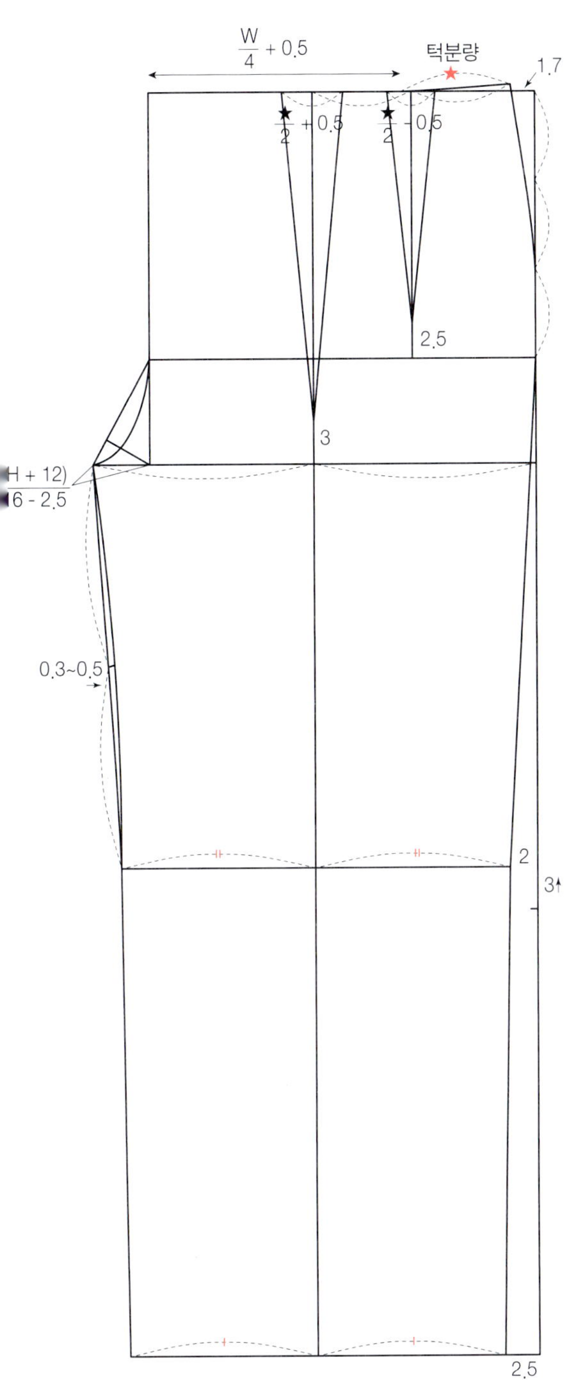

W/4 + 0.5
턱분량
1.7
★/2 + 0.5
★/2 - 0.5
2.5
3
H + 12)
6 - 2.5
0.3~0.5
2
3
2.5

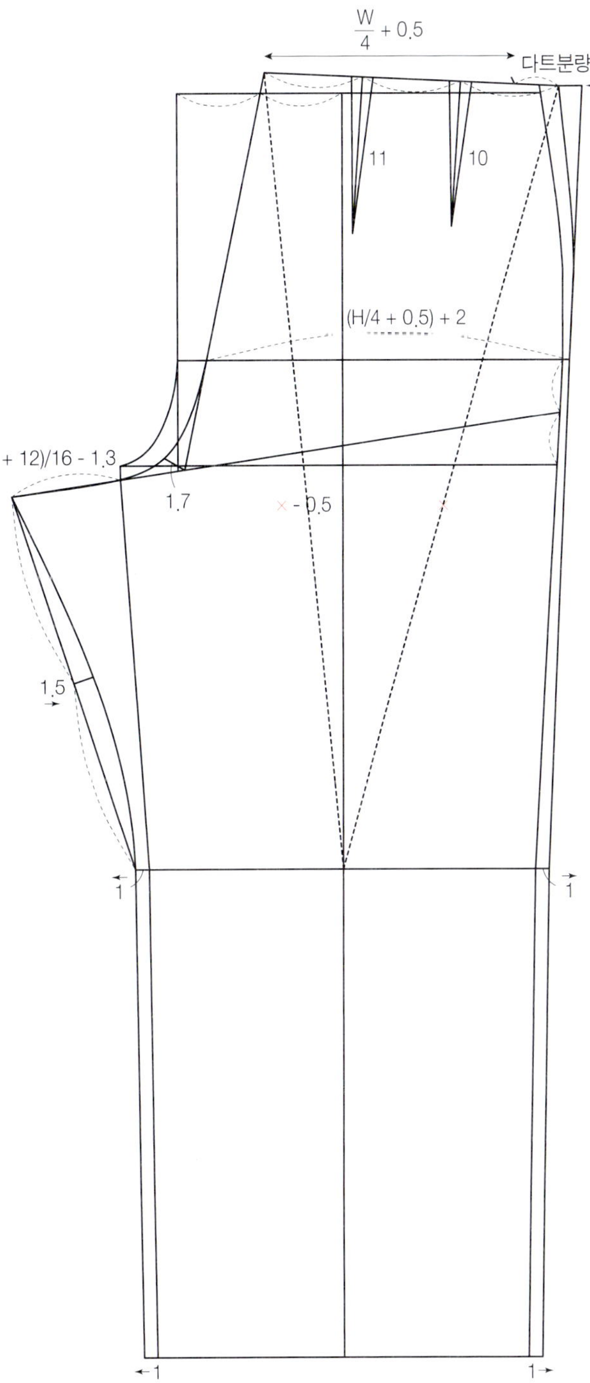

W/4 + 0.5
다트분량
1.7
11
10
(H/4 + 0.5) + 2
(H + 12)/16 - 1.3
1.7
× - 0.5
1.5
1
1
1
1

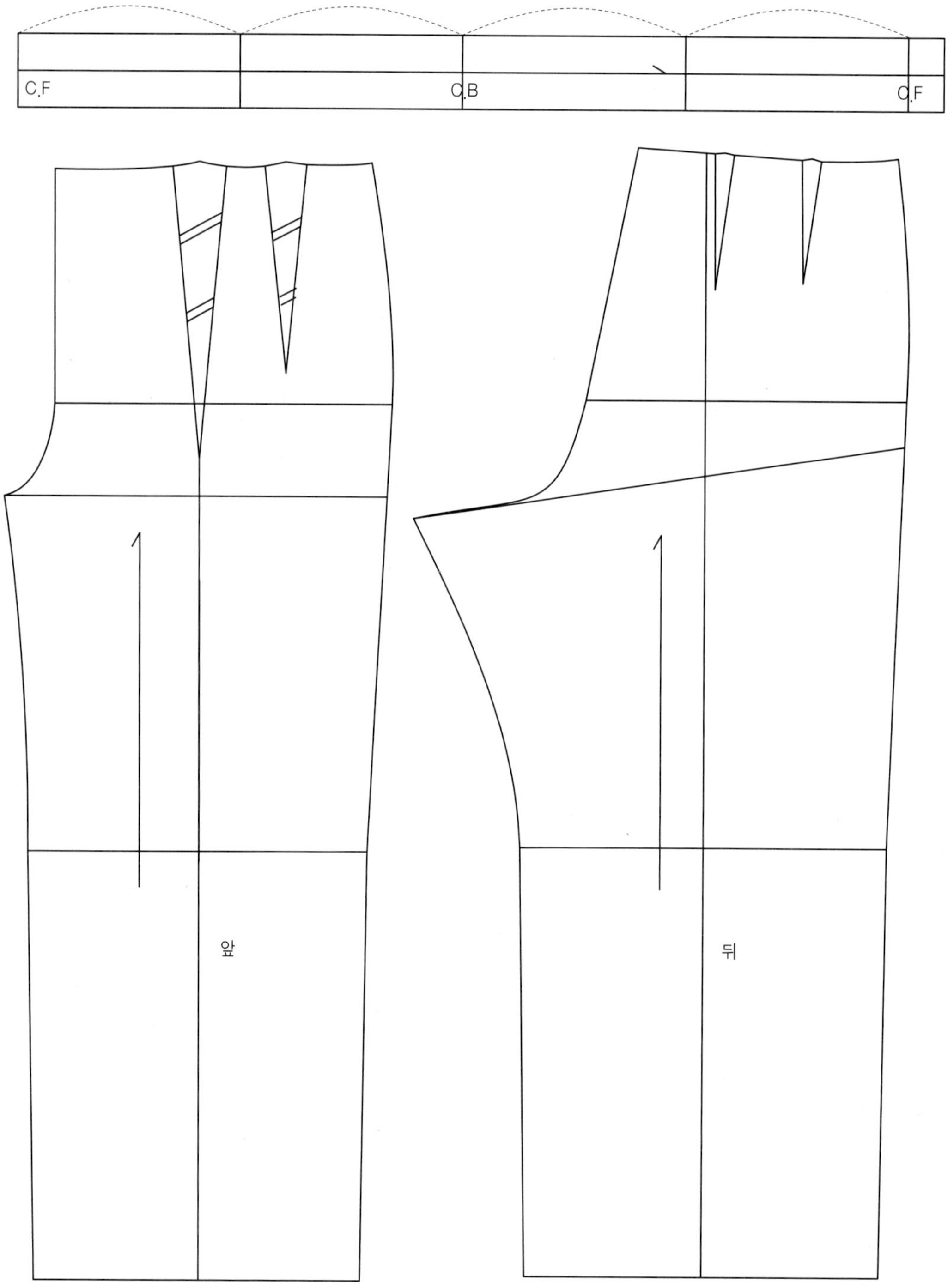

턱 팬츠 완성패턴

2. 와이드 팬츠(wide pants)

와이드 팬츠는 밑단이 넓어지는 바지를 말한다. 전체적으로 통이 넓기 때문에 매우 편안하다.

통이 넓고 길이가 긴 경우 밑단이 끌릴 수 있으므로 주의한다.

허리에 다트를 만들지 않고 엉덩이선에서 허리까지 수직으로 올려 허리둘레를 늘려 준 다음 고무줄을 넣어 만들면 더욱 편하게 입을 수 있는데 이때는 밑위길이를 1~1.5cm 정도 길게 만들어주는 것이 좋다.

1) 앞판

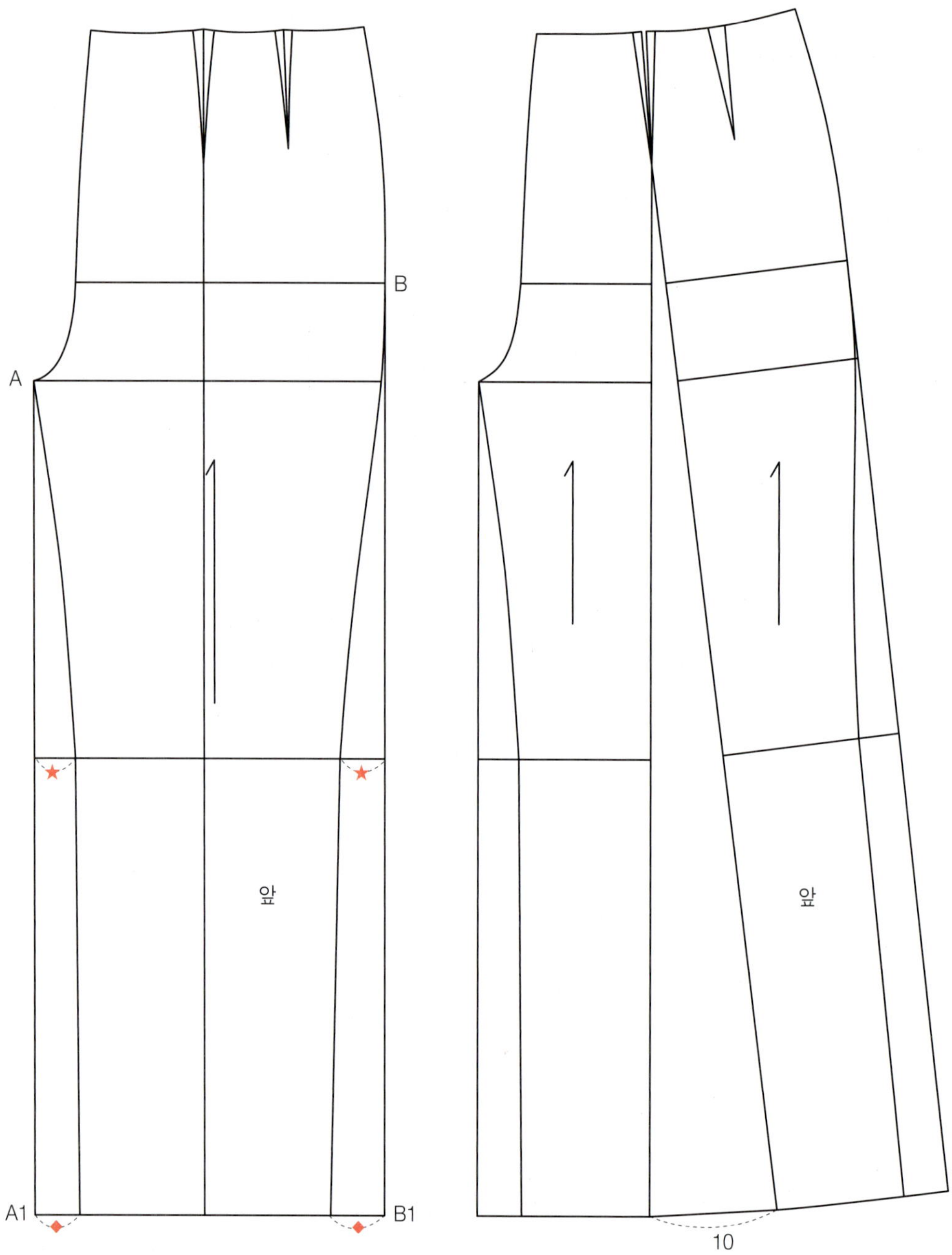

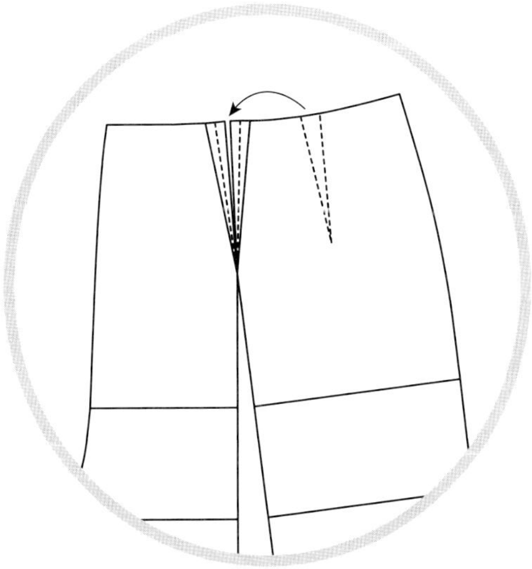

- 팬츠 기본 원형의 앞판을 베껴 그린다.
- 앞샅끝점A에서 밑단까지 수직선을 그리고 교차점을 A1으로 정한다.
- 엉덩이선점B에서 밑단까지 수직선을 그리고 교차점을 B1으로 정한다.
- 비지주름선을 자르고 다트끝을 고정하여 10cm 벌린다.
- 앞옆판의 허리다트를 바지 주름선 다트와 합쳐준다.

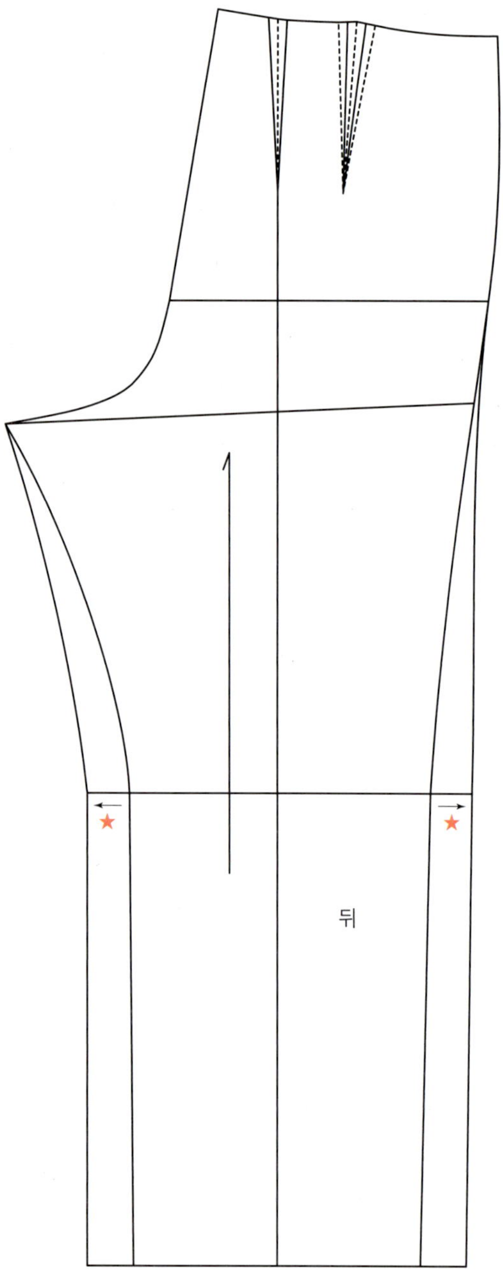
뒤

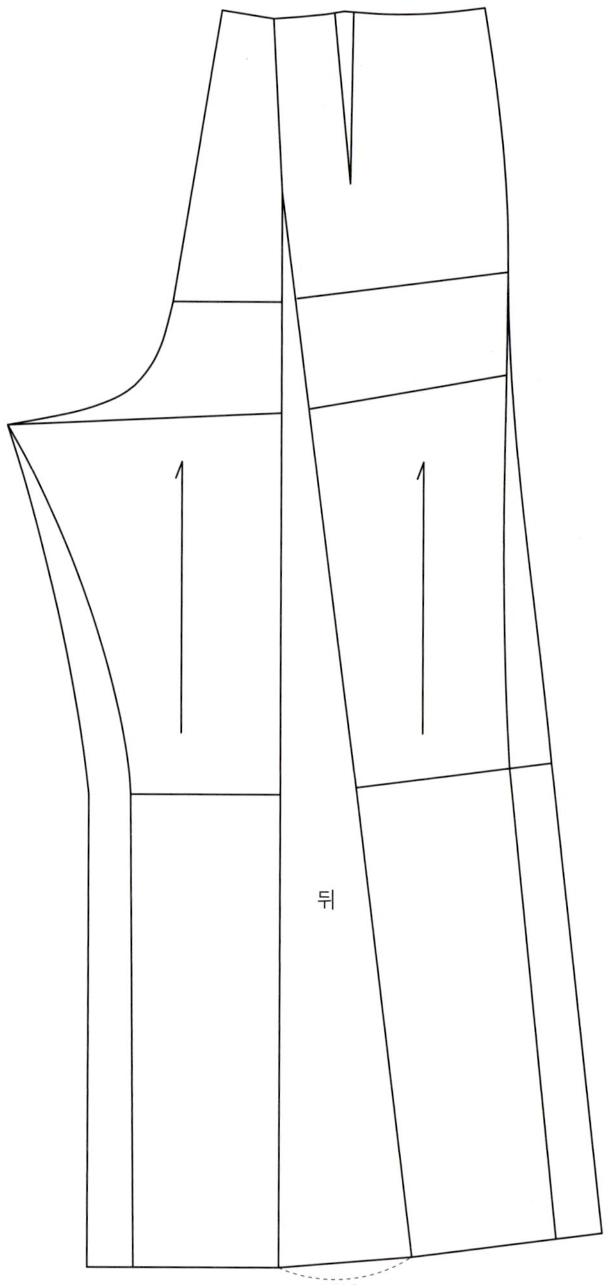
뒤
10

2) 뒤판

- 팬츠 기본 원형의 뒤판을 베껴 그린다.
- 앞판 원형의 무릎선과 선A-A1까지 늘어간 거리를 ★로 표시한다.
- 앞판 원형의 밑단과 선B-B1까지 늘어간 거리를 ◆로 표시한다.
- 뒤판 원형의 무릎선에서 양쪽으로 ★만큼 늘려준다.
- 뒤판 원형의 밑단에서 양쪽으로 ◆만큼 늘려준다.
- 뒤샅점과 무릎점까지 자연스럽게 허벅지 안쪽 곡선을 그려준다.
- 엉덩이선에서 무릎점까지 자연스럽게 허벅지 옆선 곡선을 그려준다.
- 뒤다트 분량의 1/2을 바지 주름선에 옮겨준다.
- 바지 주름선을 자르고 앞판과 같이 밑단을 10cm 벌려준다.

3) 패턴의 정리

- 앞판과 뒤판의 옆선 모양과 길이를 수정한다.
- 앞판과 뒤판의 인심을 맞춰보고 길이를 수정한다.
- 앞판과 뒤판의 허벅지신을 위에서부터 4~5cm 정도 붙여두고 앞, 뒤 샅 곡선을 자연스럽게 그려준다.
- 앞판의 다트를 접고 허리선을 곡선으로 자연스럽게 그려준다.
- 뒤판의 다트를 접고 허리선을 다듬는다.
- 앞판과 뒤판의 옆허리점을 대고 앞, 뒤 허리선을 수정한다.
- 앞판과 뒤판의 밑단을 자연스러운 곡선으로 그려준다.

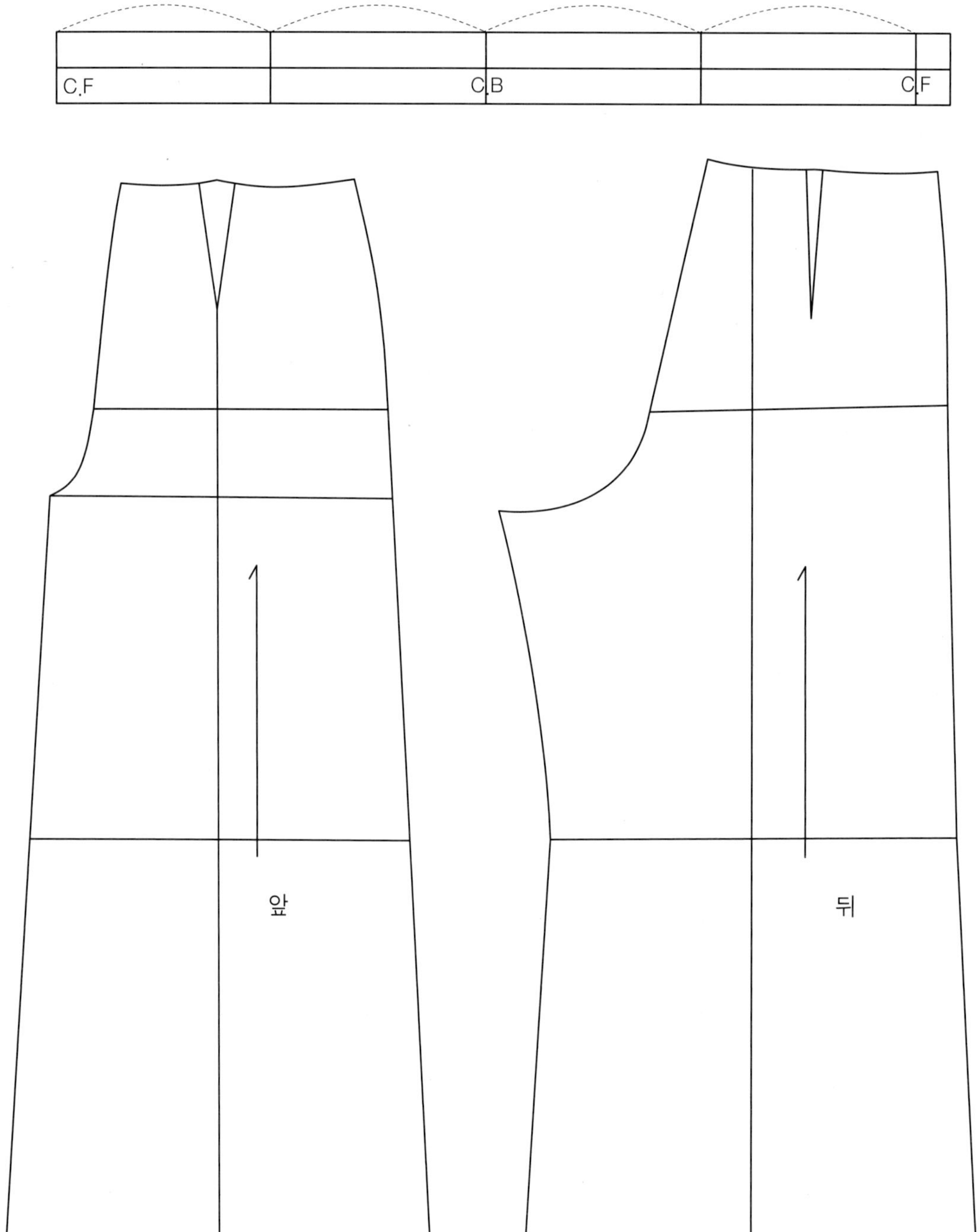

와이드 팬츠 완성패턴

03 블라우스

1. 셔츠 블라우스(shirt blouse)

셔츠 블라우스는 가장 많이 입는 기본적인 의복이다. 남성 셔츠의 기본소재는 면이나 면혼방, 마 등이 주로 쓰이지만 여성복에서는 폴리에스테르, 쉬폰이나 스웨이드, 스판 등 소재의 제한이 없다.

허리선을 강조하고 싶을 때는 등솔기의 맞주름분을 없애고 앞, 뒤에 다트를 넣어준다. 길게 연장하여 셔츠 원피스로도 활용이 가능하다.

앞여밈이나 칼라의 변화만으로도 다양한 디자인으로 변형이 가능하다.

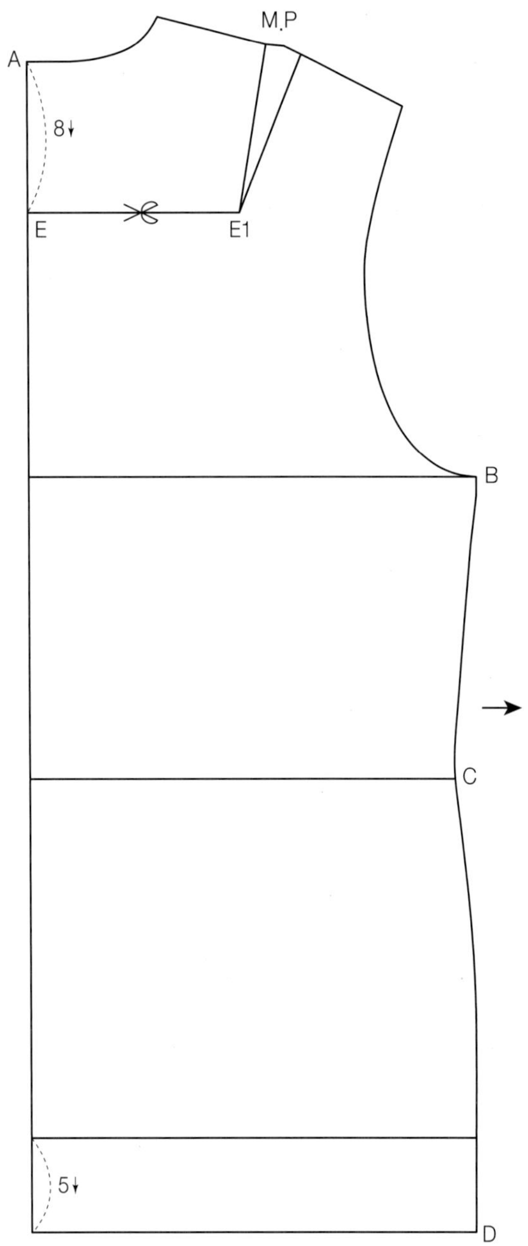
M.P
A
8
E
E1
B
C
5
D

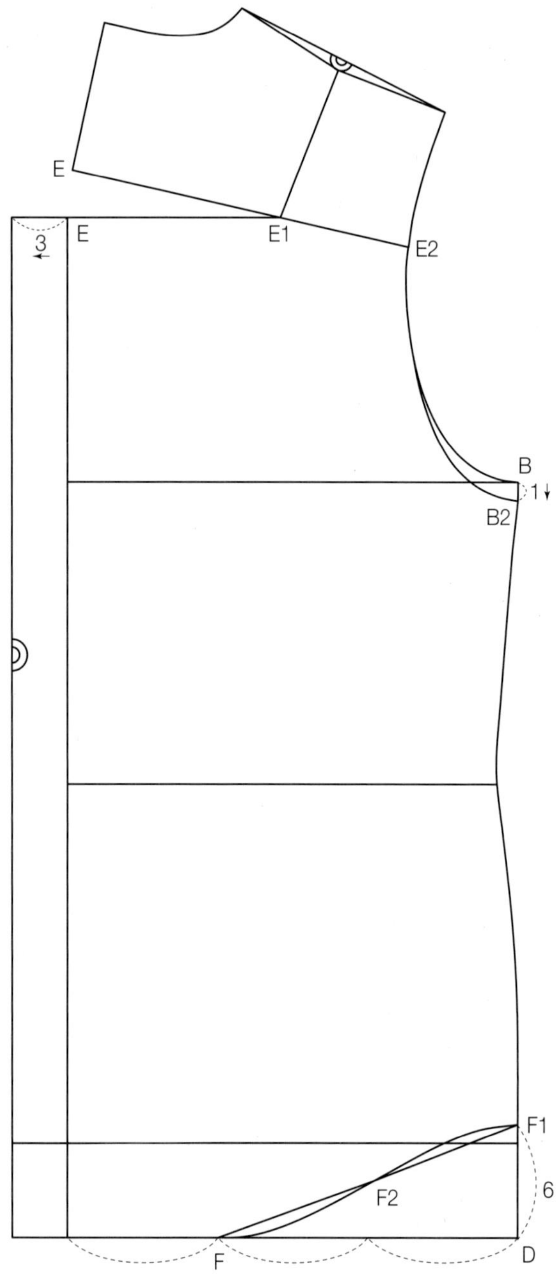
E
3
E
E1
E2
B
1
B2
F1
6
F2
F
D

1) 뒤판

- 토르소 원형을 복사한다.
- 엉덩이둘레선에서 5cm 내려가 길이를 연장한다.

(뒤판은 뒤중심선에서 목뒤점A, 옆진동점B, 옆허리점C, 옆밑단점을 D로 정한다. 앞판은 목앞점A1, 옆진동점B1, 옆허리점C1, 옆밑단점을 D1으로 정한다.)

- 목뒤점에서 8cm 내려가 점E를 정하고 어깨 다트끝점 E1와 연결하고 자른다.
- 어깨다트를 접어 없애고 어깨선을 다시 그려준다.
- 선E-F를 암홀선까지 연장하여 직선으로 그리고 교차점을 E2으로 정한다.
- 요크를 떼어낸 몸판의 점E에서 뒤중심 맞주름 분량을 수평으로 3cm 나아가 수직선을 내려 그린다.
- 진동점B에서 수직으로 1cm 내려가 점B2를 표시하고 암홀 라인을 수정한다.
- 뒤판의 밑단을 1/3으로 나누고 첫 번째 점을 F로 정한다.
- 옆밑단점D에서 6cm 올라가 점F1를 표시한다.
- 점F와 F1을 연결하고 1/2점을 F2로 정한다.
- 선F-F2-F1을 자연스러운 곡선으로 그려준다.

(밑단의 경우 너무 곡지게 그리면 2번 접어 말아박기가 어려워지므로 적당히 자연스럽게 그린다.)

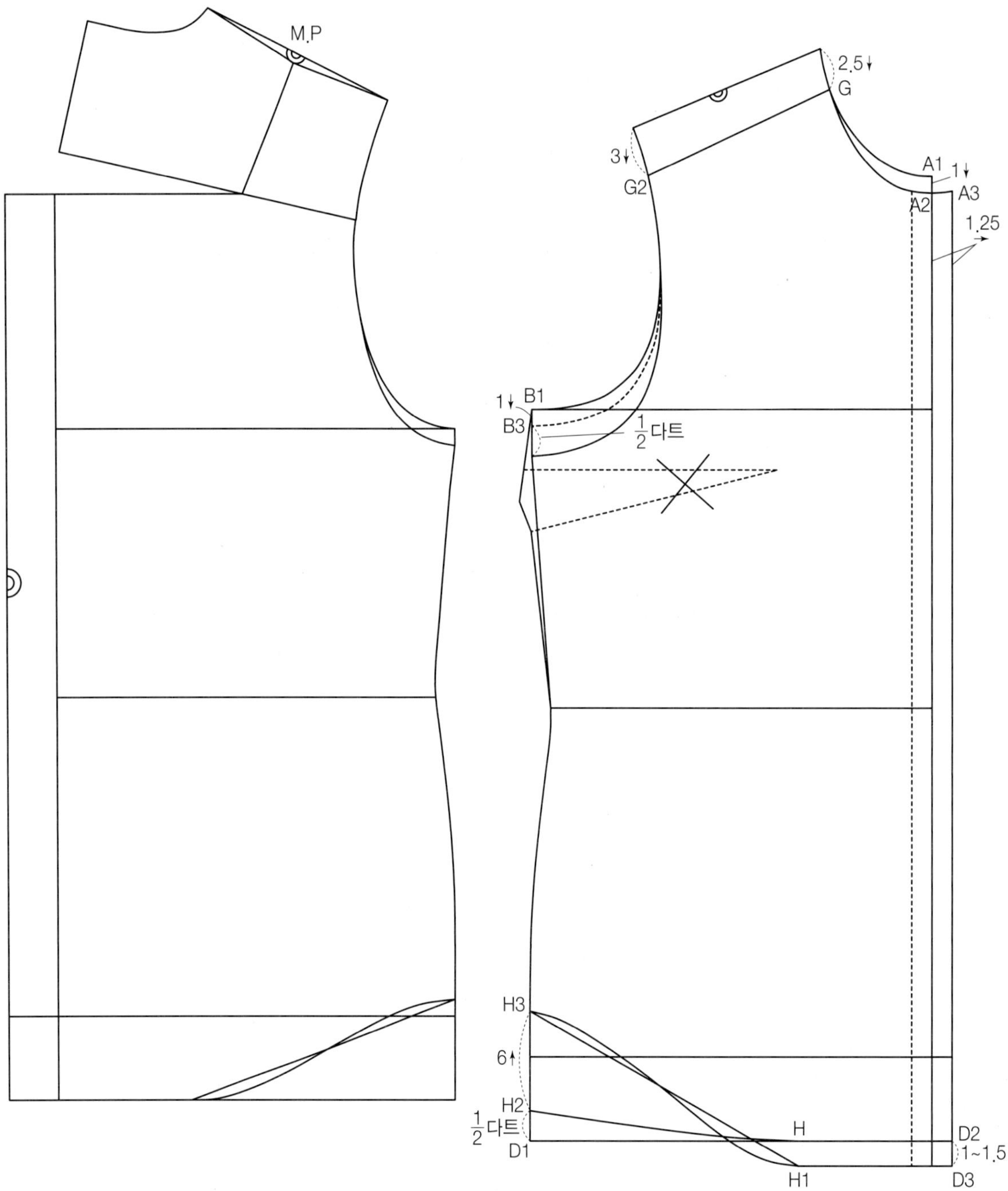
M.P
2.5
G
3
G2
A1
1
A3
A2
1.25
1
B1
B3
1/2 다트
H3
6
H2
1/2 다트
D1
H
H1
D2
1~1.5
D3

2) 앞판

- 목앞점A1에서 1cm 내려와 점A2를 표시하고 앞목둘레를 다시 그린다.
- 옆목점에서 2.5cm 내려와 점G를 표시한다.
- 어깨끝점에서 3cm 내려와 점G1를 표시하고 점G와 연결하여 앞요크선을 그린다.
- 점A2에서 여밈분량의 1/2인 1.25cm를 나아가 점A3를 정하고 밑단까지 연장하여 교차점을 D2라고 한다.(여밈분만큼 목둘레선을 베껴낸다.)
- 진동점B1에서 1cm 내려가 점B3를 표시한다.
- 점B2에서 다트분량의 1/2을 내려가 점B4를 정하고 암홀라인을 수정한다. 점B4와 옆허리점C1을 직선으로 연결한다.
- 앞판의 밑단을 1/3으로 나누고 첫 번째 점을 H로 정한다.
- 점D2에서 수직으로 앞처짐 분량 1~1.5cm 내려가 점 D3를 정한다.
- 점D3에서 수평으로 선D2 - H길이만큼 나아가 점 H1를 표시한다.
- 옆밑단점D1에서 다트분량의 1/2을 올라가 점H2를 표시한다.
- 옆밑단점H2에서 6cm 올라가 점H3를 표시한다.
- 점H3와 H1을 연결하고 1/2점을 H4로 정한다.
- 선H4 - H1 - H4을 자연스러운 곡선으로 그려준다.

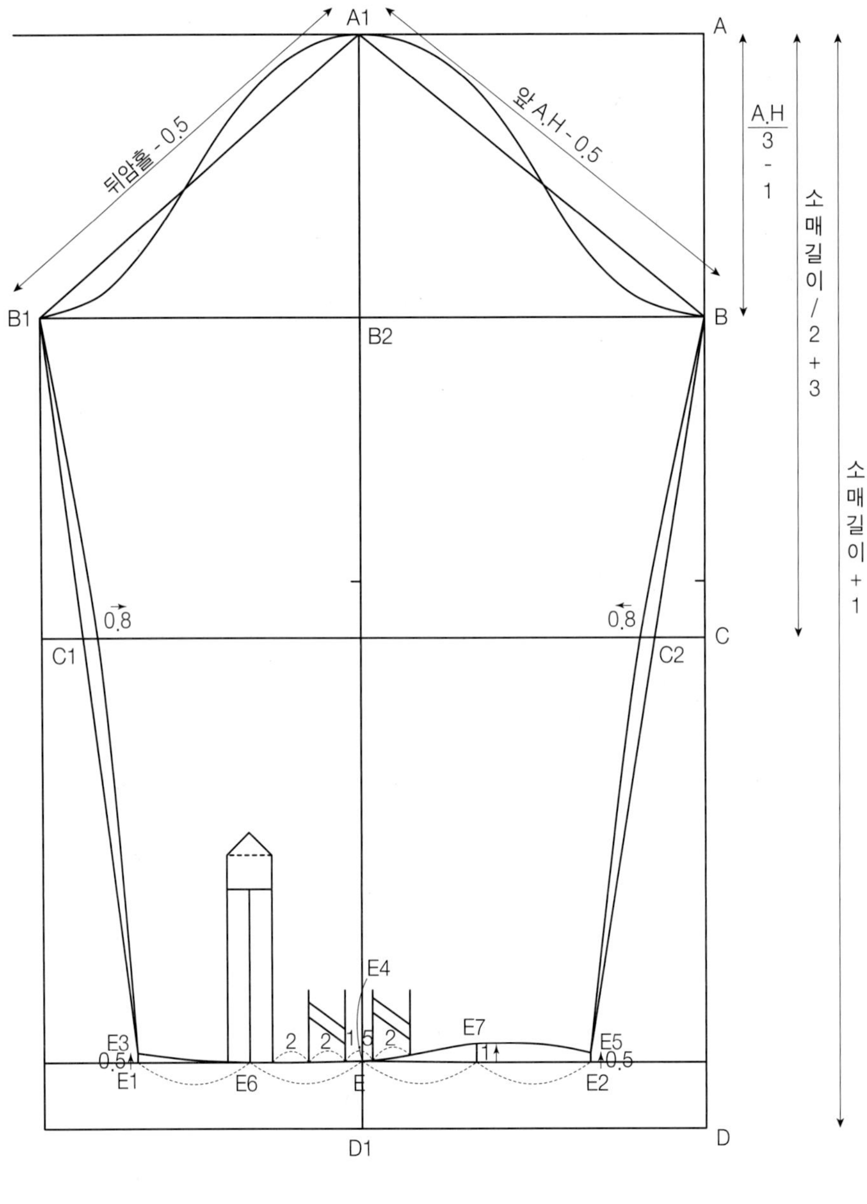
A1
A
뒤암홀 - 0.5
앞 A.H - 0.5
A.H/3 - 1
소매길이/2 + 3
소매길이 + 1
B1
B2
B
0.8
0.8
C1
C2
C
E4
E7
E3
E5
0.5
0.5
2
2
1.5
2
1
E1
E6
E
E2
D1
D

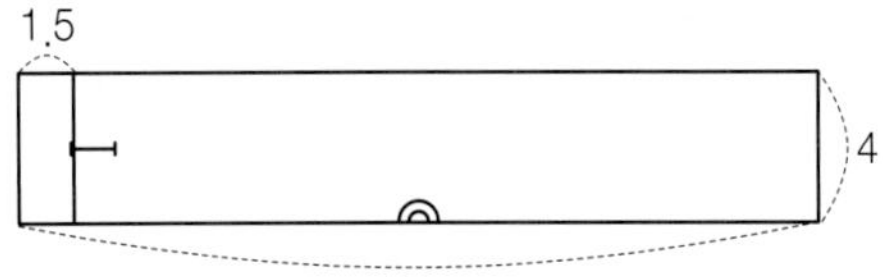
1.5
4
22

3) 소매

- 선A - D는 소매길이+1cm에 선A - B는 소매산 높이 A.H/3 - 1로 그어준다.
- 팔꿈치선은 소매길이의 1/2에서 아래로 3cm 내려가 점C로 정하고 수평선을 그린다.
- 점B에서 앞암홀 - 0.5cm가서 점A의 연장선과 만나는 점이A1, 점A에서 뒤암홀 - 0.5cm 가서 점B의 연장선과 만난점을 B1으로 정한다.
- 앞뒤 소매산에 자연스럽게 암홀라인을 그리고 몸판의 소매둘레와 길이를 맞춘다.
  (ease 분량은 소재와 디자인에 따라 다르다.)
- 선B - B1의 1/2에 점B2를 정하고 수직으로 내려 밑단선과 교차하는 점을 D1으로 정한다.
- 점D1에서 커프스폭4 - 0.5cm 만큼 올라가 점E를 표시한다.
- 점E를 기준으로 커트스길이 - 1.25(소매트임너비 1/2)+4(주름분)cm만큼 양쪽으로 나가 점E1, E2를 정한다.
- 점B와 E1, 점B1과 E2를 연결하고 팔꿈치선과의 교차점을 각각 점C1, C2로 정한다.
- 점C1, C2에서 안쪽으로 0.8cm 들어와 힙곡자로 소매선을 자연스럽게 그려준다.
  점E1, E, E2에서 수직으로 0.5cm 올라가 점E3, E4, E5를 표시한다.
- 소매부리선 E1 - E2를 1/4로 나누고 첫 번째 점을 E6로 3/4점에서 위로 1cm 올라가 점E7를 정한다.
- 점E3, E6, E4, E7, E5를 자연스러운 곡선으로 연결한다.
- 점E6에 너비2.5cm, 길이11cm로 소매트임을 그려준다.
- 트임끝에서 2cm 떨어져 첫 번째 주름분량 2cm를 표시한다.
- 첫 번째 주름에서 1.5cm 떨어져 두 번째 주름분량 2cm를 표시한다.
- 커프스 너비4cm, 길이 22cm 로 그리고 여밈분1.5cm를 표시한다.

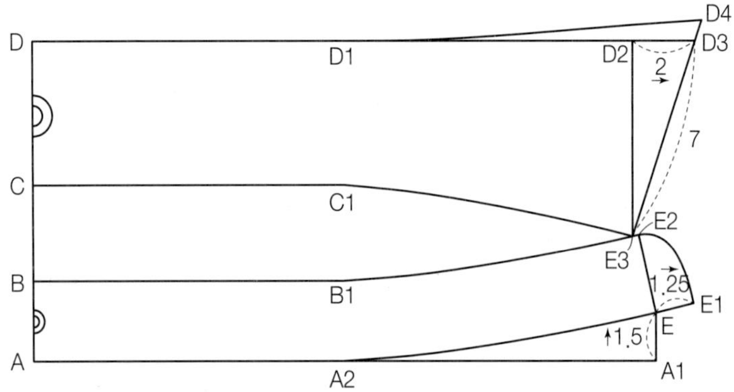

4) 칼라

- 점A에서 앞목둘레+뒷목둘레의 길이만큼 선A-A1을 수평으로 긋는다.
- 선A-A1을 1/2에 점A2를 정한다.
- 점A에서 밑칼라너비2.5cm를 수직으로 올라가 점B를 정하고 선A-A1의 길이만큼 수평으로 그어 점B1을 정한다.
- 점C에서 수직으로 3cm 올라가 점C를 정하고 선A-A1의 길이만큼 수평으로 그어 점B1을 정한다.
- 점D에서 윗칼라너비 4.5cm를 수직으로 올라가 점D를 정하고 선A-A1의 길이만큼 수평으로 그어 점D1을 정한다.
- 점A1에서 수직으로 1.5cm 올라가 점E를 정한다.
- 점A2와 점E를 힙곡자로 자연스럽게 연결한다.
- 선A2-E를 앞여밈분의 1/2인 1.25cm 만큼 연장하여 점E1을 정한다.
- 점E에서 선A2-E에 직각으로 2.5cm 올라가 점E2를 정한다.
- 점B1과 E2을 선A2-E와 평행하게 그려준다.
- 점E1과 E2를 곡선으로 그려준다.
  (너무 둥글지 않게 그려야 한다.)
- 점E2에서 0.2~0.3cm 안으로 들어와 점E3를 표시한다.

- 점E3와 C1을 곡선으로 그려준다.
- 점E3에서 수직으로 올라가 점D1의 연장선과 교차하는 점을 D2로 정한다.
- 점D2에서 바깥쪽으로 2cm 나가 점D3를 정한다.
- 점E3에서 점D3를 통과하여 앞칼라너비 7cm의 선을 그리고 끝을 D4로 정한다.
- 점D1과 D2를 자연스럽게 곡선으로 연결한다.

5) 패턴의 정리

- 앞요크와 뒤요크의 어깨선을 붙혀주고 목둘레선과 어깨선을 수정한다.
- 뒤몸판의 요크 절개선을 자연스러운 곡선으로 정리한다.
- 앞판과 뒤판의 옆선을 대고 길이를 맞춘 후 암홀과 밑단을 자연스러운 곡선으로 정리한다.
- 소매와 몸판의 길이를 맞춰주고 소매산에 이즈 분량을 1~2cm로 남겨주고 앞, 뒤 소매 너치를 소매와 몸판에 각각 표시한다.
- 소매를 접어 옆선의 길이를 맞추고 암홀선과 밑단선을 자연스럽게 정리한다.
- 밑칼라와 앞, 뒤 목둘레를 맞춰 길이를 수정하고 옆목점 너치를 표시한다.
- 밑칼라와 윗칼라를 대고 길이를 맞추고 중간에 너치를 만들어준다.
- 소매 트임감을 만들어 준다.
- 단추위치를 7~8cm 간격으로 표시한다.

  (첫 번째 단추와 두 번째 단추는 경우에 따라 위치가 바뀔 수 있다. 가슴이 큰 여성의 경우 단추가 B.P와 수평선에서 달려야 앞이 벌어지지 않는다. 마지막 단추에서 밑단까지의 거리는 10~15cm 정도가 되어야 예쁘다.)

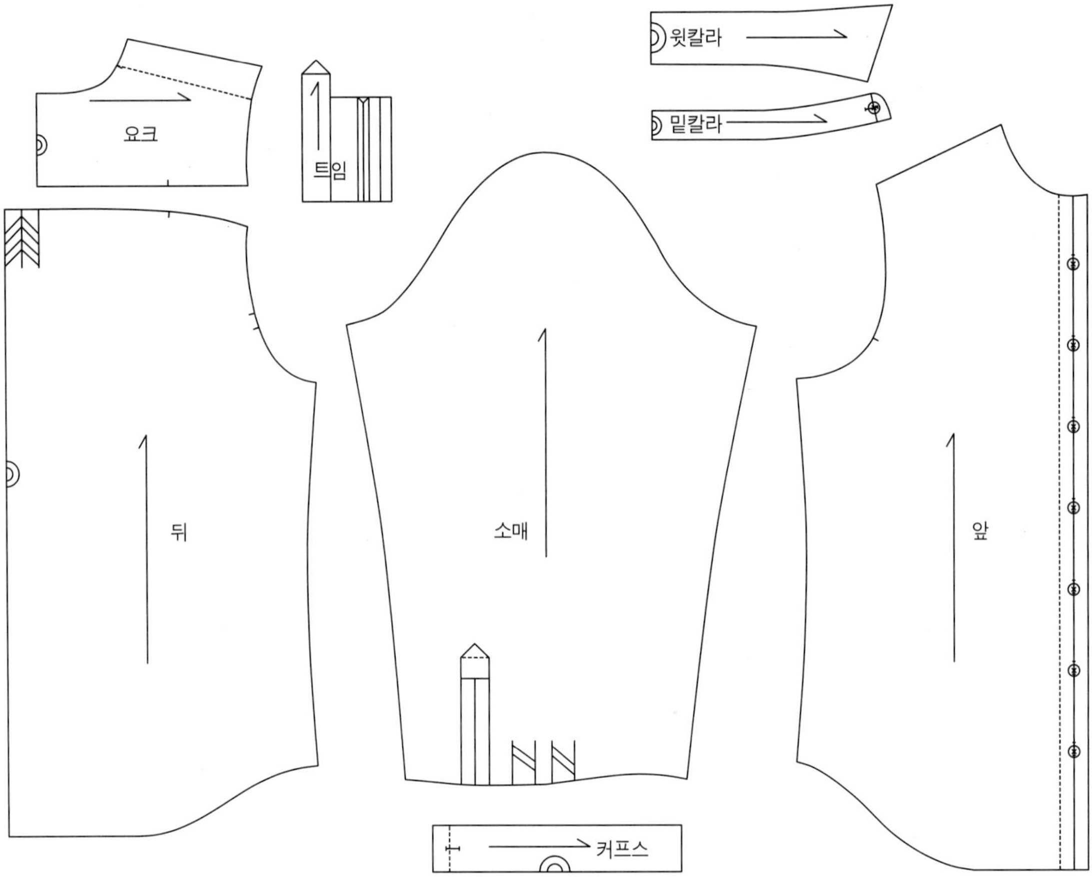

셔츠 블라우스 완성패턴

2. 드롭 숄더 티셔츠(drop shoulder T-shirt)

드롭 숄더란 어깨선이 소매쪽으로 내려온 소매를 말한다. 어깨선이 둥글어 보이는 효과가 있다.

티셔츠는 일반적으로 저지소재로 제작되며 머리부터 입게 입으며 여밈이 없다. 소재의 신축성에 따라 다르나 티셔츠의 목둘레는 늘어났을 때 머리둘레(56~60cm)보다 커야 한다.

티셔츠를 제작할 때는 본봉보다는 니혼오버룩과 삼봉을 주로 사용하게 된다. 얇고 신축이 뛰어난 소재는 오드람프가 이용된다.

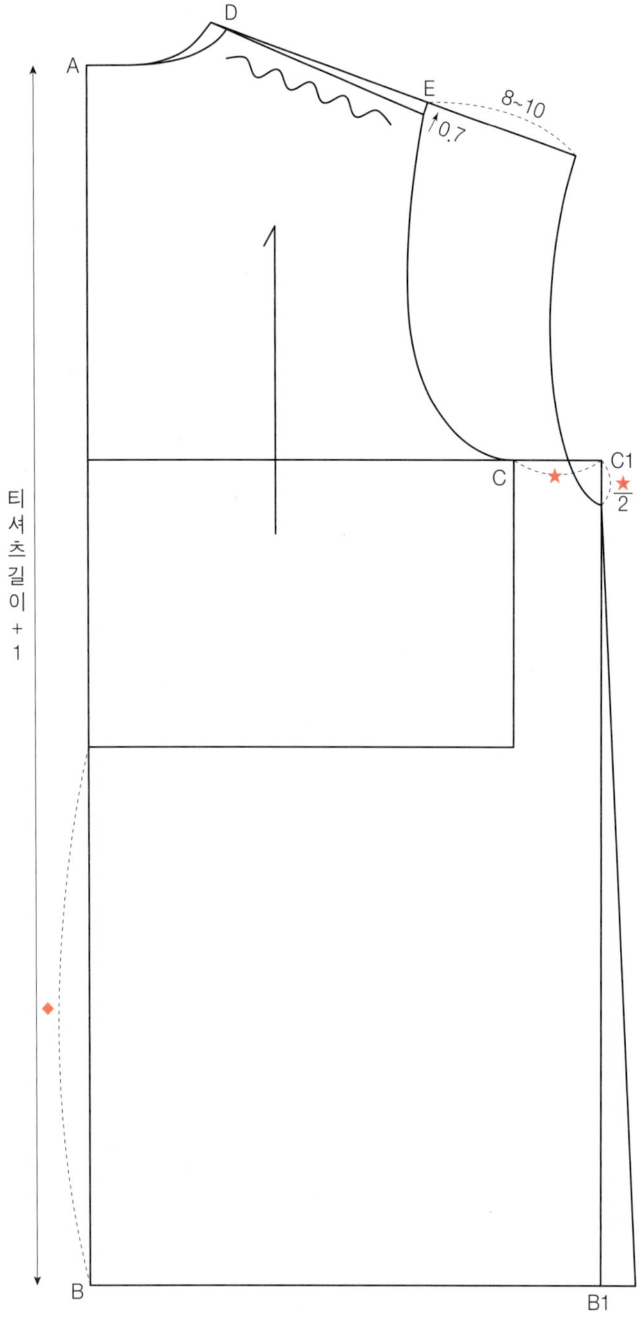

1) 뒤판

- 무다트 원형을 베껴 낸다.
- 목뒤점A에서 티셔츠 길이+1cm만큼 수직으로 내려와 점B를 정한다.
  (시보리가 달린 디자인은 밑단이 좁혀지므로 개더 분량이 생겨 길이가 약간 짧아지므로 그 분량 만큼의 여유분을 더해준다.)
- 겨드랑옆점C에서 5~7cm=★ 옆으로 나가 점C1을 정한다.
- 점C1에서 수직선을 내려긋고 점B의 수평선을 그어 교차점을 B1로 정한다.
- 점C에서 ★/2~★ 만큼 내려와 점C2를 정한다.
- 점B1에서 2cm 정도 나아가 점B2을 정한다.
  (대부분의 티셔츠의 옆선은 선C2-B1처럼 수직선을 그대로 쓴다.)
- 점C2와 B2을 직선으로 연결한다.
- 뒤판의 목옆점을 1cm 파주고 점D를 표시하고 목뒤선을 다시 그려준다.
- 어깨끝점에서 수직으로 0.7cm 올라가 점E를 표시한다.
- 점D와 E를 직선으로 그어주고 점E에서 어깨드롭분량 8-10cm를 연장한다.
- 점E와 C2를 연결하여 뒤암홀선을 곡선으로 그려준다.

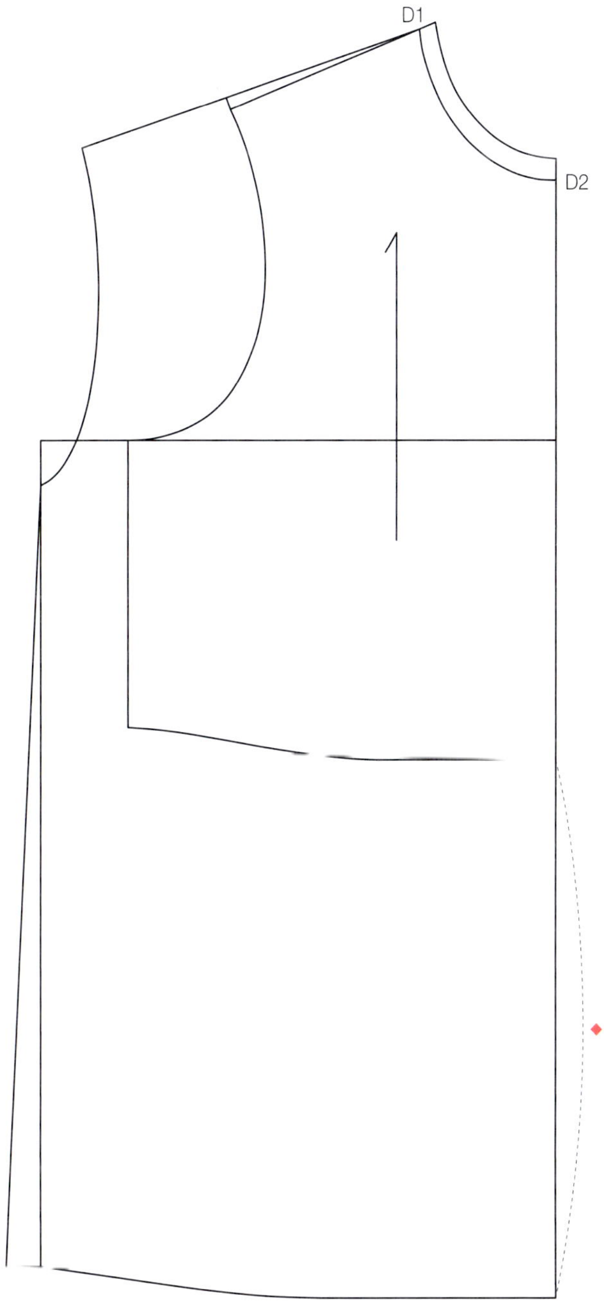

2) 앞판

- 뒤판의 허리선에서 밑단까지의 길이=◆만큼 앞판의 허리밑으로 연장한다.
- 뒤판과 동일하게 옆선을 그려준다.
- 목옆점을 1cm 파주고 점D1를 표시한다.
- 목앞점을 1cm 내려주고 점D2를 표시한 후 점D1과 연결하여 네크라인을 그려준다.
- 뒤판과 동일하게 어깨선을 그려준다.
- 앞암홀선을 곡선으로 그려준다.

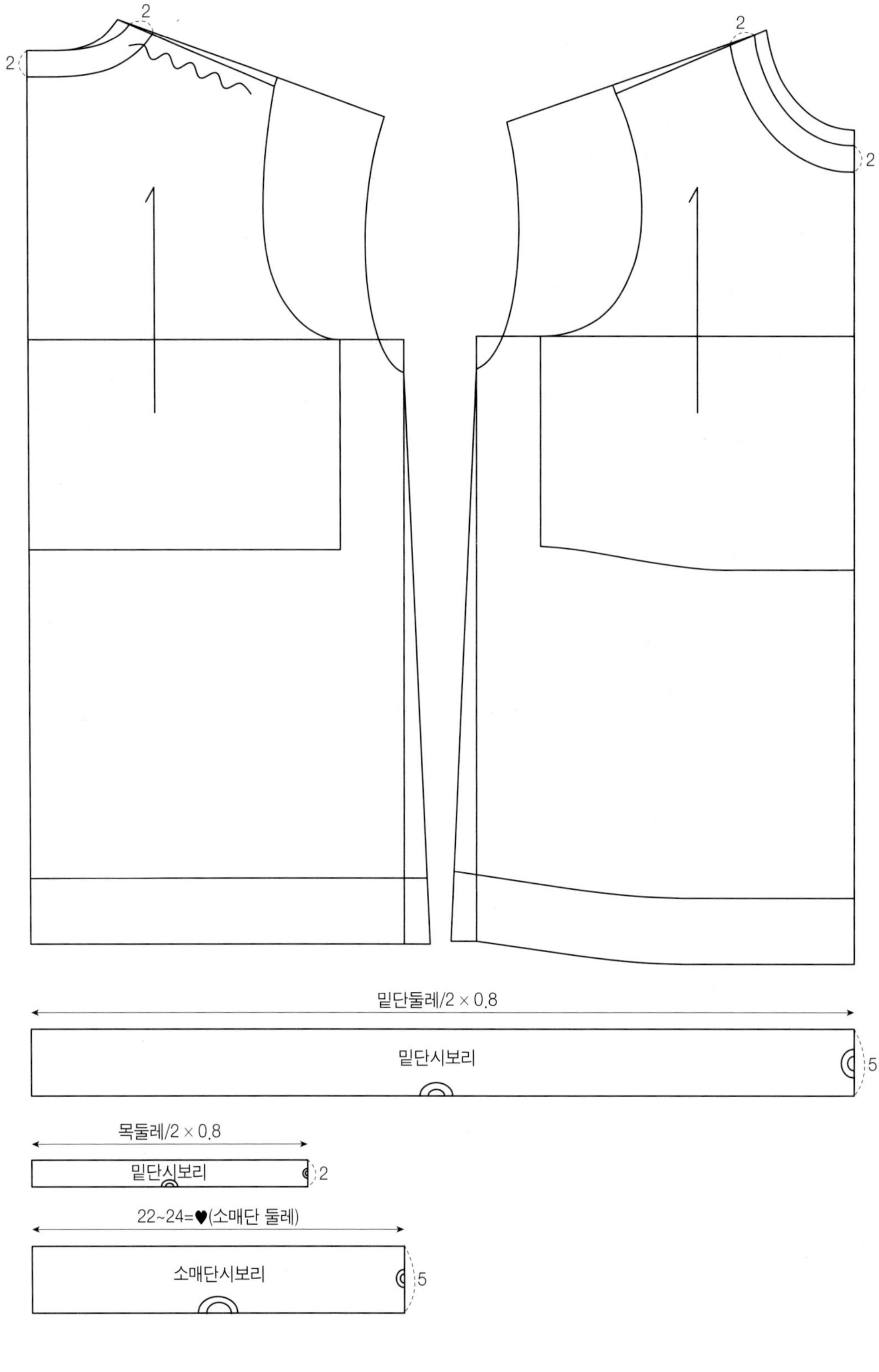
2
2
2
2
밑단둘레/2 × 0.8
밑단시보리
5
목둘레/2 × 0.8
밑단시보리
2
22~24=♥(소매단 둘레)
소매단시보리
5

3) 시보리

- 2cm 너비로 앞판과 뒤판의 네크라인에 평행하게 선을 그리고 둘레를 잰다.
- 네크라인 시보리는 목둘레/2×0.8*2cm의 직사각형으로 그린다.
- 5cm 너비로 앞판과 뒤판의 밑단에 평행하게 선을 그리고 둘레를 잰다.
- 밑단 시보리는 밑단둘레/2×0.8*5cm의 직사각형으로 그린다.
- 소매 시보리는 22~24(손목둘레+여유분)*5cm=♥의 직사각형으로 그린다.

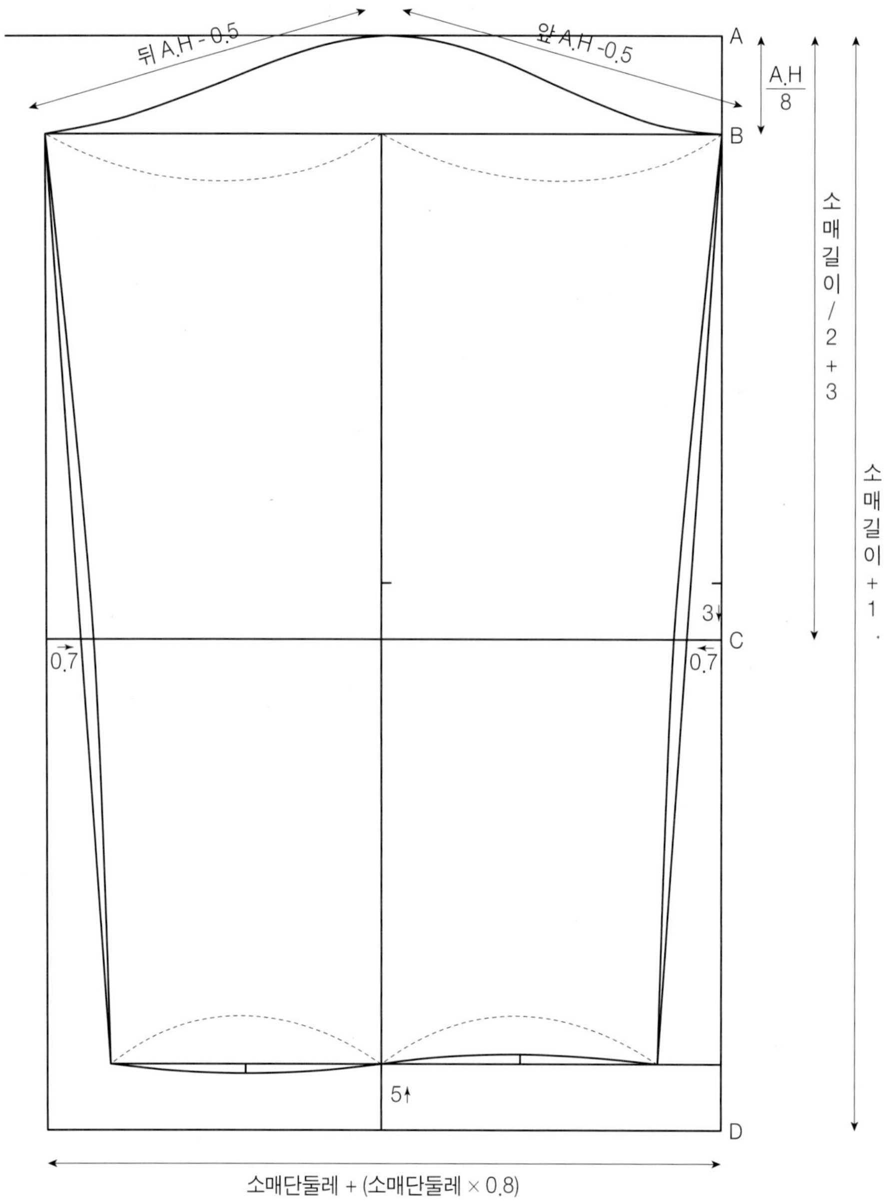
뒤 A.H - 0.5
앞 A.H -0.5
A
B
C
D
A.H
8
소매길이/2+3
소매길이+1
3
0.7
0.7
5
소매단둘레 + (소매단둘레 × 0.8)

4) 소매

- 선A-D는 소매길이+1cm에 선A-B는 소매산 높이 A.H/8로 그어준다.
- 팔꿈치선은 소매길이의 1/2에서 아래로 3cm 내려가 점C로 정하고 수평선을 그린다.
- 점B에서 앞암홀-0.5cm가서 점A의 연장선과 만나는 점이A1, 점A에서 뒤암홀-0.5cm 가서 점B의 연장선과 만난점을 B1으로 정한다.
- 앞뒤 소매산에 자연스럽게 암홀라인을 그리고 몸판의 소매둘레와 길이를 똑같이 맞춘다. (드롭량에 따라 0.5~1cm 소매를 더 적게 만들기도 한다.)
- 선B-B1의 1/2에 점B2를 정하고 수직으로 내려 밑단선과 교차하는 점을 D1으로 정한다.
- 점D1에서 소매 시보리길이 5cm 만큼 올라가 점E를 표시한다.
- 점E를 기준으로 ♥+(♥×0.8)만큼 양쪽으로 나가 점E1, E2를 정한다.
- 점B와 E1, 점B1과 E2를 연결하고 팔꿈치선과의 교차점을 각각 점C1, C2로 정한다.
- 점C1, C2에서 안쪽으로 0.7cm 들어와 힙곡자로 소매선을 자연스럽게 그려준다.
- 소매부리선 E1-E2를 1/4로 나누고 첫 번째 1/4점에서 위로 0.5cm, 3/4점에서 아래로 0.5cm 내려가 자연스럽게 곡자로 연결하여 소매 밑단선을 완성한다.

5) 패턴의 정리

- 앞판와 뒤판의 어깨선을 맞추고 목둘레선과 어깨선을 수정한다.
- 앞판와 뒤판의 옆선을 맞추고 옆선길이와 암홀 아래선과 밑단선을 수정한다.
- 몸판과 소매에 너치를 만든다.

(소매와 밑단 시보리의 1/2에도 너치를 만들어주면 봉제 시 편하다. 목둘레 시보리의 경우 옆목점에서 2cm 정도 뒤에서부터 봉제가 되므로 1/2점을 찾은 후 2cm 정도씩 이동한다.)

(목둘레처럼 곡이 많이지는 부위를 시보리나 바이어스로 처리하는 경우 시보리를 다리미로 다려 미리 곡선의 형태로 만들어준 후 봉제하면 더 예쁘고 편안하게 달린다.)

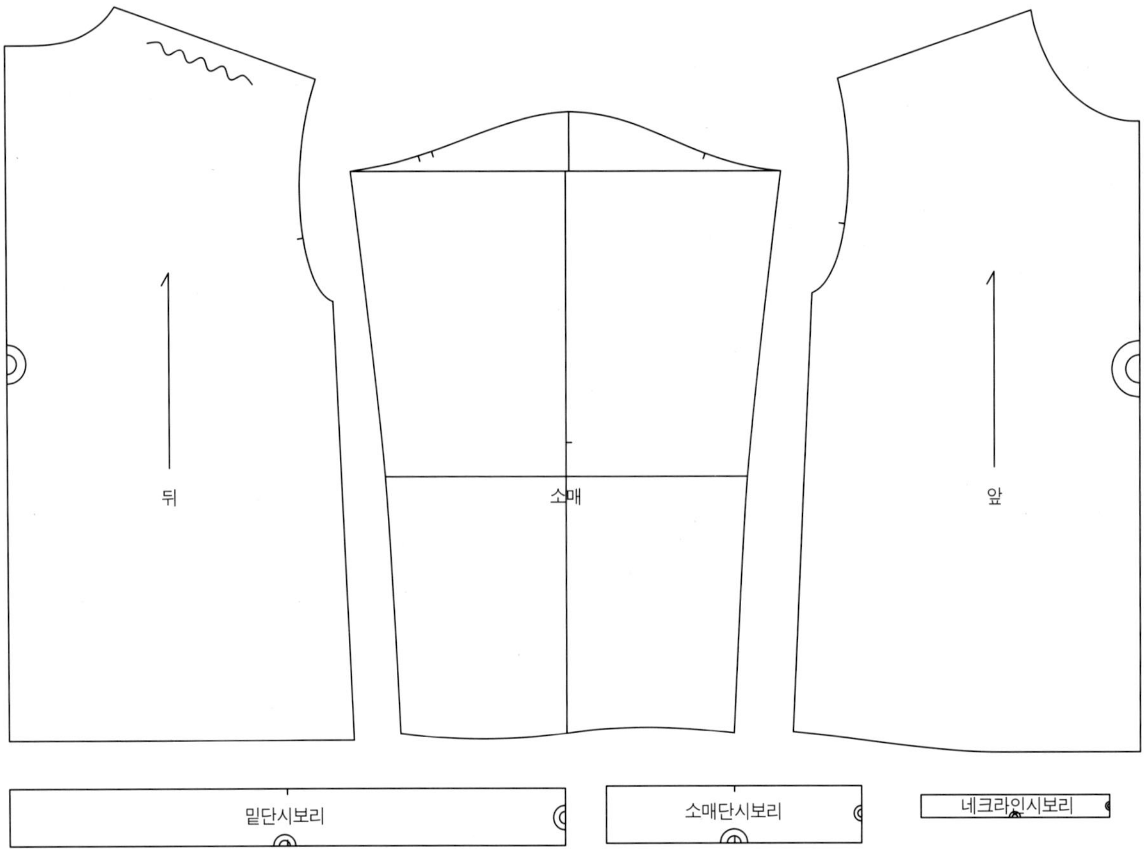

드롭 숄더 티셔츠 패턴완성

04

원피스

1. 프린세스 라인 원피스(princess line one-piece)

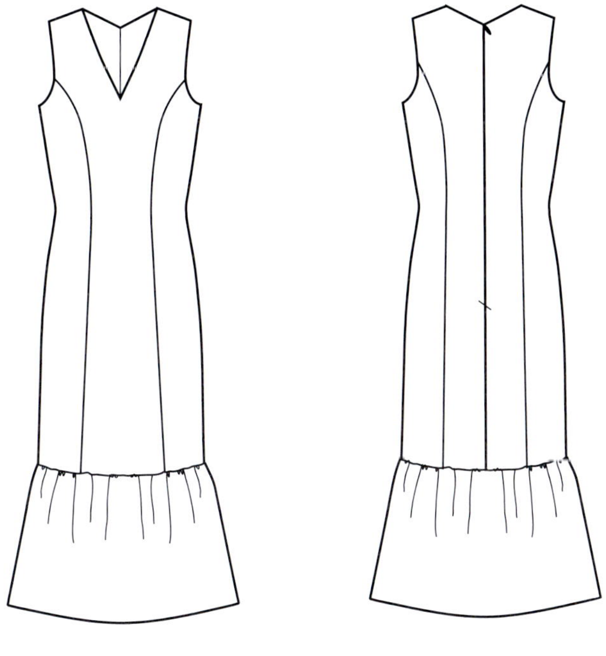

프린세스 라인은 19세기 영국의 에드워드 7세 왕후 알렉산드라가 황태자비 시절에 즐겨 입었던 스타일에서 유래하였다. 프린세스 라인은 가슴과 엉덩이는 나오고 허리는 들어가 있어 날씬해 보이면서도 여성스러운 스타일이다. 밑단을 A-line으로 퍼지게 하거나 프릴을 만들어 한층 더 여성스럽고 우아하게 보일 수 있다.

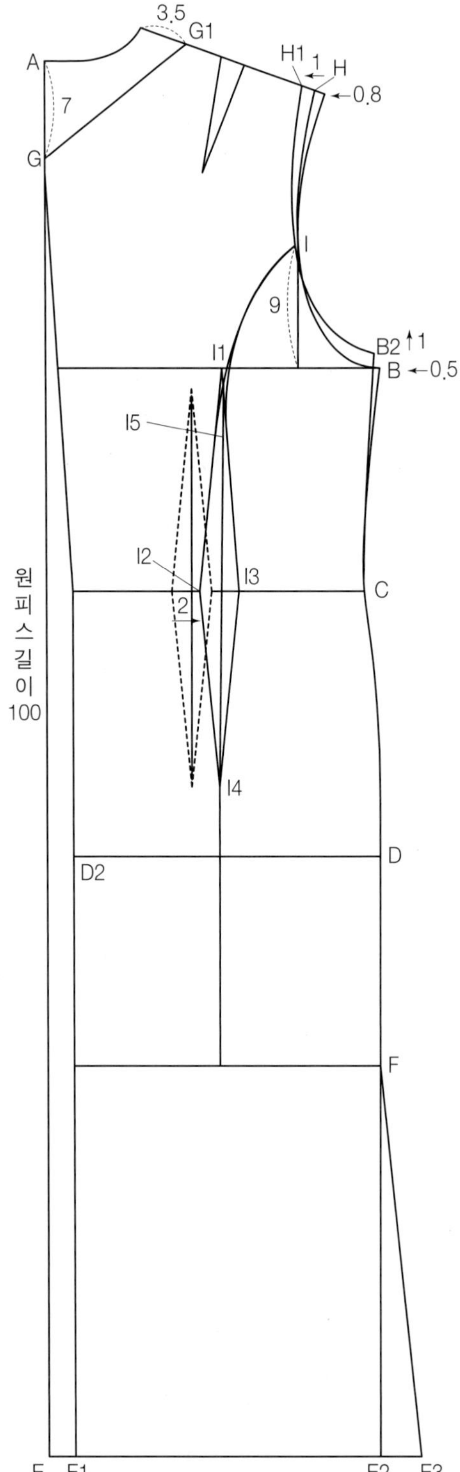
3.5
G1
A
7
G
H1
1
H
0.8
I
9
B2
1
I1
B
0.5
I5
I2
I3
C
2
원피스길이 100
I4
D
D2
F
E
E1
E2
E3
3

1) 뒤판

- 토르소 원형을 복사한다.
  (뒤판은 뒤중심선에서 목뒤점A, 옆진동점B, 옆허리점C, 옆엉덩이점을 D로 정한다.
  앞판은 목앞점A1, 옆진동점B1, 옆허리점C1, 옆엉덩이점을 D1으로 정한다.)
- 목뒤점A에서 수직으로 원피스 길이100cm를 내려와 점E로 정한다.
- 등만곡만큼 들어간 D2에서 수직으로 내려 밑단과의 교차점을 E1으로 정한다.
- 옆엉덩이점D에서 수직으로 내려 밑단과의 교차점을 E2으로 정한다.
- 점D에서 15cm 수직으로 내려가 점 F를 표시하고 수평선을 긋는다.
- 점E1에서 수평으로 3cm 나가 점E3를 정하고 점F와 직선으로 연결한다.
- 목뒤점A에서 수직으로 7cm 내려가 점G를 표시한다.
- 옆목점에서 어깨선쪽으로 3.5cm 가서 점G1을 표시하고 점G와 직선으로 연결한다.
- 어깨끝에서 어깨다트분량의 일부인 0.8cm를 안으로 들어와 점H를 표시한다.
- 점H에서 1cm 들어와 점H1을 표시하고 점G1과 연결한다.
  (민소매 원피스의 경우 암홀라인이 어깨점보다 들어와야 어깨선이 더 여성스러워 보인다.)
- 옆진동점B에서 수평으로 0.5cm 들어와 수직으로 1cm 올라가 점B2를 정한다.
  (토르소 원형은 소매가 달리는 것을 기본으로 제도되어 있어 그대로 만들 경우 진동깊이가 깊어 속옷이 보일 수 있다.)
- 점H1와 B2를 자연스러운 곡선으로 연결하여 뒤암홀선을 그린다.
- 진동선에서 수직으로 9cm 올라가 암홀과의 교차점을 I로 정한다.
- 다트를 옆선 방향으로 2cm 이동하여 진동선과의 교차점을 I1로, 허리점과의 교차점을 I2, I3로, 다트끝을 I4로 정한다.
- 선I1 - I2를 3등분하여 첫 번째 점을 I5로 정한다.
- 점I와 I5를 곡자로 자연스럽게 그린다.
  (점I1에서 0.2~0.5cm 떨어진 점을 지나게 그려주며 너무 곡이지지 않도록 한다.)
- 선I - I5와 선I1 - I3를 자연스러운 곡선으로 연결한다.
- 다트끝점I4에서 수직선을 내려준다.

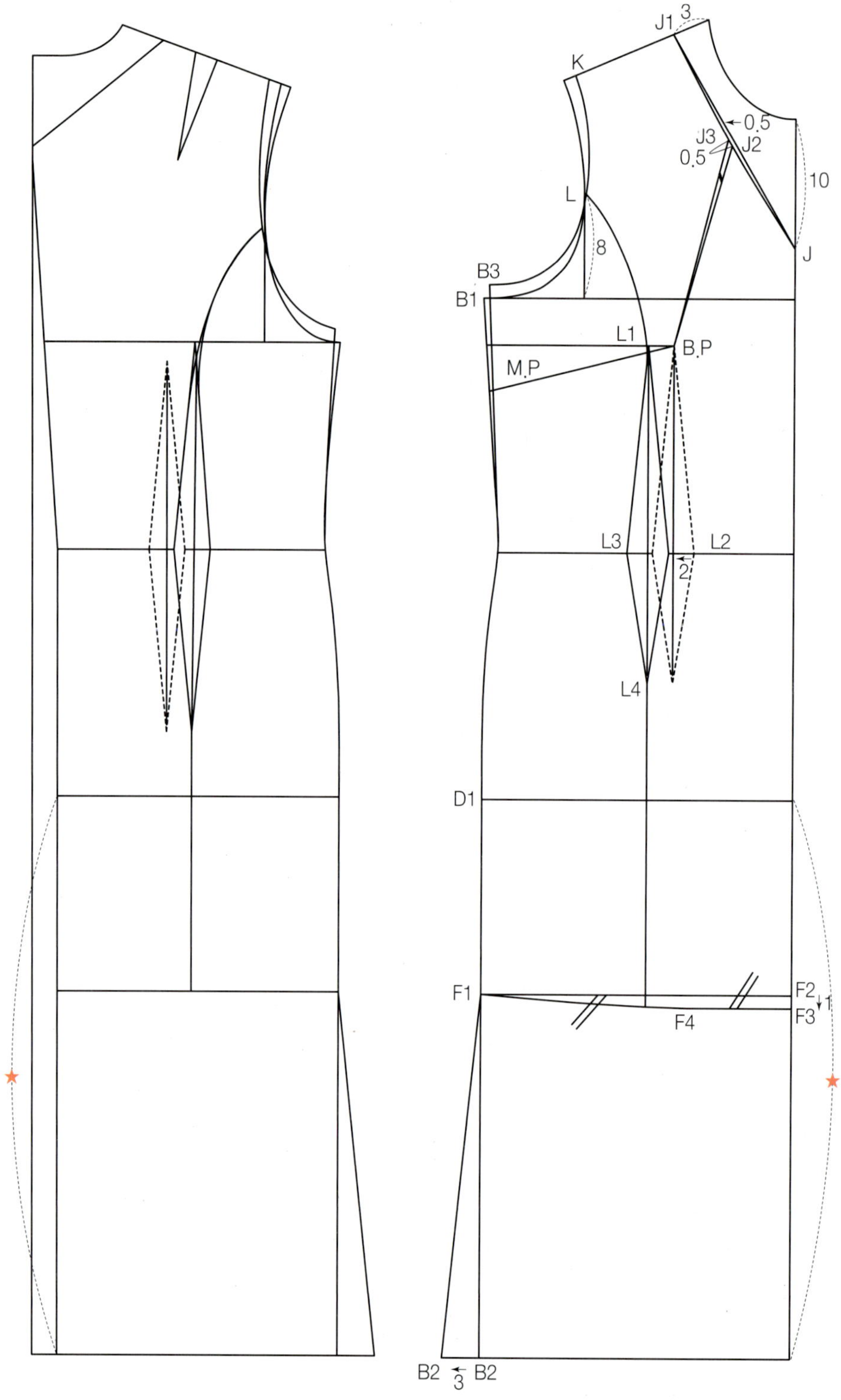

J1
3
K
0.5
J3
J2
0.5
10
L
8
J
B3
B1
L1
B.P
M.P
L3
L2
2
L4
D1
F1
F2
1
F3
F4
B2
B2
3

2) 앞판

- 엉덩이선에서 뒤판의 선D2-E의 길이=★만큼 연장한다.
- 옆엉덩이점D1에서 수직으로 내려 밑단과의 교차점을 E4으로 정한다.
- 점D1에서 15cm 수직으로 내려가 점F1를 표시하고 수평선을 그어 앞중심선과의 교차점을 F2로 표시한다.
- 점F2에서 수직으로 앞처짐분1cm를 내려가 점F3를 표시한다.
- 점F3에서 수평으로 유폭의 1/2만큼 수평으로 가서 점F4를 정한다.
- 점F4와 F1을 자연스러운 곡선으로 연결한다.
- 점E4에서 수평으로 3cm 나가 점E5를 정하고 점F1와 직선으로 연결한다.
- 목앞점A에서 수직으로 10cm 내려가 점J를 표시한다.
- 옆목점에서 어깨선쪽으로 3cm 가서 점J1을 표시하고 점J와 직선으로 연결한다.
- 선J-J1의 1/2에서 0.5cm 들어와 점J2를 정한다.
- 점J-J2-J1을 자연스럽게 연결한다.
- 점J2에서 0.5cm 올라가 점J3를 정한다.
- 점J2와 J3를 B.P점과 직선으로 연결한다.

  (깊이 파인 네크라인의 경우 앞네크라인이 뜨게 되므로 깊이에 따라 0.3~0.6cm 정도 네크라인을 줄여준다.
- 어깨끝점에서 1cm 들어와 점K을 표시한다.
- 옆진동점B1에서 수평으로 0.5cm 들어와 수직으로 1cm 올라가 점B3를 정한다.
- 점K와 B3를 자연스러운 곡선으로 연결하여 뒤암홀선을 그린다.
- 진동선에서 수직으로 8cm 올라가 암홀과의 교차점을 L로 정한다.
- 다트를 옆선 방향으로 2cm 이동하여 다트선의 교차점을 L1로, 허리점과의 교차점을 L2, L3로, 다트끝을 L4로 정한다.
- 점L와 L1를 곡자로 자연스럽게 그린다.
- 선L-L5와 선L1-L3를 자연스러운 곡선으로 연결한다.
- 다트끝점L4에서 수직선을 내려준다.

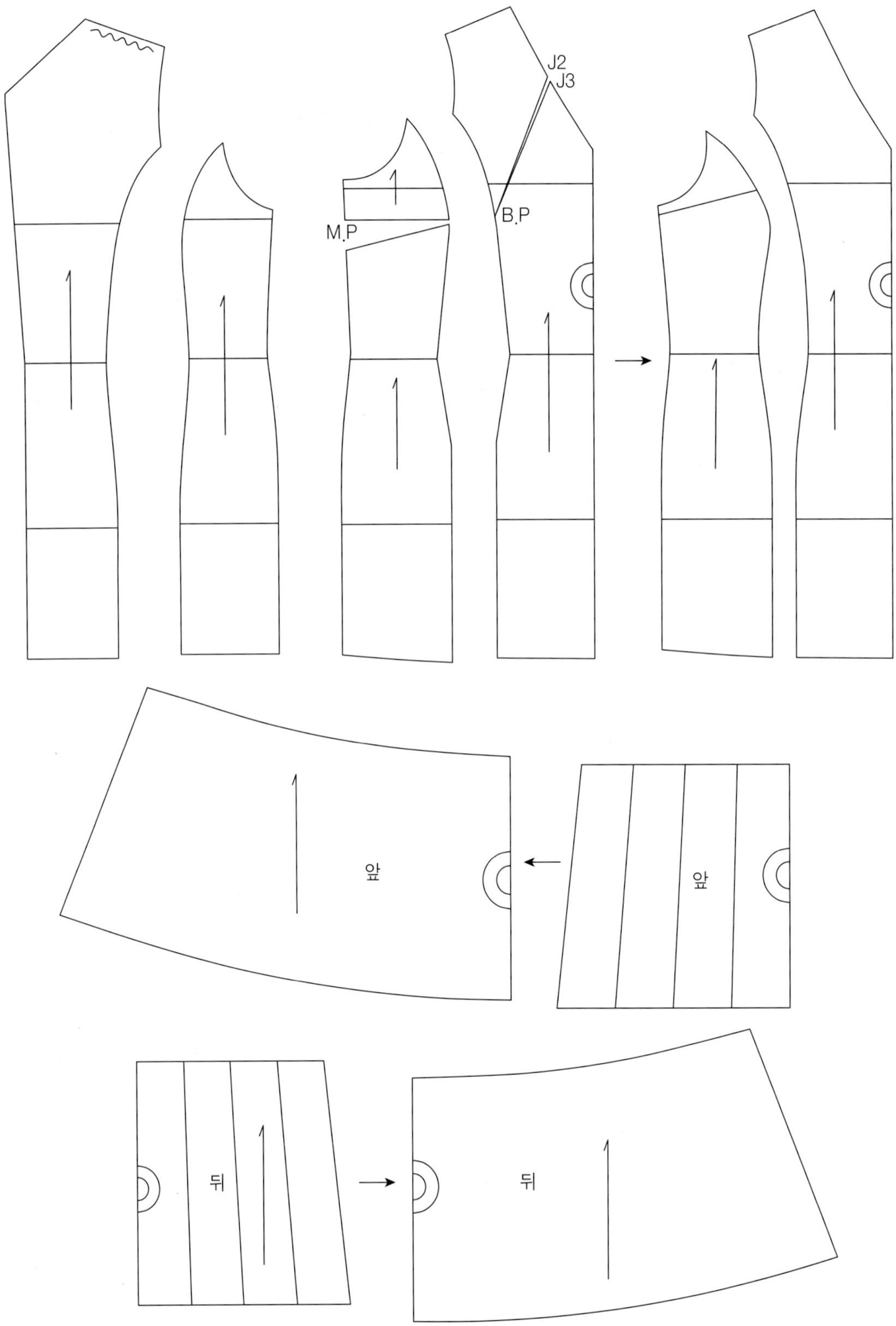
J2
J3
M.P
B.P
앞
앞
뒤
뒤

3) 패턴의 정리

- 뒤판 프린세스 라인을 잘라 뒤중심판과 뒤옆판을 나눈다.
- 허리선과 다트끝을 자연스러운 곡선으로 수정한다.
- 프린세스 라인의 길이를 맞추고 암홀과 밑단을 수정한다.

  (프린세스 라인의 길이는 반드시 같아야 하는 것은 아니다. 뒤중심판이 긴 경우 약간의 이즈를 주어 봉제해도 무방하다.)
- 앞판 프린세스 라인을 잘라 앞중심판과 앞옆판을 나눈다.
- 앞중심판의 네크라인에서 J2-B.P-J3분량을 잘라주고 앞네크라인을 수정한다.
- 앞옆판의 다트 분량을 접어주고 점B3와 C1을 직선으로 다시 그려준다.
- 앞중심판과 앞옆판의 프린세스 라인을 수정하여 그려준다.
- 앞프린세스 라인의 길이를 맞추고 암홀과 밑단을 수정한다.

  (프린세스 라인의 길이는 앞옆판의 다트를 접어 줬으므로 앞중심판이 길다.)
- 앞판과 뒤판의 어깨선을 대고 네크라인과 암홀선을 수정한다.

  (뒤판의 어깨선이 0.5cm 더 길다.)
- 앞과 뒤의 스커트 밑단을 4등분하여 위단은 1.5~1.8배, 아랫단은 1.8~2배 벌려준다.
- 뒤목점에서 62cm 내려와 지퍼끝을 표시한다.

CHAPTER 04.

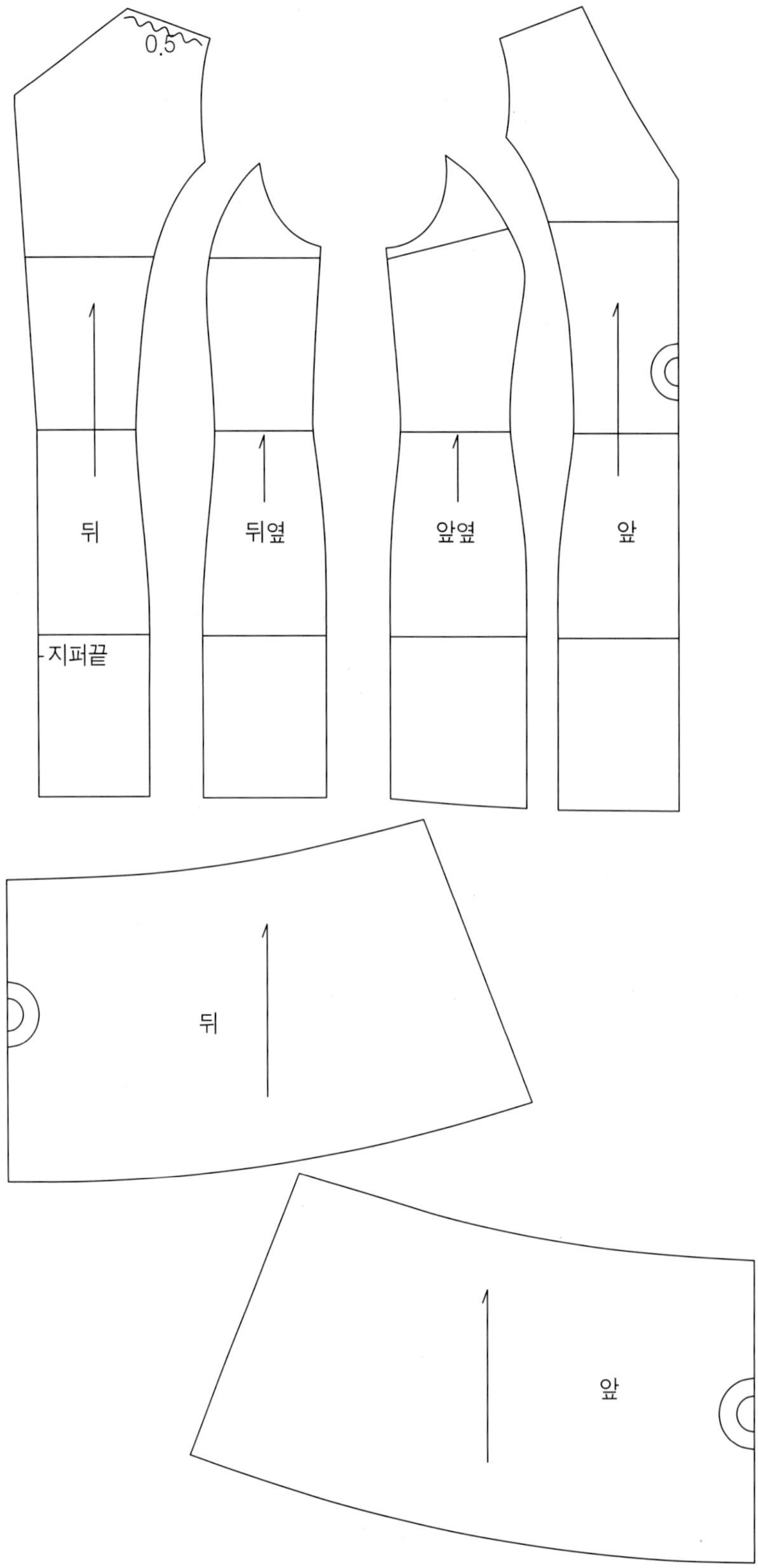

프린세스라인 원피스 완성패턴

2. A라인 원피스(A-line one-piece)

A라인의 원피스는 몸통의 굴곡을 가려주고 밑단이 넓어 편안하다.

더 넓은 밑단을 위해 다트만 M.P 시켜 벌려주는 것뿐만 아니라 암홀에서 수직으로 선을 그어 벌려주기도 한다.

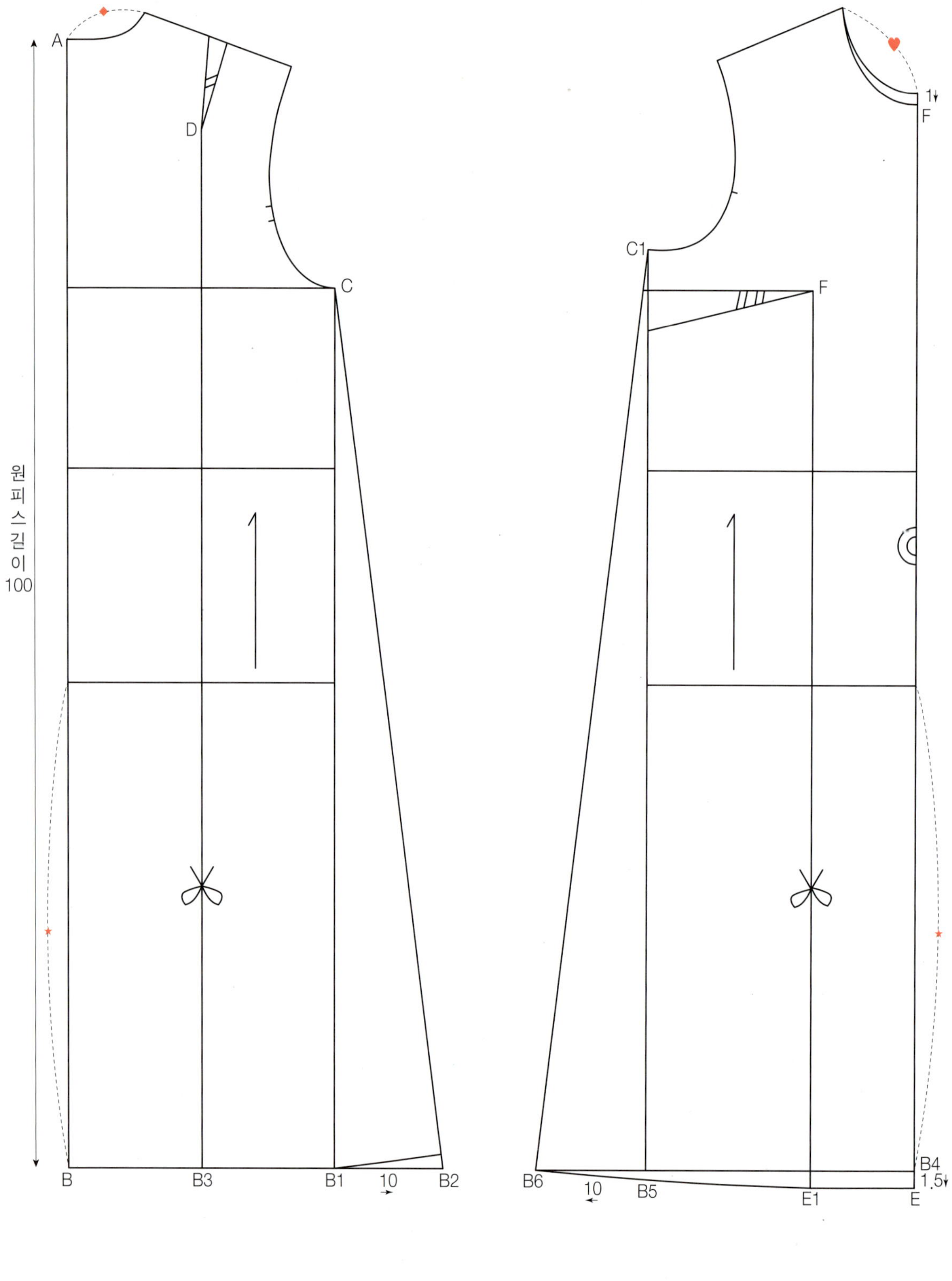
A
D
C
원피스길이 100
B
B3
B1
10
B2
1
F
C1
F
B6
10
B5
E1
B4
1.5
E

1) 뒤판

- 길 원형을 복사한다.
- 뒤목점A에서 원피스 길이 100cm를 내려와 점B로 정하고 수평선을 그려준다.
- 뒤판의 옆진동점C에서 수직으로 내려 밑단과 만나는 교차점을 B1으로 정한다.
- 점B1에서 수평으로 10cm 연장한 점을 B2로 정하고 점C와 직선으로 연결한다.
- 어깨다트 끝점D에서 수직선을 내려 밑단과의 교차점을 B3로 표시한다.

2) 앞판

- 뒤판의 엉덩이선에서 밑단까지의 길이=★만큼 앞판의 엉덩이선에서 연장하여 점B4로 정하고 수평선을 그려준다.
- 앞판의 옆진동점C1에서 수직으로 내려 밑단과 만나는 교차점을 B5으로 정한다.
- 점B5에서 수평으로 10cm 연장한 점을 B6로 정하고 점C1와 직선으로 연결한다.
- 점B4에서 앞처짐분 1.5cm를 내려가 점E로 정한다.
- 점E에서 유폭의 1/2만큼 수평으로 간점을 E1으로 정하고 점B6와 힙곡자로 연결한다.
- 앞목점에서 1cm 내려가 점F을 표시하고 옆목점과 곡선으로 연결하여 네크라인을 그려준다.
- B.P점F에서 점E1을 직선으로 연결한다.

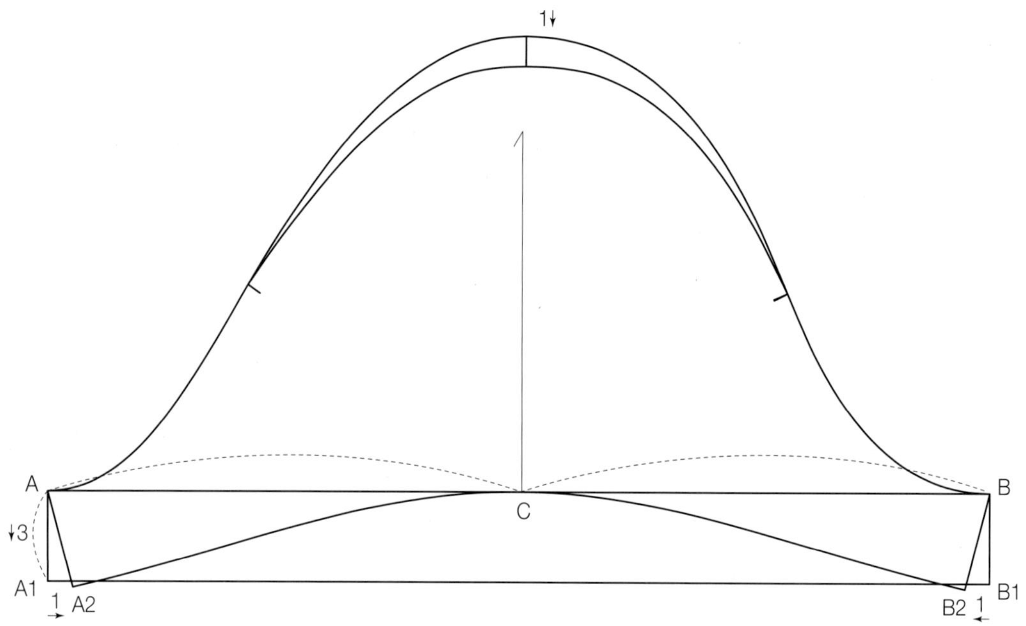

3) 소매

- 소매 원형을 복사한다.
- 소매산점에서 1cm 내려와 소매산을 수정하여 그린다.
- 소매 옆점을 A, B에서 3cm 내려가 수평선을 A1-B1으로 정한다.
- 점A1, B1에서 1cm 들어와 점 A2, B2를 표시한다.
- 점A2와 A, 점B2와 B를 직선으로 긋고 각각의 선의 길이가 3cm가 되도록 연장한다.
- 선A-B의 1/2점 C와 점A2, B2를 자연스러운 곡선으로 연결한다.

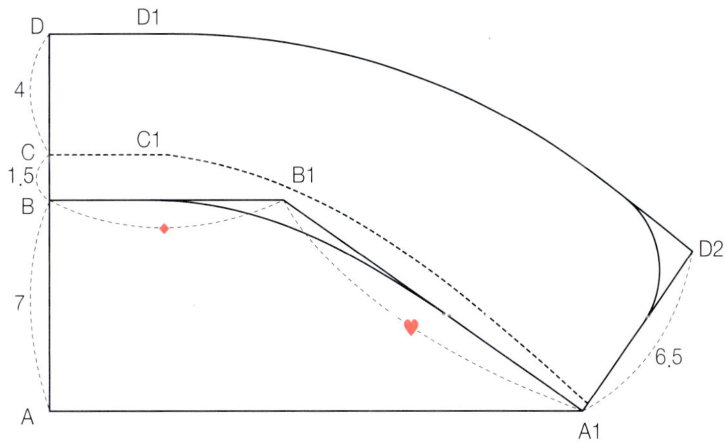

4) 칼라

- 점A에서 수평선을 그린다.
- 점A에서 수직으로 7cm 올라가 점B를 정한다.
- 점B에서 수평으로 뒤목둘레길이=◆만큼 가서 점B1을 정한다.
- 점B에서 수직으로 1.5cm 올라가 점C를 정한다.
- 점C에서 수평으로 4cm 가서 C1을 정한다.
- 점C에서 수직으로 4cm 올라가 점D를 정한다.
- 점D에서 수평으로 4cm 가서 D1을 정한다.
- 점B1에서 앞목둘레길이=♥만큼 사선으로 내려와 점A의 수평선과의 교차점을 A1으로 표시한다.
- 선B1-A1에 직각으로 6.5cm 가서 점D2를 정한다.
- 점D2와 D1을 자연스러운 곡선으로 연결한다.
- 각B-B1-A1을 자연스러운 곡선으로 수정한다.
- 점A1에서 칼라끝쪽으로 0.3cm가서 점A2를 표시한다.
- 점C1과 A2를 자연스러운 곡선으로 연결한다.
- 칼라 끝을 라운드로 그려준다.

(칼라 끝의 라운드는 박아 뒤집으면 원단의 두께 때문에 그려놓은 것보다 더 커진다.)

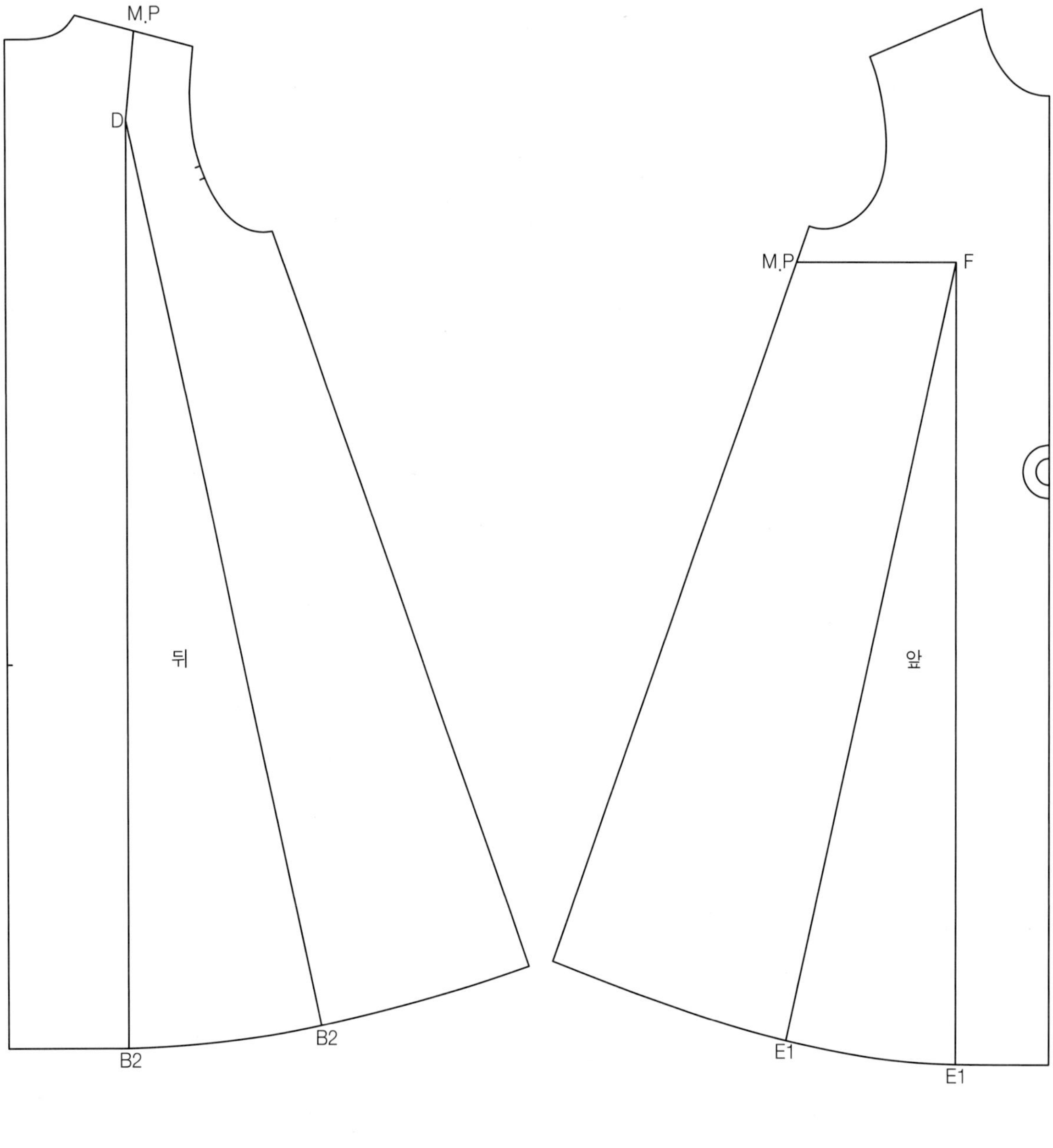
M.P
D
뒤
B2
B2
M.P
F
앞
E1
E1

5) 패턴의 수정

- 뒤판의 수직선D - B2를 자르고 어깨다트를 접어준다.
- 뒤어깨선을 다시 그어준다.
- 앞판의 수직선F - E1를 자르고 가슴다트를 접어준다.
- 앞옆선을 다시 그어준다.
- 앞판과 뒤판의 밑단선을 자연스러운 곡선으로 그려준다.
- 앞판과 뒤판의 어깨를 대고 길이를 맞춘 후 네크라인과 암홀을 수정한다.
- 앞판과 뒤판의 옆선을 대고 길이를 맞춘 후 암홀과 밑단을 수정한다.
- 몸판과 소매의 길이를 맞추고 너치를 표시한다.
- 소매의 옆선을 대고 길이를 맞춘 후 소매곡선과 밑단을 수정한다.
- 칼라와 앞, 뒤 목둘레선의 길이를 맞추어 수정한다.
- 뒤목점에서 62cm 내려와 지퍼길이를 표시한다.

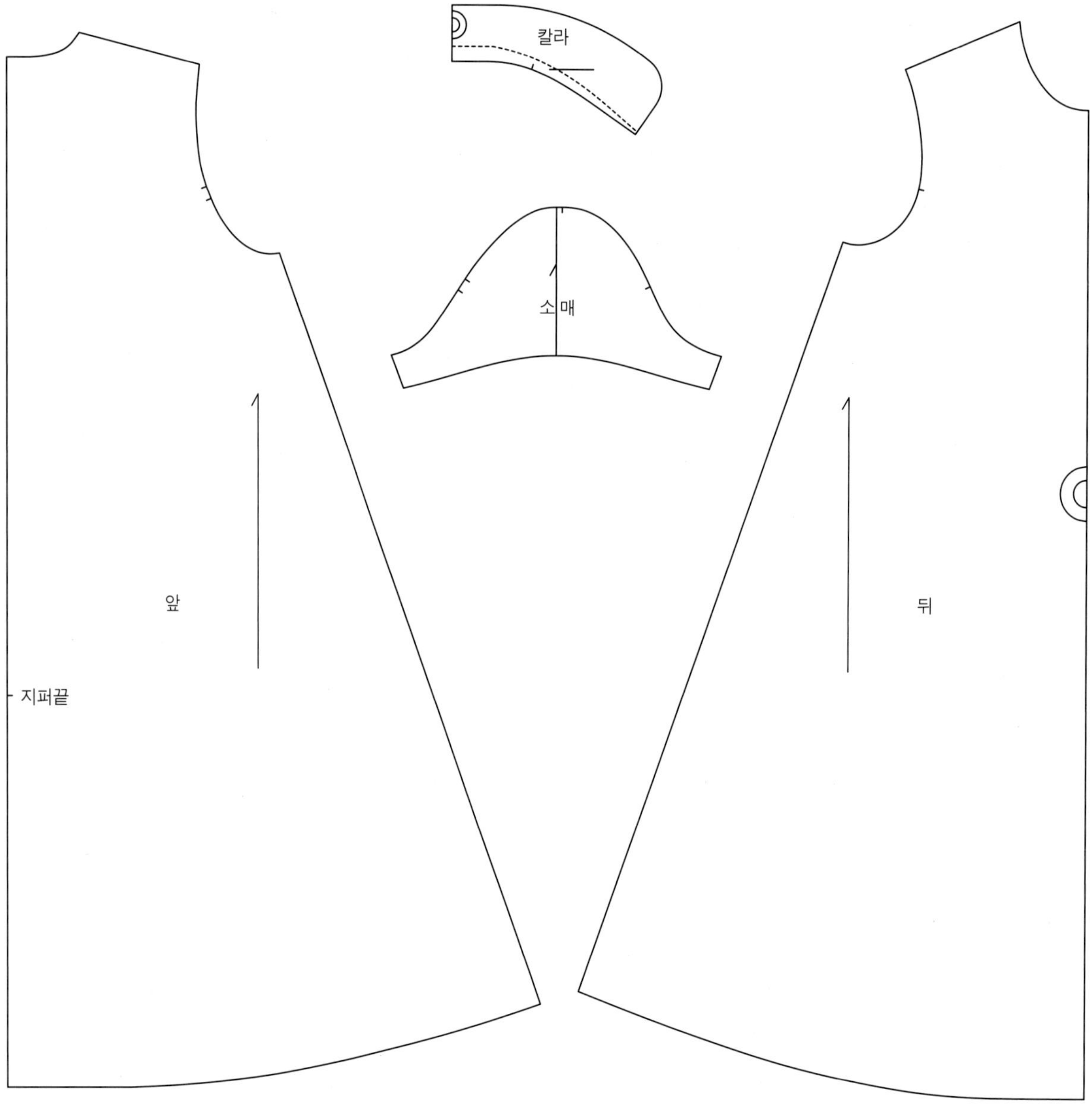

A라인 원피스 완성패턴

05 재킷

1. 후드 점퍼(hood jumper)

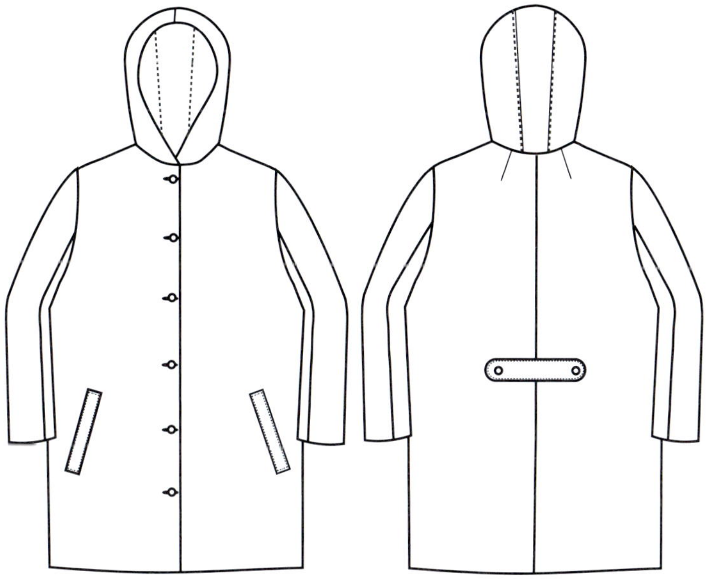

캐쥬얼한 후드 점퍼는 남녀노소 모두가 즐겨입는 아이템 중에 하나이다. 후드는 고대 메소포타미아 시대에서부터 착용했으며 중세 이후부터 널리 쓰였다. 유럽의 가랑비가 자주 내리는 지역에서는 우산을 휴대하는 대신 후드가 달린 옷을 착용함으로써 실용적으로 쓰인다. 후드가 달린 디자인은 어려보이고 어깨가 좁아보인다. 또한 목과 머리, 어깨를 따뜻하게 해준다. 후드에 끈이 당겨지면 목을 졸라 위험할 수 있으므로 아동의 경우 끈을 넣지 않는다.

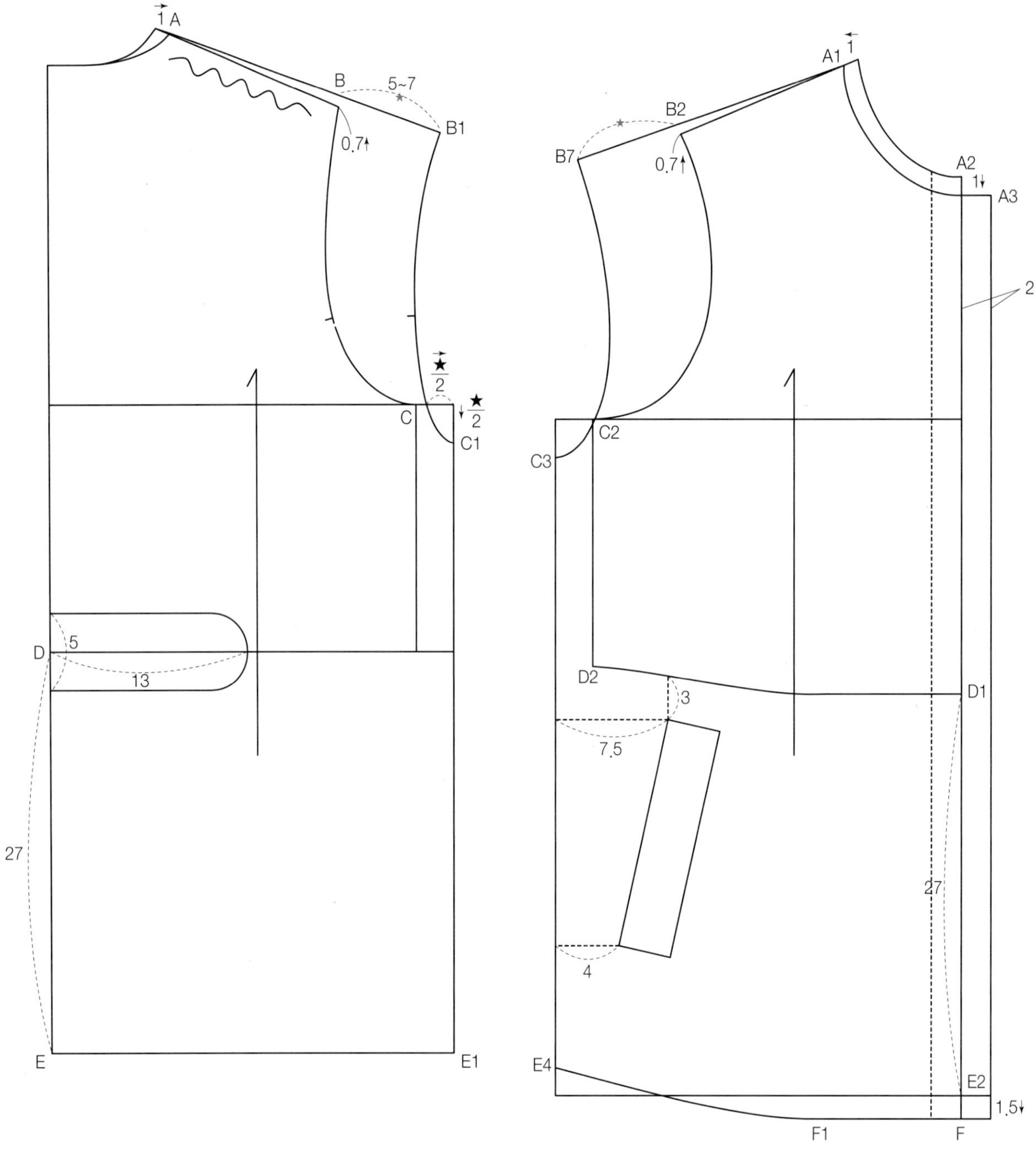

1
A
B
5~7
B1
0.7
C
C1
D
5
13
27
E
E1
A1
1
B2
B7
0.7
A2
1
A3
2
C2
C3
D2
3
D1
7.5
27
4
E4
E2
1.5
F1
F

1) 뒤판

- 무다트 원형을 복사한다.
- 옆목점에서 1cm 어깨방향으로 가서 점A를 표시하고 목둘레를 자연스러운 곡선으로 수정하여 그린다.
- 어깨끝점에서 0.7cm 올라가 점B를 정한다.
- 점A와 B를 직선으로 연결하고 드롭분량 5-7cm=★ 연장한 점을 B1으로 정한다.
- 옆진동점C에서 수직으로 ★/2을 내려와 수평으로 다시 ★/2을 나가 점C1을 정한다.
- 허리선D에서 27cm 내려와 점E를 정하고 수평선을 긋는다.
- 점C1에서 수직선을 그려 E의 수평선과의 교차점을 E1으로 정한다.
- 허리선에 너비5cm, 길이 13cm로 비조를 그려준다.

2) 앞판

- 옆목점에서 1cm 어깨방향으로 가서 점A1를 표시한다.
- 앞목점에서 1cm 내려와 A2를 표시하고 점A1과 연결하여 목둘레를 자연스러운 곡선으로 수정하여 그린다.
- 어깨끝점에서 0.7cm 올라가 점B2를 정한다.
- 점A1와 B2를 직선으로 연결하고 드롭분량 5-7cm=★ 연장한 점을 B3으로 정한다.
- 옆진동점C2에서 수직으로 ★/2을 내려와 수평으로 다시 ★/2을 나가 점C3을 정한다.
- 허리선D1, D2에서 27cm 내려와 점E2, E3를 정하고 허리선과 나란하게 그린다.
- 점C3에서 수직선을 그려 선E1-E3의 교차점을 E4으로 정한다.
- 점E2에서 앞처짐분 1.5cm를 내려와 점F를 정한다.
- 점F에서 수평으로 유폭 1/2을 가서 점F1을 정한다.
- 점F1과 E4를 자연스러운 곡선으로 연결한다.
- 점A2에서 수평으로 앞여밈분2cm를 나가 점A3를 정하고 밑단까지 수직으로 내려준다.
- 허리선에서 3cm 내려와 수평선을 긋고 옆선에서 위에서는 7.5 아래에서는 4cm 떨어져 너비 3.5cm로 주머니를 그려준다.

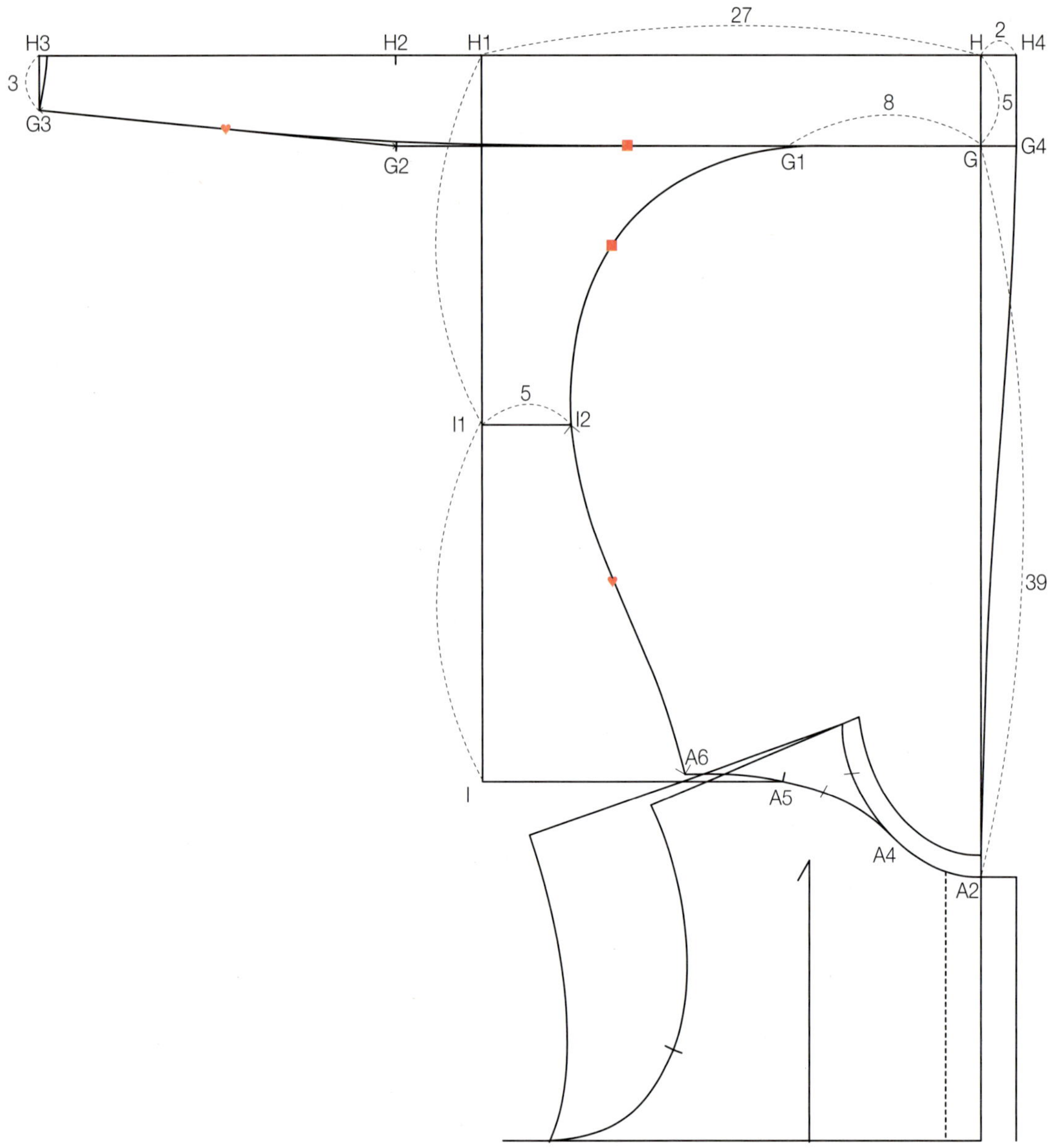
27
H3
H2
H1
H
2
H4
3
G3
G2
8
5
G1
G
G4
5
I1
I2
39
A6
I
A5
A4
A2

3) 후드

- 앞목점A2에서 수직으로 39cm 올라가 점G를 정한다.
- 점G에서 5cm 올라가 점H를 정한다.
- 점H에서 수평으로 27cm 가서 점H1을 정하고 수직으로 내려준다.
- 앞목둘레의 1/2점을 A4로 정하고 앞목둘레의 1/2을 간점을 A5로 정하고 자연스러운 곡선으로 그린다.
- 점A5에서 뒤목둘레-3cm의 길이를 연장하여 그린 점을 A6로 정한다.
- 점A4에서 수평선을 그어 점H1의 수직선과의 교차점을 I로 정한다.
- 선H-I의 1/2 점을 I1으로 정하고 5cm 들어와 점I2를 정한다.
- 점G에서 수평으로 8cm 들어가 점G1을 정한다.
- 점I2와 G1을 자연스러운 곡선으로 연결한다.
- 점I2와 A6를 자연 자연스러운 곡선으로 연결한다.
- 선G-I2의 길이=◆만큼 점H와 G에서 수평으로 나가 점H2와 G2를 정한다.
- 선I2-A6=♥의 길이만큼 점H2에서 수평으로 나가 점H3를 정한다.
- 점H3에서 수직으로 3cm 내려와 점G3를 정하고 점G2와 직선으로 연결한다.
- 점H에서 수평으로 2cm 나가 점H4를 정한다.
- 점H4에서 수직으로 2cm 내려와 점G4를 정한다.
- 점G4와 A1을 자연스러운 곡선으로 연결한다.

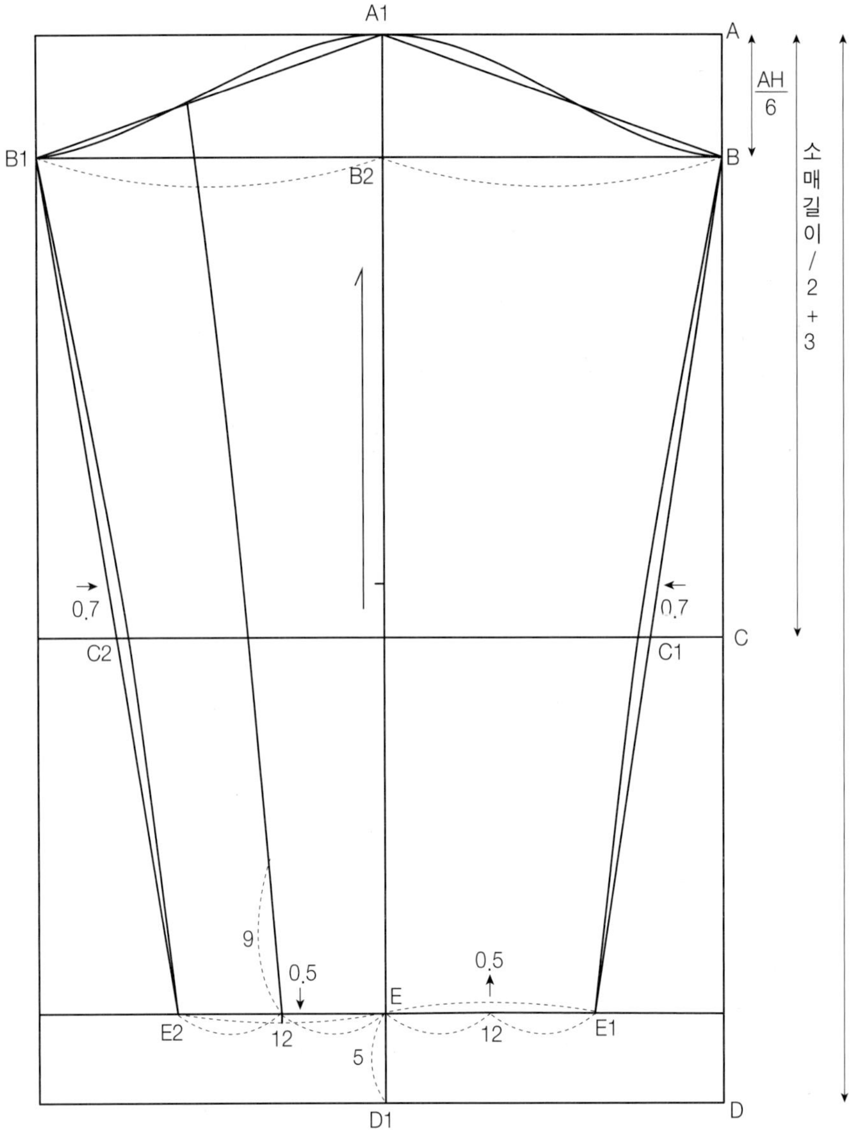
A1
A
AH
6
B1
B2
B
소매길이/2+3
소매길이
0.7
0.7
C2
C1
C
9
0.5
0.5
E
E2
12
12
E1
5
D1
D

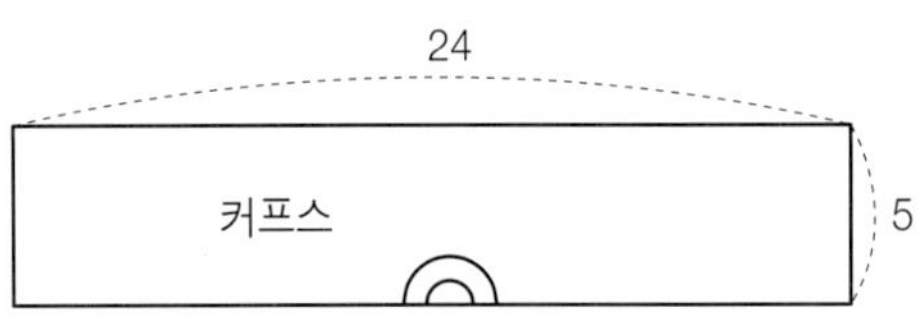
24
커프스
5

4) 소매

- 선A-D는 소매길이에 선A-B는 소매산높이 A.H/6로 그어준다.
- 팔꿈치선은 소매길이의 1/2에서 아래로 3cm 내려가 점C로 정하고 수평선을 그린다.
- 점B에서 앞암홀-0.5cm가서 점A의 연장선과 만나는 점이A1, 점A에서 뒤암홀-0.5cm 가서 점B의 연장선과 만난점을 B1으로 정한다.
- 앞뒤 소매산에 자연스럽게 암홀라인을 그리고 몸판의 소매둘레와 길이를 똑같이 맞춘다.
- 선B-B1의 1/2에 점B2를 정하고 수직으로 내려 밑단선과 교차하는 점을 D1으로 정한다.
- 점D1에서 커프스너비 5cm 만큼 올라가 점E를 표시한다.
- 점E를 기준으로 커프스길이24cm만큼 양쪽으로 나가 점E1, E2를 정한다.
- 점B와 E1, 점B1과 E2를 연결하고 팔꿈치선과의 교차점을 각각 점C1, C2로 정한다.
- 점C1, C2에서 안쪽으로 0.7cm 들어와 힙곡자로 소매선을 자연스럽게 그려준다.
- 소매부리선 E1-E2를 1/4로 나누고 첫 번째 1/4점에서 위로 0.5cm, 3/4점에서 아래로 0.5cm 내려가 자연스럽게 곡자로 연결하여 소매 밑단선을 완성한다.
- 뒤소매의 소매산선과 팔꿈치선, 밑단선을 1/2를 자연스러운 곡선으로 연결한다.
- 트임분량 9cm를 표시한다.
- 커프스는 너비5cm, 길이 24cm 로 그려준다.

5) 패턴의 정리

- 앞판과 뒤판의 어깨선을 대고 목둘레와 암홀둘레를 수정한다.
  (무다트 원형의 어깨 이즈분량은 그대로 둔다.)
- 앞판과 뒤판의 옆선을 대고 암홀둘레와 밑단선을 수정한다.
- 허리 비조와 주머니를 베껴낸다.
- 후드의 윗면과 옆면의 길이를 맞춰 조정한다.
- 후드와 앞, 뒤 목둘레를 맞춰 수정한다.

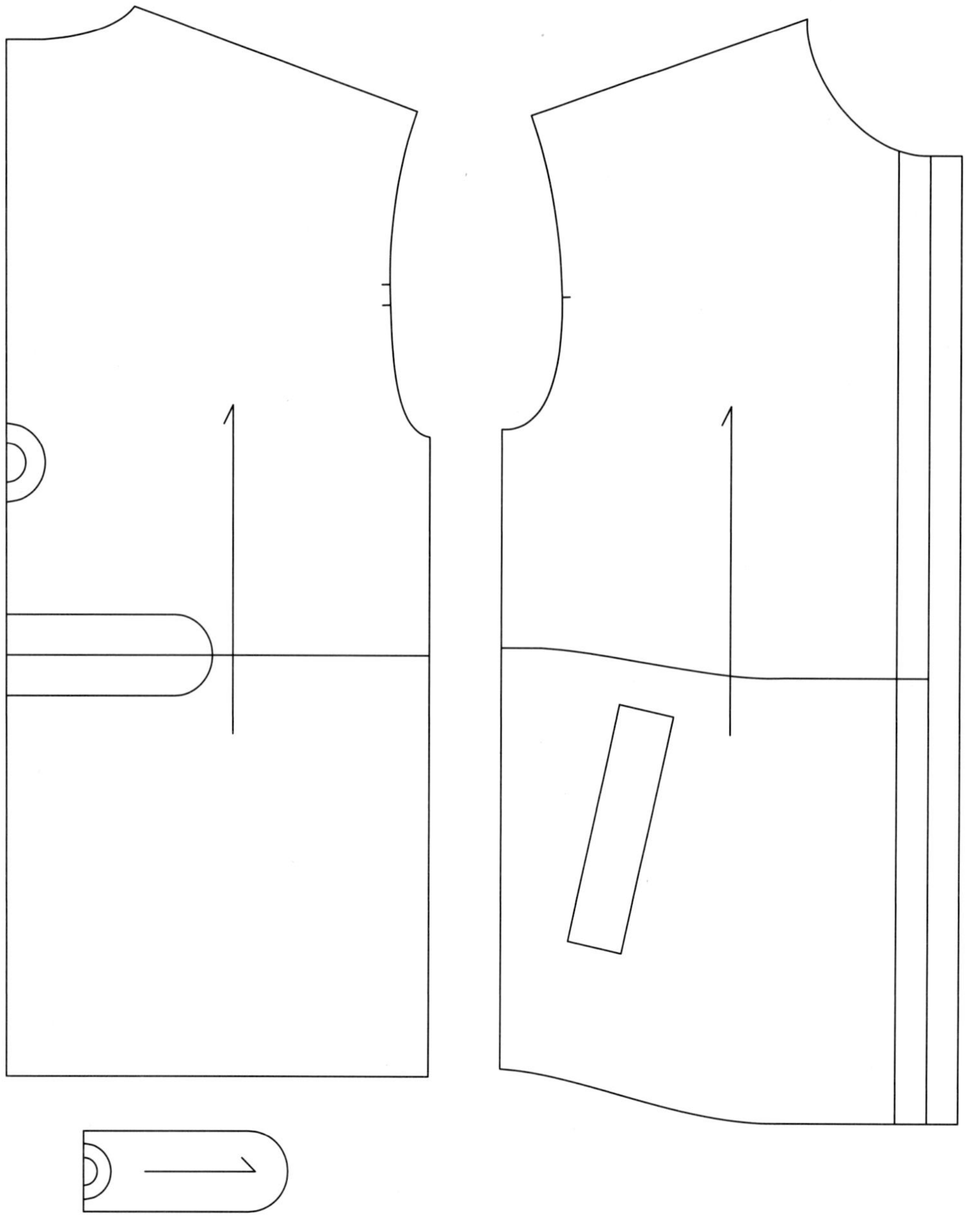

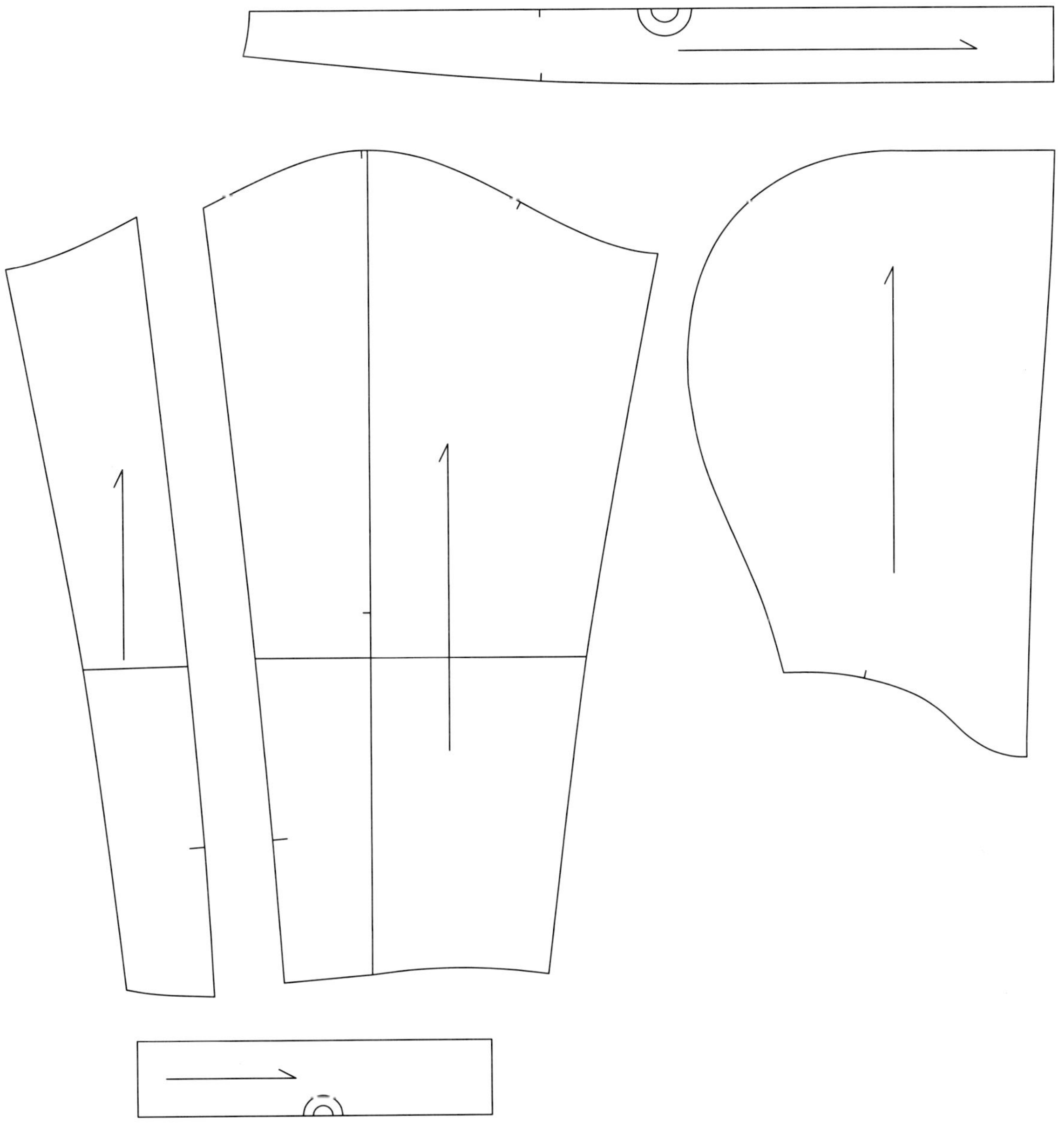

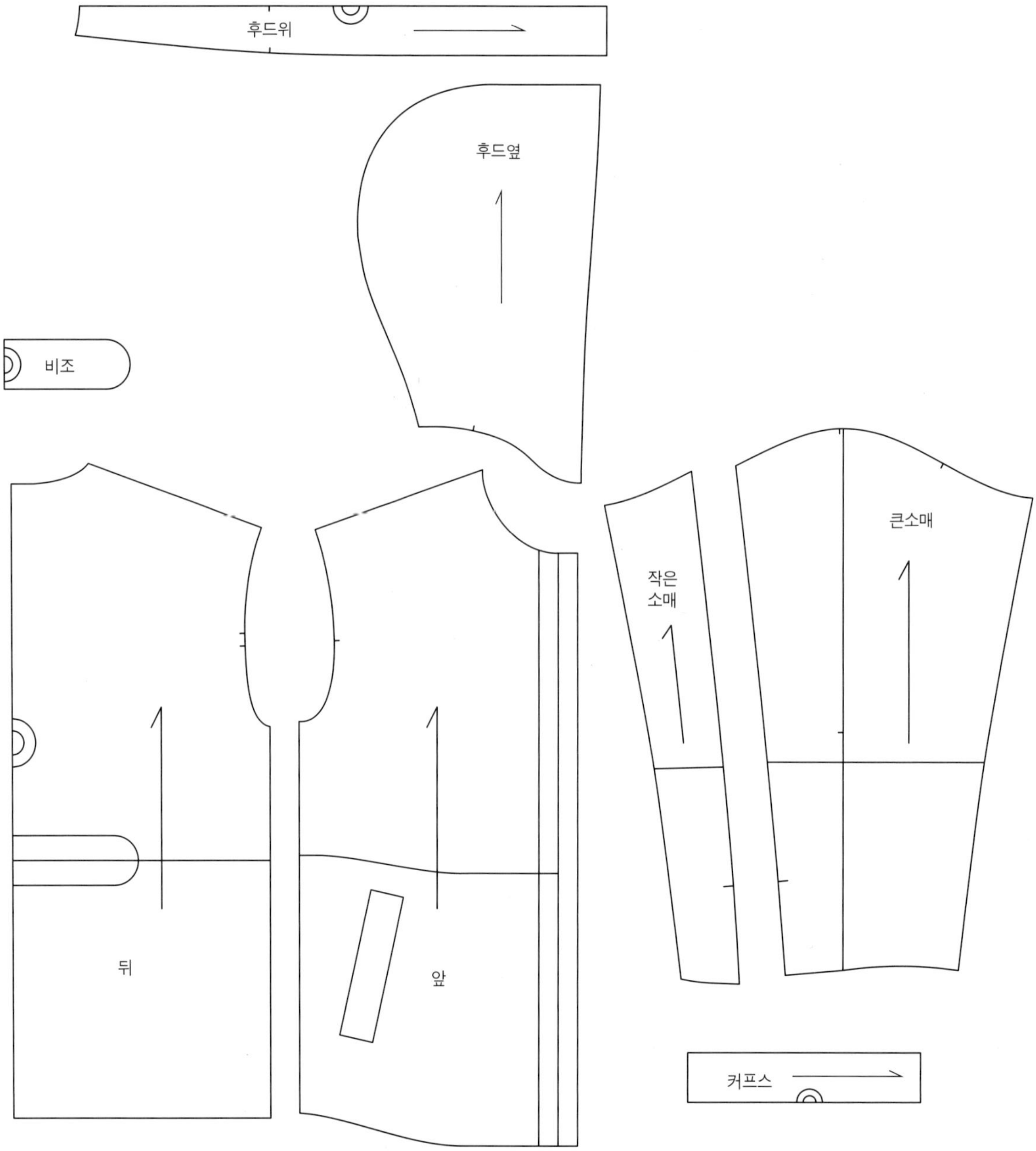

후드 점퍼 완성패턴

2. 테일러드 재킷(tailored tailored)

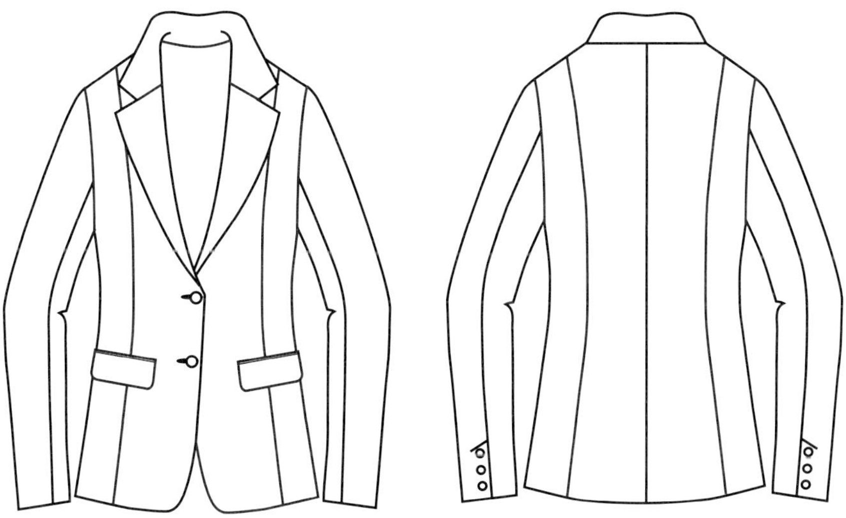

재킷은 허리길이에서 그보다 약간 긴 윗옷을 말한다. 자크, 더블릿, 저킨, 프록코트 등으로 변모하다가 19세기 이후 남성복으로 자리 잡았다. 테일러드 재킷이란 일반적으로 남성상의의 통칭이라고 할 수 있다. 테일러(tailor)는 양복점, 재단사의 의미를 지니며 여성복에서의 테일러드 재킷은 재질과 실루엣이 신사복 스타일을 연상시키는 재킷을 말한다.

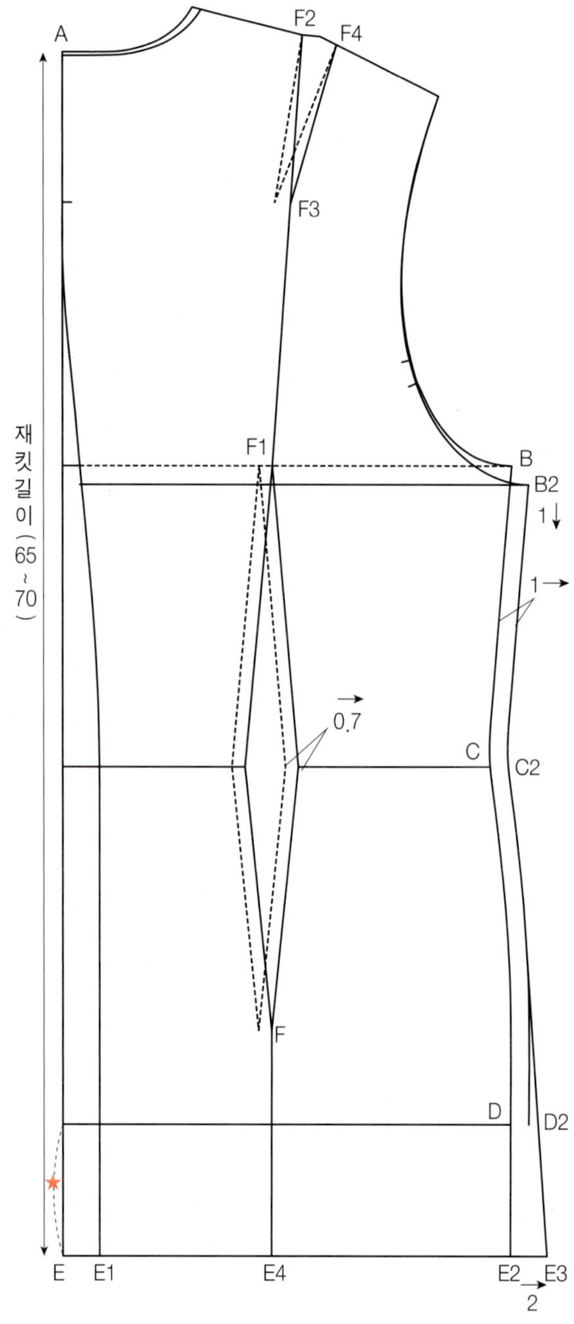
A
F2
F4
F3
재킷길이(65~70)
F1
B
B2
1
1
0.7
C
C2
F
D
D2
E
E1
E4
E2
E3
2

1) 뒤판

- 토르소 원형을 베껴낸다.
- 재킷이나 코트는 원형에서 뒤목점에서 0.2cm, 옆목점에서 0.5cm 목둘레를 파준다.
  (뒤판은 뒤중심선에서 목뒤점A, 옆진동점B, 옆허리점C, 옆엉덩이점을 D로 정한다.
  앞판은 목앞점A1, 옆진동점B1, 옆허리점C1, 옆엉덩이점을 D1으로 정한다.)
- 목뒤점A에서 수직으로 재킷 길이65~70cm를 내려와 점E로 정한다.
- 등만곡만큼 들어간 D2에서 수직으로 내려 밑단과의 교차점을 E1으로 정한다.
- 옆엉덩이점D에서 수직으로 내려 밑단과의 교차점을 E2으로 정한다.
- 점E1에서 수평으로 2cm 나가 점E3를 정한다.
- 선B-C-D에서 수평으로 1cm 나가 선B2-C2-D2를 그려준다.
- 점B2에서 수직으로 1cm 내려와 암홀라인을 다시 그려준다.
- 점E2에서 엉덩이선C2-D2와 자연스럽게 연결되는 직선을 그린다.
- 허리다트를 수평으로 0.7cm 옆선으로 이동한다.
- 허리다트의 F의 끝에서 수직으로 밑단까지 내려 교차점을 E4로 정한다.
- 점F1은 어깨다트F2와 자연스러운 곡선으로 연결하고 어깨다트길이 수준에 점F3를 정하고 F4와 자연스러운 곡선으로 연결한다.

CHAPTER 04.

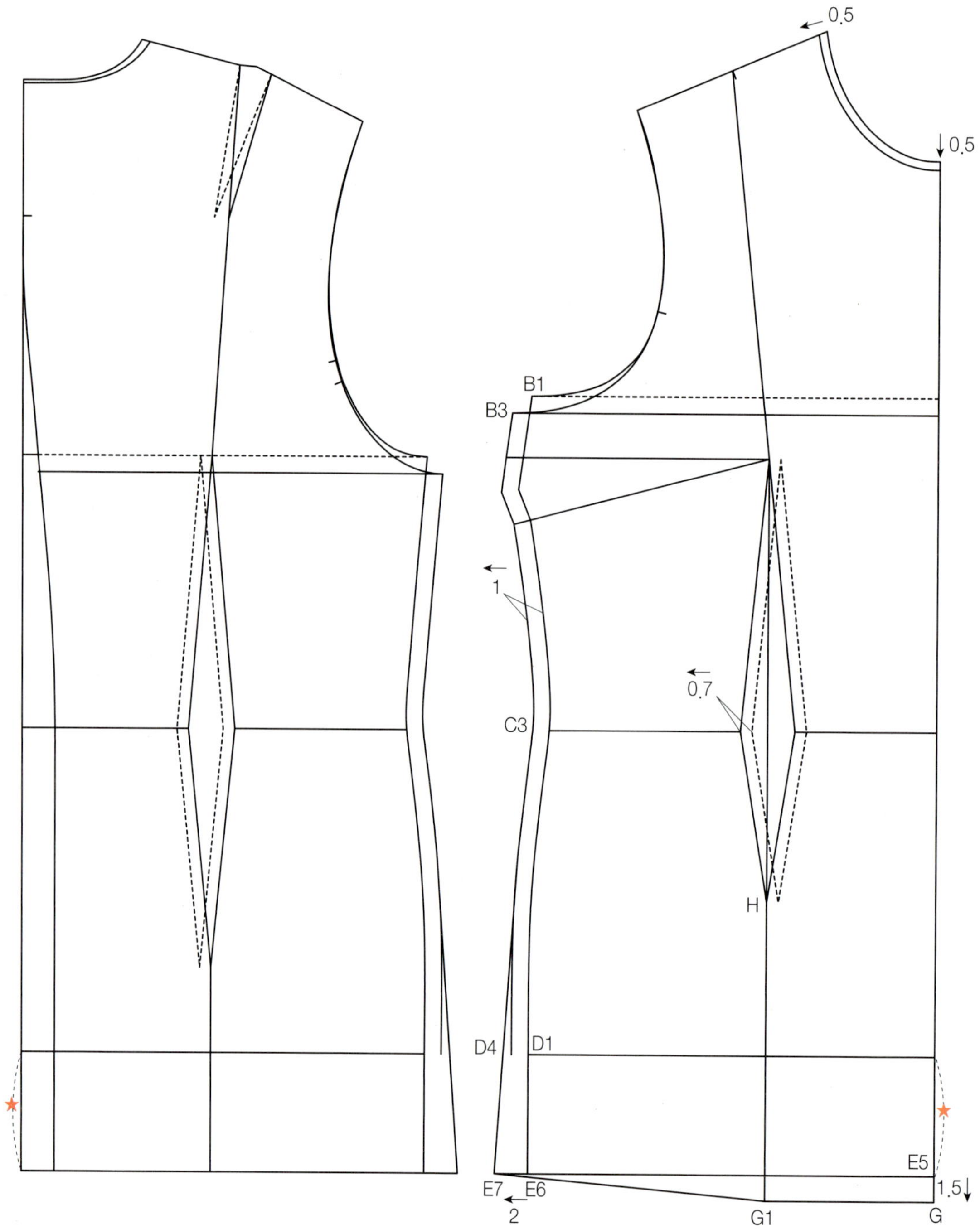
0.5
0.5
B1
B3
1
0.7
C3
H
D4
D1
E5
1.5
E7
E6
2
G1
G

2) 앞판

- 옆목둘레와 앞목둘레에서 0.5cm 나아가 목둘레를 다시 그려준다.
- 앞중심 엉덩이선에서 뒤판의 선D-E2의 길이=★만큼 연장하여 점E5로 정한다.
- 옆엉덩이점D1에서 수직으로 내려 밑단과의 교차점을 E6으로 정한다.
- 점E5에서 수직으로 앞처짐분1.5cm를 내려가 점G를 표시한다.
- 점G에서 수평으로 유폭의 1/2만큼 수평으로 가서 점G1를 정한다.
- 점E6에서 수평으로 2cm 나가 점E7를 정한다.
- 선B1-C1-D2에서 수평으로 1cm 나가 선B3-C3-D3를 그려준다.
- 점B1에서 수직으로 1cm 내려와 암홀라인을 다시 그려준다.
- 점E7에서 엉덩이선C3-D3와 자연스럽게 연결되는 직선을 그린다.
- 허리다트를 수평으로 0.7cm 옆선으로 이동한다.
- 허리다트의 H의 끝에서 수직으로 점G1까지 연결한다.
- 점G1와 E7을 자연스러운 곡선으로 연결한다.

CHAPTER 04. 응용패턴

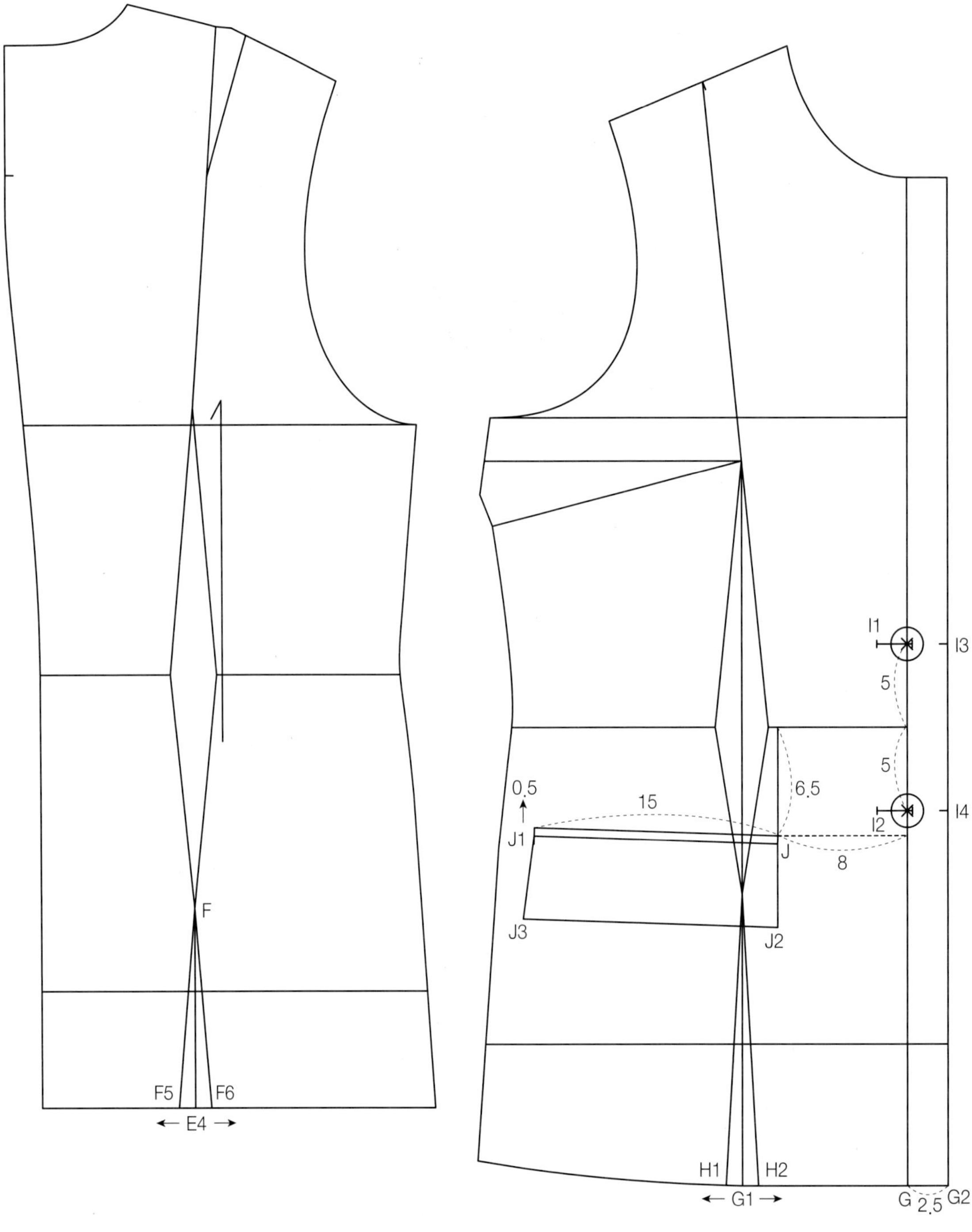

F
F5
F6
E4
I1
I3
5
5
I4
I2
0.5
15
6.5
J1
J
8
J3
J2
H1
H2
G1
G
2.5
G2

3) 제도

- 뒤판의 점E4에서 양옆으로 1cm 가서 점F5, F6로 표시하고 점F와 직선으로 연결한다.
- 앞판의 점G1에서 양옆으로 1cm 가서 점H1, H2로 표시하고 점G1와 직선으로 연결한다.
- 점G에서 앞여밈분 2.5cm를 수평으로 연장하여 점G2로 정하고 수직선을 올려 그린다.
- 앞허리점C4에서 위와 아래로 각각 5cm 가서 점 I1, I2로 표시하고 재킷의 단추와 단춧구멍을 표시한다.
- 단추위치에서 수평으로 앞여밈분 끝에 각각 점I3, I4를 표시한다.
- 앞중심선에서 8cm, 허리선에서 6.5cm 떨어진 곳에 점J를 정한다.
- 점J에서 수평으로 15cm 가서 끝을 0.5cm올려주고 점J1으로 정한다.
- 선J-J1에 평행으로 0.5cm 너비로 입술주머니 입구를 그려준다.
- 선J-J1에 점J에서 수직선 5cm 내리고 점J2로 정한다.
- 점J2에서 선J-J1에 평행으로 주머니 길이+0.5cm가서 점J3를 정한다.
- 점J1과 J3를 연결하여 플랩을 완성한다.

※ 주머니의 너비는 손너비+손두께+물건의 두께 정도로 정한다. 개인차이는 있으나 여성의 경우 14cm 선 후면 적당하다. 주머니가 사선으로 기울어진 경우 손너비도 증가하므로 입구의 크기가 16-17cm정도는 되어야 편하게 사용 할 수 있다. 가로로 되어 있는 주머니의 경우 옷을 착용하였을 때 입체적으로 옷이 돌아가며 선의 왜곡이 생기면서 주머니 끝이 쳐져 보이게 되므로 주머니 끝을 살짝 올려준다.

입술 주머니의 플랩의 경우 평행한 직사각형으로 만들면 밑으로 내려올수록 밑단이 넓어지므로 상대적으로 좁아보이게 된다. 그러므로 플랩의 밑단은 위쪽보다 0.5cm 정도 키워준다. 플랩을 포함한 주머니의 깊이는 최소 20cm 정도로 너무 깊이가 얕으면 앉거나 일어날 때 물건이 빠질 염려가 있다. 여성의 경우 가로주머니의 위치는 보통 허리선에서 6~7cm 정도 내려오게 되지만 주머니의 깊이와 밑단의 시접처리 분량을 고려하면 충분한 주머니의 깊이가 나오지 않는 경우도 많으므로 주머니의 위치나 크기는 디자인에 따라 달라진다.

본서의 디자인과 같이 절개선에 주머니가 걸쳐져 있는 경우 연결된 패턴을 맞대고 주머니의 위치와 크기를 다시 조정하여 표시하여야 하고, 절개선에서 최소 1.5~2cm는 떨어져야 시접이 겹치지 않고 편안하게 만들어 진다. 플랩 주머니의 경우 플랩을 먼저 만들고 주머니를 만들어야 양옆이 작거나 크지 않고 잘 맞을 수 있다.

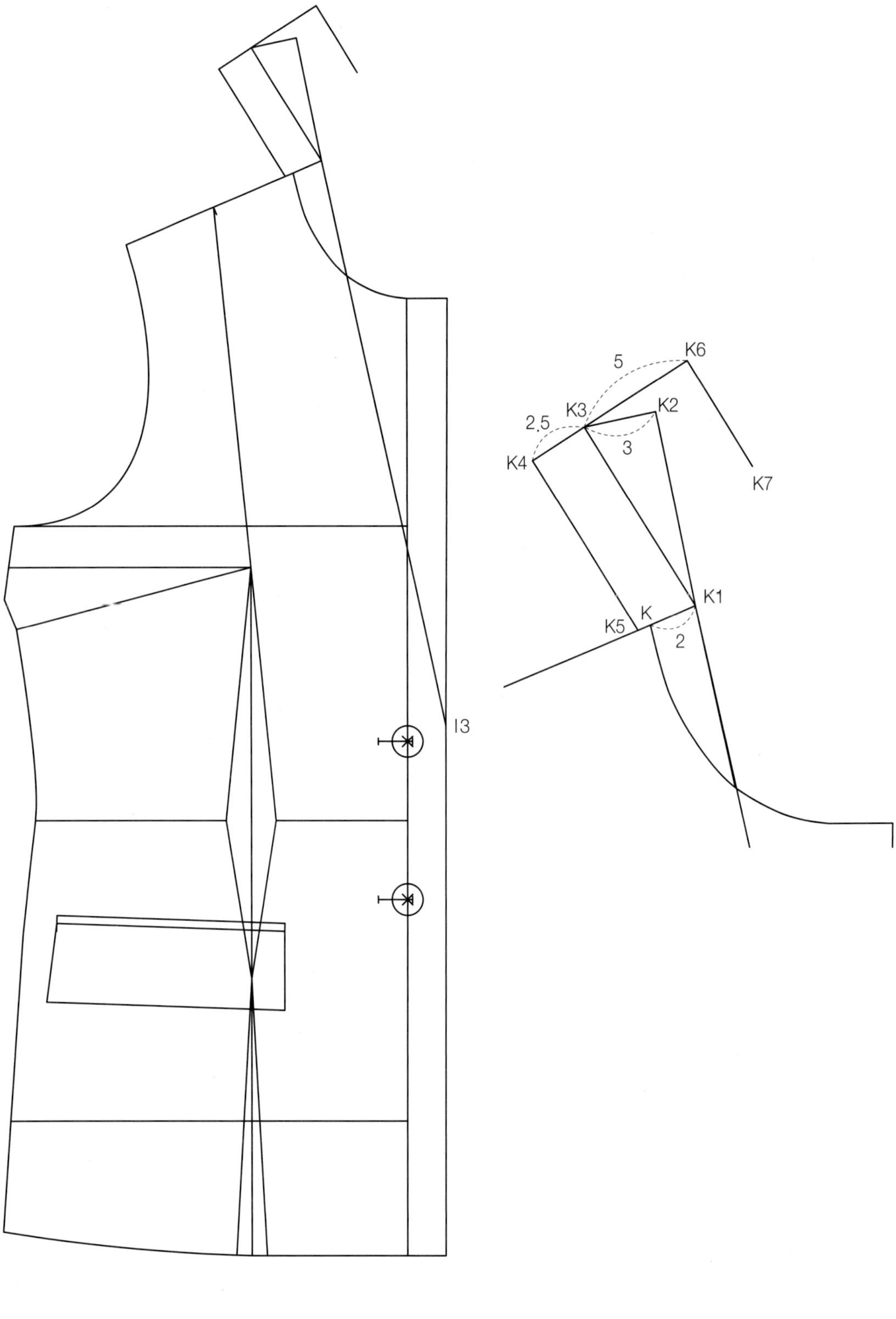
5
K6
K3
K2
2.5
3
K4
K7
K1
K
K5
2
I3

4) 테일러드 칼라

- 뒤목둘레의 길이를 재놓는다.
- 앞옆목점K에서 어깨선을 연장하여 2cm 가서 점K1을 정한다.
- 첫 번째 단추 위치의 수평점 I3와 K1을 직선으로 연결하여 라펠 꺾임선을 긋고 길게 연장한다.
- 점K1에서 뒤목둘레만큼 가서 점K2를 정한다.
- 점K2에서 직각으로 3cm 어깨방향으로 긋고 점K3로 정한다.
- 점K3와 K1을 연결한다.
- 점K3에서 직각으로 칼라 스탠드분량 2.5cm를 내려가 점K4를 정한다.
- 점K4에서 선K3 - K1과 2.5cm 평행선을 그어 어깨점과의 교차점을 K5로 정한다.
- 점K3에서 선K4 - K3를 연장하여 칼라너비5cm를 나가 점K6를 정한다.

(칼라의 너비는 칼라 스탠드 분량의 1.8~2배 전후이다. 원단의 두께나 제작방법 등에 따라 다르나 너비가 충분하지 않을 경우 뒤에서 볼 때 칼라가 목둘레선을 덮지 못하여 미관상 좋지 않다.)

- 점K6에서 직각으로 5~7cm 나가 점K7를 정한다.

CHAPTER 04. 응용패턴

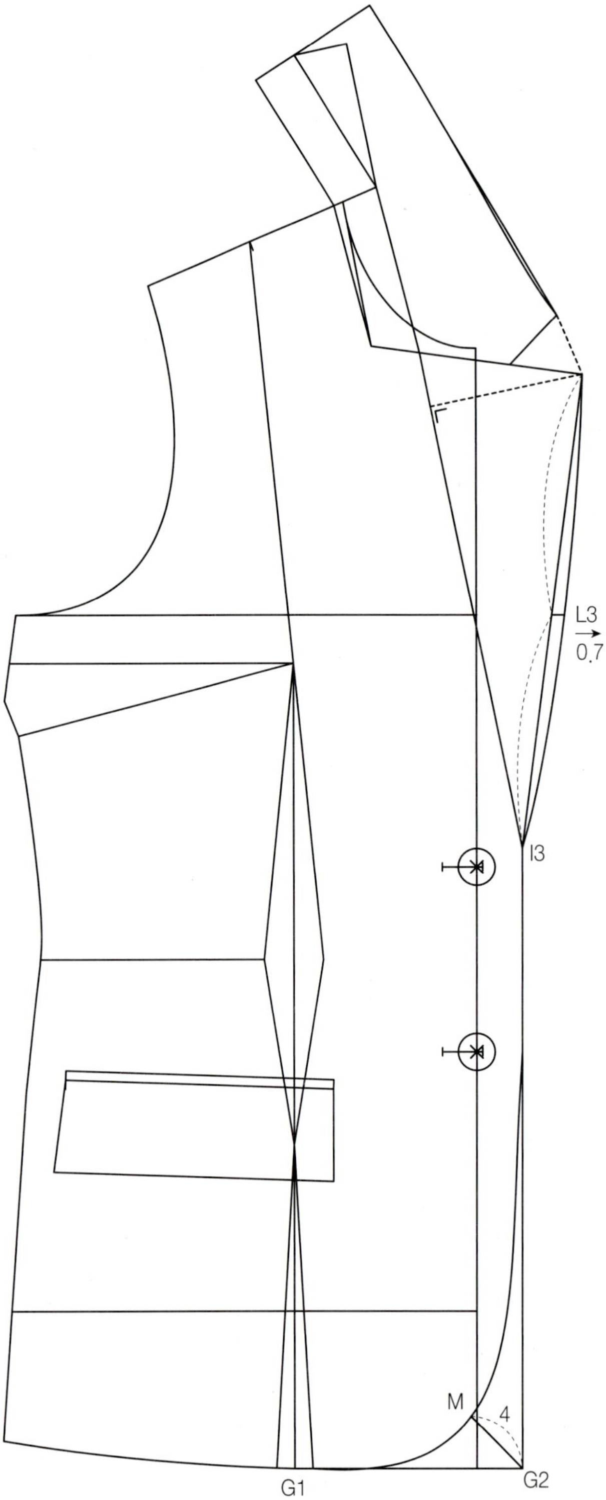
L3
0.7
I3
M
4
G1
G2

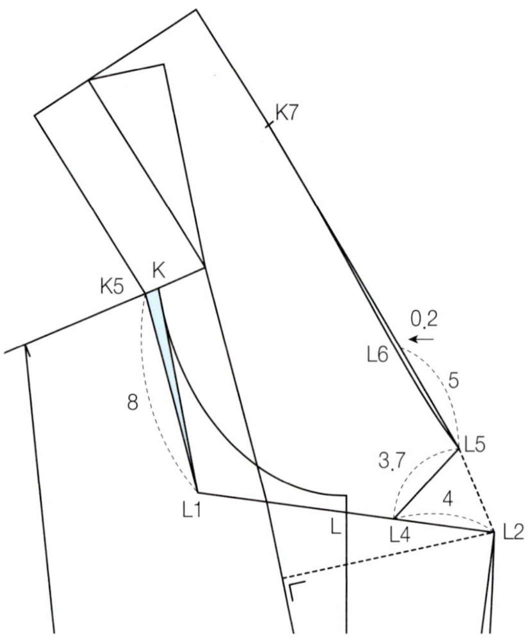
K7
K5
K
0.2
L6
5
8
L5
3.7
4
L1
L
L4
L2

- 앞목점에서 1cm 내려와 점L을 정한다.
- 점K5에서 라펠 꺽임선 I3-K1와 평행으로 8cm 내려 점 L1를 정한다.
- 점L1과 L을 직선으로 연결한 후 점L에서 6cm연장선을 긋고 점L2로 정한다.
  (점L2에서 라펠 꺽임선 I3-K1까지 직각으로 연결한 거리가 라펠 넓이가 된다. 실제로 원단은 납작하게 접어지지 않으므로 설정한 것보다 너비가 적게 보인다. 라펠의 넓이가 4cm 이하로 좁을 경우 라펠이 눕지 않고 서는 경우가 발생한다. 라펠의 넓이는 넓으나 봉제나 패턴이 잘못된 경우에도 라펠이 눕지 않고 선다.)
- 점L2와 I3를 직선으로 연결하고 1/2점에서 0.7cm 나가 점L3를 정한다.
- 점L, L3, I2를 힙곡자의 곡을 아래로 향하게 하여 자연스럽게 그려준다.
  (라펠 꺽임점쪽의 곡선이 배가 부르지 않으면 꺾임점 위치에서 잘 꺾이지 않는다.)
- 점L2에서 4cm 가서 점L4를 정한다.
- 점L4에서 3.7cm 가서 점L5를 정한다.
  (점L5와 점L2의 거리는 선L2-L4, 선L4-L5와 같거나 약간 적어 정삼각형처럼 보이는 것이 칼라와 라펠이 안정감 있어 보인다.)
- 점L5와 K7을 직선으로 연결한다.
- 점L5에서 5cm가서 0.2cm 들어와 점L6를 정하고 L5, L6, K7을 자연스럽게 연결한다.
- 점L1에서 옆목점K까지 직선으로 연결한다.
  (몸판과 칼라를 따라 분리할 때 선K-L1-K5는 겹쳐진 분량이다. 이 부분을 몸판에서 잘라 버리면 칼라가 목쪽으로 붙지 않고 벌어지므로 주의한다.)

CHAPTER 04. 응용패턴

5) 앞밑단 곡선

- 점G2에서 45도 위로 4cm 가서 점M을 정한다.
- 점G1, M, I4를 연결하는 곡선을 그린다.
  (점I4 아래에서 수직으로 길게 내려와 끝이 원에 가까울수록 입었을 때 예쁘지 않다.)

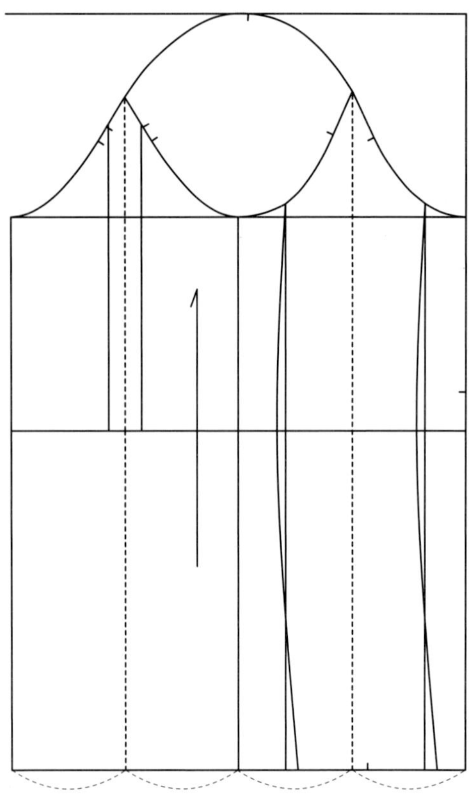

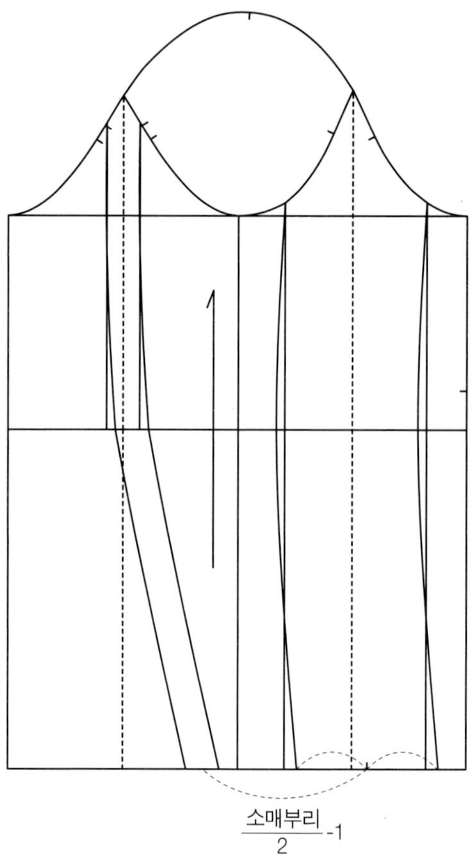

$\frac{소매부리}{2}-1$

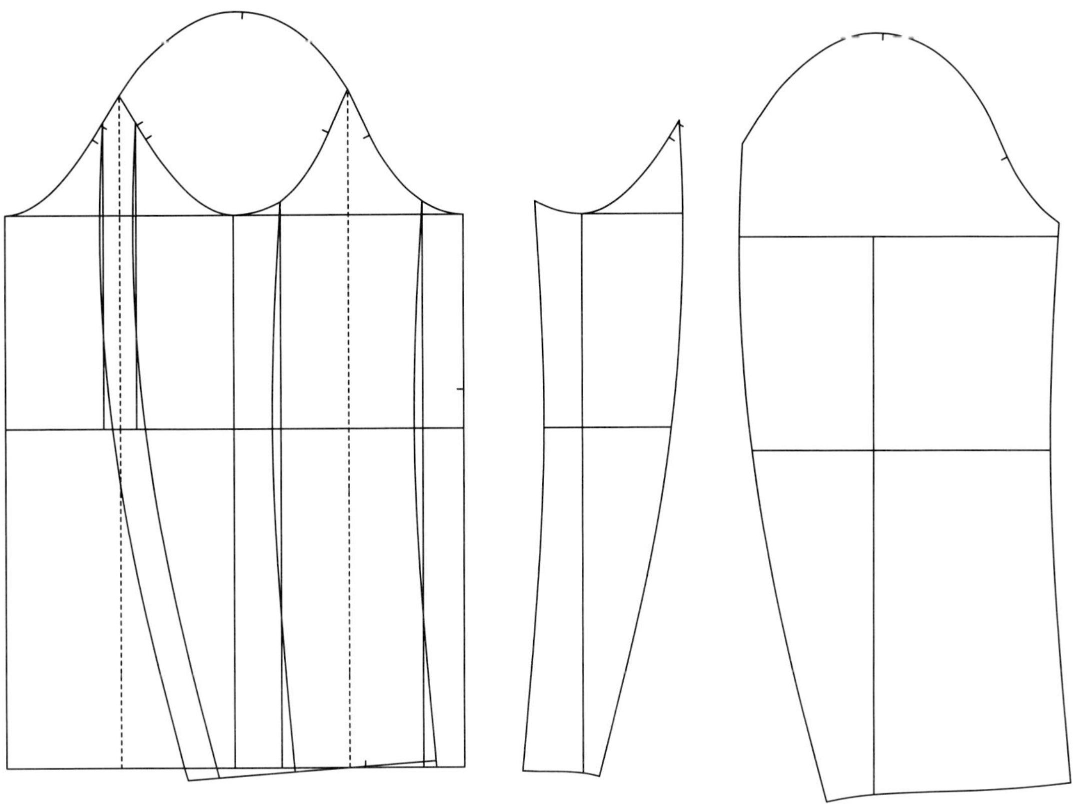

6) 소매

- 소매 원형 제도를 참조하여 소매를 그린다.
- 소매 부리의 넓이는 24~26cm 으로 한다.

7) 패턴의 정리

- 뒤판과 뒤옆판을 분리하고 곡선과 라인을 정리한다.
- 앞판과 앞옆판을 분리하고 곡선과 라인을 정리한다.
  (앞판의 가슴 위쪽은 뜰 수 있으므로 패턴에서 깎아 없앤다.)
- 몸판과 칼라를 분리하고 칼라와 몸판의 길이를 맞춘다.
- 앞판의 다트는 M.P 시키고 다듬는다.
- 어깨선과 옆선을 고정하고 길이를 맞춰본다.
- 밑단과 암홀을 수정한다.
- 허리 아래쪽 앞판과 앞옆판의 절개선을 붙이고 주머니 길이와 방향을 수정한다.
  (윗칼라와 안단은 접혀 넘어가는 분량을 고려하여 크게 키운다.)

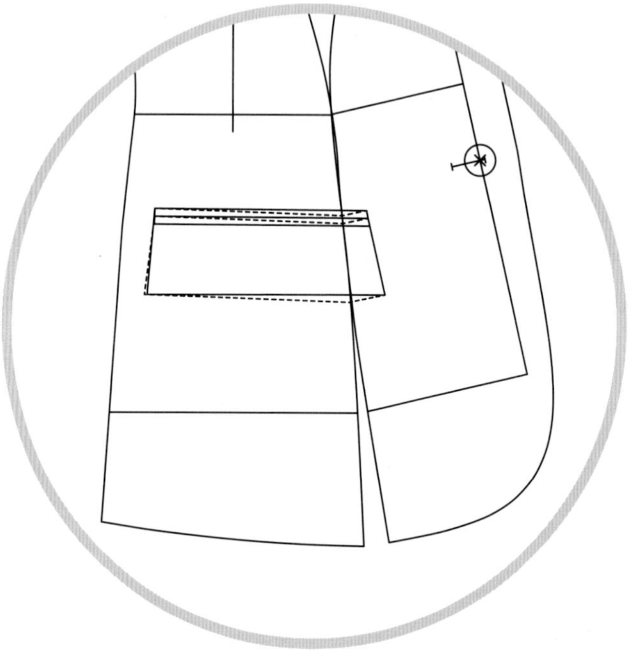

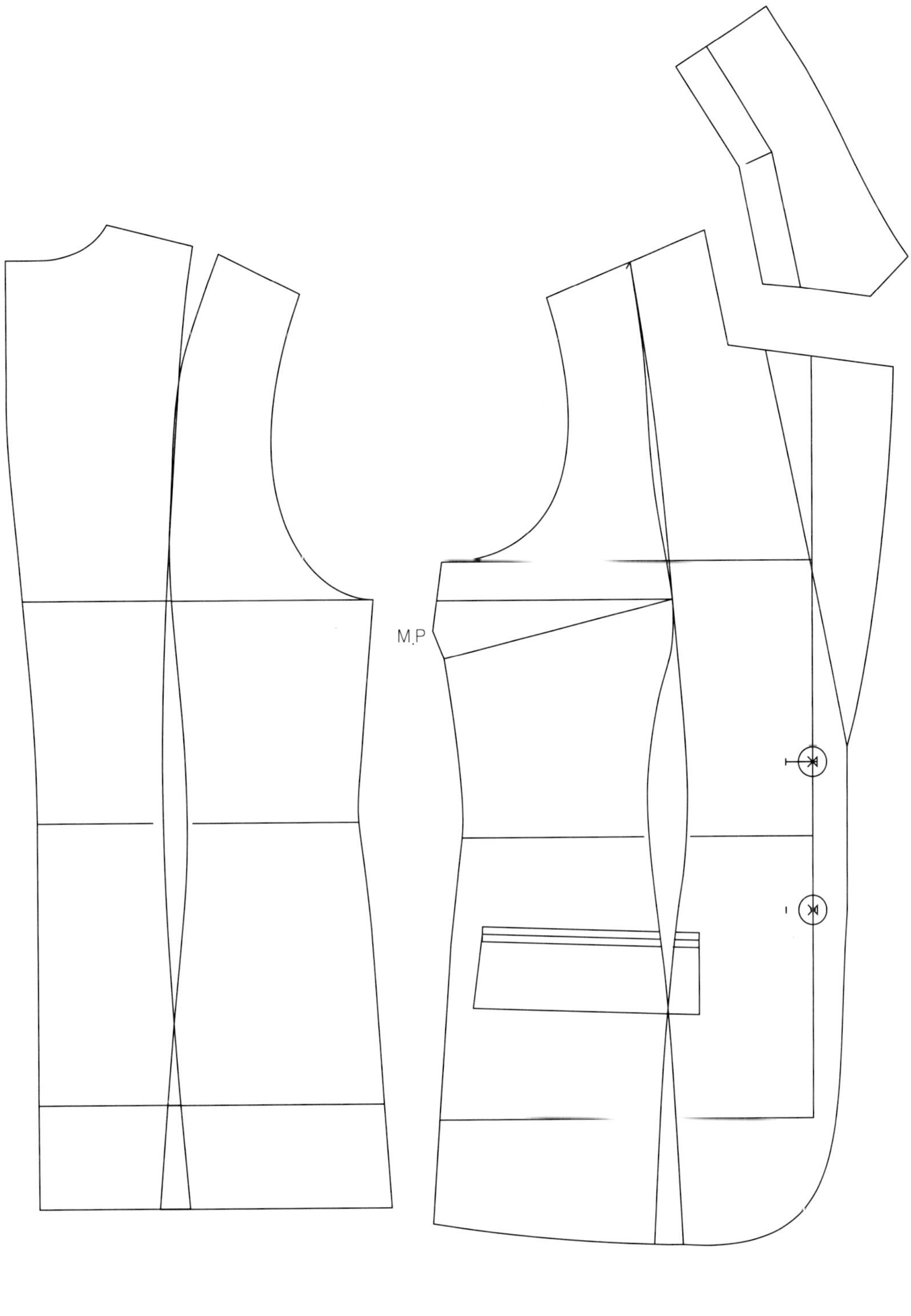
M.P

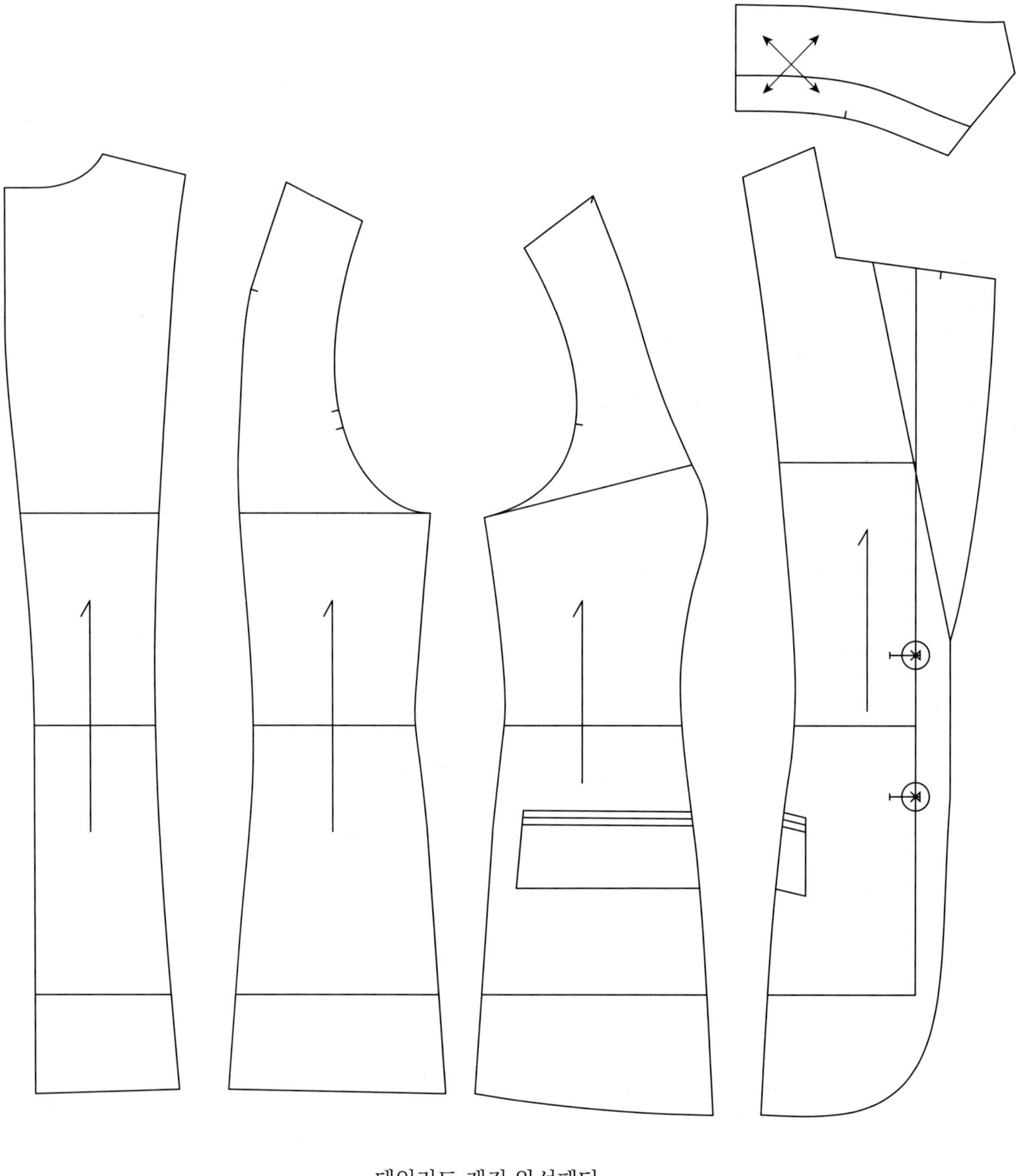

테일러드 재킷 완성패턴

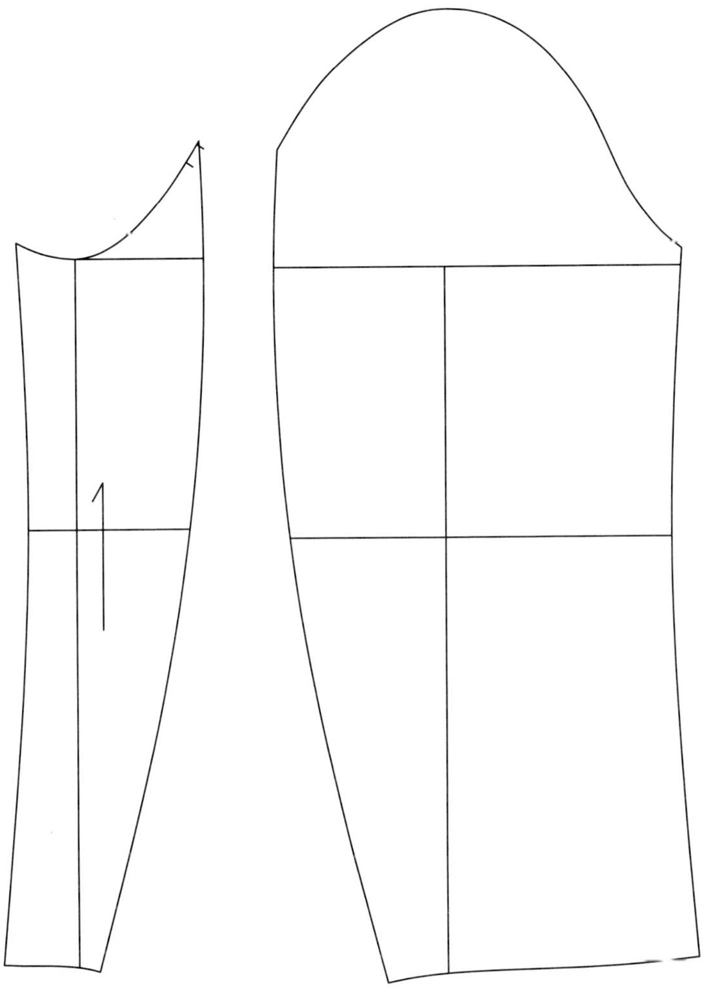

테일러드 재킷 완성패턴

PART 02

실용의상 제작 실기

CHAPTER

01

실용의상 제작 실기

소잉디자이너 1급 실용의상 커리큘럼

	작품명	패턴	난이도	기본재료	연습포인트	바느질기법	형태 예시
1	옆단추 앞치마	상의 원형	중	원단 접착심지 단추	사이즈 바이어스 마무리 단춧구멍 주머니 봉제	바이어스 사용법 단춧구멍	
2	원피스형 앞치마	상의 원형	상	원단 능직 테이프	인바이어스 주머니 만들기	바이어스 만들기 아웃포켓 만들기	
3	맞주름 스커트	스커트 원형	상	원단 접착심지 지퍼 후크	지퍼달기 허리단 달기 맞주름 만들기	옆선에 지퍼달기 바느질선이 보이지 않도록 허리단 달기	
4	요크 스커트	스커트 원형	상	원단 접착심지 콘솔 지퍼	주름 잡기 콘실지퍼 달기 안감 넣기	요크패턴 만들기 다아트 없애기 옆지퍼 달기 안감바느질	
5	와이드 팬츠	팬츠 원형	중	원단 접착심지 고무줄	주머니 고무줄 넣기	주머니 만들기 바지 봉제법	
6	팬츠	팬츠 원형	상	원단 접착심지 지퍼 후크	덧단 지퍼달기 안단 만들기 사이드포켓 만들기 곡선으로 재단된 허리에 벨트감 달기	덧단 지퍼 달기 허리벨트감 달기 벨트감은 겉에서 상침하기	
7	블라 우스	상의 원형	상	원단	인바이어스 박음질 커프스 만들기 셋인슬리브 달기	개더 주름 만들기 소매 끝에 커프스 만들기	

	작품명	패턴	난이도	기본재료	연습포인트	바느질기법	형태 예시
8	뒤 단추 블라 우스	상의 원형	중	원단 접착심지 단추	바이어스로 칼라 달기 밑단처리 단춧구멍	칼라 만들기 바이어스 마무리 밑단 정리 방법 단춧구멍 단추 달기	
9	리버시블 베스트	상의 원형	상	원단 단추	양면베스트 본작업 주머니 디자인 단춧구멍	양면베스트 뒤집기 주머니 봉제 단춧구멍 단추 달기	
10	베스트	상의 원형	상	원단 접착심지 단추	안단에 심지 부착하기 재봉틀을 이용한 단춧구멍 만들기	진동둘레에 안단 달기 0.2cm로 상침하기	
11	A라인 원피스	상의 원형	상	원단 접착심지 단추	팔 달기 단추고리 안단 그리기	안단 만들기 칼라 만들기 단추고리 만들기 앞트임 바이어스마무리	
12	배기 원피스	상의 원형	상	원단 고무밴드	소매 밑단에 고무줄 넣기 목둘레 안단달기 셋인슬리브 달기	주름 만들기 상의와 하의 연결하기	
13	더블 재킷	상의 원형	상	원단 단추 접착심지	원단을 재단할때 시접을 정확히 하여 진동둘레와 소매둘레의 오차가 생기지 않게 한다	안단에 0.2cm로 상침하기 목둘레의 둥근 부분에 가위집 넣기	
14	라운드 재킷	상의 원형	상	원단 접착심지 단추	안단 재단 옆트임 밑단정리	안단 봉제 옆트임 봉제 상침	

옆단추 앞치마

완성사이즈	가슴너비 42cm, 어깨너비 38cm, 앞치마길이 88cm
재　　료	원단 2yd, 접착심 1/4yd, 단추
난 이 도	중
제 작 시 간	패턴 30분, 재단 20분, 단춧구멍 20분, 단추달기 20분, 마무리 10분, 주머니 20분, 진동둘레 바이어스 50분, 목바이어스 20분, 옆선 · 밑단 정리 20분
포 인 트	사이즈, 바이어스 봉제, 단춧구멍, 아웃포켓 봉제
작 업 과 제	1. 가슴둘레가 100cm인 사람이 입을 수 있는 넉넉한 사이즈로 제작하시오. 2. 옆단추 여밈으로 앞치마를 제작하시오. 3. 목둘레를 바이어스로 마무리 하시오.
심 화 과 정	1. 완성 사이즈 변경 2. 주머니에 핸드스티치로 포인트 3. 주머니 디자인 변화 4. 여밈을 끈으로 마무리 5. 가장자리를 인바이어스로 마감 6. 절개하여 배색을 넣은 디자인

※ 뒷판은 앞판패턴과 동일한 사이즈로 진행합니다.

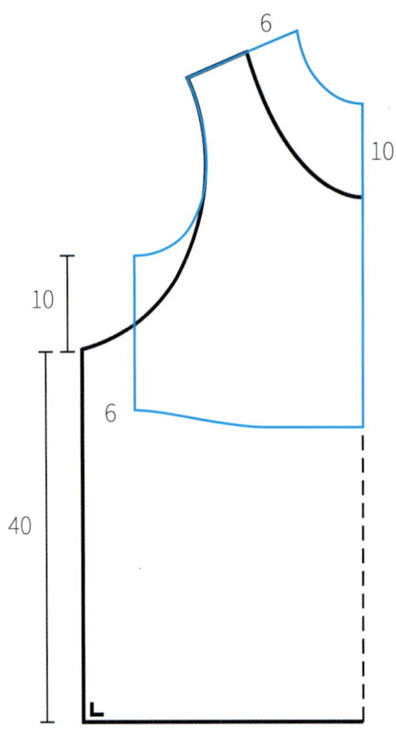

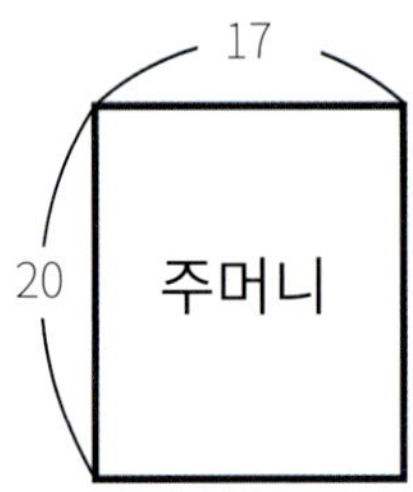

(단위 : cm)

배치도

- 원단 소요량 : 140cm(폭)×150cm(길이)
- 접착심지 : 1/4yd
- 단추 : 6개

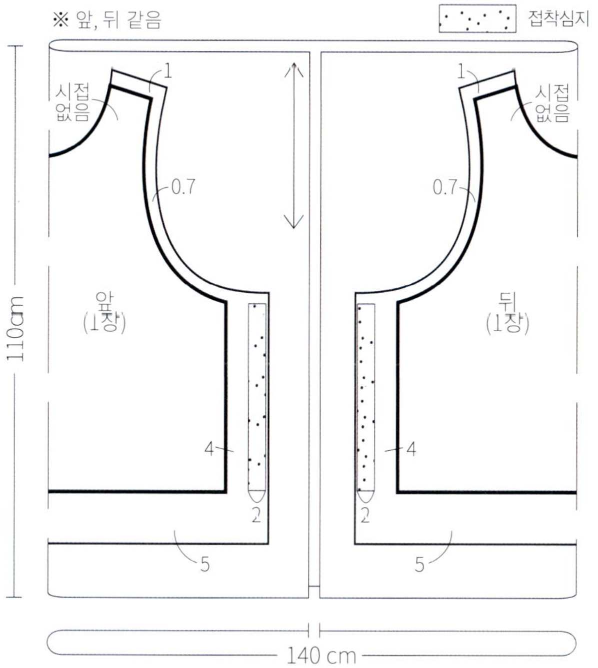

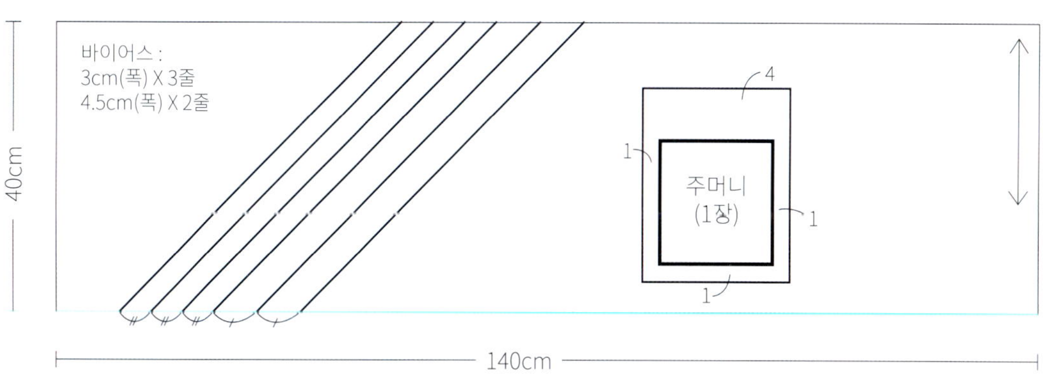

CHAPTER 01. 실용의상 제작 실기

작업순서

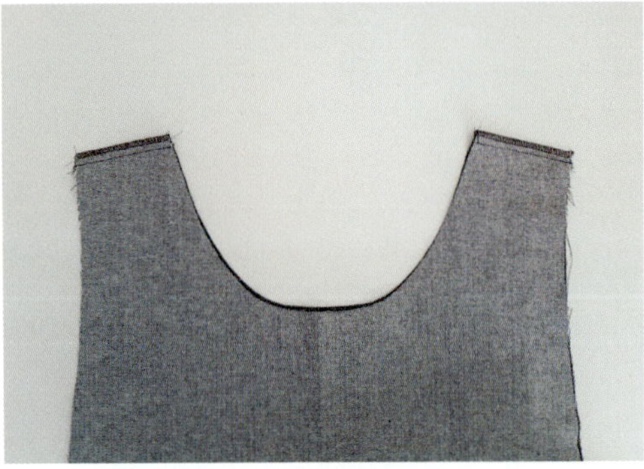

01. 몸판 앞, 뒷면을 겉면끼리 맞대고 어깨를 박는다. 시접을 오버록 후 몸판 뒤쪽으로 보낸다.

02. 옆면 4면 모두 시접 2cm를 안쪽으로 접고 다시 겉면으로 2cm를 접어 핀 고정한다. 진동둘레 선을 따라 3cm폭 바이어스를 당겨지지 않도록 올리고 시접 0.7cm를 박는다.

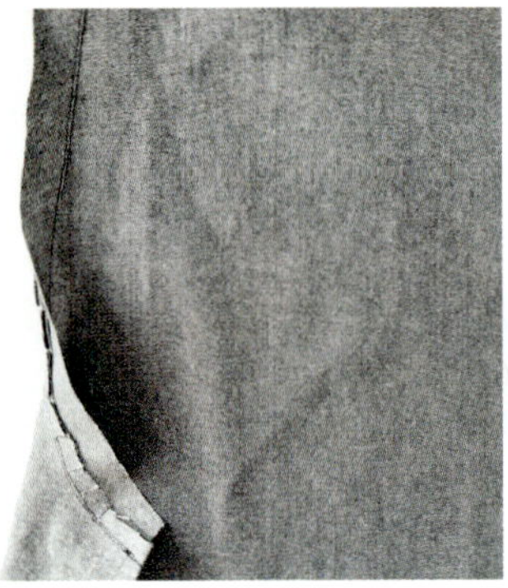

03. 바이어스를 위로 올려 시접 쪽으로 보낸다. 바이어스를 시접과 함께 상침 한다.

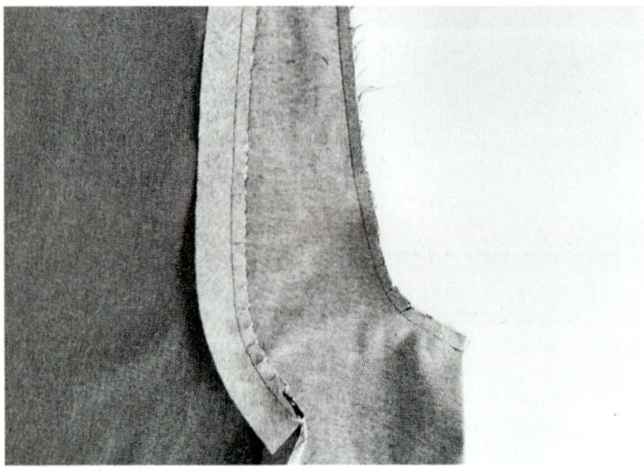

04. 곡선에 가위집을 준다.

05. 옆선을 뒤집어 정리하고 바이어스를 안쪽으로 보낸다. 바이어스 끝을 접어 시접을 감싸준다. 끝부분을 박아 바이어스를 고정한다.

06. 옆선 아래도 오른쪽 사진과 같이 접혀진 상태에서 밑단 시접선을 박는다. 바느질 후 왼쪽과 같이 아랫단 시접은 남기고 옆선 접혀진 부분의 시접을 잘라낸다.

07. 밑단을 1cm접고 4cm를 접어 옆선과 함께 다림질한다. 옆선부터 아랫단까지 한 번에 박아 옆선, 아랫단을 마무리 한다.

08. 4.5cm 바이어스를 목둘레를 따라 올려 바이어스를 살짝 당겨가며 핀고정 한다. 바이어스 끝 만나는 선을 사선으로 사진과 같이 접어준다. 바이어스 길이를 연결할 때와 같이 두 선을 만나도록 박는다. 시접을 0.7cm 정도 남기고 양쪽을 잘라 가름솔 한다. 목둘레를 따라 시접 0.7cm를 박는다.

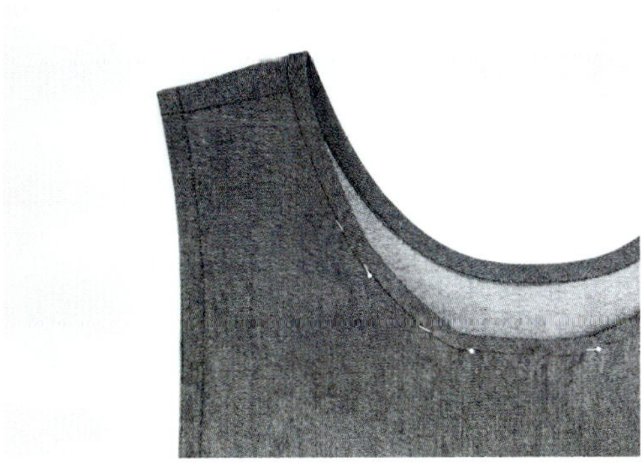

09. 목둘레 시접을 바이어스로 감싸 안쪽에서 접어 바느질선 위로 올린다. 겉면에서 바이어스 아래 선을 따라 핀 고정하고 핀 꽂은 선을 따라 박는다. 이때 바이어스 위쪽을 상침 하여 박아도 된다. 안쪽 접혀진 바이어스가 고정된다.

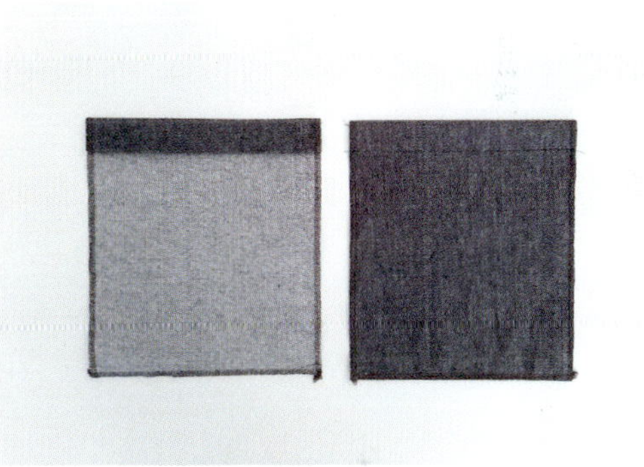

10. 주머니의 3면을 오버록 하고 윗면은 2cm접고 다시 2cm를 접어 박는다.

11. 오버록된 3면을 1cm씩 안으로 접어 다림질하고 앞판 주머니 위치에 놓고 3면이 고정되도록 박는다. 이때 라벨을 끼워줘도 멋스럽다.

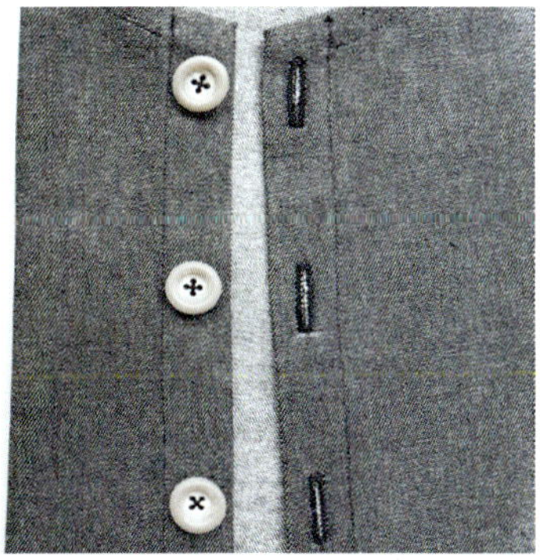

12. 앞판 옆선에 단춧구멍 위치를 정하고 단춧구멍 노루발을 이용하여 단춧구멍을 만든다. 뒷면과 앞면 단춧구멍 위치를 맞춰 뒷면 옆선에 단추를 달아준다.

원피스 형 앞치마

완성사이즈	가슴너비 60cm, 어깨너비 36cm, 앞치마길이 100cm
재 료	원단 3yd, 능직테이프 350cm
난 이 도	상
제 작 시 간	패턴 30분, 재단 30분, 주머니 20분, 목둘레 바이어스 30분, 진동둘레 바이어스 50분, 옆선박기 20분, 밑단 20분, 마무리 10분
포 인 트	인바이어스 봉제, 아웃포켓 봉제
작 업 과 제	1. 앞치마의 길이는 무릎을 덮는 길이로 하시오. 2. 주어진 원단으로 허리끈을 만드시오. 3. 목둘레와 진동둘레를 인바이어스로 마무리하시오.
심 화 과 정	1. 완성 사이즈 변경 2. 밑단을 공그르기로 마무리 3. 허리선을 가로로 절개하여 히든 포겟으로 완성 4. 목둘레를 안단을 이용하여 완성 5. 스퀘어 네크라인으로 변경 6. 허리에 끈이 아닌 단추로 변경

패턴변형

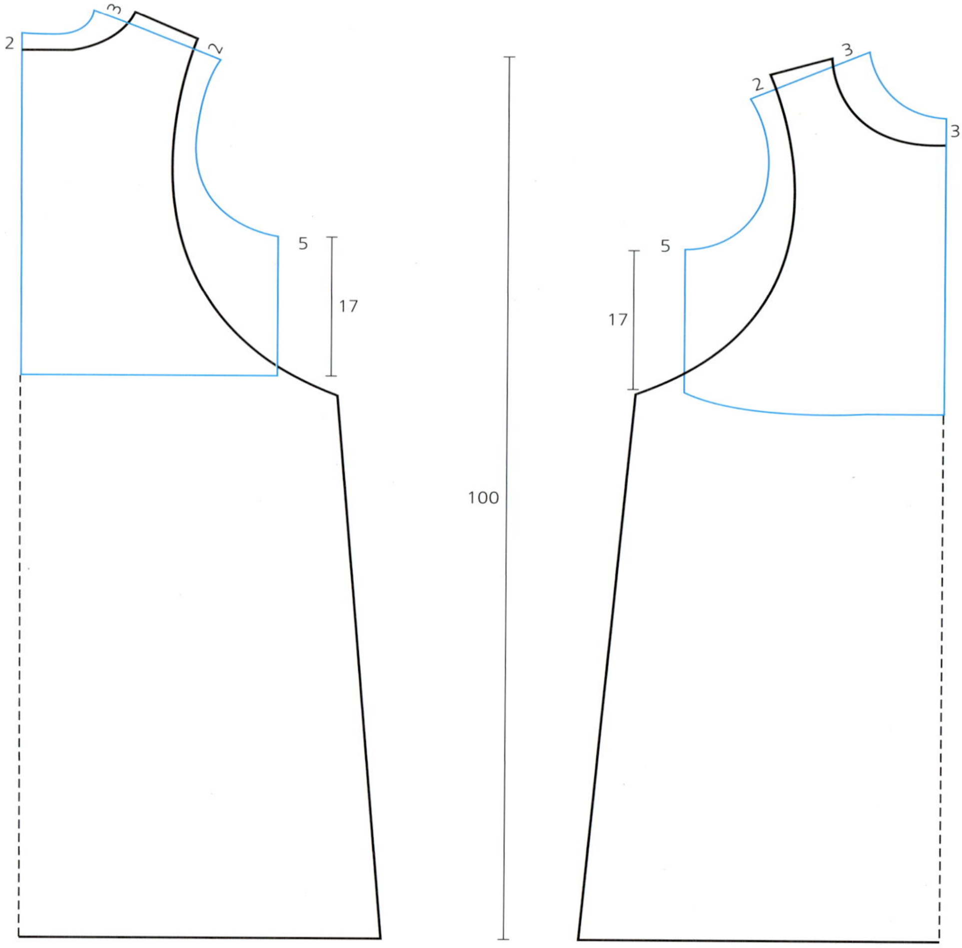

(단위 : cm)

배 치 도

- 원단 소요량 : 130cm(폭)×230cm(길이)
- 능직테이프(허리끈) : 20mm(폭)×270cm(길이)

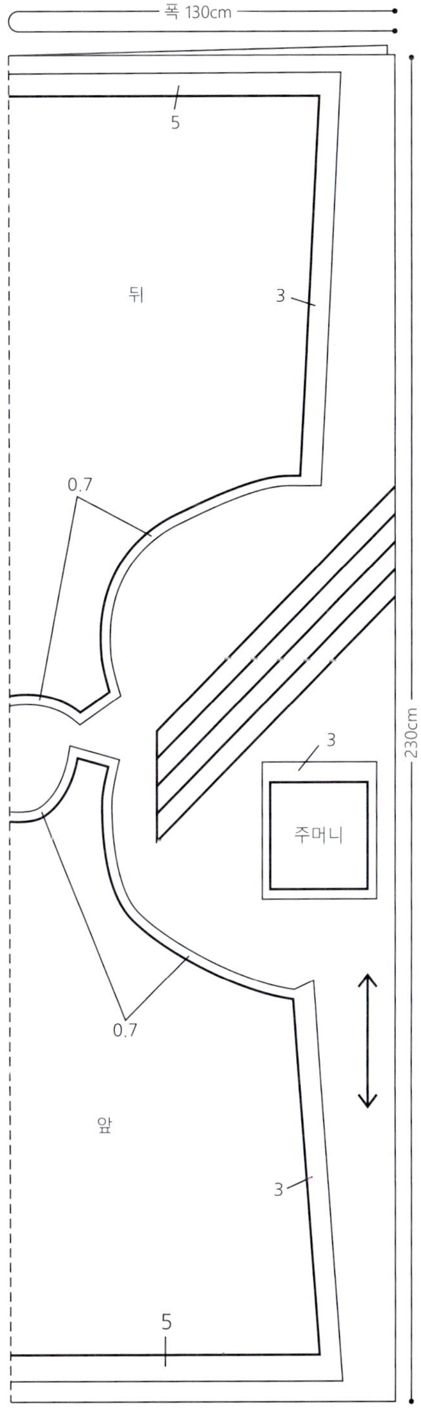

*정해진 곳 이외의 시접 치수는 1cm

작업순서

01. 주머니감 윗부분을 1cm, 3cm 접어 다림질 후 박는다.

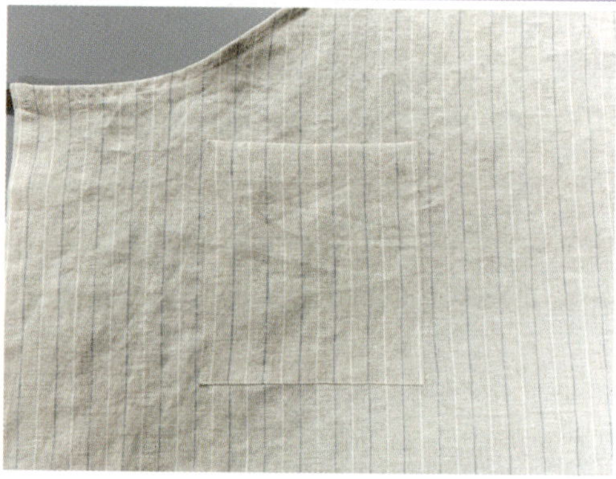

02. 주머니의 시접은 1cm로 접어 앞판의 주머니 위치에 올려 박는다.

03. 바이어스는 식서방향이나 푸서방향으로 45도가 되도록 재단한다.

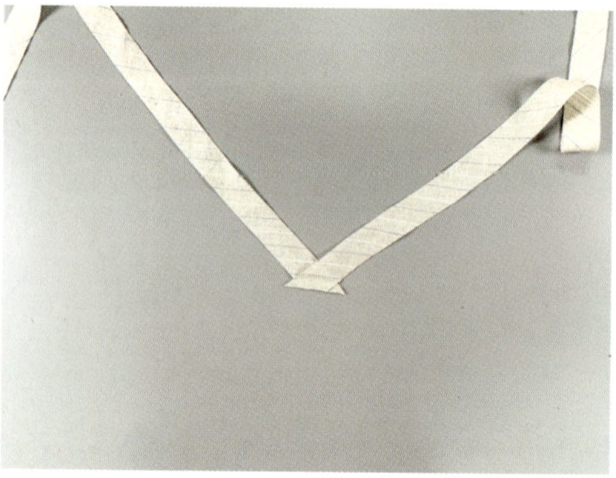

04. 겉과 겉을 직각으로 마주대고 박는다.

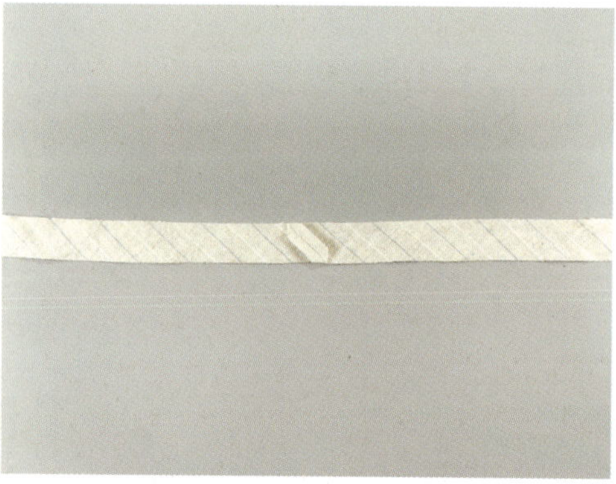

05. 시접을 벌려서 다리고 바깥부분은 자른다.

06. 앞판과 뒤판의 겉과 겉을 마주대고 어깨를 박아 가름솔로 다림질한다. 이때 어깨시접을 먼저 오버록 한다.

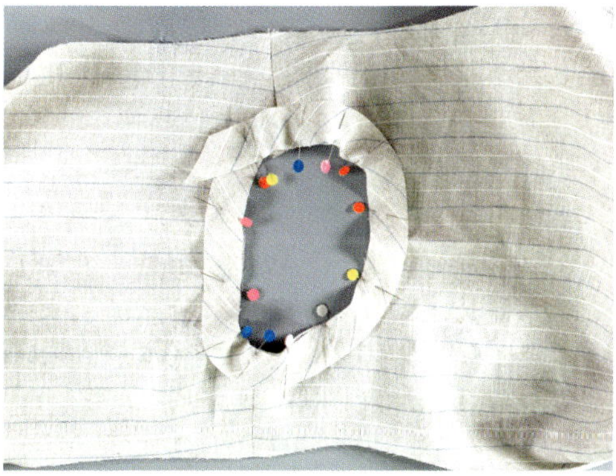

07. 목둘레의 겉과 바이어스의 겉을 마주대고 0.7cm로 박는다.

08. 바이어스의 마무리는 아래 바이어스를 2cm접고 바이어스 끝단을 얹어 박는다.

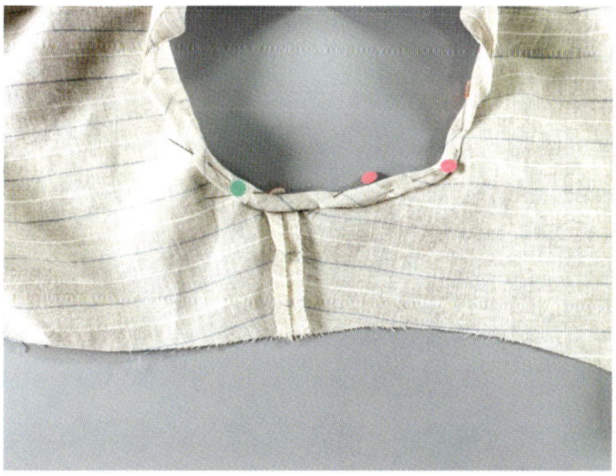

09. 시접을 감싼 뒤 몸판의 안쪽으로 접어 넘긴다.

10. 앞치마의 안쪽에서 0.2cm로 상침한다.

11. 옆선을 밖으로 3cm 접고 안으로 1.5cm 접은 위에 진동둘레 바이어스를 올려 0.7cm로 박는다.

12. 반대쪽 옆선도 밖으로 3cm 안으로 1.5cm 접은 위에 진동둘레 바이어스를 올려 0.7cm로 박는다.

13. 옆선을 뒤집고 바이어스로 시접을 감싼 뒤 안으로 접어 핀으로 고정한다.

14. 옆선을 제외하고 바이어스만 0.2cm로 상침한다.

15. 아랫단을 1cm 접고 3cm 접어 박는다.

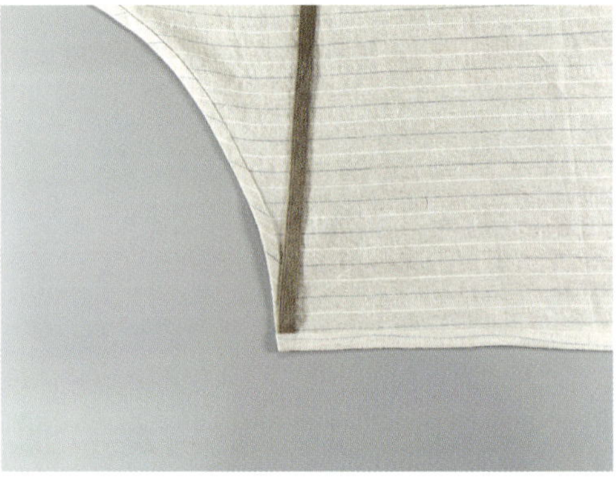

16. 옆선의 솔기 사이에 허리끈을 끼워 넣고 옆선을 모두 박는다.

17. 끈을 밖으로 접어 옆선의 끝에 박아 고정한다.

MEMO

03 맞주름 스커트

완성사이즈	허리너비 38cm, 엉덩이너비 48cm, 스커트길이 60cm
재 료	원단 1yd, 심지 1/4yd, 지퍼, 후크
난 이 도	상
제 작 시 간	패턴 40분, 재단 30분, 맞주름과 다트 20분, 지퍼달기 30분, 봉제 60분, 밑단 20분, 마무리 10분
포 인 트	지퍼달기, 박음선이 보이지 않도록 허리단 달기, 맞주름 만들기
작 업 과 제	1. 스커트의 앞판에 15cm 길이의 맞주름을 만드시오. 2. 스커트의 뒤판에 다트를 만드시오. 3. 허리벨트에 심지를 부착하시오.
심 화 과 정	1. 완성 사이즈 변경 2. 밑단을 새발뜨기로 마무리 3. 아웃포켓 만들기 4. 콘솔지퍼로 완성 5. 앞판 양쪽에 맞주름이 있는 디자인 6. 허리벨트 대신 안단으로 만들기

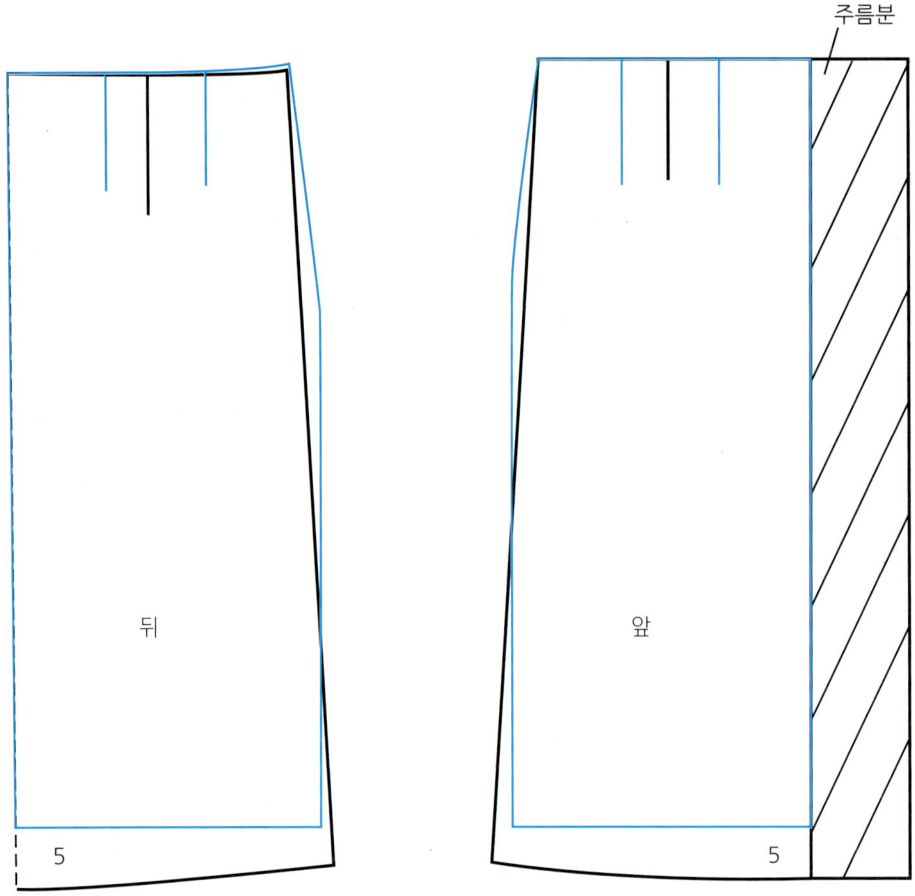

(단위 : cm)

배치도

– 원단 소요량 : 130cm(폭)×90cm(길이)

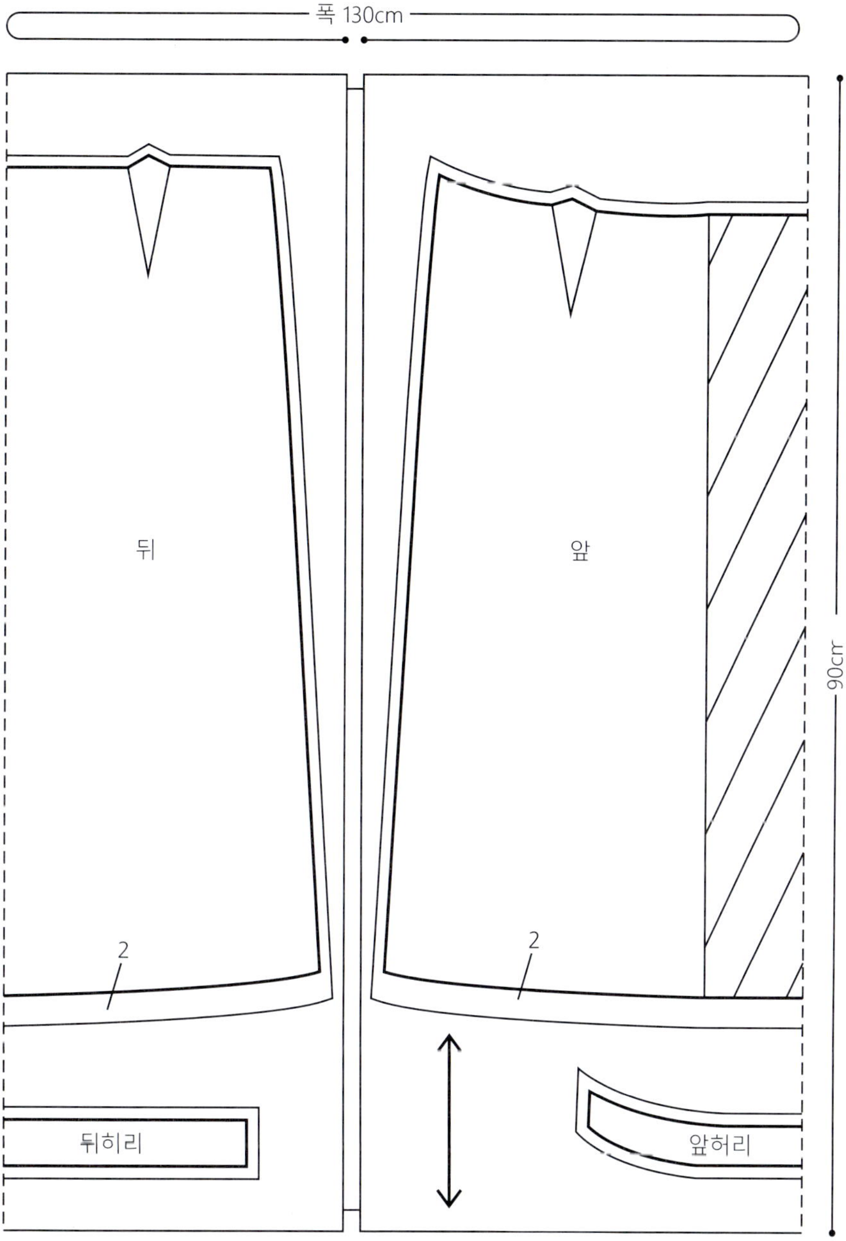

*정해진 곳 이외의 시접 치수는 1cm

작업순서

01. 다트와 맞주름 끝부분에 접착심지를 부착한다.

02. 사진과 같이 맞주름을 잡는다.

03. 맞주름 위치를 겉에서 1cm넓이로 상침한다.

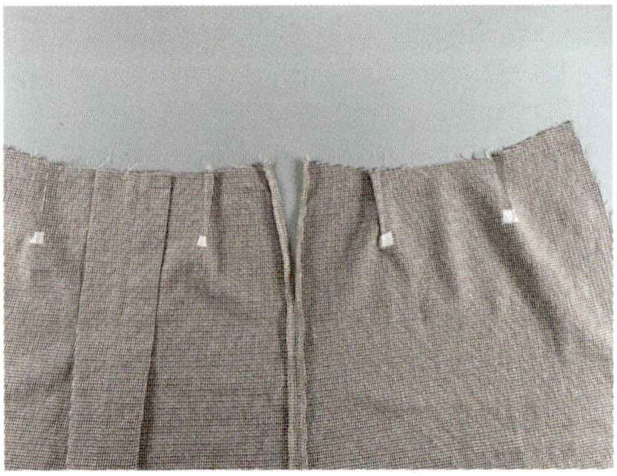

04. 옆선은 따로 오버록하여 지퍼달 부분을 제외하고 박는다.

05. 지퍼를 시침핀으로 고정하고 0.1cm로 박는다.

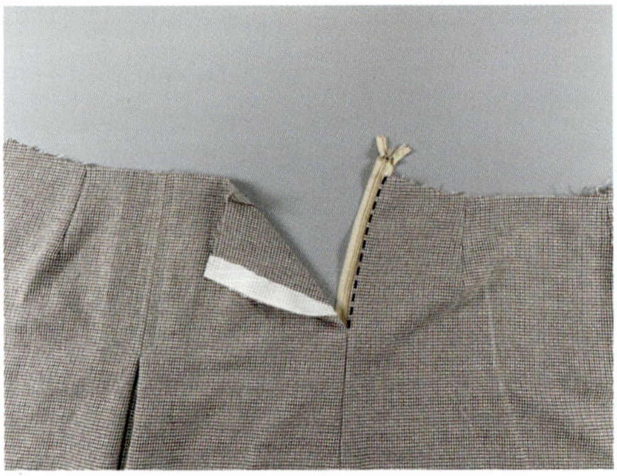

06. 앞판을 1cm로 접는다.

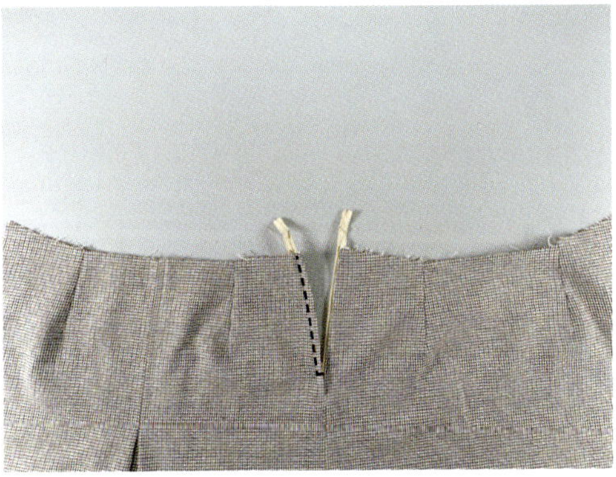

07. 지퍼를 밟지 않게 주의하며 1cm로 겉에서 박는다.

08. 지퍼 완성된 모습

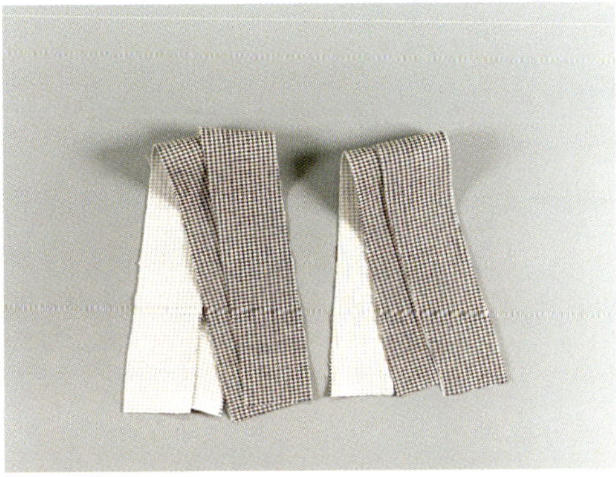

09. 허릿단에 심지를 부착한다.

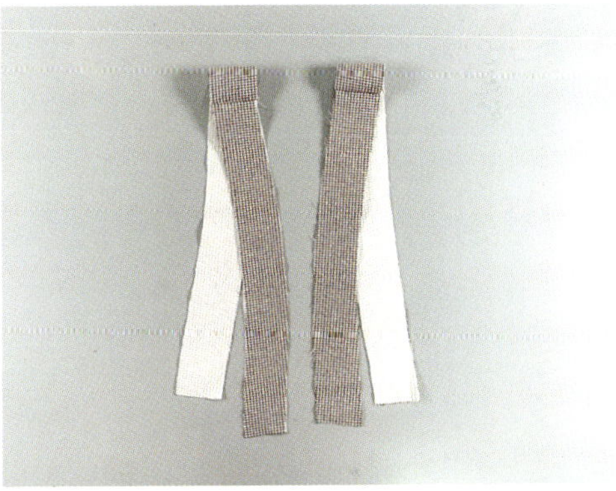

10. 앞,뒤의 허릿단을 하나씩 연결한다.

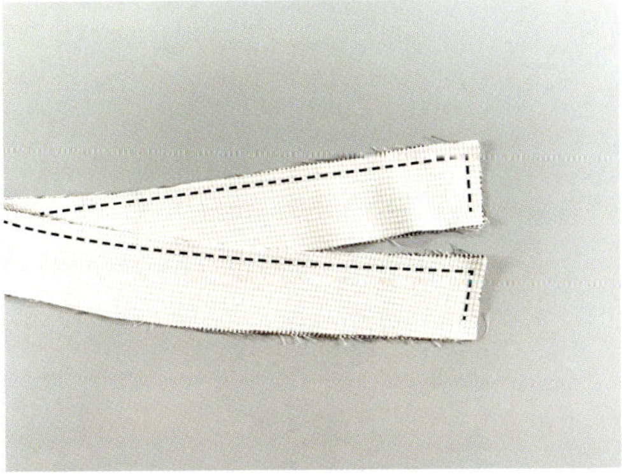

11. 두 개의 허릿단을 스커트와 연결될 아래 부분만 빼고 1cm로 박는다.

12. 스커트의 겉과 허릿단의 겉을 마주대고 박는다.

13. 허릿단을 안으로 1cm접어넣고 허리감 겉 바로 아래에서 안쪽 허릿단이 박히도록 박는다. 겉에서는 박음질이 보이지 않는다.

MEMO

CHAPTER 01. 실용의상 제작 실기

04 요크 스커트

완성사이즈	허리너비 40cm, 스커트길이 75cm
재　　료	원단 2yd, 심지 1/3yd, 콘실지퍼
난 이 도	상
제 작 시 간	패턴 40분, 재단 30분, 주름 30분, 요크와 스커트 연결 20분, 지퍼달기 30분, 완성봉제 20분, 겉 · 안감 연결 20분, 밑단정리 20분
포 인 트	요크 패턴 만들기, 다트 없애기, 옆지퍼 달기, 안감바느질, 주름 잡기, 콘실지퍼 달기, 안감 넣기
작 업 과 제	1. 요크 스커트를 제작하시오. 2. 주름량을 5cm로 앞, 뒤 6개씩 넣으시오. 3. 옆선에 콘실지퍼로 완성하시오.
심 화 과 정	1. 완성 사이즈 변경 2. 요크에 스티치로 모양내기 3. 아래쪽에 셔링이 들어간 디자인 4. 뒷지퍼로 완성 5. 요크 너비와 디자인 변형 6. 훅 없이 벨트끝까지 지퍼가 올라가는 디자인

패턴변형

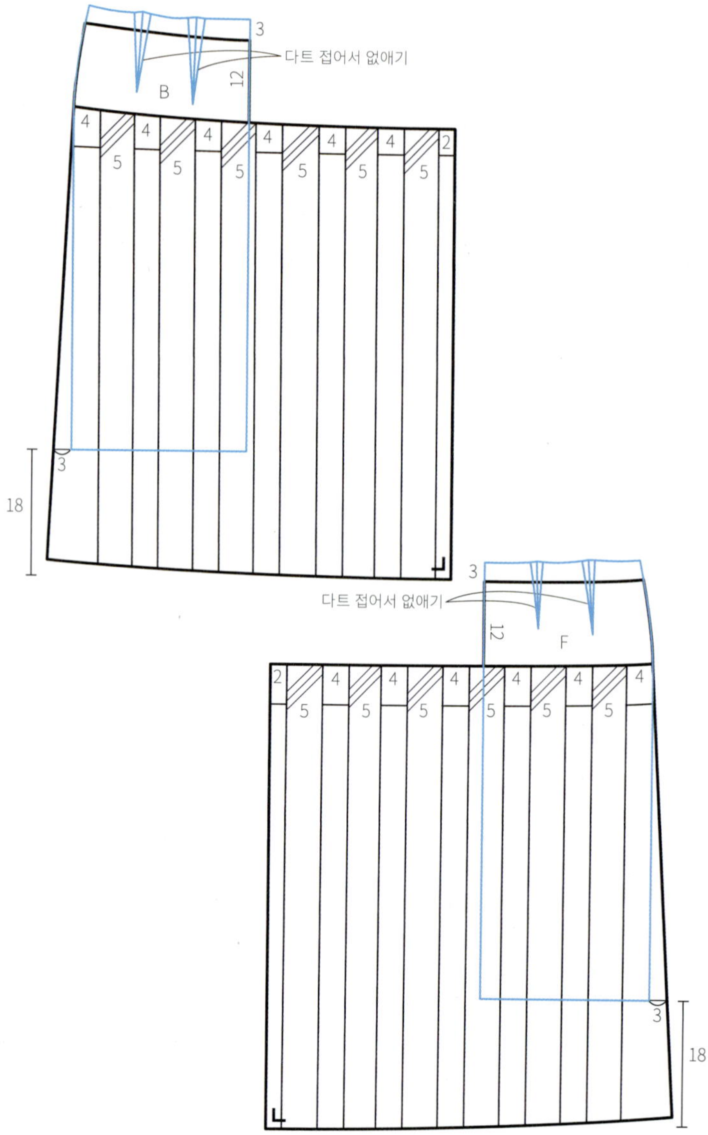

3
다트 접어서 없애기
B
12
4
5
4
5
4
5
4
5
4
5
4
5
2
3
18
3
다트 접어서 없애기
12
F
2
4
5
4
5
4
5
4
5
4
5
4
5
4
3
18

(단위 : cm)

배치도

- 원단 소요량 : 140cm(폭)×190cm(길이)
- 접착심지 : 110cm(폭)×30cm(길이)
- 지퍼 : 콘실지퍼 20cm

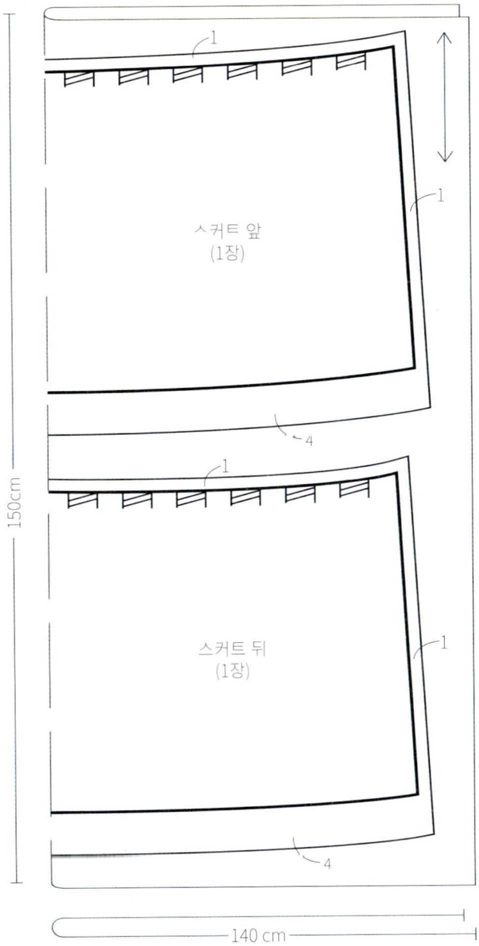

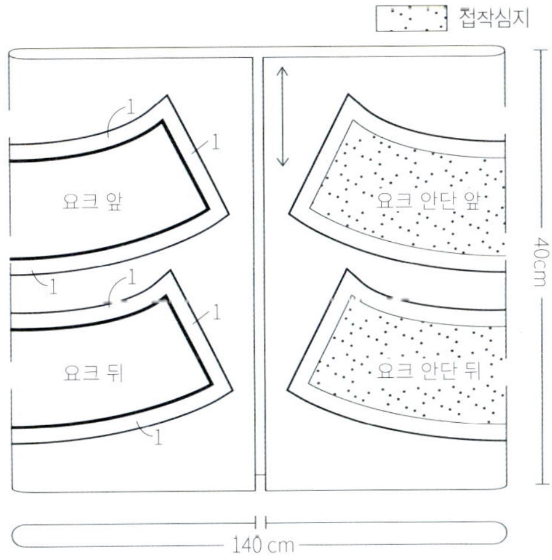

작업순서

01. 겉감 앞과 뒤 스커트를 한쪽 방향으로 주름잡아 요크 아래 선에 맞춰 박는다.
시접을 오버록 하고 요크 쪽으로 보낸다.

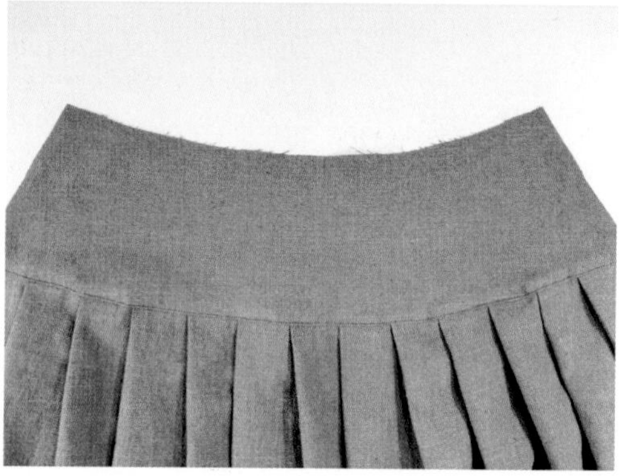

02. 겉감에서 요크선을 따라 상침 한다.

03. 안감 스커트는 요크 아래 선에 맞춰 남는 분량을 자유롭게 주름을 접어 박는다.
오버록 후 시접은 아래로 보낸다.

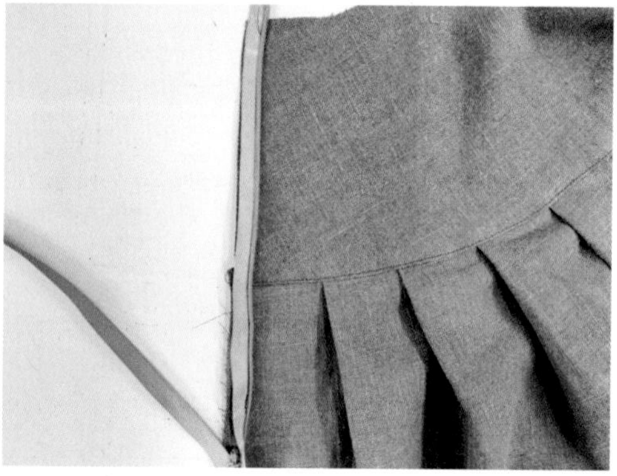

04. 겉감 스커트 앞면 왼쪽으로 지퍼 달릴 위치 안쪽 시접에 맞춰 길이로 접착심을 붙인다.
콘실지퍼를 스커트 겉면에 지퍼 겉면이 만나도록 핀을 고정하고 지퍼 노루발을 사용하여 박는다.

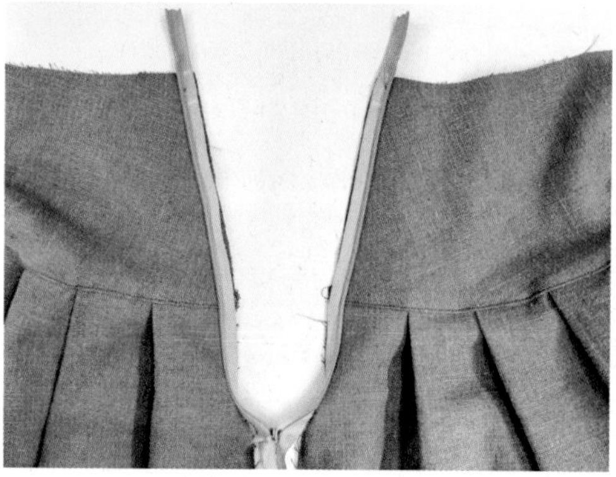

05. 스커트 뒷면 지퍼 위치에 위와 같이 접착심지를 붙이고 지퍼를 겉면에 놓고 박는다. 이때 양쪽 지퍼 길이가 같게 달리기 위해 미리 바느질이 시작되는 부분과 끝나는 부분을 지퍼에 표시해 준다.

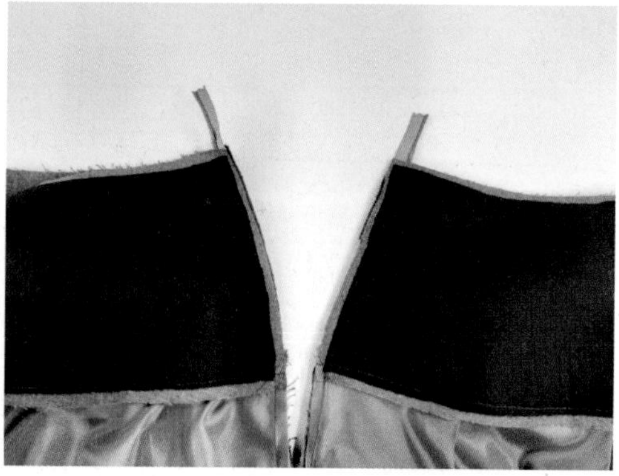

06. 지퍼 시접에 안감 옆선을 겉면끼리 맞대고 지퍼 길이에 맞춰 양쪽 다 박아준다.

07. 지퍼 바느질 된 선 1cm정도 위에서 스커트 겉감을 겉면끼리 맞대고 옆선을 박는다.
오버록 후 시접을 뒤로 보내고 다림질한다.

08. 안감도 같은 방법으로 박고 시접을 오버록 후 앞쪽으로 정리하여 다림질한다.
지퍼 바느질 전 옆선을 앞, 뒤 따로 오버록 하여 지퍼 달기 후 가름솔하여도 된다.

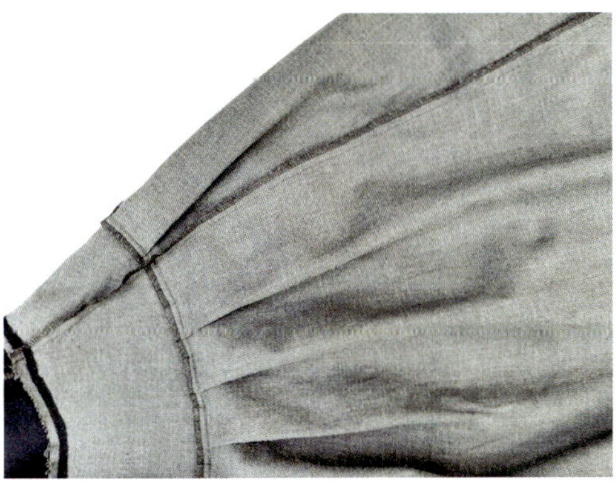

09. 반대쪽 옆선을 안감, 겉감 따로 각각 겉면끼리 맞대고 박는다. 시접을 오버록 하고 뒤쪽으로 정리하여 다림질한다.

10. 지퍼 부분에서 사진과 같이 요크 옆선을 접는다. 요크 윗부분 둘레를 박는다. 바느질전 요크 겉감 안쪽에 허리선을 따라 접착테이프를 붙여주면 늘어나지 않아서 좋다.

11. 안감을 안쪽으로 들어가도록 요크를 뒤집어 스커트를 정리한다. 요크 윗부분 둘레 시접을 안쪽 요크 쪽으로 보내고 안쪽에서 허리둘레를 상침 한다.

12. 안감 밑단을 2cm 접고 다시 2cm를 접어 다림질하고 고정되도록 박는다. 겉감 밑단은 1cm 접고 다시 3cm접어 다림질하고 고정되도록 박는다.

와이드팬츠

완성사이즈	허리둘레 100cm, 팬츠길이 88cm
재　　료	원단 2.5yd, 심지 1/3yd, 고무줄
난 이 도	중
제 작 시 간	패턴 40분, 재단 30분, 주머니 만들기 20분, 주름 10분, 밑위, 옆선 봉제 30분, 허릿단 연결 30분, 밑단 20분, 고무줄 넣기 20분, 마무리 10분
포 인 트	주머니 만들기, 바지 봉제방법, 고무줄 넣기
작 업 과 제	1. 고무줄 허리단이 있는 와이드 팬츠를 제작하시오. 2. 사이드포켓이 있는 디자인으로 제작하시오. 3. 허리에 주름을 넣어 만드시오.
심 화 과 정	1. 완성 사이즈 변경 2. 주머니 입구에 머신 스티치로 포인트 3. 앞판 겉면에 주머니 형태를 따라 스티치가 있는 디자인 4. 벨트의 뒤판에만 고무줄이 있는 형태 5. 허리단에 끈을 낄 수 있게 제작 6. 앞판에 턱이나 주름이 있는 디자인

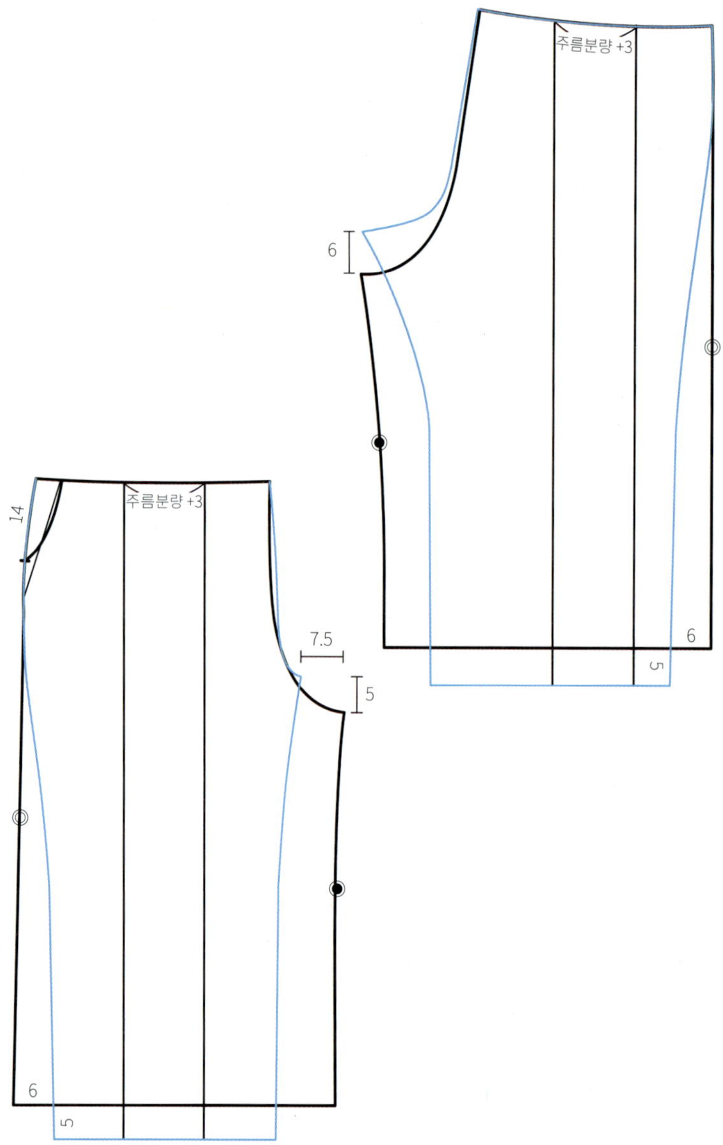

(단위 : cm)

배치도

- 원단 소요량 : 140cm(폭)×230cm(길이)
- 접착심지 : 110cm(폭)×30cm(길이)
- 고무줄

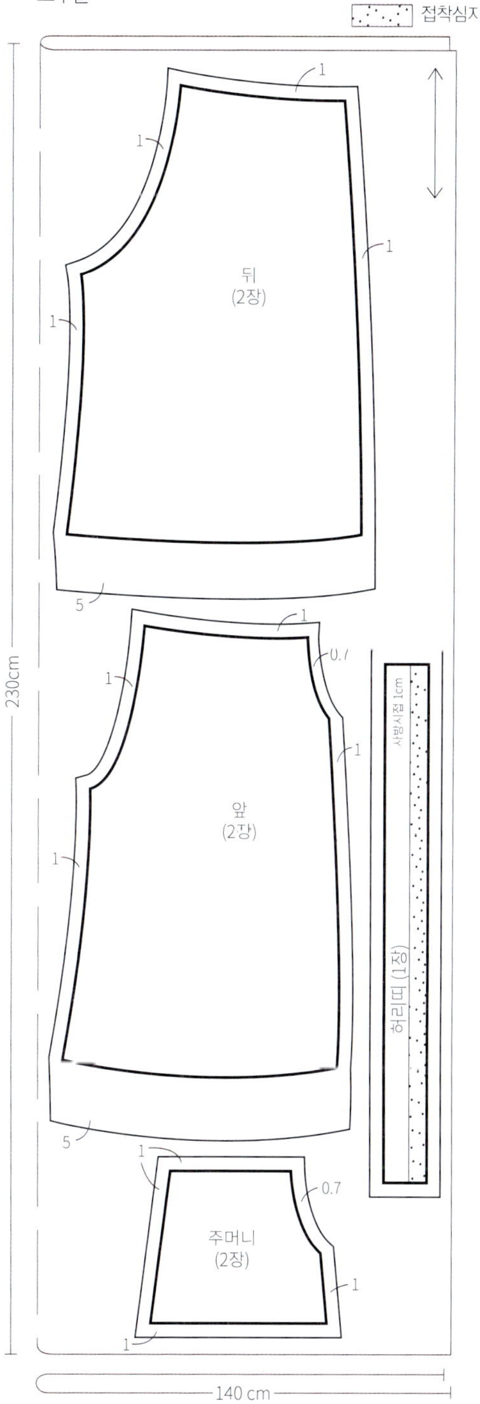

작업순서

01. 앞면 주머니 위치에 주머니를 곡선을 맞춰 겉면끼리 맞대어 놓는다. 주머니 곡선을 따라 박는다.

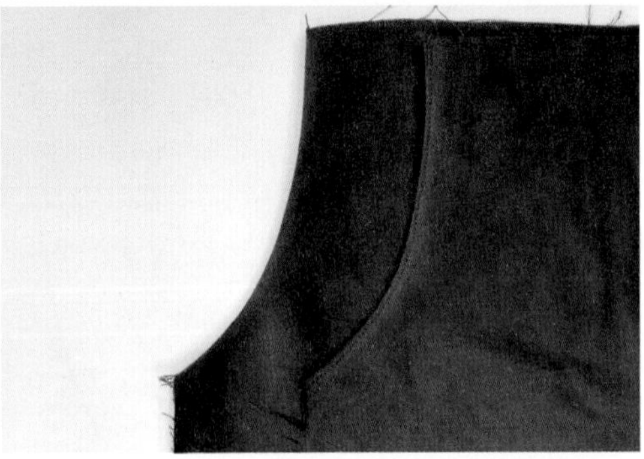

02. 곡선 시접을 0.4cm 정도 남기고 자른다. 주머니 쪽으로 시접을 보내고 시접과 함께 상침 한다. 주머니 바느질 선을 정리하여 다림질한다. 사진에서와 같이 주머니 안으로 상침 되고 겉면에서는 바느질 선이 보이지 않는다. 겉면으로 상침 시에는 안쪽 상침을 생략하고 주머니 모양을 잡고 겉면에서 누름 상침 한다.

03. 주머니를 세로로 접어 주머니 아래 부분을 2장 함께 박아 오버록 한다.

04. 주머니 위치를 잘 잡고 허리 주름을 접어 핀으로 고정하거나 1차 시침 박음 한다.

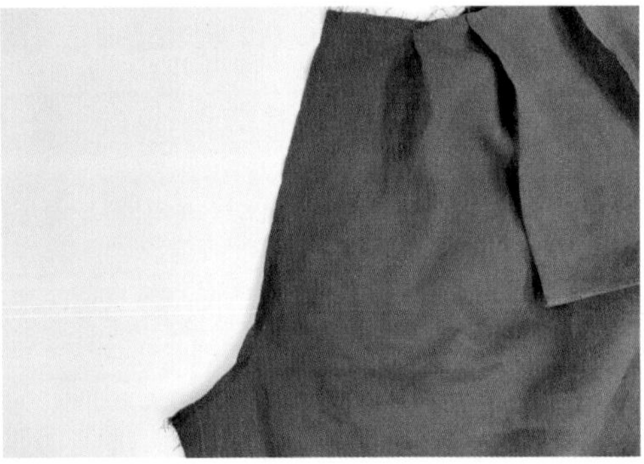

05. 밑위를 앞은 앞끼리, 뒤는 뒤끼리 겉면끼리 맞대어 박아 오버록 한다. 오버록 할 때 양쪽 다 허리방향부터 오버록 하여 오버록의 윗면이 보이는 방향으로 시접을 보내고 다림질한다.

06. 앞, 뒷면 양쪽 옆선을 겉면끼리 맞대고 박는다. 시접을 오버록 후 뒤로 보낸다.

07. 바지 안쪽을 앞, 뒷면을 펼쳐 겉면끼리 맞대고 밑위 시접을 서로 교차되도록 두고 핀 고정한다.

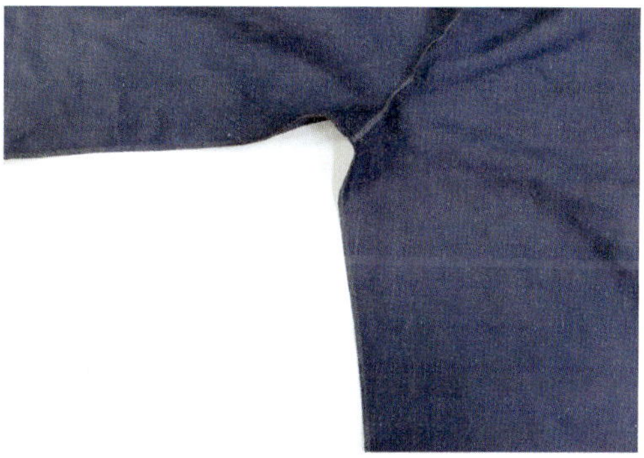

08. 바지 안쪽을 한 번에 박는다. 시접을 오버록 후 바지 뒤쪽으로 보낸다.
이때 중앙 부분을 2번 박음 하면 튼튼하다.

09. 허리를 둥글게 연결한다. 사진과 같이 1cm를 박고 3cm 고무줄 넣을 부분을 남긴다. 나머지 4cm를 박고, 시접을 가름솔 한다.

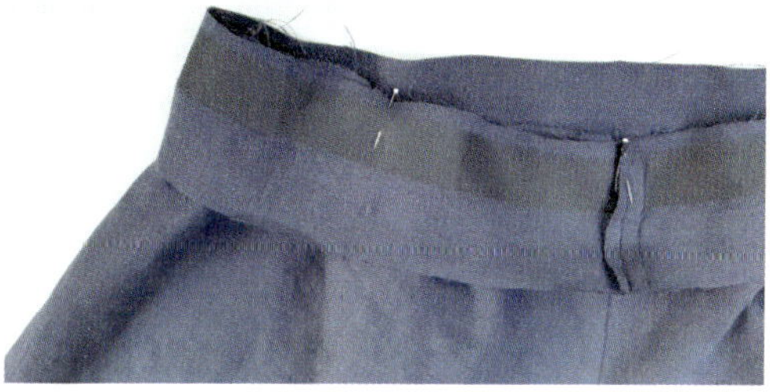

10. 바지 윗부분 겉면에 허리(4cm 박아진 부분) 쪽 겉면을 대고 둘레를 박는다.

11. 허리 1cm 박음된 부분 쪽을 0.7cm 안으로 접어 안쪽 박음질된 선 위로 올려 겉면 허리 아래서 핀 고정한다. 핀 고정된 허리 아래를 따라 박는다. 안쪽 허리가 같이 고정된다.

12. 전체 시접을 다림질한 후 밑단을 1cm 접고 다시 4cm를 접어 고정되도록 박는다.

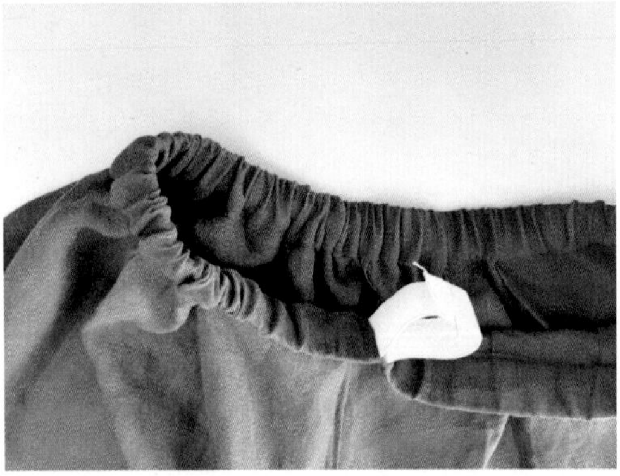

13. 허리 고무줄 공간으로 고무줄을 넣는다. 고무줄 끝을 일직선으로 겹쳐 세로로 2줄을 박아 연결한다.

14. 연결된 고무줄을 안으로 넣고 공그르기로 마무리한다.

MEMO

06 팬츠

완성사이즈	허리너비 40cm, 엉덩이너비 50cm, 팬츠길이 90cm
재 료	원단 1.5yd, 심지 1/4yd, 지퍼, 후크
난 이 도	상
제 작 시 간	패턴 40분, 재단 30분, 주머니 만들기 20분, 지퍼 달기 40분, 옆선과 밑위 박기 20분, 허리 벨트 만들기 20분, 허리 달기 30분, 마무리 10
포 인 트	다트봉제, 덧단이 있는 지퍼 달기, 곡선벨트 제도와 재단 및 봉제, 사이드 포켓 만들기
작 업 과 제	1. 뒤판에 다트를 만드시오. 2. 앞판에 2cm 깊이의 턱을 만드시오. 3. 사이드 포켓을 만드시오. 4. 안단과 덧단이 있는 지퍼를 만드시오. 5. 곡선벨트를 봉제하시오.
심 화 과 정	1. 완성 사이즈 변경 2. 인심을 쌈솔로 봉제 3. 부츠컷 디자인으로 변형 4. 밑단이 바지부리접단(카브라)이 있는 디자인 5. 뒤판에 외입술 주머니 제작 6. 주머니 입구에 바이어스 파이핑으로 포인트

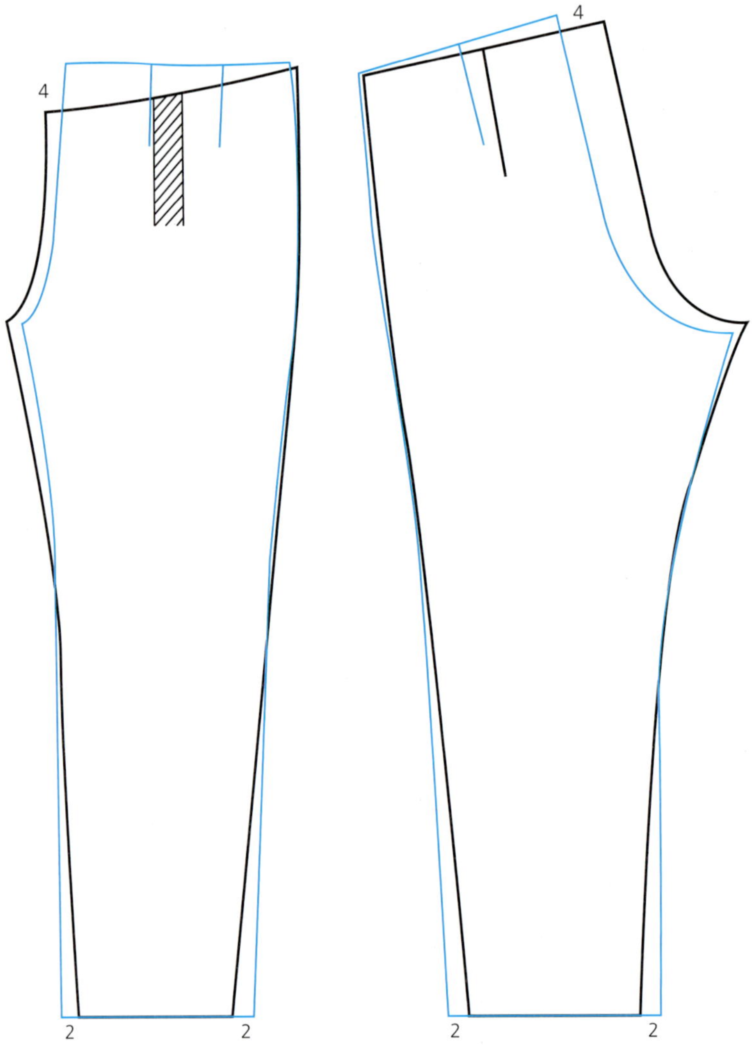

(단위 : cm)

배 치 도

– 원단 소요량 : 130cm(폭)×130cm(길이)

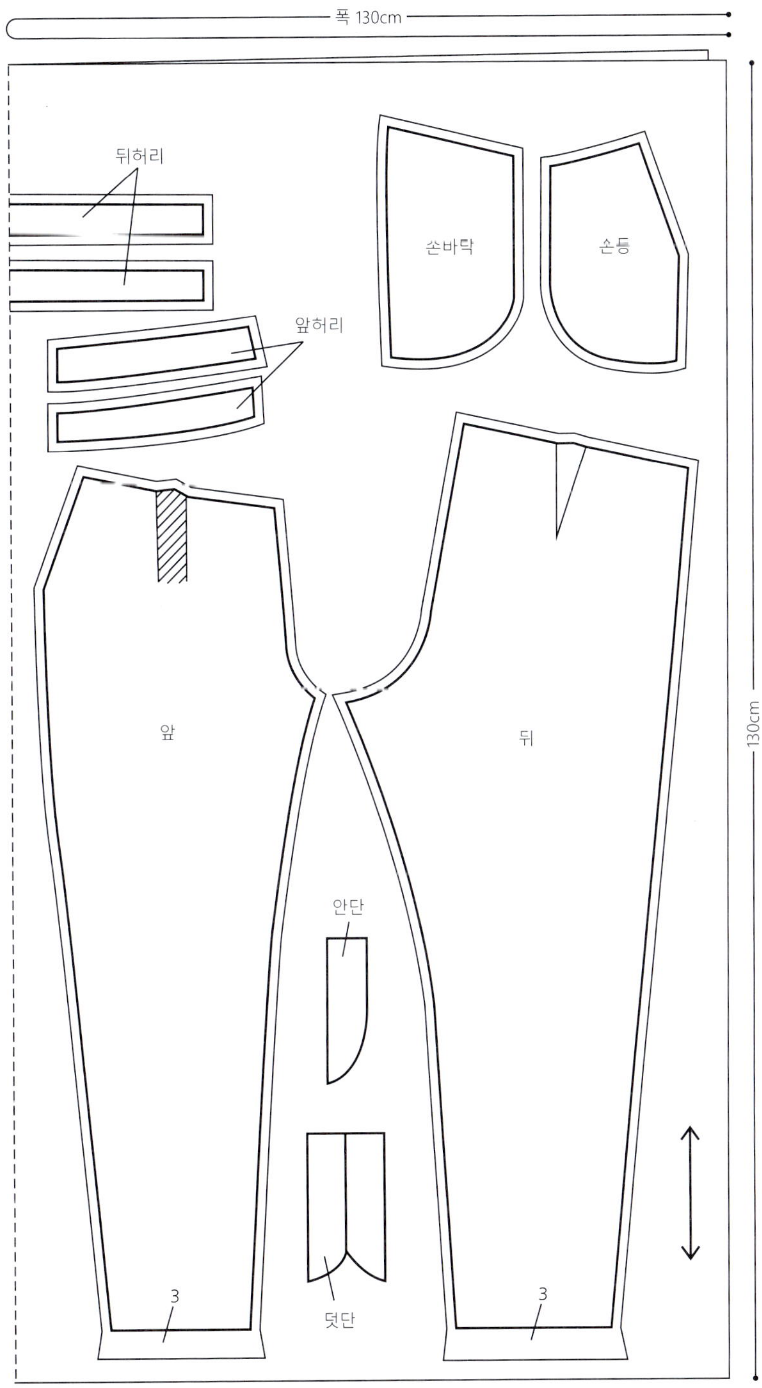

*정해진 곳 이외의 시접 치수는 1cm

작업순서

01. 다트의 끝부분과 주름의 끝부분에 심지를 작게 부착 한다.

02. 앞판의 10cm길이의 턱을 만든다.

03. 뒤판은 다트를 박는다.

04. 앞판의 주머니 위치에 손등감을 올려 겉과 겉을 마주대고 박는다.

05. 밖으로 펼쳐 시접을 주머니 쪽으로 보내고 0.3cm로 상침 한다.

06. 손바닥감을 올리고 1cm로 박고 오버록 한다.

07. 주머니위치를 바로하고 위와 옆을 박아 고정한다.

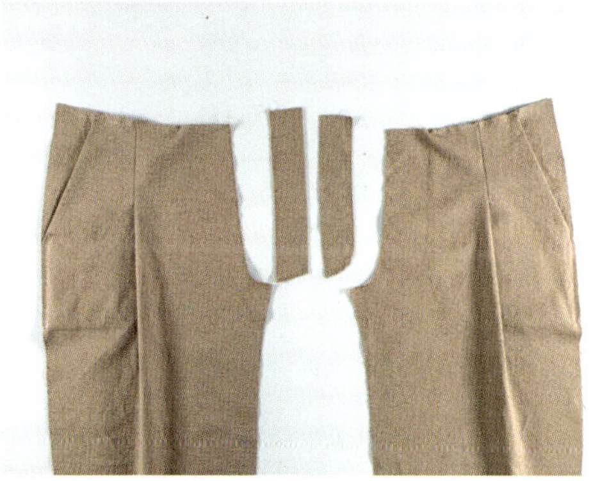

08. 밑위를 오버록 하고 안단과 덧단도 오버록하여 준비한다.

09. 왼쪽 앞단에(겉자락) 안단을 대고 겉과 겉끼리 막는나.

10. 앞판의 겉과 겉을 마주대고 트임 끝지점부터 아래 쪽까지 박는다.

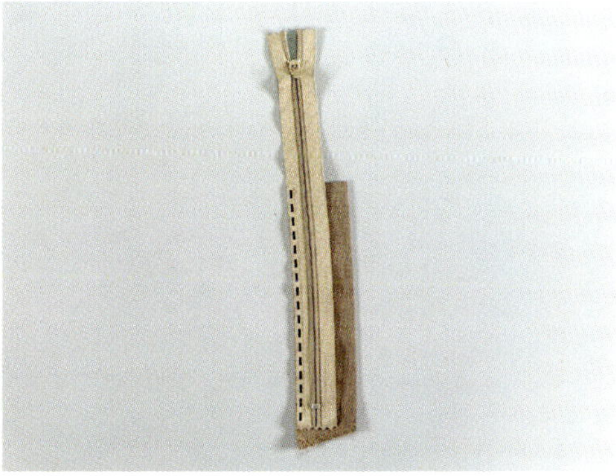

11. 덧단에 지퍼를 박아 고정한다.

12. 오른쪽 앞단을(안자락) 접고 덧단과 함께 박아 달아 준다.

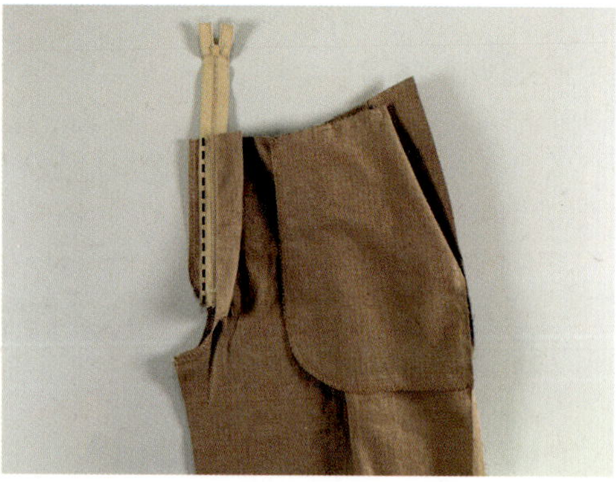

13. 지퍼의 다른 한쪽 가장자리를 안단에 고정하여 박는다.

14. 겉쪽에서 완성된 상태로 놓고 뒤 덧단을 젖혀두고 겉에서 안단의 모양대로 상침 한다.

15. 뒤 밑위를 박고 오버록 한다.

16. 바지의 안쪽과 옆선을 박고 오버록 한다.

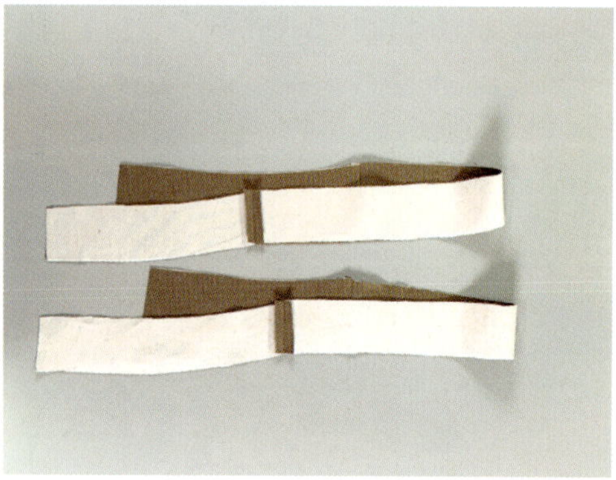

17. 허리의 안단에 심지를 부착하고 뒤 허리단 양쪽에 앞 허리단을 연결한다.

18. 양쪽 끝은 한쪽만 1cm접어 박는다.

19. 안쪽에서 1cm에 맞추어 박는다.

20. 밖으로 넘겨 1cm접어 안으로 넣은 후 0.2cm로 상침 한다.

21. 완성된 모습

22. 밑단을 오버록후 두 줄로 상침하거나 단뜨기로 마무리한다.

블라우스

완성사이즈	가슴너비 54cm, 어깨너비 36cm, 소매길이 47cm, 블라우스길이 52cm
재 료	원단 1.5yd
난 이 도	상
제 작 시 간	패턴 40분, 재단 30분, 소매 만들기 40분, 목둘레 완성 30분, 개더주름 및 봉제 50분, 마무리 10분
포 인 트	인바이어스 봉제, 커프스 만들기, 셋 인 슬리브 봉제, 개더주름 만들기
작 업 과 제	1. 앞판의 패턴을 절개하여 아래쪽에 개더를 잡으시오. 2. 목둘레를 인바이어스로 마무리 하시오. 3. 소매 단에 개더주름을 잡고 커프스를 봉제하시오.
심 화 과 정	1. 완성 사이즈 변경 2. 시접을 통솔로 봉제 3. 네크라인 안단 4. 절개선아래 맞주름이 있는 디자인 5. 소매부리에 트임이 있는 디자인 6. 지퍼가 있는 디자인

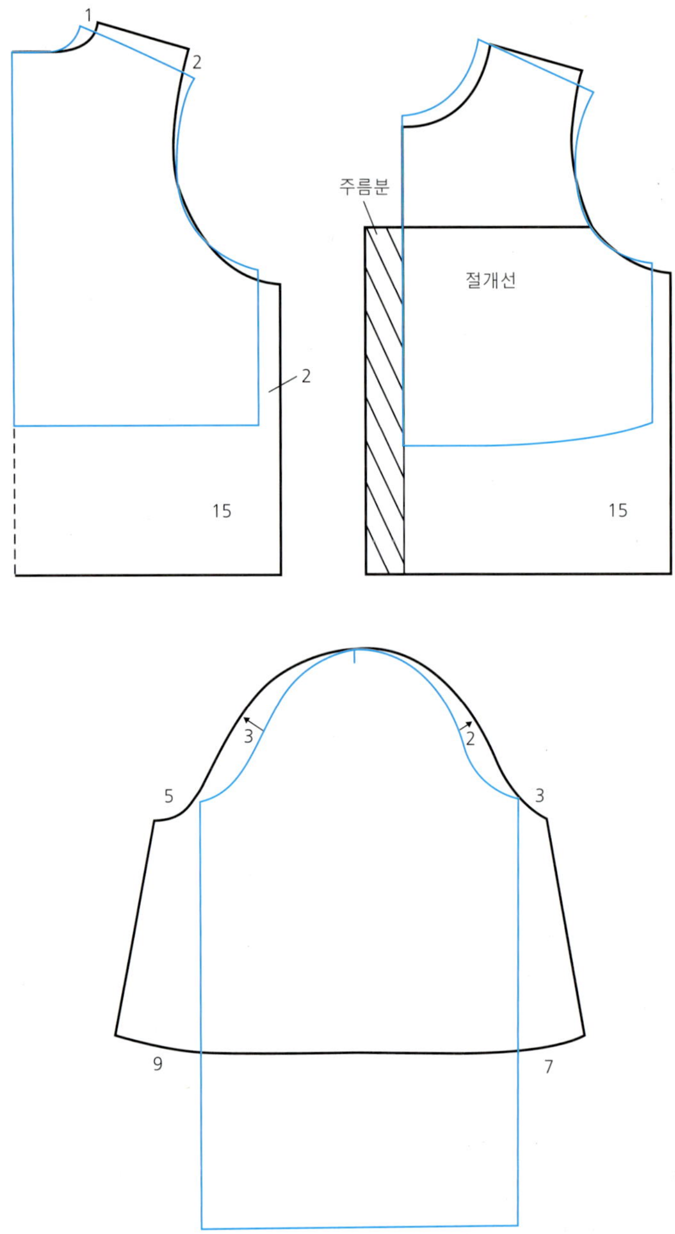

(단위 : cm)

배 치 도

– 원단 소요량 : 130cm(폭)×110cm(길이)

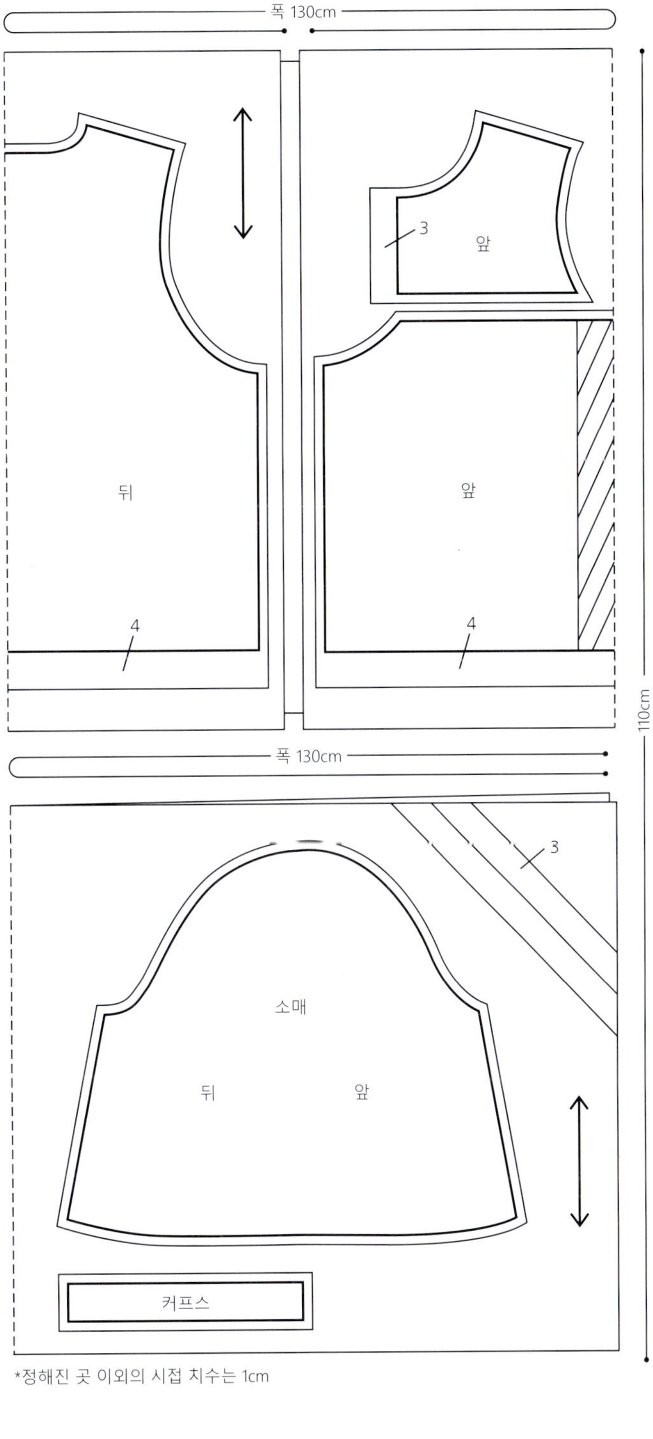

*정해진 곳 이외의 시접 치수는 1cm

작업순서

01. 앞과 뒤의 겉을 마주대고 어깨를 박고 오버록 한다.

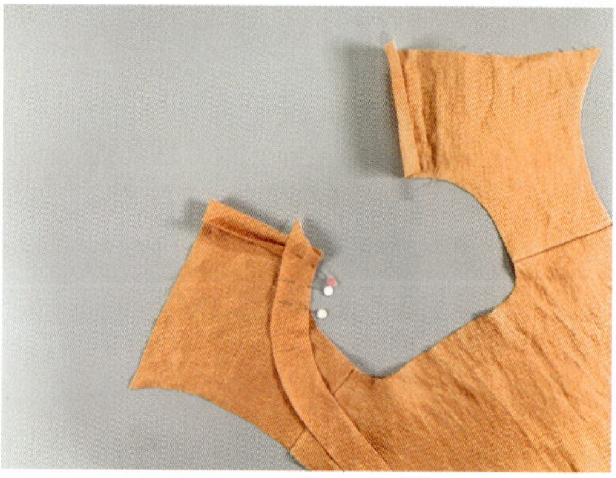

02. 앞여밈 부분을 3cm 겉으로 접고 1cm안으로 접는다.
인바이어스감을 올려두고 핀으로 고정 한다.

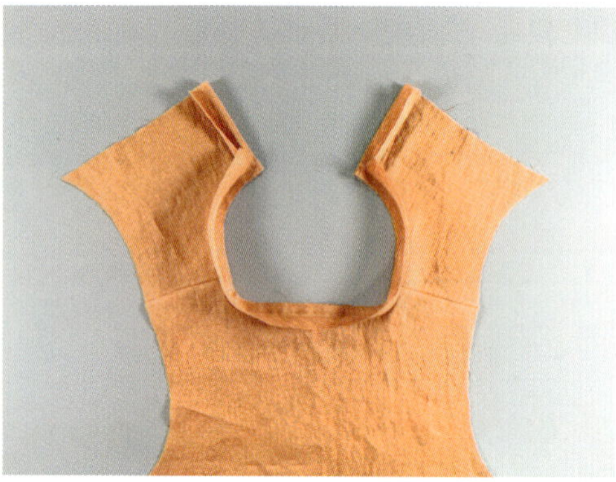

03. 바이어스를 0.7cm로 박는다.

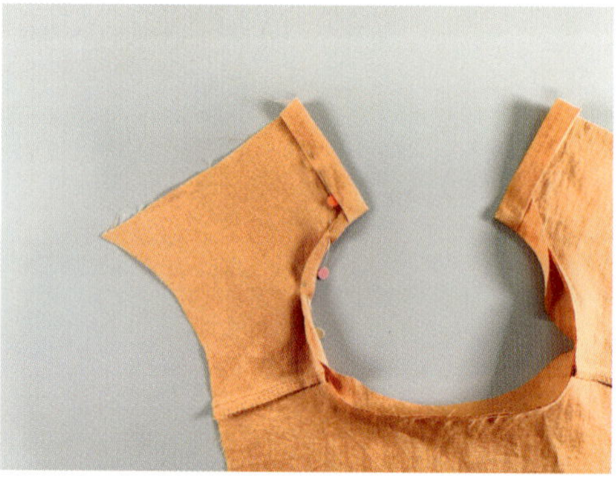

04. 시접을 바이어스로 감싸고 안으로 접어 넣어 시침핀으로 고정한다. 이때 여밈 부분도 함께 뒤집어준다.

05. 안쪽에서 바이어스를 0.2cm로 박는다.

06. 겉에서 앞여밈 부분을 고정해준다.

07. 앞판 위의 넓이에 맞추어 아랫단의 주름을 잡는다.

08. 겉과 겉을 마주대고 박음질 후 오버록 한다.

09. 완성된 겉모습

10. 옆선을 박고 오버록 한다.

11. 소매를 만들고 오버록 한다.

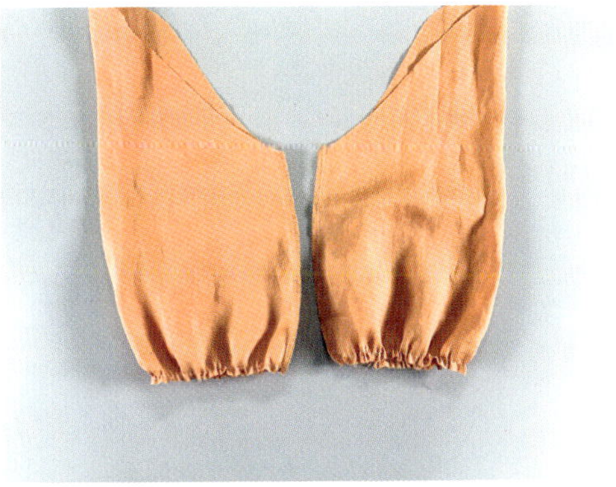

12. 소매의 밑단둘레가 25cm가 되도록 주름을 잡는다.

CHAPTER 01. 실용의상 제작 실기 295

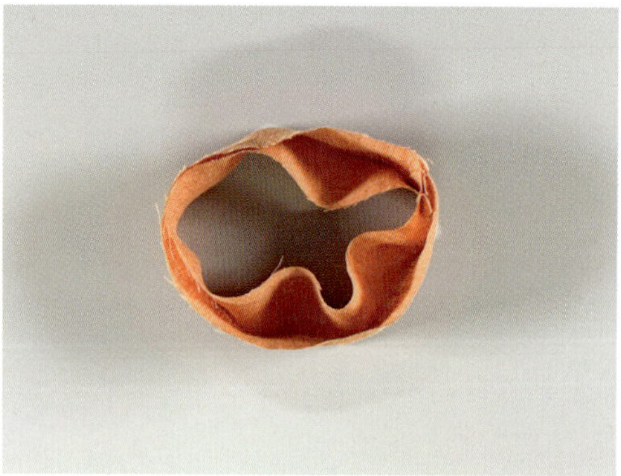

13. 커프스 감을 1cm로 박고 반을 접어 원형으로 만든다.

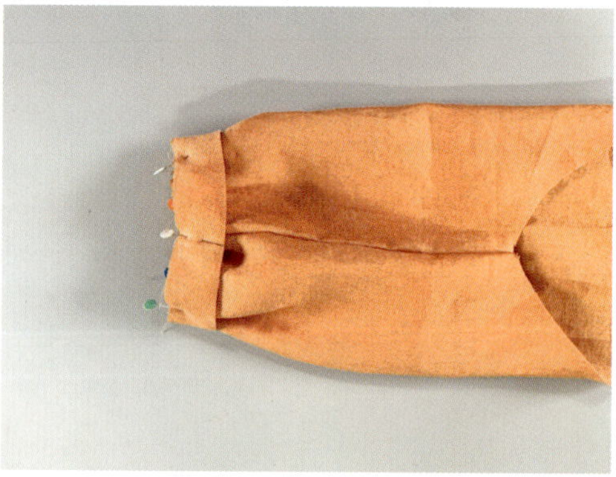

14. 소매에 커프스를 끼우고 1cm로 박는다.

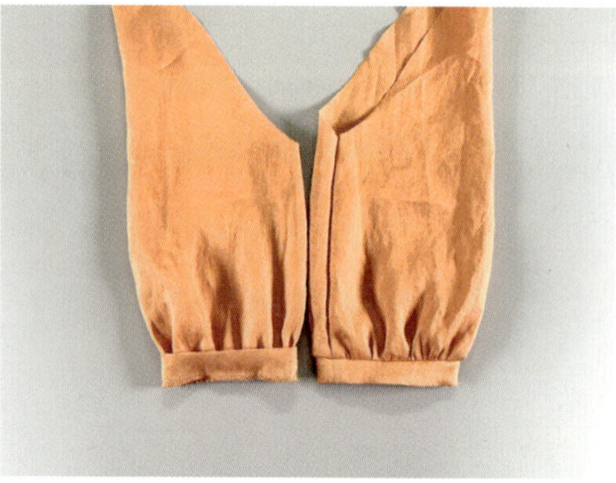

15. 완성된 소매

16. 완성된 몸판에 소매를 끼워 넣고 어깨 중심을 맞추어 핀으로 고정한다.

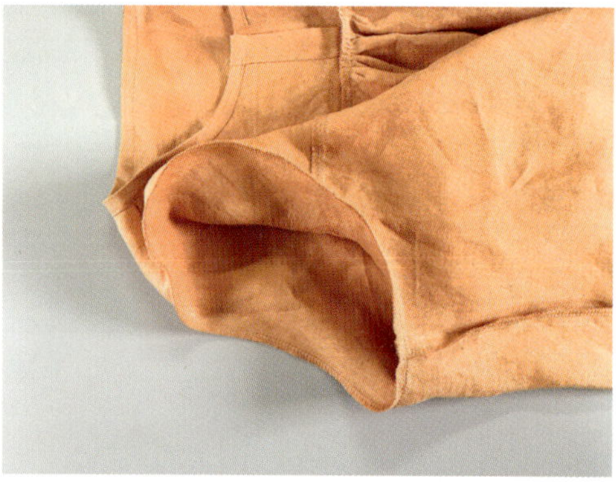

17. 박음질 후 오버록 한다.

18. 밑단을 1cm 접고 3cm 접어 박아 마무리한다.

MEMO

08

뒤 단추 블라우스

완성사이즈	가슴너비 55cm, 어깨너비 55cm, 소매길이 35cm, 블라우스길이 58cm
재　　료	원단 1.5yd, 심지 1/3yd, 단추
난 이 도	중
제 작 시 간	패턴 40분, 재단 30분, 칼라 만들기 20분, 어깨 · 소매달기 20분, 앞 · 뒤 봉제 20분, 칼라달기 30분, 밑단정리 10분, 단춧구멍 10분, 단추달기 20분, 마무리 10분
포 인 트	칼라 만들기, 칼라 바이어스 마무리, 밑단 정리, 단춧구멍, 단추 달기
작 업 과 제	1. 칼라가 있는 디자인으로 제작하시오. 2. 뒤 단추로 제작하시오. 3. 앞면 가슴 아래 절개선을 넣으시오.
심 화 과 정	1. 완성 사이즈 변경 2. 몸판에 핀턱이 있는 디자인 3. 라운드 네크라인으로 완성 4. 앞단추 블라우스로 제작 5. 절개선 아래 셔링이 있는 디자인 6. 가슴 다트가 있는 디자인

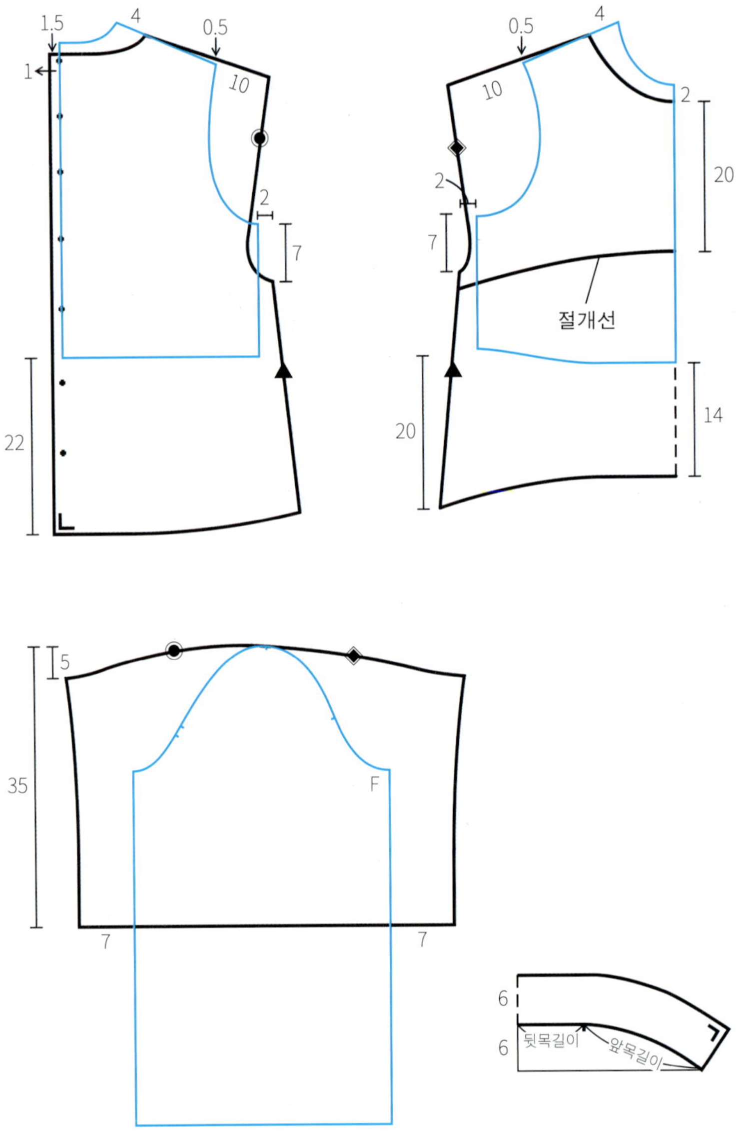

(단위 : cm)

배 치 도

- 원단 소요량 : 140cm(폭)×140cm(길이)
- 접착심지 : 110cm(폭)×30cm(길이)
- 단추 : 7개 (직경 20mm내외)

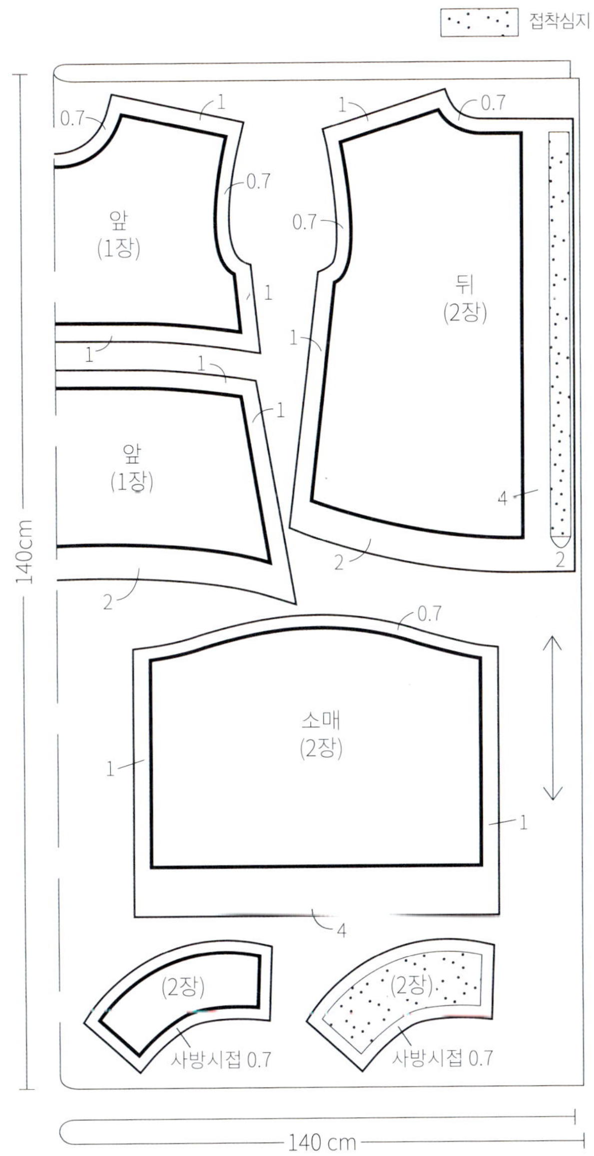

작업순서

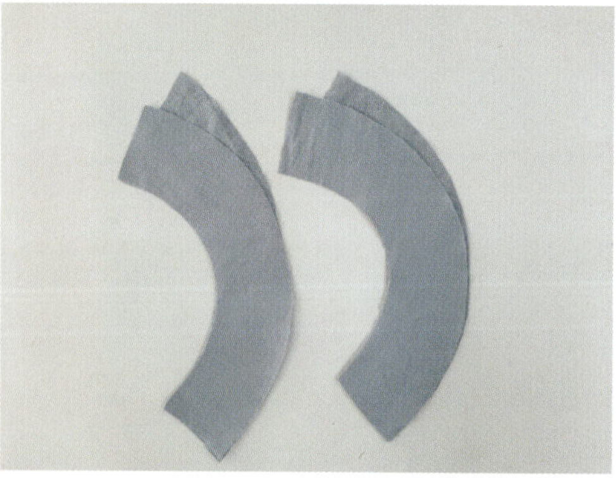

01. 칼라에 접착심지를 붙인 것과 안 붙인 것을 1장씩 겉면끼리 맞대고 몸판과 바느질되는 부분을 남기고 3면을 박는다.

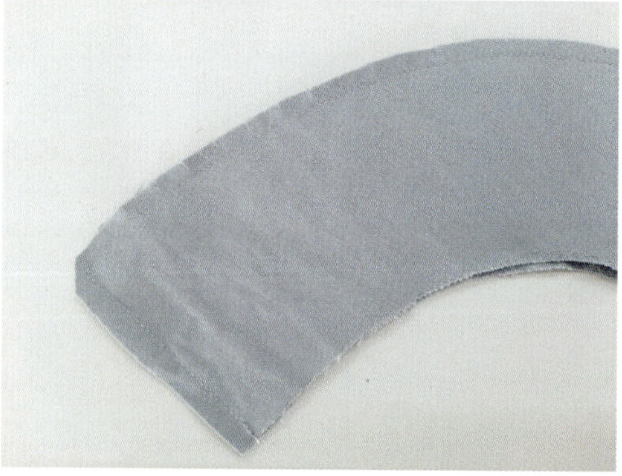

02. 모서리를 자르고 곡선에 가위집을 준다.

03. 뒤집어 다림질한다. 칼라 2장을 같은 방법으로 준비한다.

04. 앞판 절개된 부분을 겉면끼리 맞대고 박는다. 시접을 오버록 한다.

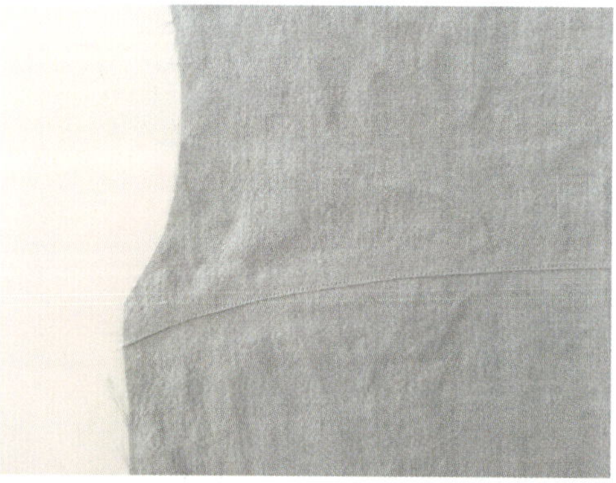

05. 시접을 몸판 위로 보내고 겉면에서 상침 한다.

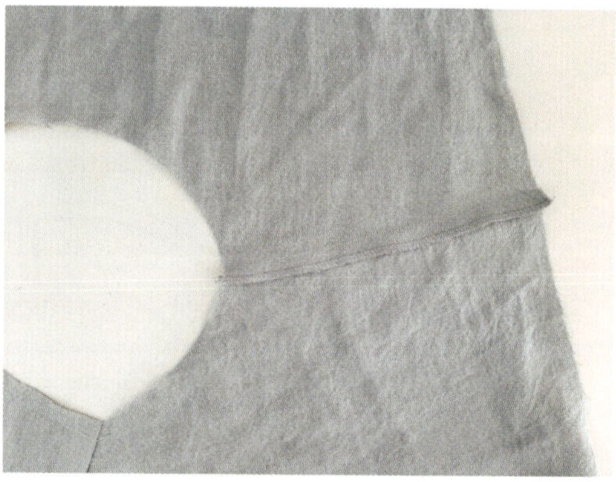

06. 앞, 뒤 몸판을 겉면끼리 맞대고 어깨를 박는다. 시접을 오버록 후 몸판 뒤로 보낸다.

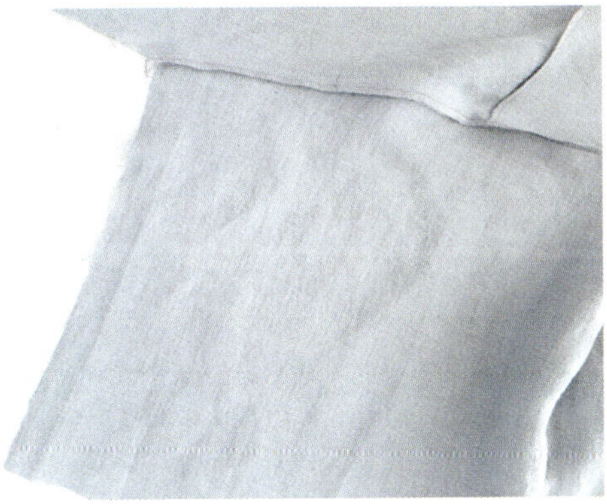

07. 몸판에 소매를 앞, 뒤 위치를 맞춰 겉면끼리 맞대고 박는다. 시접을 오버록 후 팔 쪽으로 넘겨 다림질한다.

08. 몸판과 팔 옆선을 겉면끼리 맞대고 핀으로 고정 후 한 번에 박는다. 시접을 오버록 후 몸판 뒤쪽으로 보낸다.

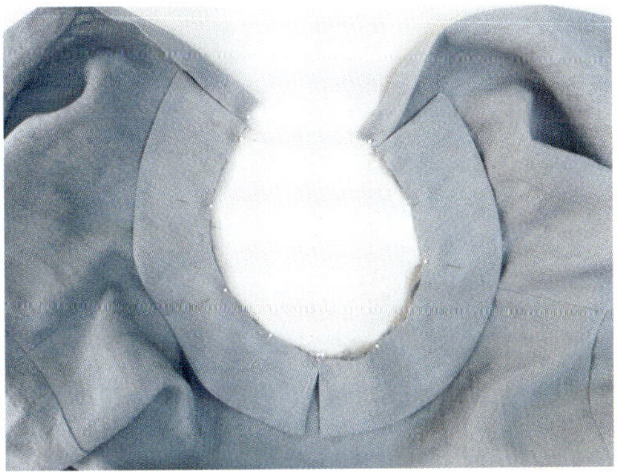

09. 양쪽 뒤 여밈 시접분 2cm를 안쪽으로 접고 겉면 쪽으로 2cm를 한 번 더 접어 핀으로 고정한다. 목둘레 앞 중심에 양쪽 칼라를 맞춰 핀으로 고정한다.

10. 뒤 여밈부터 목둘레를 따라 바이어스를 당겨지지 않도록 올리고 둘레를 박는다

11. 바이어스를 시접 쪽으로 보내고 바이어스 위를 상침 한다.

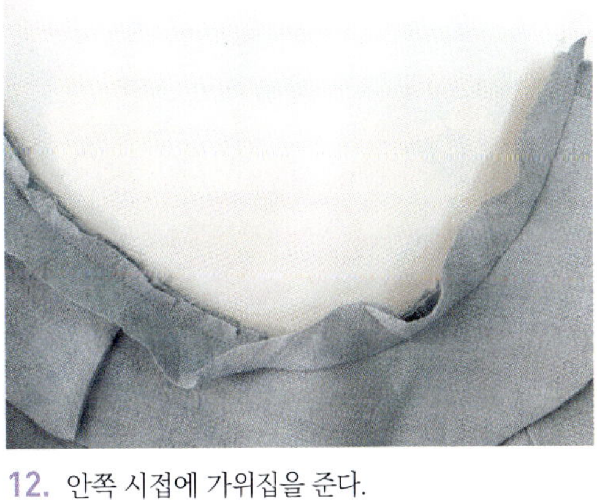

12. 안쪽 시접에 가위집을 준다.

13. 뒤 여밈을 뒤집어 안쪽에서 바이어스로 시접을 감싸준다.

14. 시접을 감싼 바이어스가 고정되도록 안쪽에서 박는다.

15. 밑단도 뒤 여밈 부분을 위와 같이 안쪽으로 2cm 접고 겉면 쪽으로 2cm를 한 번 더 접는다. 밑단 시접 2cm를 박는다. 밑단 시접은 남기고 사진과 같이 여밈을 접은 쪽 시접은 잘라낸다.

16. 여밈 부분을 뒤집어 밑단 시접을 다림질한다.

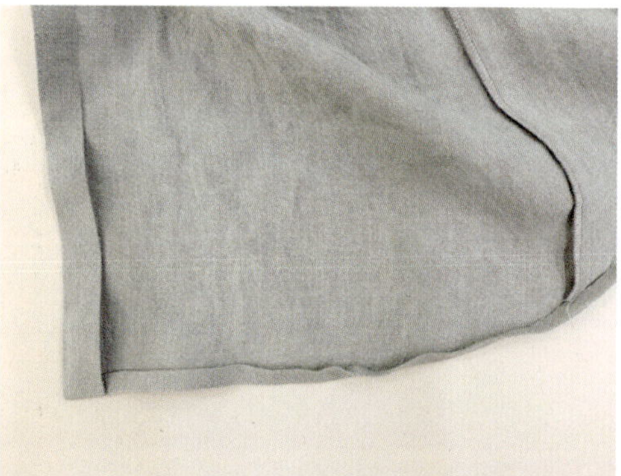

17. 밑단을 반으로 접어 1cm로 다림질하고 핀으로 고정한다.

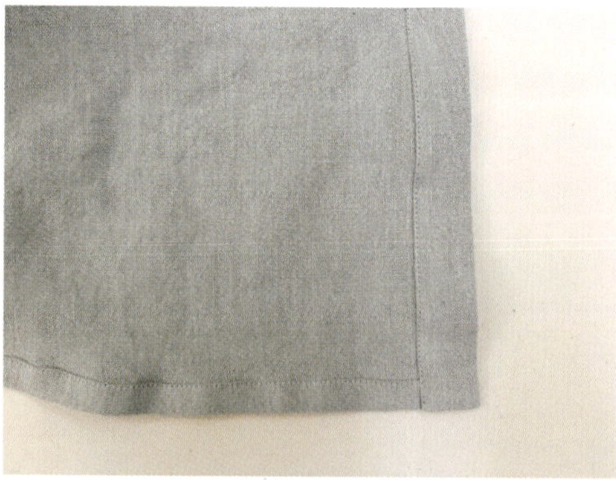

18. 여밈 위에서 부터 밑단까지 박아 마무리한다.

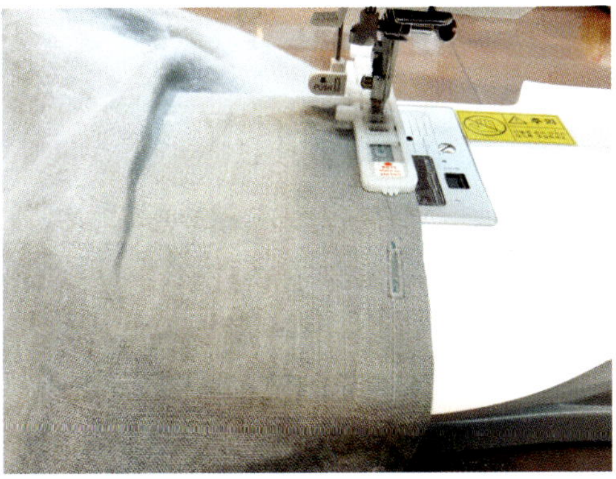

19. 뒤 몸판 오른쪽에 단춧구멍 위치를 표시한다. 단춧구멍 노루발을 이용하여 단춧구멍을 만든다.

20. 단춧구멍에 맞춰 뒤 몸판 왼쪽에 단추를 단다.

※ 바이어스 만드는 방법

01. 원단을 사선 (대략 45도 정도) 잘 늘어나는 방향으로 필요한 너비로 재단한다. 길이가 충분하지 않을 경우 사진과 같이 겉면끼리 맞대어 사선으로 박는다.

02. 양쪽 시접을 0.7cm씩 남기고 자른 후 가름솔 한다.

03. 옆으로 나와 있는 시접을 깔끔하게 정리하여 사용한다.

09

리버시블 베스트

완성사이즈	가슴너비 50cm, 어깨너비 36cm, 베스트 길이 56cm
재　　료	원단 2종류 각각 1yd, 단추
난 이 도	상
제 작 시 간	패턴 30분, 재단 30분, 주머니 봉제 30분, 앞 · 뒤 봉제 30분, 옆선 봉제 30분, 공그르기 10분, 단춧구멍 10분, 단추달기 20분, 마무리 10분
포 인 트	베스트 뒤집기, 주머니 봉제, 단춧구멍, 단추 달기
작 업 과 제	1. 양면으로 입을 수 있는 베스트를 제작하시오. 2. 앞단추로 완성하시오. 3. 한쪽 면에 주머니를 만드시오
심 화 과 정	1. 완성 사이즈 변경 2. 네크라인에 버튼홀 스티치로 장식 3. 뒤 허리선에 비조장식 4. 원피스형의 양면베스트 디자인 5. 목선과 암홀을 바이어스로 마무리 6. 플랩이 있는 포켓 디자인

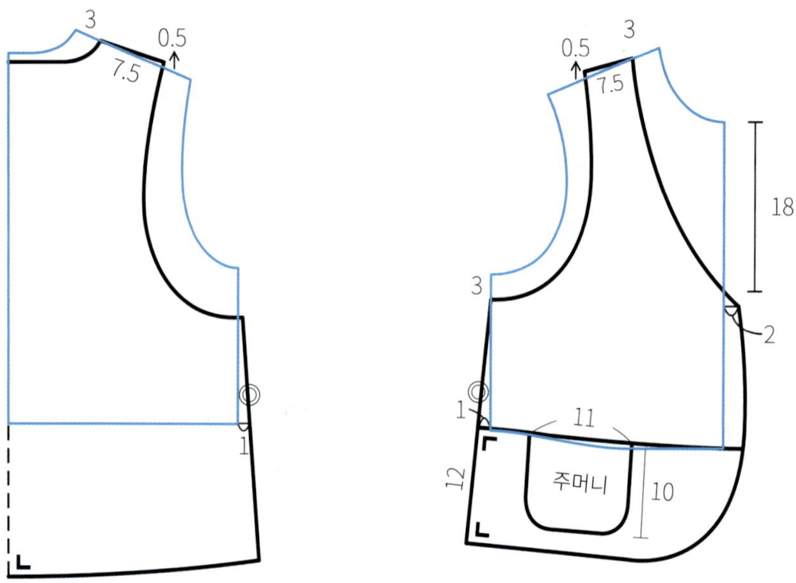

(단위 : cm)

배치도

– 원단 소요량 : 2가지 각각 140cm(폭)×70cm(길이)
– 단추 : 3개 (직경 15mm 내외)

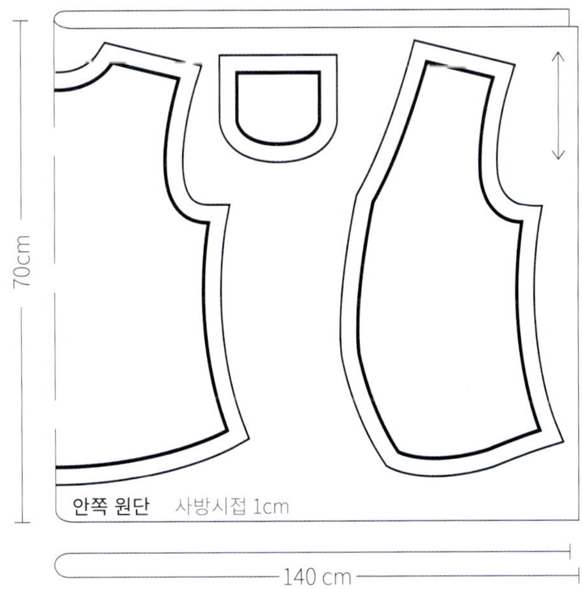

CHAPTER 01. 실용의상 제작 실기

작 업 순 서

01. 베스트 절개 된 앞 윗면에 주머니 위치를 표시하고 주머니와 겉면끼리 맞대어 박는다.

02. 절개된 아랫면 주머니 위치에 1번과 같이 겉면끼리 맞대어 주머니를 박는다.

03. 앞면 아래, 위를 겉면끼리 맞대어 핀으로 고정한다.

04. 앞면 아래, 위를 겉면끼리 맞대어 핀으로 고정한다. 사진에 흰 선 표시와 같이 주머니 시접선을 따라 반대쪽 몸판까지 박는다.

05. 시접과 주머니를 아래로 내려 다림질한다. 앞판 절개선에 주머니가 만들어진다. 반대쪽도 같은 방법으로 바느질하여 주머니를 완성한다.

06. 안쪽 앞면에 단추가 달리는 절개부분을 겉면끼리 맞대어 박는다.

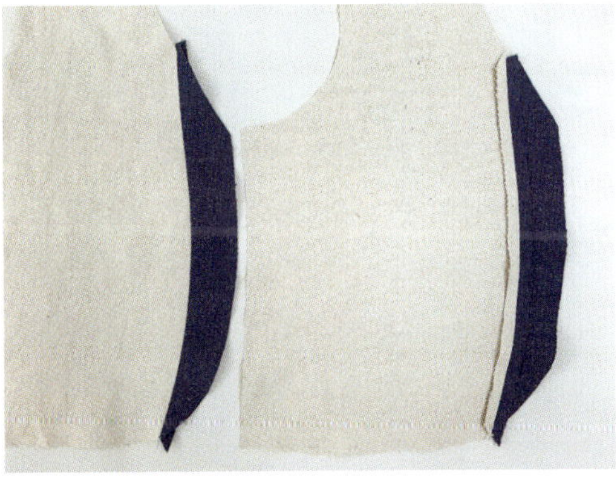

07. 박은 부분을 가름솔로 다림질한다.

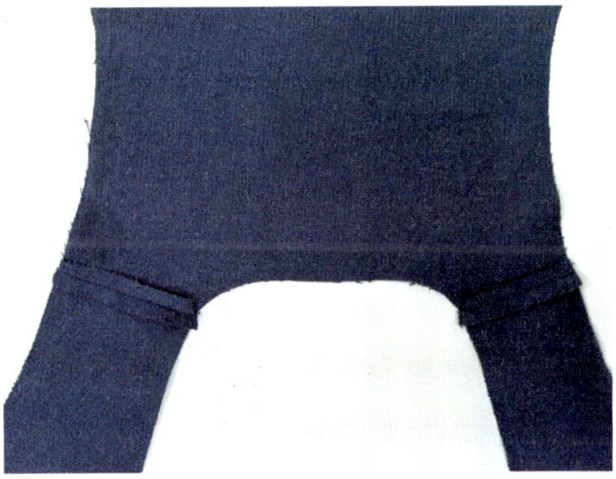

08. 베스트 앞, 뒷면을 겉면끼리 맞대어 어깨를 박는다. 시접을 가름솔로 정리한다. 안쪽도 같은 방법으로 어깨를 연결한다.

09. 베스트 2장을 펼쳐 겉면끼리 맞대어 둘레를 핀으로 고정한다. 베스트 앞 허리 부분부터 앞선을 따라 목선을 지나 반대쪽 허리 부분까지 둘레를 박는다.

10. 진동둘레도 양쪽 다 박는다.

11. 베스트 뒷면 허리 부분을 박는다.

12. 앞 여밈 위 모서리는 바느질 선에서 0.3cm 정도 남기고 모서리 시접을 조금 잘라낸다. 곡선에는 가위집을 준다.

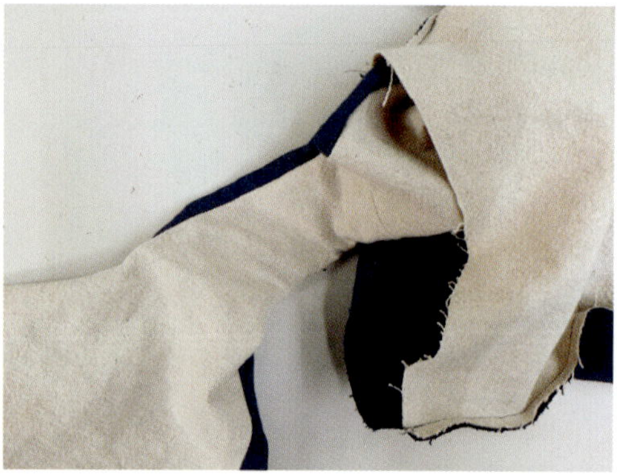

13. 뒤판 옆선에 열린 공간으로 손을 넣어 어깨 통로를 이용하여 양쪽 앞판을 각각 뒤집어 준다.

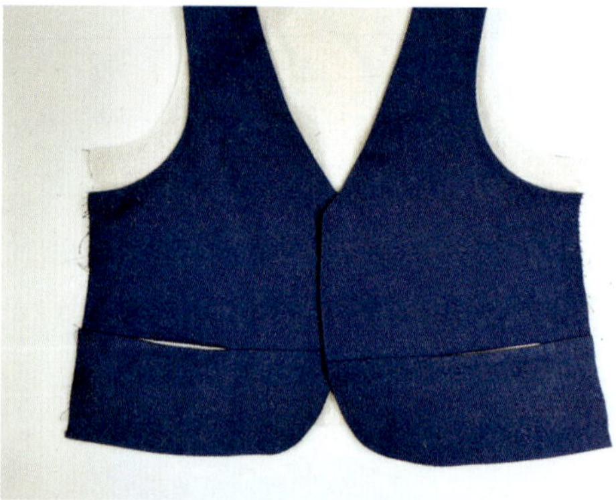

14. 베스트가 겉면이 다 나오도록 뒤집고 둘레 바느질선을 잘 정리하여 다림질한다.

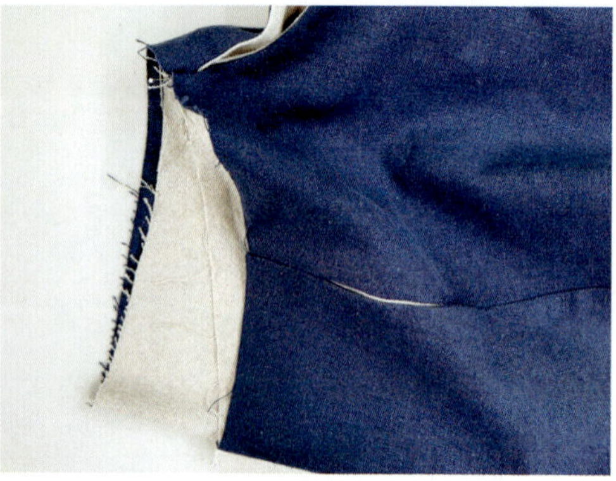

15. 양쪽 옆선은 겉면은 겉면끼리, 안쪽은 안쪽끼리 박음질한다.

16. 먼저 뒤판 쪽 한쪽 옆선으로 반대쪽 옆선을 빼내어 겉면, 안쪽 원단을 각각 겉면끼리 만나도록 핀으로 고정한다.

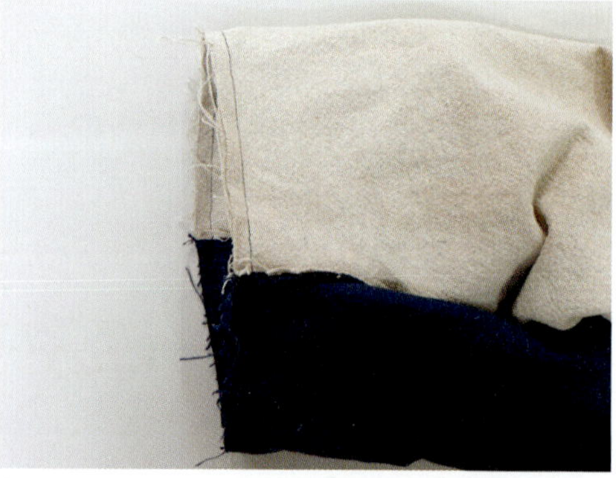

17. 이때 먼저 바느질된 시접을 가름솔로 펼쳐 바느질선을 맞추고 둥근 둘레를 따라 박는다.

18. 박음질 후 시접을 가름솔로 정리한다.

19. 꺼냈던 옆선으로 집어넣어 정리한다.

20. 한쪽 남겨진 옆선의 겉면 원단을 앞, 뒤 겉면끼리 맞대어 핀으로 고정한다.

21. 안쪽 원단에 창구멍을 남기고 둘레를 최대한 박는다.

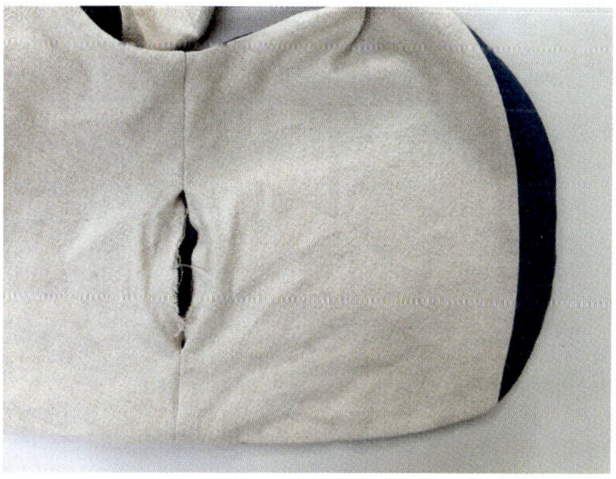

22. 박음질된 옆선을 가름솔로 정리하고 남겨진 창구멍으로 옆선을 넣어준다.

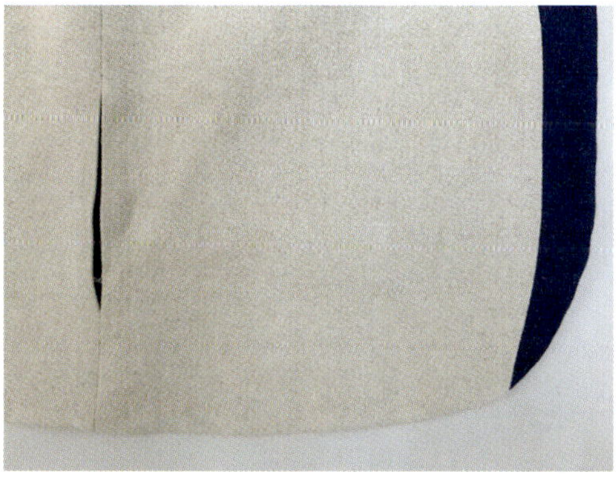

23. 안쪽 원단에 창구멍이 남는다.

24. 창구멍을 다림질하고 공그르기로 막아준다.

25. 앞 여밈 오른쪽에 단추 위치를 표시한다.

26. 단춧구멍 노루발을 이용하여 단춧구멍을 만든다.

27. 단춧구멍 위치에 맞춰 왼쪽에 단추를 단다. 단추를 달때 겉면과 안면 모두에 기둥을 세워준다.

28. 단추가 달리는 앞면에 앞, 뒤로 단추를 달면 양면으로 입을 수 있는 양면 베스트가 완성된다.

MEMO

10

베스트

완성사이즈	가슴너비 50cm, 어깨너비 38cm, 베스트 길이 55cm
재 료	원단 1yd, 심지1yd, 단추
난 이 도	상
제 작 시 간	패턴 40분, 재단 40분, 심지부착 20분, 주머니봉제 30분, 봉제 70분, 마무리 10
포 인 트	넓은 면에 심지부착, 안단봉제, 안단에 0.2cm로 누름상침, 단춧구멍 만들기
작 업 과 제	1. 주머니 라운드의 모양이 자연스럽게 다림질하여 부착하시오. 2. 진동둘레 안단과 앞 안단에 심지를 부착하여 봉제하시오.
심 화 과 정	1. 완성 사이즈 변경 2. 안단 가장자리 접어 박기 3. 네크라인을 라운드로 디자인 4. 암홀을 인바이어스로 마무리 5. 뒤 중심선에 맞주름이 있는 디자인 6. 입술주머니

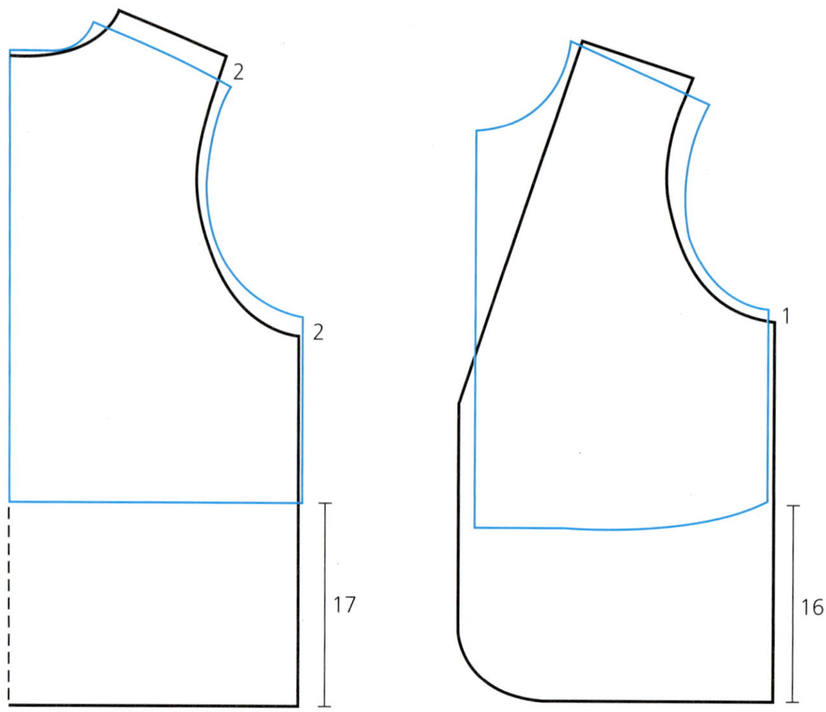

(단위 : cm)

배치도

– 원단 소요량 : 130cm(폭)×100cm(길이)

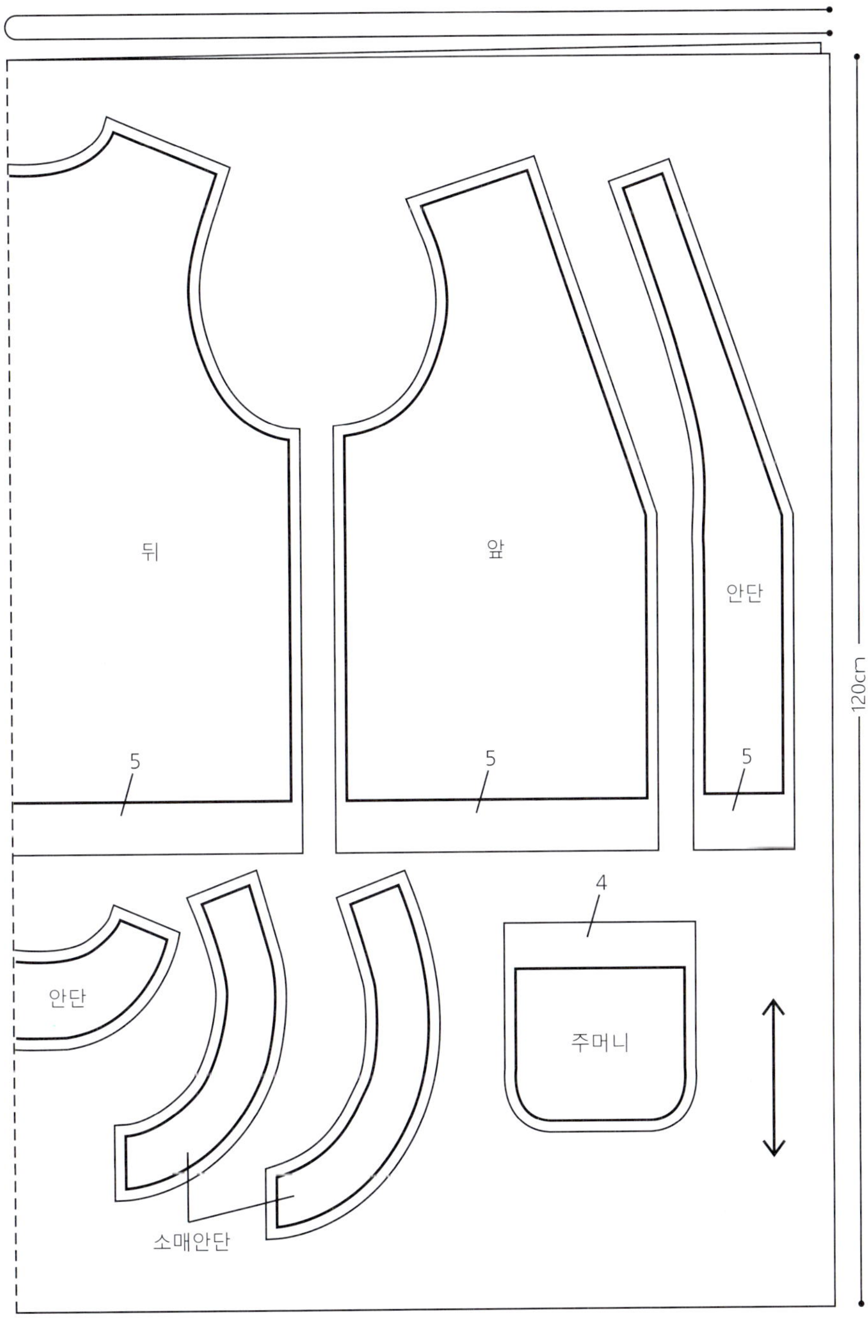

*정해진 곳 이외의 시접 치수는 1cm

작업순서

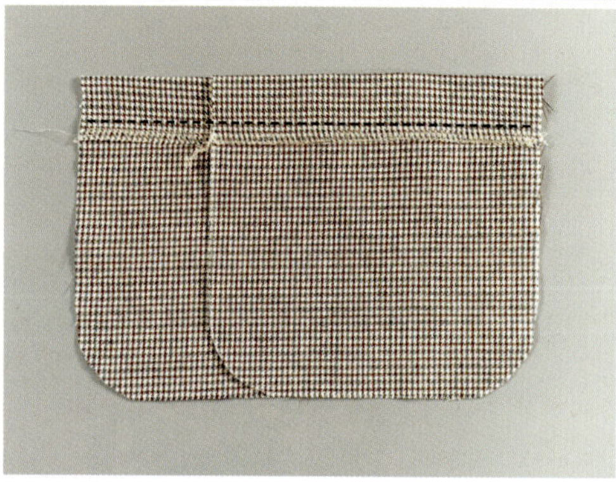

01. 주머니감의 위를 오버록 하고 접어 박는다.

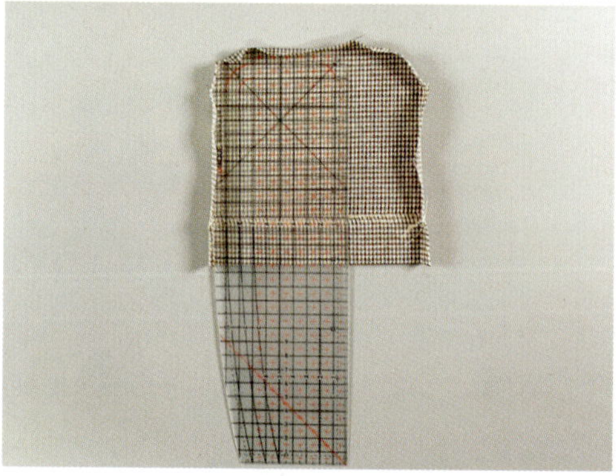

02. 곡선 부분은 아이론자를 이용해 접어가며 다림질 한다.

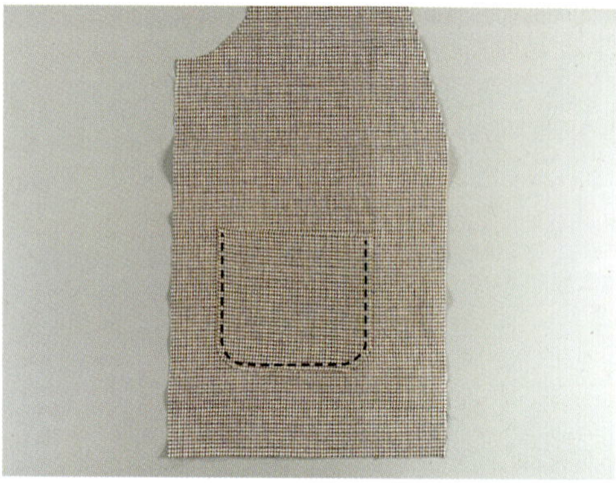

03. 앞판에 주머니를 올려두고 0.2cm로 상침 한다.

04. 앞, 뒤 어깨를 따로 오버록한 뒤 겉을 마주대고 박아 가름솔로 다림질한다.

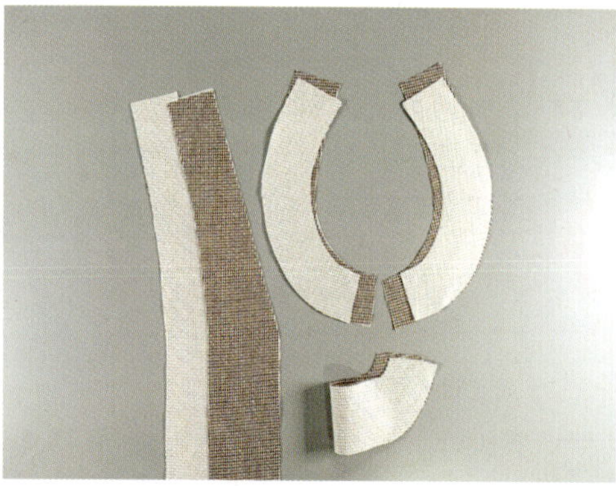

05. 모든 안단에 심지를 부착한다.

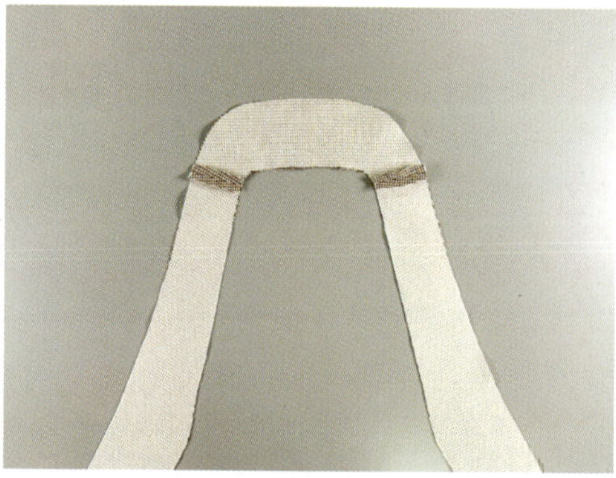

06. 안단의 겉을 마주대고 박고 가름솔 한다.

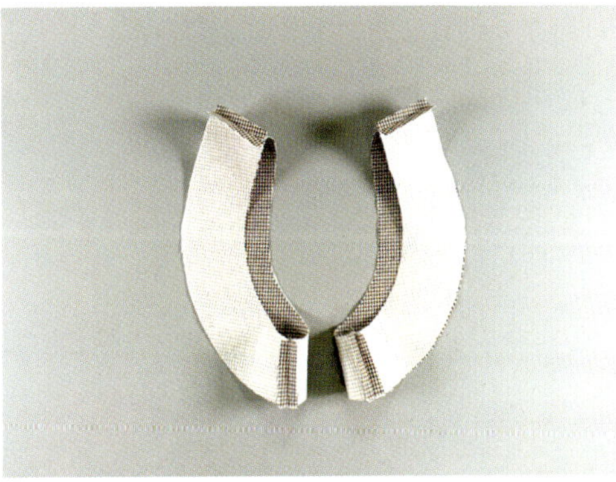

07. 안단의 어깨와 진동둘레를 박고 가름솔로 다림질한다.

08. 안단의 가장자리를 오버록하고 안으로 오버록만큼 접어 박는다.

09. 몸판에 겉과 안단의 겉을 마주대고 박는다. 이때 어깨의 솔기를 맞추어 박는다.

10. 밑단의 안단은 둥근 모양으로 박는다.

11. 목둘레의 곡선부분에 가위집을 넣는다.

12. 안단의 완성모습

13. 옆선을 박고 진동둘레에 안단을 달아준다. 안단의 바깥선을 오버록 한다.

14. 곡선 부분에 가위집을 넣는다.

15. 시접을 안단 쪽으로 보내고 안단위에서 0.2cm로 상침 한다.

16. 안단이 모두 완성된 모습

17. 아랫단은 오버록 후 접어 박는다.

MEMO

11

A라인 원피스

완성사이즈	가슴너비 50cm, 어깨너비 38cm, 소매 길이 47cm, 원피스 길이 98cm
재 료	원단 2yd, 심지1/3yd, 단추
난 이 도	상
제 작 시 간	패턴 40분, 재단 30분, 칼라만들기 20분, 단추고리 5분, 다트 10분, 안단 10분, 몸판 봉제 30분, 칼라달기 30분, 안단고정 20분, 밑단정리 10분, 단추달기 5분
포 인 트	안단 만들기, 칼라 만들기, 단추고리 만들기, 앞트임, 소매 달기
작 업 과 제	1. 칼라가 달린 원피스를 제작하시오. 2. 7부 소매로 제작하시오. 3. 앞트임에 고리를 달아 단추로 여밈 하시오.
심 화 과 정	1. 완성 길이 변경 2. 뒤트임 만들기 3. 브이네크라인으로 디자인 4. 퍼프소매로 디자인 5. 옆지퍼 봉제 6. 허리고무줄

패턴변형

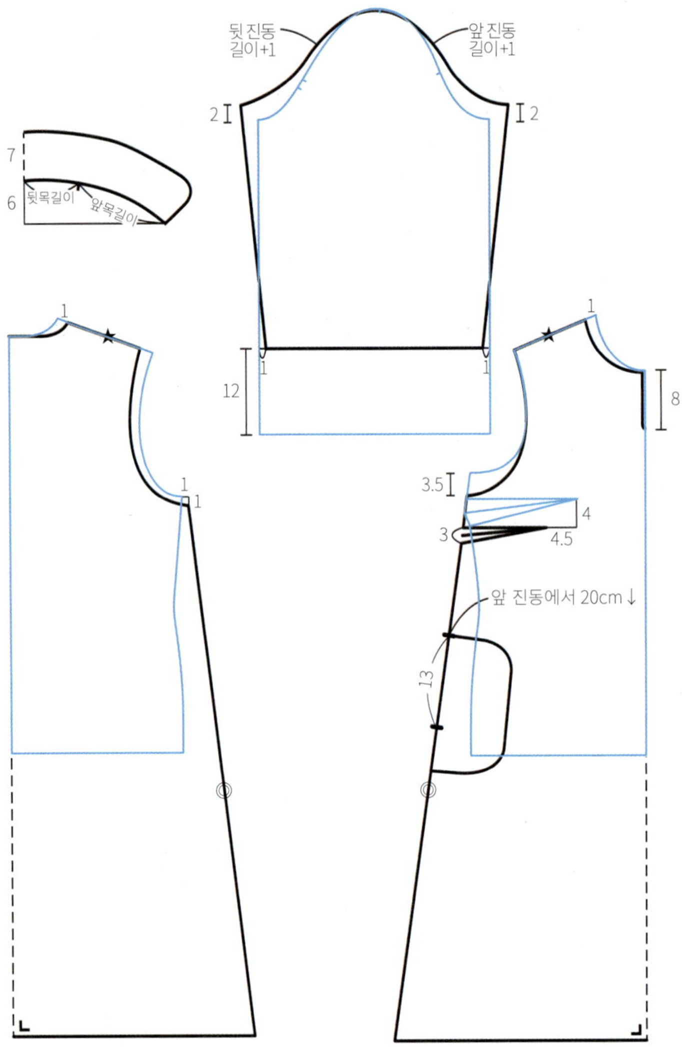

뒷 진동 길이+1
앞 진동 길이+1
2
2
7
6
뒷목길이
앞목길이
1
1
12
1
1
8
1
1
3.5
4
3
4.5
앞 진동에서 20cm ↓
13

(단위 : cm)

배 치 도

- 원단 소요량 : 140cm(폭)×190cm(길이)
- 접착심지 : 110cm(폭)×30cm(길이)
- 단추 : 1개 (직경 20mm 내외)

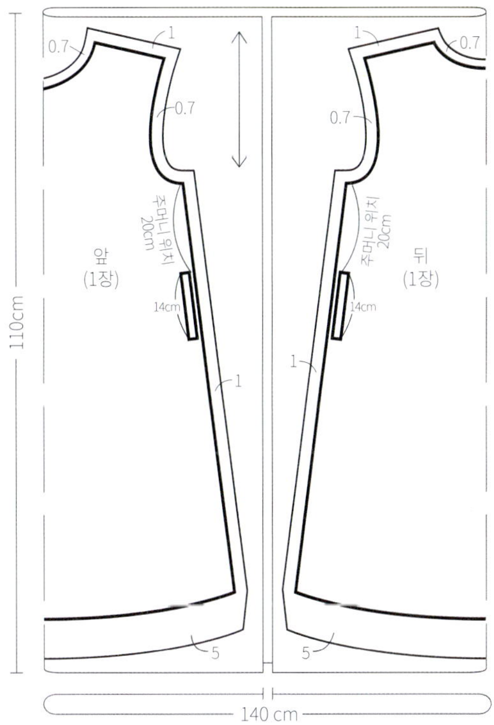

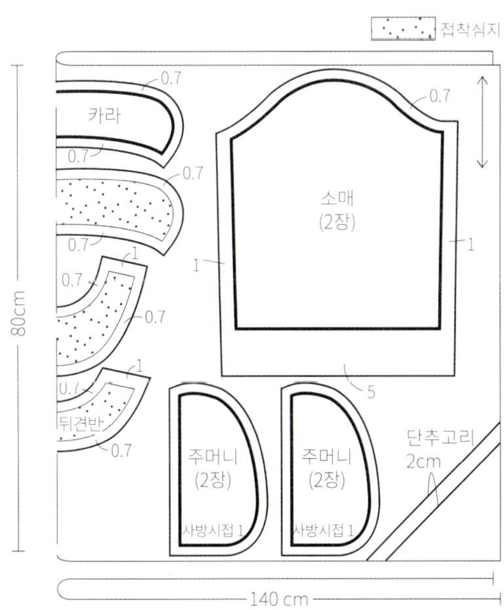

작업순서

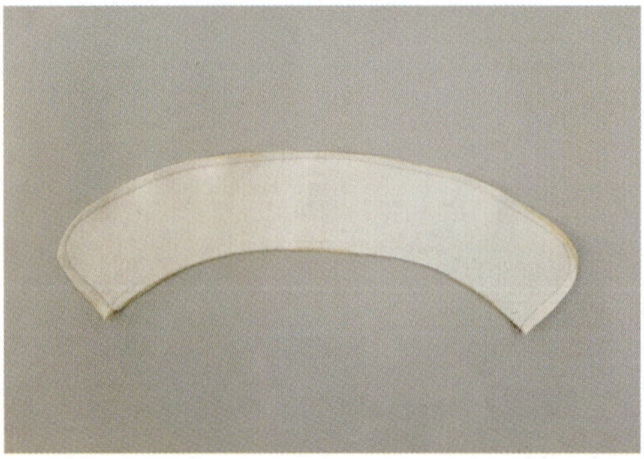

01. 칼라를 접착심 붙인 면과 안붙인 면을 겉면끼리 맞대고 아래 몸판과 바느질되는 부분을 남기고 3면을 박는다. 박음질 된 부분 시접을 0.4cm 정도 남기고 자른다. 곡선은 가위집을 준다.

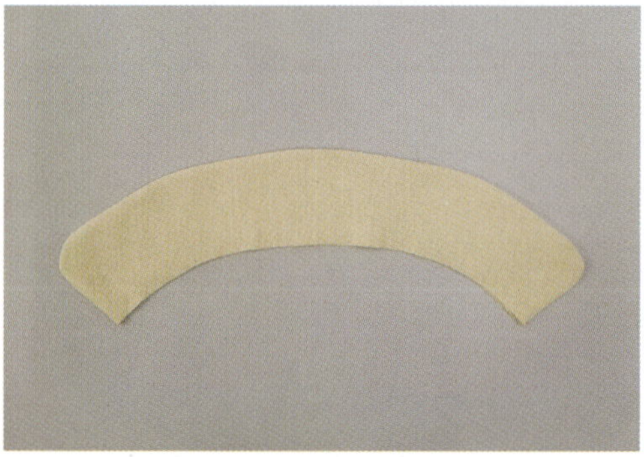

02. 바느질 된 칼라를 뒤집어 다림질한다.

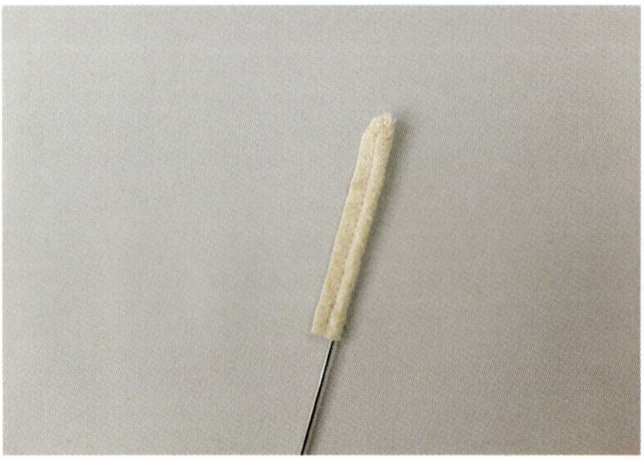

03. 단추 고리는 바이어스를 반 접어 0.3cm~ 0.4cm로 길게 박아 시접을 0.3cm 정도로 자르고 뒤집어 5cm 길이로 준비한다.

04. 앞판 다트를 반 접어 박아준다. 뾰족한 끝부분을 되돌아박기 하거나 실을 길게 남겨 묶어서 마무리해도 된다. 다트의 시접은 위쪽으로 보내 다림질한다.

05. 몸판 앞. 뒷면을 겉면끼리 맞대고 어깨를 박는다. 시접을 오버록 후 몸판 뒤쪽으로 보낸다.

06. 안단은 겉면끼리 맞대고 어깨를 박아 시접을 앞쪽으로 보내 다림질한다. 이때 어깨 시접을 가름솔로 처리해도 된다. 특히 원단이 두꺼울 경우 가름솔 한다.

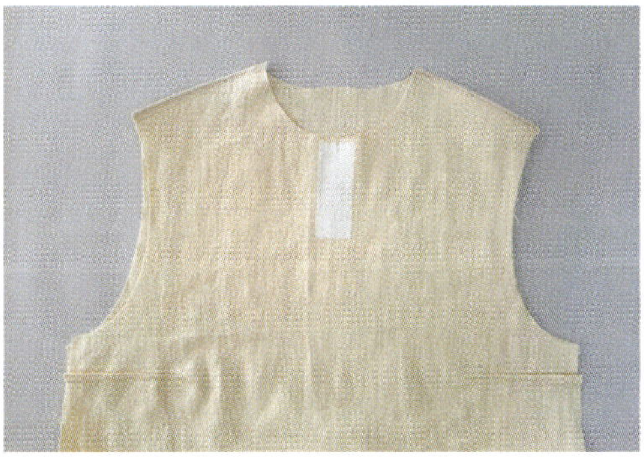

07. 몸판 앞 트임 부분에 접착심을 길이로 붙여 준다.

08. 칼라 뒤 중심을 뒷목 중심과 맞춰 목둘레를 따라 앞 여밈선 까지 핀으로 고정한다.
단추 고리를 사진과 같이 앞트임에 고정한다.

09. 몸판 겉면과 안단 겉면이 만나도록 올리고 목둘레와 앞트임을 따라 박는다.

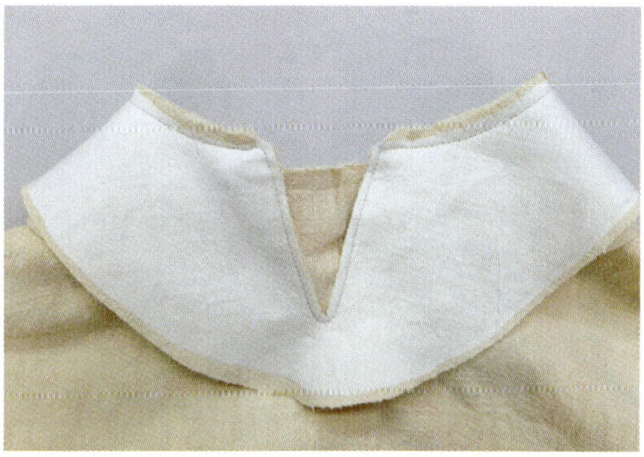

10. 앞트임을 따라 중심을 깊이 자르고 끝 둥근 부분에 양쪽으로 가위집을 준다.
위 양쪽 모서리 시접을 삼각형으로 자른다.

11. 목둘레를 따라 곡선에 가위집을 주고 안단을 몸판 안쪽으로 보내고 박음선을 다림질로 정리한다. 목둘레를 따라 안단 쪽에서 시접과 함께 상침해주면 안단이 바깥으로 올라오는 것을 방지할 수 있다.

12. 안단 끝부분을 0.5cm 정도 안쪽으로 접어 다림질 후 몸판과 함께 고정되도록 박는다. 안단만 끝부분을 접어 박아주거나 오버록 하여 고정 바느질을 생략하기도 한다. 이때 어깨부분을 공그르기 또는 감침질로 고정하면 좋다.

13. 몸판 옆선 주머니 위치에 접착심을 붙인다. 주머니를 몸판 앞 겉면 위치에 겉면끼리 맞대고 손 들어가는 부분을 위쪽 시접은 제외하고 박는다.

14. 아래, 위 박음질 된 끝에 가위집을 주고 주머니를 사진과 같이 안쪽으로 보낸다.

15. 바느질 된 선을 상침 한다.

16. 뒤쪽 주머니를 바느질 된 주머니와 맞춰 주머니 둘레를 박고 오버록 한다.

17. 몸판에 소매 앞, 뒤를 잘 맞춰 겉면끼리 맞대고 박는다. 시접을 오버록 후 소매 쪽으로 보내고 다림질한다.

18. 소매 옆선과 몸판 옆선을 핀 고정하고 주머니 손 들어가는 부분(13~14번 부분)이 박히지 않도록 하여 옆선을 박는다. 시접을 오버록 하고 몸판 뒤쪽으로 보낸다.

19. 소매단과 밑단을 1cm를 접고 4cm를 안으로 접어 박아 마무리한다.

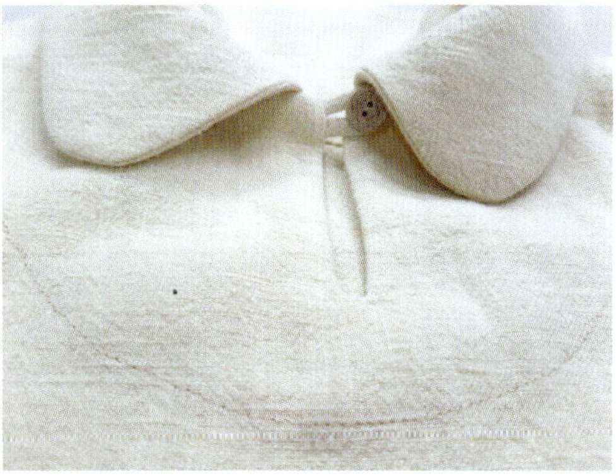

20. 앞 여밈 고리에 맞춰 반대편에 단추를 달아준다.

12

배기 원피스

완성사이즈	가슴너비 54cm, 어깨너비 38cm, 소매 길이 45cm, 원피스 길이 100cm
재　　료	원단 2.5yd, 고무밴드 50cm
난 이 도	상
제작시간	패턴 40분, 재단 30분, 소매 만들기 30분, 안단 만들어 달기 20분, 주머니 만들기 20분, 개더주름 만들기 30분, 상의와 하의 연결하기 20분, 밑단 10분, 마무리 10분
포 인 트	개더주름 만들기, 상의와 하의 연결하기, 소매 밑단에 고무줄 넣기, 목둘레 안단 달기, 셋 인 슬리브 봉제
작업과제	1. 목둘레 안단에 심지를 부착하시오. 2. 소매단에 고무줄을 넣어 봉제하시오. 3. 스커트의 앞과 뒤에 개더주름을 1.5배로 만드시오.
심화과정	1. 완성 사이즈 변경 2. 네크라인에 단추로 여밈 만들기 3. 네크라인에 프릴이 달린 디자인 4. 허리 절개선의 위치 변경 5. 민소매원피스 6. 심포켓 디자인

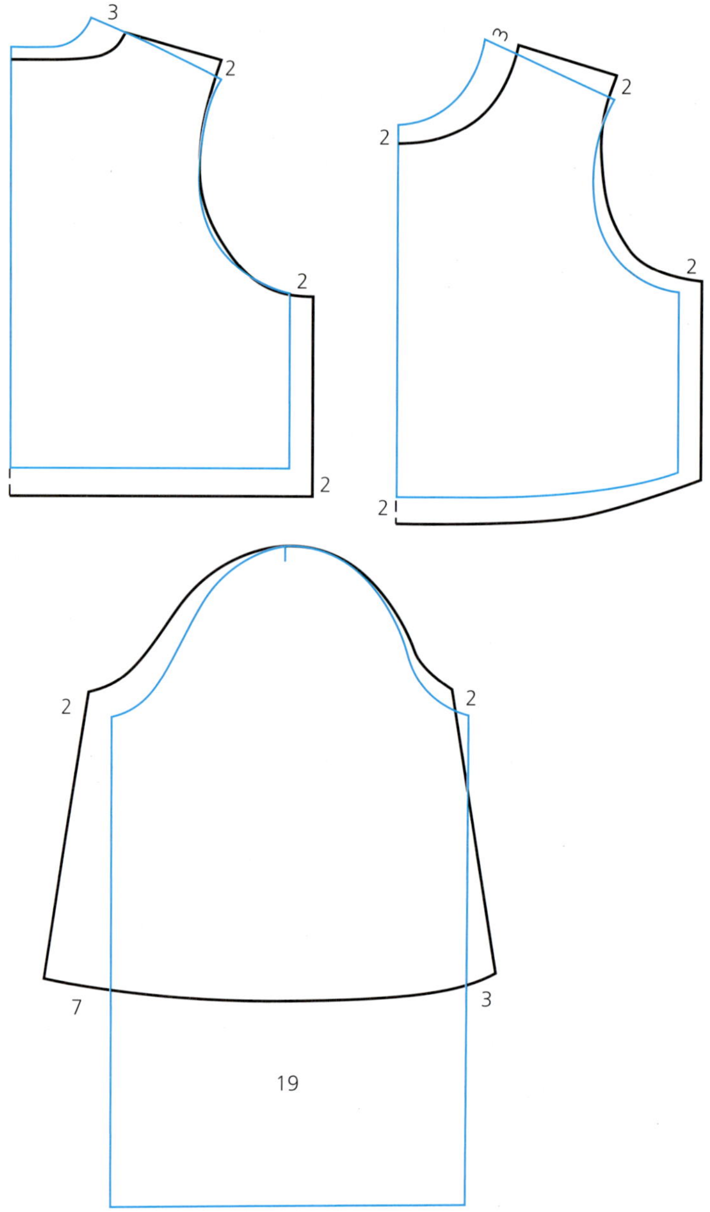

(단위 : cm)

배 치 도

– 원단 소요량 : 130cm(폭)×230cm(길이)

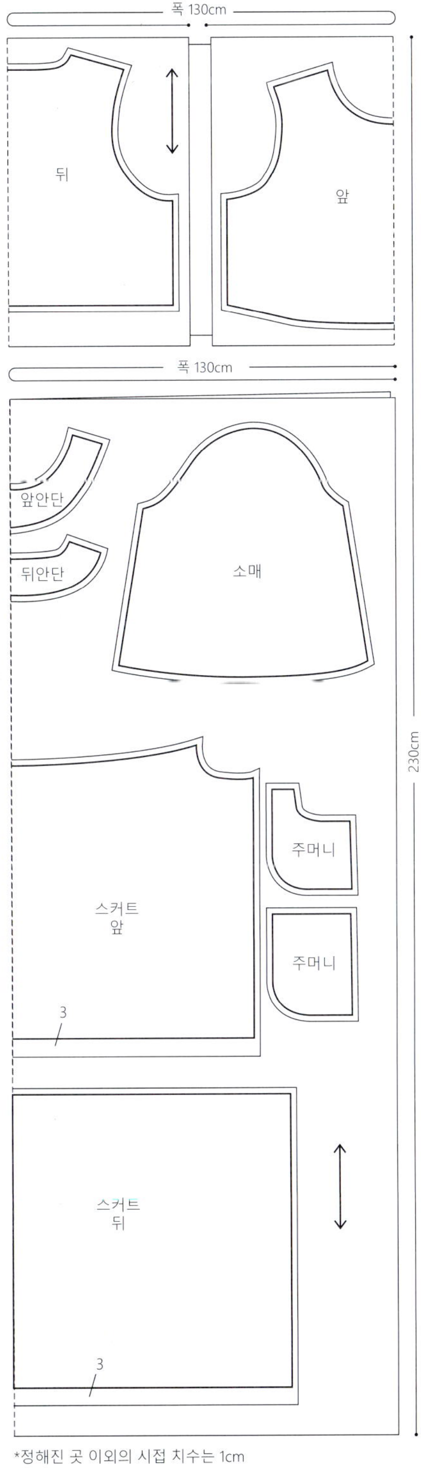

*정해진 곳 이외의 시접 치수는 1cm

작업순서

01. 앞판과 뒤판의 어깨를 오버록 한다.

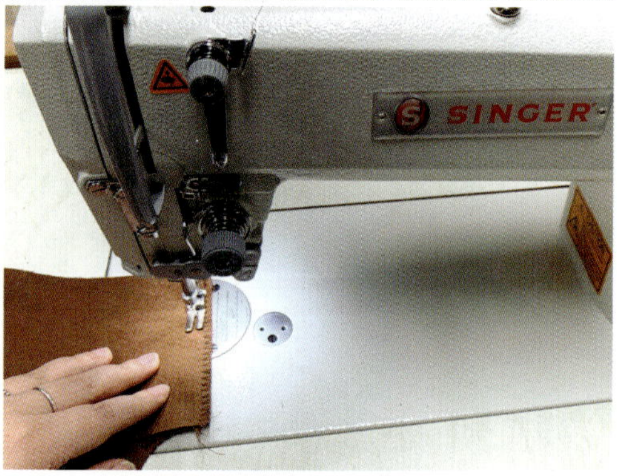

02. 겉과 겉을 마주대고 어깨를 박는다.

03. 가름솔로 다림질 한다.

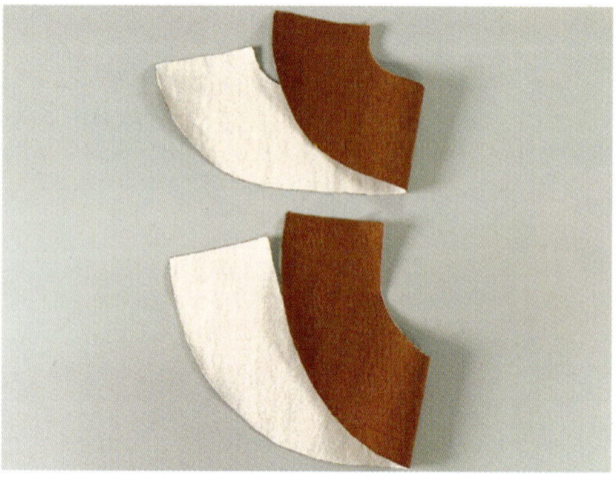

04. 안단에 심지를 부착 한다.

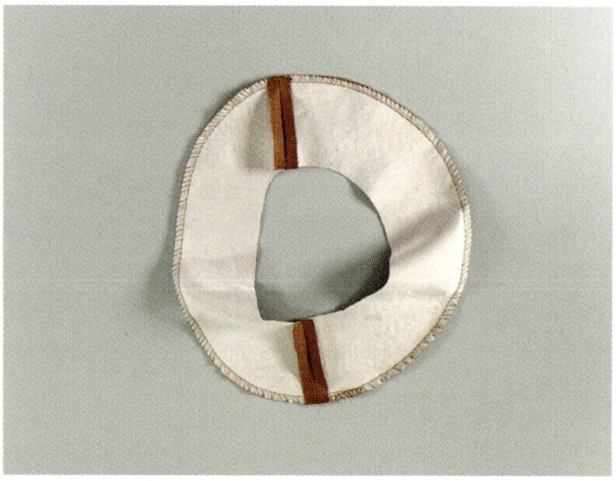

05. 안단의 양옆을 박고 가름솔로 다림질하고 바깥 부분을 오버록 한다.

06. 목둘레에 안단을 올려 1cm로 박는다. 이때 양 어깨에 안단의 솔기를 정확히 맞춘다.

07. 곡선부분에 가위집을 넣는다.

08. 시접을 안단 쪽으로 보내고 안단위에서 0.3cm 로 상침 한다.

09. 안단의 완성모습

10. 옆선을 박고 가름솔로 다림질 한다.

11. 소매를 박아 가름솔로 다림질 한다.

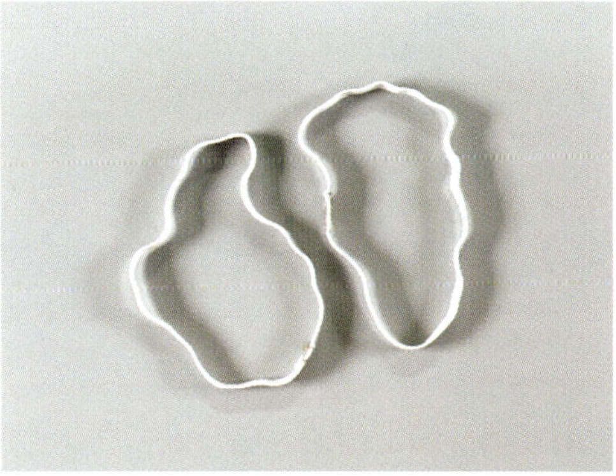

12. 폭 1cm의 고무줄 27cm를 원통으로 만들어둔다.

13. 소매 끝으로 고무줄을 감싸고 박는다.

14. 몸판의 겉과 소매의 겉을 마주대고 어깨와 암홀의 솔기를 맞추어 핀으로 고정 한다.

15. 안쪽에서 돌려가며 박는다.

16. 완성된 소매를 오버록 한다.

17. 스커트 주머니위치에 손등감을 올려놓고 1cm로 박는다 이때 겉과 겉을 마주 댄다.

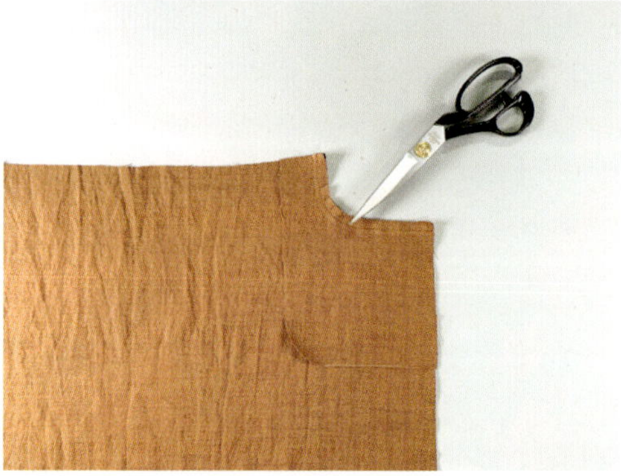

18. 곡선부분에 가위집을 넣는다.

19. 안쪽으로 넘겨 0.3cm로 상침 한다.

20. 손바닥감을 겉과 겉을 마주대고 오려놓는다.

21. 주머니만 박고 오버록 한다.

22. 주머니 부분을 제외한 부분을 몸판의 넓이와 맞추어 주름을 잡는다.

23. 뒤 몸판의 넓이에 맞추어 뒤판 스커트주름을 잡는다.

24. 스커트의 옆선을 박는다.

25. 상의의 겉과 스커트의 겉을 마주대고 시침 후 박는다.

26. 밑단을 2cm로 박는다.

MEMO

더블 재킷

완성사이즈	가슴너비 56cm, 어깨너비 54cm, 소매 길이 30cm, 재킷 길이 65cm
재 료	원단 2yd, 심지 1yd, 단추
난 이 도	상
제 작 시 간	패턴 40분, 재단 30분, 심지부착 20분, 주머니 30분, 안단달기 30분, 소매달기 40분, 밑단 10분, 마무리 10
포 인 트	안단봉제와 시접정리, 드롭숄더 디자인의 몸판과 소매봉제
작 업 과 제	1. 절개선에 히든 포켓을 만드시오. 2. 앞여밈분이 7cm인 더블재킷을 만드시오. 3. 소매 단에 아웃바이어스 기법을 변형한 덧단을 만드시오. 4. 안단에 0.2cm로 누름상침 하시오.
심 화 과 정	1. 완성 사이즈 변경 2. 안단을 어슷시침으로 고정 3. 싱글재킷으로 변형 4. 옆트임이 있는 로브로 변형 5. 웰트 포켓으로 디자인 6. 2장 소매로 변경

패턴변형

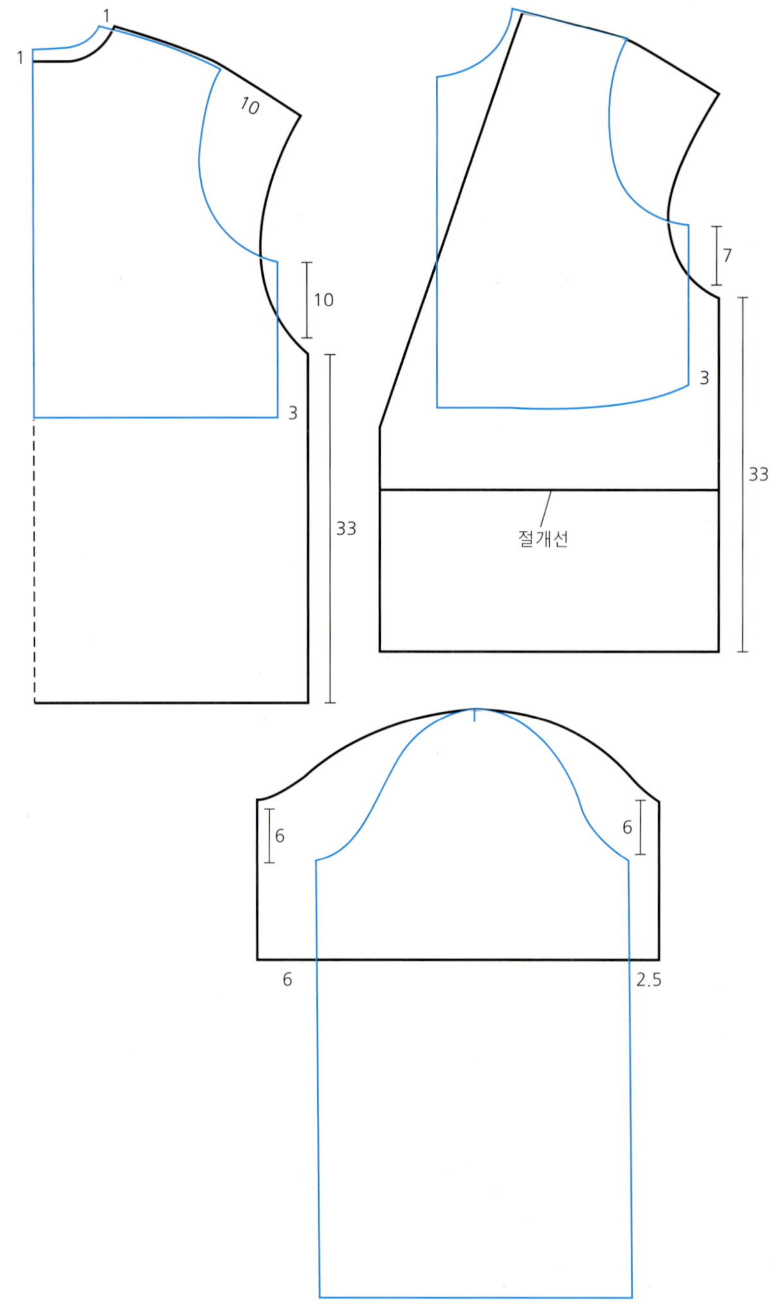

(단위 : cm)

배 치 도

– 원단 소요량 : 130cm(폭)×140cm(길이)

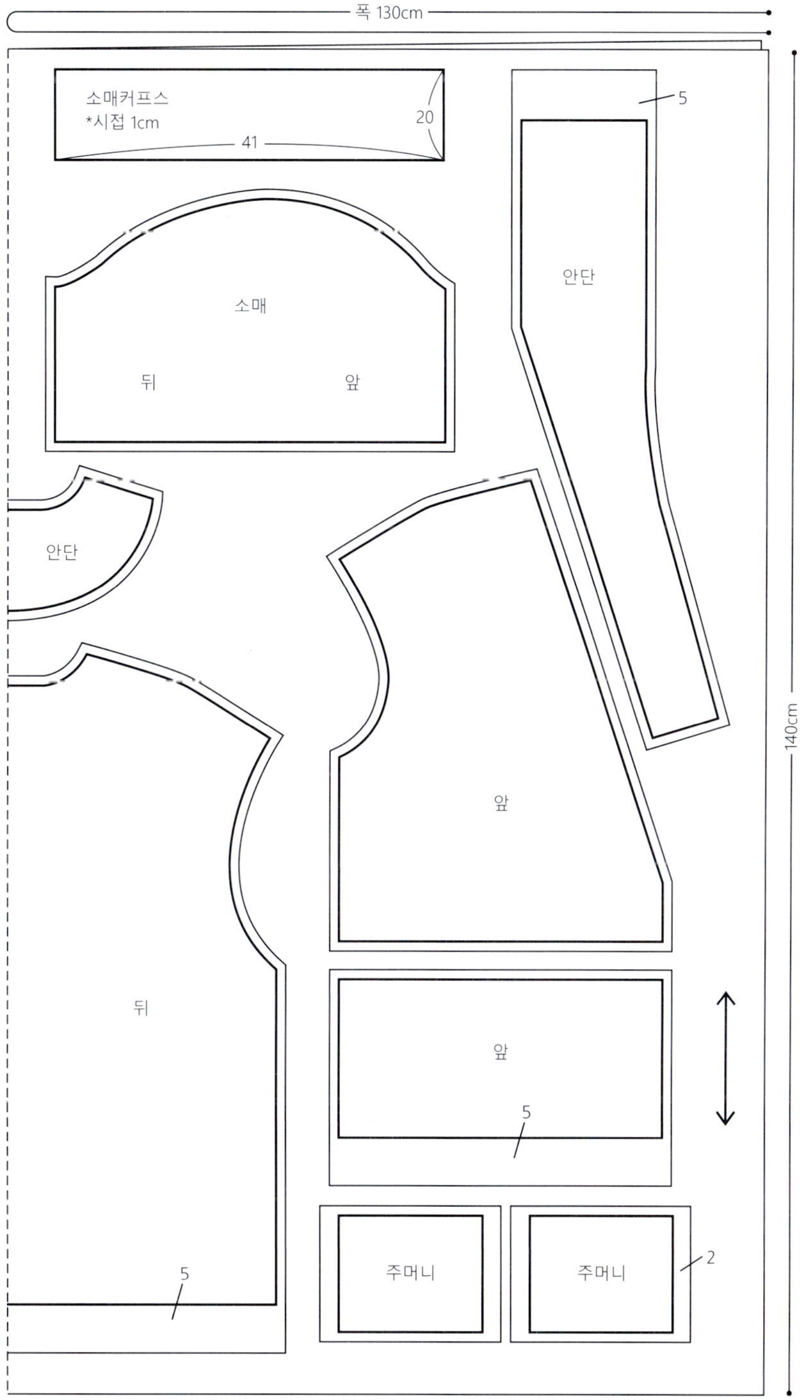

*정해진 곳 이외의 시접 치수는 1cm

작업순서

01. 앞판의 아랫단에 주머니 손등감을 올리고 양쪽 시접을 2cm 남기고 박는다.

02. 박음질된 양쪽 끝에 가위집을 넣는다.

03. 양옆 시접이 보이도록 주머니를 펼친다.

04. 손등감을 올려둔다.

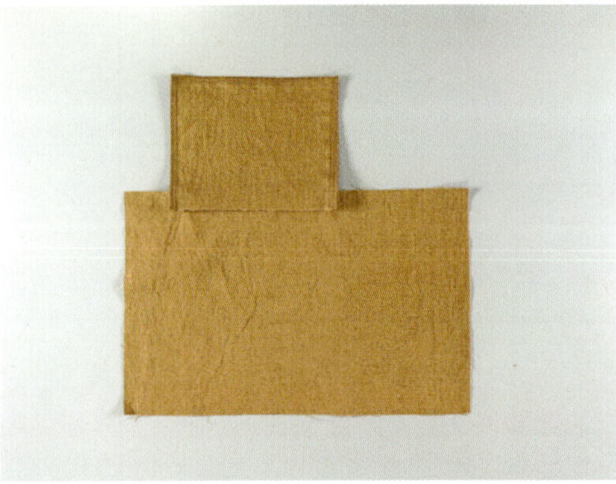

05. 주머니만 박고 오버록 한다.

06. 안으로 넣은 모습

07. 앞판의 위부분과 아래 부분을 맞춘다.

08. 겉과 겉을 마주대고 박는다.

09. 오버록 한다.

10. 시접을 위로 보내고 겉에서 상침 한다.

11. 어깨를 오버록하고 겉을 마주대고 박은 후 가름 솔로 다림질한다.

12. 안단에 심지를 부착하고 어깨를 박는다.

CHAPTER 01. 실용의상 제작 실기

13. 몸판에 안단을 맞대어 박고 밑단의 코너 부분의 시접을 잘라준다.

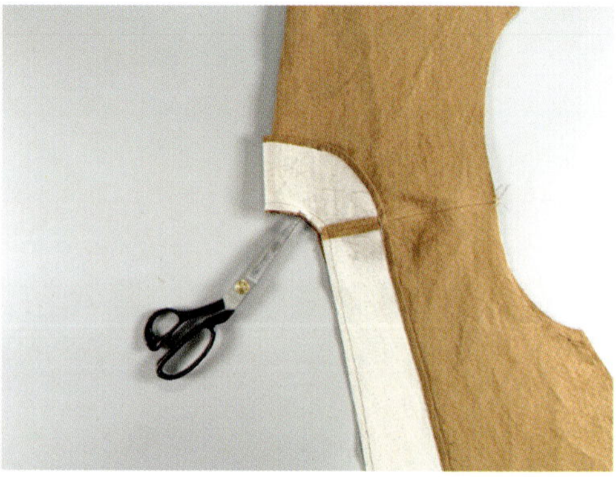

14. 목둘레의 곡선부분에 가위집을 넣는다.

15. 시접을 안단 쪽으로 보내고 안단 위에서 0.3cm로 상침 한다.

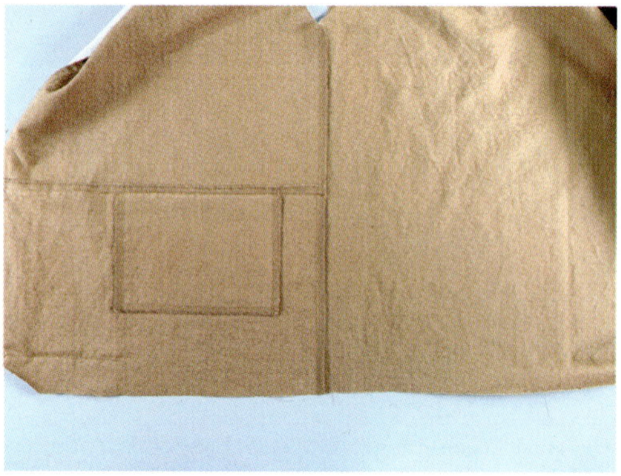

16. 옆선을 박고 오버록 한다.

17. 소매를 박고 오버록 한다.

18. 커프스는 원형으로 박고 가름솔로 다림질한다, 한쪽 끝은 1cm접어 다림질 한다.

19. 소매의 안과 커프스의 겉을 마주대고 박는다.

20. 커프스를 반 접어 겉에서 0.2cm로 상침 한다.

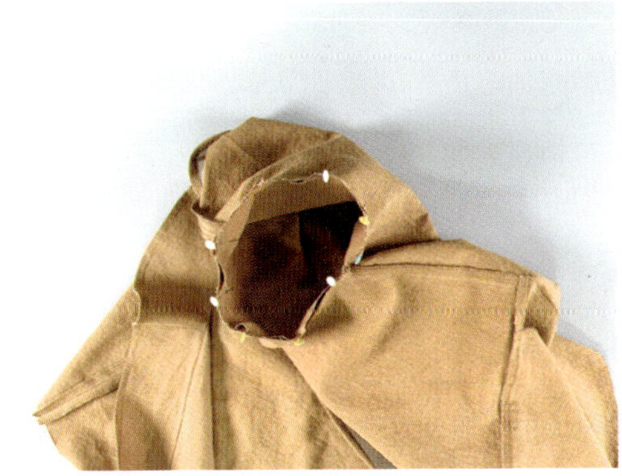

21. 몸판의 겉과 소매의 겉을 마주대고 시침핀으로 고정 한다.

22. 돌려 박고 오버록 한다.

23. 밑단을 오버록 하고 접어 박는다.

14

라운드 재킷

완성사이즈	가슴너비 62cm, 어깨너비 74cm, 소매 길이 39cm, 재킷 길이 73cm
재 료	원단 2yd, 심지 1yd, 단추
난 이 도	상
제 작 시 간	패턴 30분, 재단 30분, 어깨 봉제 10분, 안단 봉제 10분, 팔 · 몸판 봉제 30분, 안단달기 30분, 옆트임 · 밑단정리 20분, 밑단 · 안단 고정봉제 30분, 소매밑단정리 10분, 마무리 10분
포 인 트	안단 봉제, 옆트임 봉제, 상침, 밑단정리
작 업 과 제	1. 목둘레를 라운드로 디자인하시오. 2. 안단으로 마무리하시오. 3. 옆트임을 만들어 제작하시오.
심 화 과 정	1. 완성 사이즈 변경 2. 칼라가 있는 디자인 3. 허리끈과 허리선 양옆에 실루프 만들기 4. 앞여밈에 단추가 있는 형태 5. 주머니가 있는 디자인 6. 뒤중심선에 절개가 있는 디자인

패턴변형

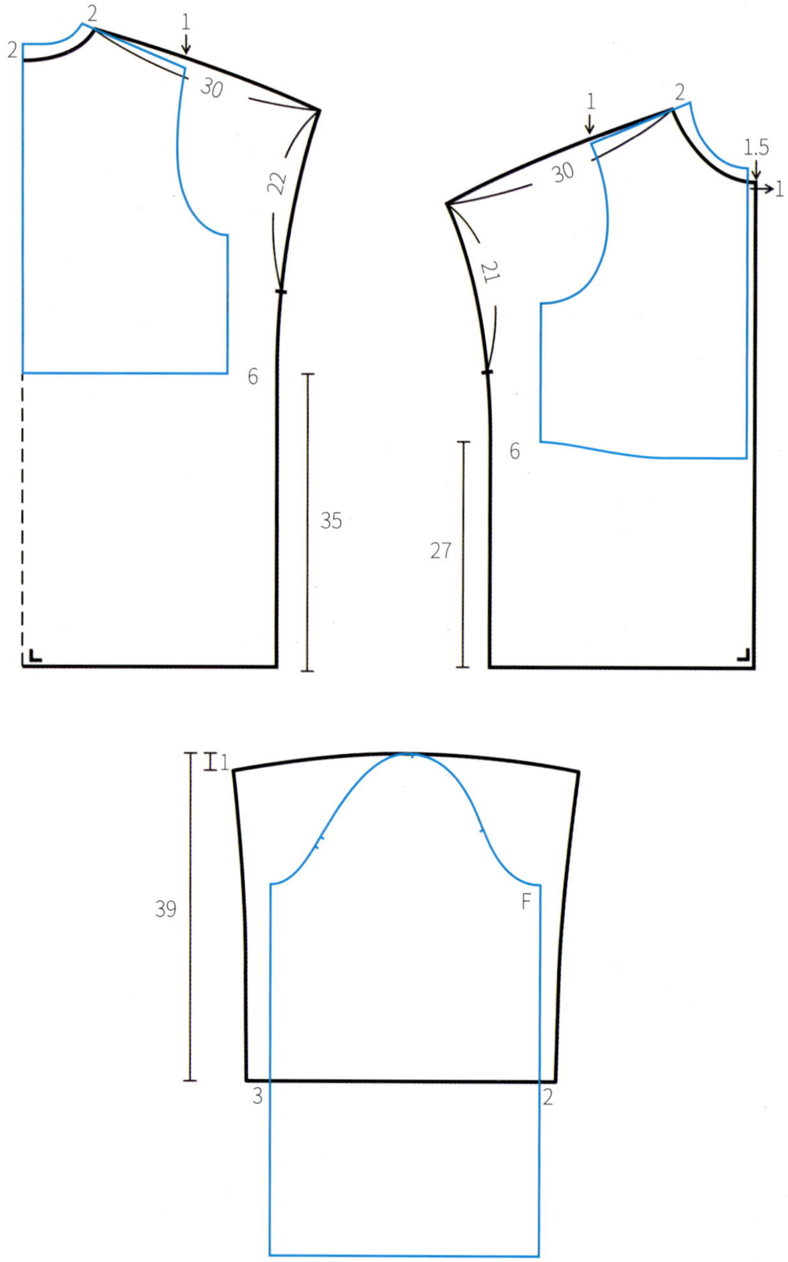

(단위 : cm)

배치도

- 원단 소요량 : 140cm(폭)×180cm(길이)
- 접착심지 : 110cm(폭)×70cm(길이)
- 단추 : 4~5개 (직경 20mm내외)

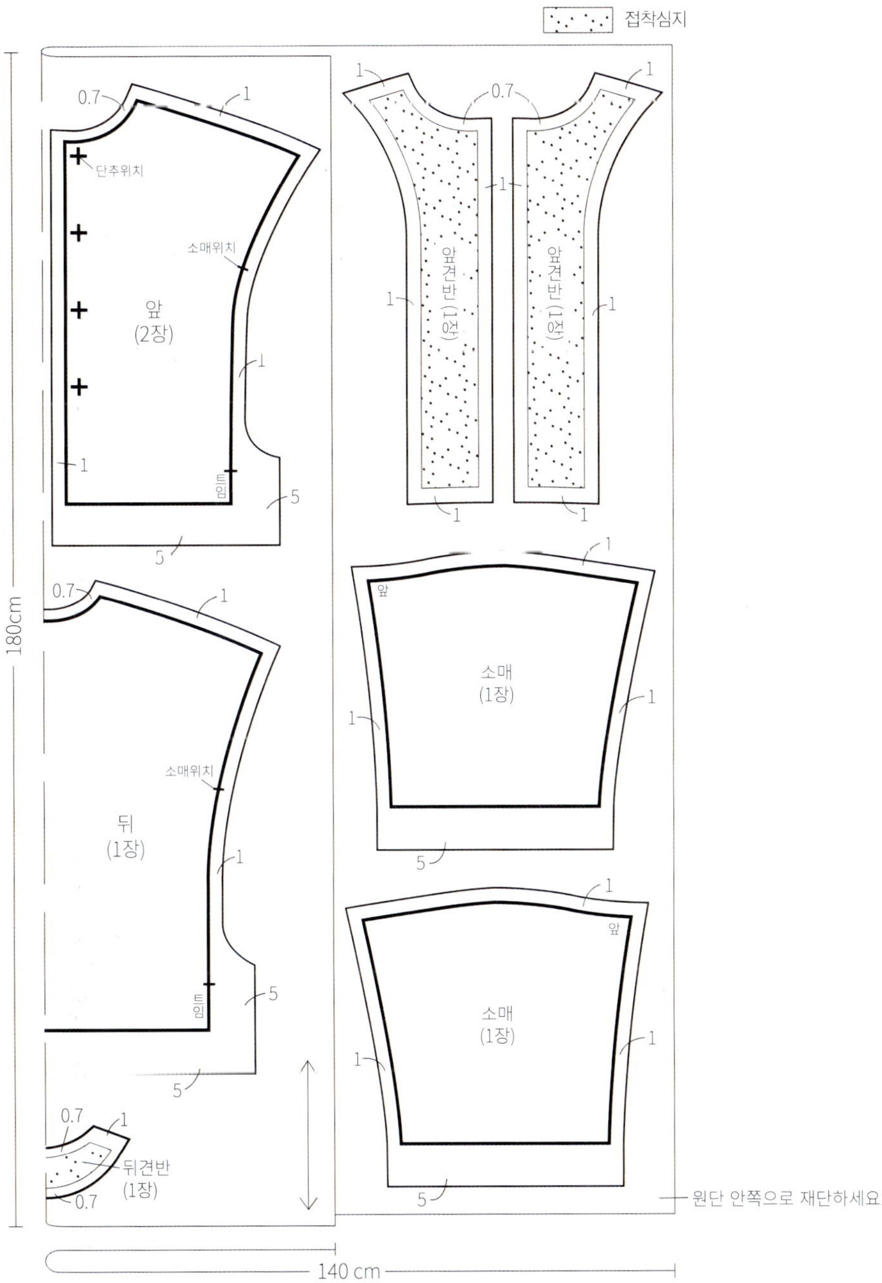

01. 앞, 뒤 몸판을 겉면끼리 맞대고 어깨를 박는다. 시접을 오버록 후 뒤로 보낸다.

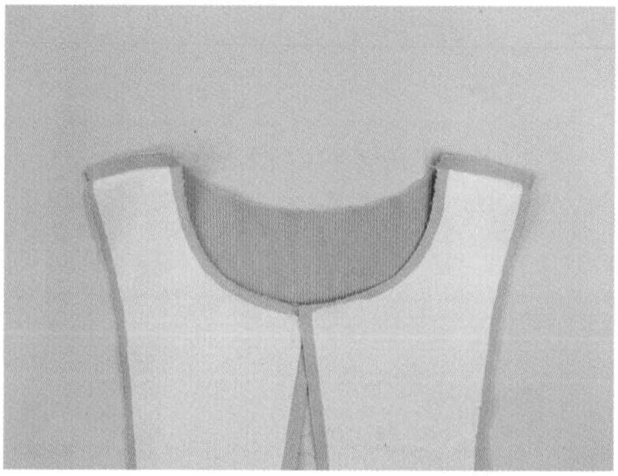

02. 안단을 겉면끼리 맞대고 어깨를 박아 시접을 앞쪽으로 보낸다. 어깨 시접을 가름솔로 처리해도 된다.

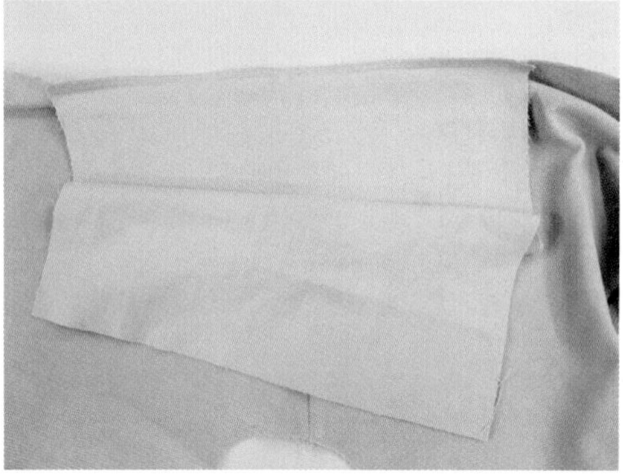

03. 몸판에 소매 앞, 뒤를 잘 맞춰 겉면끼리 맞대고 양쪽 시접을 남기고 박는다.(바느질이 끝나고 뒤집었을 때 겨드랑이가 편하게 하기 위해 시접까지 박음질 하지 않는다.) 박음질된 부분을 오버록 후 시접을 팔 쪽으로 보낸다.

04. 몸판 옆선을 겨드랑이에서 7cm정도 내려온 부분부터 오버록 한다. 옆선 4장을 모두 같은 방법으로 사진과 같이 오버록 한다.

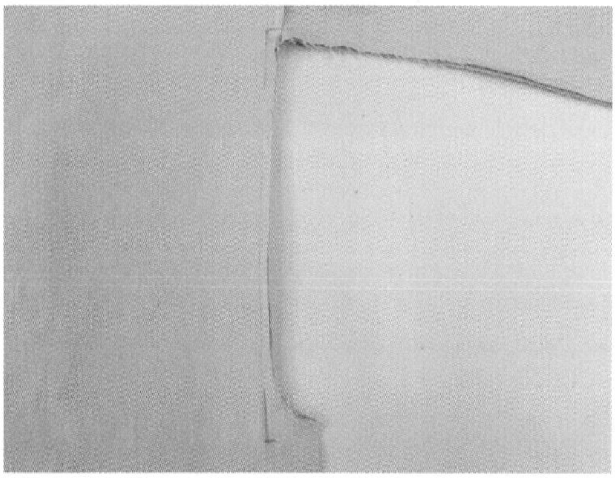

05. 소매 옆선과 몸판 옆선을 핀 고정하여 한번에 ㄱ자 모양으로 박는다. 아래는 트임 부분까지만 박는다. 소매부터 옆선 4번에서 오버록 된 부분 2cm 정도가 겹치도록 오버록 한다.

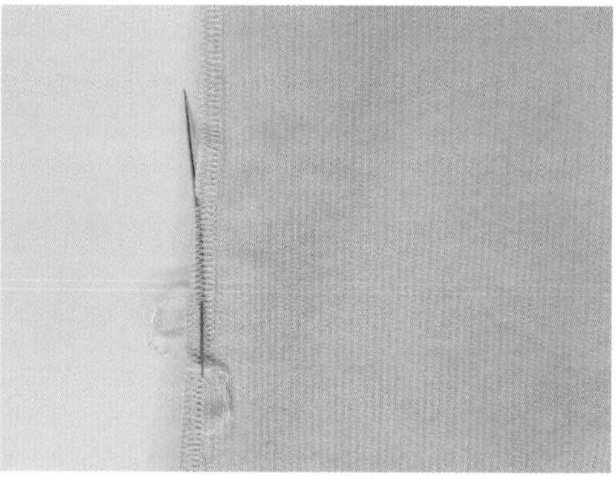

06. 가름솔과 겹쳐진 부분의 오버록은 길게 남겨서 굵은 바늘을 이용하여 오버록 된 실 사이로 실 끝을 넣어 정리하면 깔끔하다.

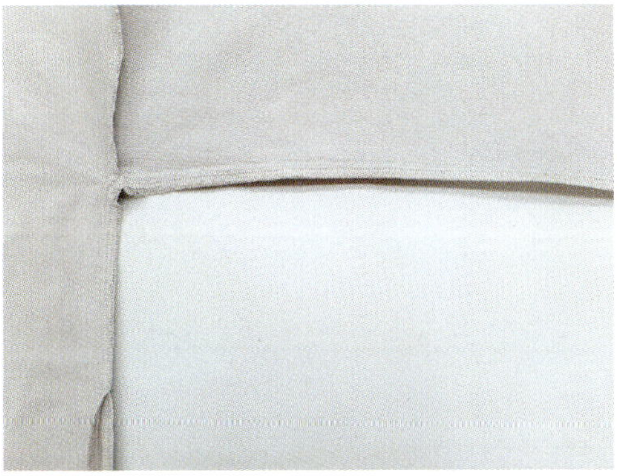

07. 옆선 아래는 가름솔로 다림질하고 소매부터 한 번에 오버록 된 시접은 뒤쪽으로 보내고 다림질 한다.

08. 안단을 몸판과 겉면끼리 맞대고 둘레를 핀 고정 한다.

09. 안단 아래 양쪽 끝을 0.7cm 정도 안으로 접어 넣고 밑단에서 앞여밈, 목선을 지나 반대쪽 밑단까지 박는다. 밑단 시접은 남기고 사진과 같이 시접을 자른다.

10. 모서리 시접을 박음선에서 0.3cm 정도 남기고 자르고 곡선에 가위집을 준다.

11. 안단을 뒤집어 안단 쪽으로 시접을 보내고 다림질 한다. 모서리 바느질이 불편한 곳을 제외하고 앞면과 목둘레를 안단 쪽에서 상침 한다.

12. 옆선 트임 부분 세로 시접을 안쪽으로 1cm접고 겉면으로 4cm를 접는다. 밑단 시접선 5cm를 박는다.

13. 밑단 시접을 남기고 접혀진 시접을 사진과 같이 자른다.

14. 밑단 시접을 안으로 1cm 접어 넣어 다림질한다.

15. 옆선은 윗부분을 삼각형으로 박거나 직선으로 각지게 원하는 모양으로 선을 그려준다.

16. 안단 둘레와 밑단 전체를 한 번에 박아 고정되도록 마무리한다.

17. 소매 밑단도 1cm를 접고 4cm를 접어 고정되도록 박는다.

18. 밑단 바느질 할 때 세로로 접혀진 안단과 옆면 시접도 박아주면 깔끔하다.

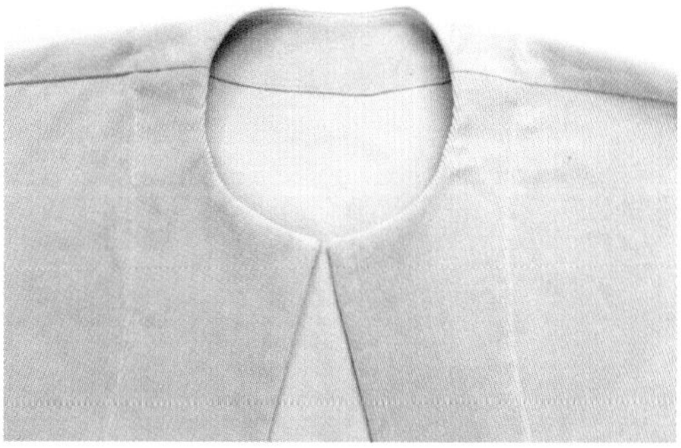

19. 앞 여밈에 단추를 달거나 디자인에 따라 그대로 마무리한다.

소잉디자이너
자격 1급 실용의상 실기시험
문제 유형

20　　년도 일반검정 제　　회

등급	종목	수험번호	이름
소잉디자이너 1급	실용의상		

※시험시간 : 표준시간 4시간, 연장시간 : 없음

※시험문제지와 작업지시서는 작품과 반드시 같이 제출하여야 합니다.

실기시험문제(예시)

1. 요구사항

※ 지급된 재료를 이용하여 리버시블 베스트를 제작하시오.

(요구사항이 많으니 잘 읽어주시기를 바랍니다.)

가. 제시된 주제에 알맞은 작품을 디자인하여 제작하시오.

(지급받은 원단의 겉면과 안면(표면과 이면)은 수험자가 알아서 판단하시오.)

나. 디자인의 컨셉과 작품의 의도(사용자 연령, 환경…), 도식화를 문제지에 첨부된 작업지시서에 작성하여 제작한 작품과 함께 채점용으로 제출하시오.

(도식화는 간단한 사이즈와 그림 또는 도면으로 설명이 가능합니다.)

다. 베스트의 완성사이즈는 길이65cm, 가슴둘레100cm로 제작하시오.

라. 겉면에는 14*16cm의 아웃포켓을 2개 만드시오.

마. 안면에는 사이드심 포켓을 만드시오.

바. 제시되지 않은 치수는 디자인에 맞게 적절히 제작하시오.

사. 패턴을 제출하시오.

2. 수험자 유의사항

가. 수험자는 지정된 공구와 시설 외 본인 지참 재봉용구만을 사용하고, 수험장 내에서는 이동을 금하며 이동할 때에는 시험위원의 승인을 받아야 하고, 반드시 정숙을 유지하여야 합니다.

나. 지급재료는 시험 전 확인하여 이상이 있을 경우 시험위원으로 부터 조치를 받고 시험 도중에는 재료의 교환 및 추가 지급을 하지 아니함에 유의하시오.

다. 작품은 표준시간 내에 완성하여야 하며, 표준시간을 초과할 경우에는 채점대상에서 제외됩니다.

라. 다음과 같은 작품은 채점 대상에서 제외됩니다.

1) 표준시간 이후에 제출한 작품이거나 미완성 작품

2) 지정된 시설이나 지급된 재료 이외의 재료를 사용한 작품

3) 패턴의 제도가 미완성이거나 생략된 작품

4) 제시된 디자인과 도면이 맞지 않은 작품

5) 요구사항과 맞지 않은 작품

6) 변형이 심하여 외관이 극히 불량한 작품

7) 기능도가 극히 불량한 작품

가) 봉제 상태가 좌·우 상이한 작품

나) 봉제 상태가 잘못되어 사용할 수 없는 작품

마. 작업이 끝난 수험자는 완성된 작품, 문제지와 작업지시서 및 남은 지급 재료를 함께 제출하고, 정리 정돈을 잘한 후에 퇴장합니다.

20　　년도　일반검정 제　　회

등급	종목	수험번호	이름
소잉디자이너 1급	실용의상		

작업지시서(예시)

시험 시간	4시간	과제명	더블페이스 베스트

◆ 도식화 (도식화는 간단한 사이즈와 그림 또는 도면으로 설명이 가능합니다.)

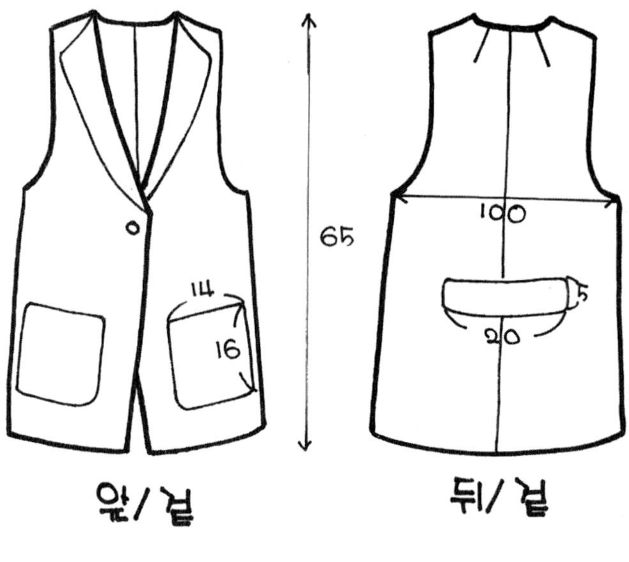

◆ 디자인 컨셉과 작품의 의도

전 연령대에서 편하게 착용 할 수 있고 양면으로 활용이 가능하도록 하였다. 캐쥬얼한 티셔츠나 소매통이 넓은 니트 등에도 입을 수 있도록 진동을 깊게 파주었다. 또한 라펠이 있어 격식이 있는 자리에서도 어색하지 않도록 하였다.

겉면의 아웃포켓은 안쪽면의 천과 같은 원단으로 만들어 라펠과 더불어 디자인의 포인트가 된다. 반면 안쪽면은 원단의 사용과 디자인을 최소화함으로서 단순하면서도 기능에 충실하도록 하였다.

뒷면에 절개선을 반영함으로써 뒤가 뜨지 않도록 하였으며 허리에 비조를 달아주어 뒷면이 단순하지 않도록 하였다.

부록의 사용 방법

본서에 chaper2에 길 원형, 토르소 원형, 무다트 원형, 소매원형, 스커트 원형, 팬츠 원형을 수록하였다.

사이즈는 성인 여성이 가장 즐겨 입는 구66을 기준으로 제도되었다. 팬츠 길이의 경우 용지크기의 제약으로 인해 길이가 다소 짧게 제작되었음으로 필요에 의해 길이를 조절하여 사용한다.

시험의 난위도에 따라 기본원형이 제공되지 않을 수 있으므로 시험에 앞서 제도방법을 충분히 익히도록 한다.

토르소 원형은 길 원형에서 허리아래쪽 엉덩이부분이 추가되어 있어 별도로 배치하지 않고 겹쳐 있으므로 색상을 구분하여 베껴내어 사용한다.

스커트와 팬츠의 허리단은 p.75를 참고로 하여 제도한다.

기준 사이즈

가슴둘레(B) 88cm

허리둘레(W) 72cm

엉덩이둘레(H)96cm

등길이38cm

소매길이58cm

바지길이89cm

스커트길이60cm

RICH METERIAL

#기초부자재 #미싱재료 #동대문종합시장 #줄자 #지퍼 #바늘 #다림질판 #페브릭마카펜

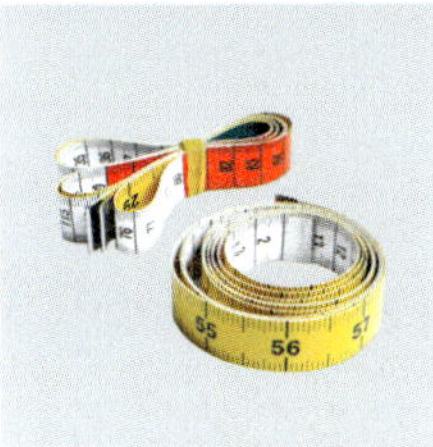

PACKAGE

#패턴인패브릭 #패키지21종 #스커트 #키세쓱 #자수 #파우치 #애완용품 #블라우스 #누구나손쉽게

SEWING

#린넨 #코튼 #누빔 #기모 #극세사 #다이마루 #커트지 #각종원단 #실 #심지 #웨이빙 #노루발 #각종부자재 #미싱부자재

LEATHER

#소가죽 #돈피가죽 #인조가죽 #가죽핸들 #가죽라벨 #각종가죽

PACKING

#상자 #쇼핑백 #포장지 #테이크아웃 #패키지용기 #제작상품 #선물 #핸드메이드포장

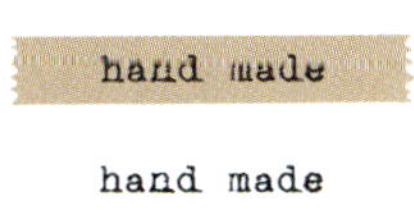

HANDMADE

#DIY패키지 #원데이클래스 #리빙 #소품 #핸드메이드 #프리마켓 #공방 #취미 #중고거래

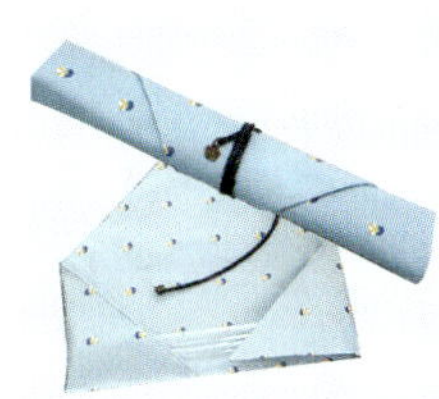

저자 소개

김흥진

현) 서울서부여성발전센타 강사
양천구장애인양재교실 강사
인천여성가족재단 강사
MY TAILOR 대표

동덕여자대학교 패션전문대학원 의상학박사수료
동덕여자대학교 패션전문대학원 의상학석사
홍익대학교 조형대학 미술학사
Italia, Milano, Istituto Secoli, 수료
용인송담대학, 청강문화산업대학교, 디지털서울문화예술대학교 외래교수 역임

문선영

현) 이지소잉, 소잉클로젯, 디자인스튜디오 대표
한국소잉디자이너협회 교육성장분과 위원장
서울시 중구 여성플라자 소잉공예 전문디자이너 양성과정 강사

2009 이지소잉 창업
2017, 2018 한국소잉디자이너협회 부회장
2018, 2019 핸드메이드 전시회 참여
서울시 중구여성 새로일하기센터 여성친화 일촌기업

이지은

현) 네모의꿈(서교동,동대문) 대표
소잉창업과정 강사
한국소잉디자이너협회 전시홍보분과위원장

의상전공
2007년 네모의꿈 창업

실기교사 한재 교원자격증

2016년 YTN 청년 창업 런웨이 출연
2017, 2018년 한국소잉디자이너협회 회장

2013년 12월 공예트랜드페어 참가
2017년~2019년 핸드메이드 전시회 참여 및 기획

아기옷&소품(북하우스), 쉽게 따라하는 핸드메이드 생리대(북센스) 공동저자

참고문헌

강숙녀, 김경화(2010). 여성복기초부분봉제. 경춘사
김경애(2016) 여성복 패턴 메이킹 경춘사
김숙녀, 이영숙, 안민영(2005) 패턴의 원리와 활용 경춘사
김효숙, 최창숙, 김지민(2015) 여성복 테일러링 경춘사
나미향, 허동진, 정복희, 이정순, 김정숙 (2000). 산업패턴설계 여성복1. 교학연구사
나미향, 허동진, 정복희, 이정순, 김정숙 (2002). 산업패턴설계 여성복2. 교학연구사
박찬미, 안영실, 류경옥 (2012). 여성복제작. 교문사
이형숙, 남윤자 (2001). 여성복구성. 교학연구사
남윤자, 박재경, 이형숙, 최경미 (2007). 스커트.팬츠. 교학연구사
이형숙, 윤미경, 박재경, 남윤자 (2013). 블라우스.원피스드레스. 교학연구사
최경미, 이준옥, 이형숙, 남윤자 (2009). 여성복 재킷. 교학연구사
유희숙 (2006). 여성복 패턴메이킹. 수학사
김은희, 김흥진, 안별 (2019). 소잉디자이너, 경춘사
이희춘 (2012). 패턴의 정석. 교문사
양정은 (2012). 여성복 평면패턴제작의 기초. 경춘사
강숙녀, 김지민 (2012). 어패럴테크닉. 경춘사
김효숙, 이소영 (2006). 스커트 패턴북. 교학연구사
김효숙, 이소영 (2007). 블라우스 패턴북. 경춘사
김효숙, 이소영 (2009). 바지 패턴북. 교학연구사
이승렬 (1999). 이승렬의 패턴이야기1. 기술과 감성
오선희 (2000). 서양의복구성. 예학사
정화연, 정명희 (2008). 기초패턴제작. 교학연구사
정화연, 정명희 (2011). 여성복패턴제작. 교학연구사
최경자, 신혜순 (2000). 패턴메이킹 & 의복구성. 교문사
마루야마 하루미, 황선영 옮김 (2016). 패턴학교 vol.1~4. 이아소

논문
(2015) 7차 한국인인체치수조사사업 최종보고서. 국가기술표준원

사이트
한국인인체치수조사(https://sizekorea.kr)
국가표준인증 통합정보시스템(https://standard.go.kr)
두산백과(http://www.doopedia.co.kr)